TÜRKLÜK, MÜSLÜMANLIK, DOĞULULUK

AB'NİN TÜRKİYE SÖYLEMLERİ

Koç Üniversitesi Yayınları: 72   ULUSLARARASI İLİŞKİLER | SİYASET

Türklük, Müslümanlık, Doğululuk: AB'nin Türkiye Söylemleri
Senem Aydın-Düzgit

İngilizceden çeviren: Barış Cezar
Yayına hazırlayan: Ziya Kaya, Defne Karakaya
Düzelti: Nihal Boztekin
Kitap ve kapak tasarımı: Gökçen Ergüven
Ön iç kapak fotoğrafı: 2014'te Strasbourg'da yapılan Avrupa Parlamentosu toplantısından, fotoğraf: David Iliff.
Arka iç kapak fotoğrafı: Avrupa Komisyonu Merkezi, Berlaymont Binası, Brüksel.

First published in English by Palgrave Macmillan, a division of Macmillan Publishers Limited under the title *Constructions of European Identity: Debates and Discourses on Turkey and the EU*, Senem Aydın-Düzgit.
© Türkçe yayın hakları: Koç Üniversitesi Yayınları, 2014 Sertifika no: 18318
1. Baskı: İstanbul, Kasım 2015

Baskı: Yılmaz Ofset   Sertifika no: 15878
Nato Caddesi 14/1 Seyrantepe Kâğıthane/İstanbul   +90 212 284 0226

Koç Üniversitesi Yayınları
İstiklal Caddesi No:181 Merkez Han Beyoğlu/İstanbul   +90 212 393 6000
kup@ku.edu.tr • www.kocuniversitypress.com • www.kocuniversitesiyayinlari.com

Koç University Suna Kıraç Library Cataloging-in-Publication Data
Aydın-Düzgit, Senem
    Türklük, müslümanlık, doğululuk : AB'nin Türkiye söylemleri / Senem Aydın-Düzgit, İngilizce'den çeviren Barış Cezar.
    pages ; cm.
    Includes bibliographical references and index.
    978-605-5250-71-3
    1. Turks--European Union countries. 2. Turks--Europe--Ethnic identity. 3. Ethnology--European Union countries. 4. Turks--Europe--Social conditions. 5. Foreign workers, Turkish--Europe. 6. European Union--Turkey. 7. Minorities--European Union countries. 8. European Union countries--Social policy. 9. Turkey--Foreign relations--European Union countries. 10. European Union countries--Foreign relations--Turkey. 11. Identity--Europe. 12. Turks--Europe--Identity. 13. National characteristics, European. 14. Turkey--Foreign public opinion, European. 15. Nationalism--European Union Countries. I.Cezar, Barış. II. Title.
    HC240.25.T9 A94 2015

Türklük, Müslümanlık, Doğululuk

AB'nin Türkiye Söylemleri

SENEM AYDIN-DÜZGİT

İngilizceden Çeviren: Barış Cezar

KÜY

İçindekiler

Teşekkür   7

Giriş   9

    Uluslararası İlişkilerde Kimlik   10

    Genişleme Politikası Yoluyla Avrupa'nın İnşası: Türkiye'nin Üyeliği Örneği   15

    Araştırmanın Metodolojisi   19

    AB-Türkiye İlişkilerindeki Başlıca Meseleler   31

    Kitabın Ana Hatları   33

BİRİNCİ BÖLÜM   37

Bir Güvenlik Topluluğu Olarak Avrupa

    Medeniyetler Çatışmasına Deva Olarak Türkiye   37

    Avrupa İçin Potansiyel Bir Güvenlik Tehdidi Olarak Türkiye   57

    Sonuç   66

İKİNCİ BÖLÜM   69

Demokratik Değerlerin Savunucusu Olarak Avrupa

    Demokratikleşemez Bir Ülke Olarak Türkiye   70

    Demokratikleşebilir Bir Türkiye   78

    Sonuç   96

ÜÇÜNCÜ BÖLÜM   99

Siyasi Bir Proje Olarak Avrupa

    Avrupa Siyasi Projesine Potansiyel Bir Tehdit Olarak Türkiye   99

    Avrupa Siyasi Projesine Uyum Sağlama
Kabiliyetine Sahip Bir Ülke Olarak Türkiye   108

    Sonuç   125

DÖRDÜNCÜ BÖLÜM   129

Kültürel Bir Alan Olarak Avrupa

    Avrupa'nın Kültürel Homojenliğini Seyrelten Bir Ülke Olarak Türkiye   129

    Avrupa'da Kültürel Çeşitliliğe Katkı Yapan Bir Ülke Olarak Türkiye   144

    Sonuç   160

Sonuç   163

Ekler   169

     A.1 Avrupa Parlamentosu Tartışmaları   169

     A.2 Avrupa Komisyonu'ndaki Konuşmalar   170

     A.3 Ulusal Parlamentolardaki Tartışmalar   173

Notlar   177

Kaynakça   195

Dizin   211

Teşekkür

Bu kitap Vrije Universiteit Brussel (VUB) Araştırma Konseyi'nin (OZR) mali desteğiyle hazırlamış olduğum doktora tezime dayanmaktadır. Aralık 2012'de Palgrave yayınevi tarafından İngilizcesi basılmış olup, güncellenmiş verilerle revize edilmiş olan versiyonu Koç Üniversitesi Yayınları tarafından Türkçe'ye çevrilmiştir. Öncelikle araştırmamı özgürce yapmam için bana gerekli serbestliği sağlayan, ancak ihtiyacım olan destek ve yardımı sağlamaya da her an hazır olan tez danışmanım Patricia Van den Eeckhout'a teşekkür borçluyum. Ayrıca danışmanlık komitemin üyelerine de bu zorlu yolculuk boyunca yaptıkları yapıcı eleştiriler için teşekkür ederim. Michel Huysseune bütün bildiri ve taslaklarımı özenle okuyarak değerli yorumları ve önemli sorularıyla bana yeni ufuklar açtı. Çalışmanın geliştirilmesi boyunca Gustaaf Geeraerts'in analitik çerçevemin geliştirilmesiyle ilgili kuramsal düşüncelerinden de çok faydalandım.

Bu çalışmayı VUB'da üstlenmemi Bruno Coppieters'e borçluyum. Bruno Coppieters VUB'a başvurumun takipçisi oldu, danışmanımla bağlantı kurmamı sağladı ve en zorlusu olan o ilk yılda bana çok büyük destek oldu. Aynı zamanda Brüksel'deki Avrupa Politikaları Çalışmaları Merkezi (CEPS) ile irtibata geçmemi sağlayarak, bana orada çalışma fırsatı veren Michael Emerson ve Daniel Gros ile tanışmama aracı oldu. Michael Emerson'a düşünsel ve şahsi desteği için teşekkür borçluyum. CEPS hem araştırmam süresince çalışmalarımın bazılarını yayımlama imkânını sağladı hem de değerli dostlar edindiğim düşünsel açıdan son derece verimli bir ortam oldu. İstanbul Bilgi Üniversitesi Avrupa Birliği Enstitüsü ve Uluslararası İlişkiler Bölümü, araştırmamın yayın aşamalarını geliştirmem için bana ideal bir çalışma ortamı sağladı. Projenin tüm evrelerindeki olağanüstü desteği için Ayhan Kaya'ya, başından sonuna her aşamada yanımda olan arkadaşlarım Yaprak Gürsoy ve Özge Onursal-Beşgül'e müteşekkirim. Fuat Keyman'a düşünsel açıdan her zaman bir ilham kaynağı olduğu ve dostluğu için, Ali Çarkoğlu'na bana daha lisans yıllarımdan ideal bir akademisyenin nasıl olması gerektiğini gösterdiği ve yıllar içinde asla esirgemediği desteği için çok teşekkür ederim. Bu kitabın Türkçeye çevrilmesini ilk öneren ve beni Koç Üniversitesi Yayınevi'ne yönlendiren sevgili Serhat Güvenç'e de teşekkürü borç bilirim. Projenin çeşitli aşamalarında

Ayhan Aktar (kitabın başlığını da kendisine borçluyum!), Zeynep Gülşah Çapan, Ayşegül Gülşen-Smith, Youri Devuyst, Knud Erik Jørgensen, Alper Kaliber, Gergana Noutcheva, Çağdaş Özkan, Barış Önen-Ünsalver, Gencer Özcan, Bahar Rumelili, Mehmet Tezcan, Semin Suvarierol, Gülperi Vural ve Hakan Yılmaz'ın şahsi ve düşünsel desteklerinin de çok yararını gördüm.

Görüştüğüm yetkililer olmasa bu çalışmayı gerçekleştirmem mümkün olmazdı. Bana güvenleri ve ayırdıkları zaman için kendilerine teşekkür ederim. Ergin ve Nermin Saygun'a Belçika'daki ilk yılımda evlerini evim kıldıkları için teşekkür borçluyum. Londra'daki saha çalışmalarım sırasında dairesinde beni ağırlayan Kıvılcım Köstem ve ailesine sonsuz destekleri için şükran borçluyum. Avrupa Parlamentosu'nda kurduğum temaslarla ilgili yardımlarından dolayı Hakan Altınay ve Andre de Munter'e teşekkür ederim. CEPS'ten Zeynep Yanaşmayan ve Dila Ungan, Fransa'daki saha çalışmam için Fransız yetkililerle bağlantı kurulmasında bana çok yardımcı oldular.

Ailem yıllar boyunca bana sürekli destek oldu. Bana inanan ve desteğini hiçbir zaman esirgemeyen eşim Metin Düzgit'e, annem Nursel Aydın'a ve çok uslu davranarak doğumlarından sonra çalışmama devam etmemi sağlayan kızlarım Elif ve Ela'ya teşekkür borçluyum. Ne var ki en büyük teşekkürüm sıkı çalışma, disiplin ve sebatın değerini bana daha çok küçük yaşlarımda öğreten babam Orhan Aydın'a. Bu kitabı da kendisine adıyorum.

Giriş

1990'ların sonunda, Fransız siyaset bilimci Dominique Moisi (1999) hızlı deği-
şim çağında Avrupa'nın kimlik arayışını tarif etmek için "vicdan muhasebesi"
ibaresini kullanmıştı. Doğu Avrupa'ya doğru genişleme, Lizbon Antlaşması ve en
son olarak da avro krizinin Avrupa'nın kimliğini ve ne yöne gittiğini tanımlama
güdüsüne ciddi derecede ivme kazandırdığı iddia edilebilir. Türkiye'nin Avrupa
Birliği'ne (AB) üyeliği sorusu AB'deki bu "vicdan muhasebesi"nin özünü değer-
lendirmek için ideal bir vakadır. Türkiye'nin AB ile ilişkileri resmi olarak Avrupa
Ekonomik Topluluğu'na (AET) ortak üyelik başvurusunda bulunduğu 1959'a kadar
uzanır. Uzun geçmişine rağmen, bu gayet sorunlu bir ilişki olmuştur. Türkiye'deki
ekonomik ve siyasi istikrarsızlıklar son kırk yıl boyunca ilişkilerin ağır ve kararsız
bir tempoda ilerlemesine yol açmıştır. Aralık 1999'daki Helsinki Avrupa Konseyi
Zirvesi'nde Türkiye resmi olarak AB'ye katılmaya aday bir ülke ilan edilmiştir.
Türkiye ile AB arasındaki katılım müzakereleri Ekim 2005'te başlamasına rağmen,
müzakere süreci son derece sancılı bir biçimde sürmekte olup, sonuç belirsizdir.[1]

Türkiye özellikle 2000'li yılların ilk yarısında Kopenhag siyasi kriterlerini yerine
getirme ve yasalarını AB'ninkilerle uyumlu kılma konusunda önemli aşamalar kay-
detmiştir. Ne var ki katılım süreci devam ederken, AB içinde Türkiye'nin katılımının
ne kadar arzulanır olduğuna dair tartışmalar da yoğunlaşmıştır. Türkiye'nin AB'ye
katılım ihtimali elle tutulur hale geldikçe, ülkenin "Avrupalılık"ı hakkında algılanan
muğlaklıklar yüzünden muhtemel üyeliğinin Avrupa projesinin karşısında önemli
bir sorun olduğuna dayanan muhalefet de artmıştır. Demokrasisinin, coğrafyası-
nın, tarihinin, kültürünün ve siyasetçileri ile halkının zihniyetinin Türkiye'yi AB
üyeliğine uygun olmayan, Avrupalı olmayan bir ülke kıldığı, başta Fransa'nın eski
Cumhurbaşkanı Nicolas Sarkozy ve Almanya Şansölyesi Angela Merkel tarafından
olmak üzere açıkça ve gittikçe daha çok dile getirilmeye başlanmıştır.

Türkiye'nin üyeliğiyle ilintili olarak Avrupalı olma kıstasına yapılan güçlü vurgu,
bu çalışmanın da temelini oluşturmaktadır. Bu kitabın amacı Türkiye'nin AB'deki
mevcut temsil ediliş şekilleri yoluyla Avrupa'nın söylemsel olarak ne şekillerde inşa
edildiğine bakmaya çalışmaktır. Bunu yaparken Avrupa, anlamı sabitlenmemiş,
tartışmalı bir kavram olarak ele alınmaktadır. Kuramsal açıdan kimliğin farklılık

yoluyla ilişkisel ve söylemsel olarak inşa edildiğini kabul eden postyapısalcı bir kavrayışa göre Avrupa kimliği, çeşitli Ötekilere ilişkin olarak Avrupa Benliğinin tanımlanmasına bağımlı olan temsil şekilleri içinde söylemsel olarak inşa edilir (Connolly, 1991). Bu kitapta, bu varsayıma dayanarak, ülkeyi temsil etme şekilleri aracılığıyla Türkiye hakkındaki AB söylemlerinin Avrupa kimliğinin söylemsel inşası hakkında önemli fikirler verdiği savunulmaktadır. Dolayısıyla bu kitap AB'nin Türkiye hakkında nasıl konuştuğu ve daha da önemlisi, kimlik, aidiyet ve yabancılaşma, dahil edilme ve dışlanma üzerinedir. Kitapta ele alınan iki ana soru, Türkiye'nin Avrupalılığının AB söylemlerinde nasıl temsil edildiği ve Türkiye üzerine kavramsallaştırmaların Avrupalı kimliğinin söylemsel inşasını ne şekillerde sağladığı ile alakalıdır.

Uluslararası İlişkilerde Kimlik

Uluslararası ilişkilerde kimliğe verilen önem, uluslararası sistemin analizinde başvurulan kavramsal çerçeveye büyük ölçüde bağımlıdır. Bu kitap, disiplin içinde kimlik kavramına temel bir vurgu yapan postyapısalcı bir uluslararası ilişkiler okumasına bağlıdır. Uluslararası ilişkiler üzerine analizlerde bu kavrama başvuran tek kuramsal duruş postyapısalcılık değildir. Realizm ve neoliberalizm gibi rasyonalist yaklaşımlar bu kavramı ikinci plana atarken, sosyal inşacı yaklaşım da uluslararası ilişkiler kavramsallaştırmasında kimliği hesaba katar. Bununla birlikte, sosyal inşacılığın ve postyapısalcılığın bu kavrama yaklaşımları arasında önemli farklar vardır.

Başlıca farklardan biri, kimliğe uluslararası aktörlerin politikalarını etkileyen bir değişken olarak yaklaşan sosyal inşacılığın doğası gereği açıklayıcı bir kuram oluşundan kaynaklanır (Katzenstein, 1996; Wendt, 1999). Bu yaklaşımı sergileyen çalışmalar devletlerin kimliklerini diğer devletlerle etkileşim içinde kazandıklarını ve aynı anda, kendilerini ve birbirlerini uluslararası siyasetin toplumsal yapısı tarafından meydana getirilen özne konumlarına göre değerlendirdiklerini savunur (Wendt, 1999). Bu iddianın aksine postyapısalcı anlatımlar, kimliğin temsilleri dış politikayı oluşturan unsurlardan olduğu için, kimliğin dış politikada bir değişken olarak kabul edilemeyeceğinin altını çizer (Campbell, 1992; Hansen, 2006). Bu yüzden, söylem yoluyla birbirleriyle iç içe geçmiş olan kimlik ve dış politika arasında nedensel bir ilişki kurulamaz (Hansen, 2006: 10).

Sosyal inşacı yaklaşımlar ile postyapısalcı yaklaşımlar arasındaki önemli farklardan bir diğeri de farklılığın kimlik oluşumundaki rolüyle alakalıdır (Rumelili, 2004). Başta Wendt olmak üzere sosyal inşacılar kimliğin mutlaka farklılık yoluyla oluşması gerekmediğini savunur (Wendt, 1999:224-28). Wendt, devletlerin toplumsal kimliklerine ek olarak toplumsal öncesi toplu kimlikleri (bedenler ve topraklar olarak) bulunduğuna ve bu toplu kimliklerin Öz/Öteki ilişkilerine mesafeli duran kendi kendini örgütleyici yapılar olduklarına vurgu yapar (Wendt, 1999:225). Aynı zamanda "rol kimliği" ve "tip kimliği" olarak iki tür devlet kimliği arasında da ayrım yapar. "Rol kimliği" diğer devletlere göre oluşturulurken, demokrasi gibi "tip kimlikleri" bir devlete özgüdür ve bu yüzden başkalarıyla etkileşime gerek duymaz (Wendt, 1999:226). Ne var ki postyapısalcılara göre farklılık olmadan kimlik düşünülemez. Dolayısıyla kimlik farklılık yoluyla inşa edilme yolu açısından "ilişkisel" olarak kuramsallaştırılmıştır. Buna göre bir devletin başka devlet ve kolektiflerle etkileşimleri yoluyla oluşturduğundan bağımsız bir gerçek kimliği yoktur.

Bu kitapta benimsenen postyapısalcı yaklaşım postyapısalcılığın yukarıda bahsedilen kimliği oluşturan temel boyutlarla, yani söylem ve farklılık ile olan ilişkisinin ve dış politikaya bakışının daha derinlemesine açıklanmasını gerektirir. Bir sonraki bölümde bunları ele alacağım.

Söylem Yoluyla Kimlik

Postyapısalcı yaklaşımlarda kimlikler söylemler yoluyla inşa edilir. Belli bir ontolojiye dayalı değillerdir ve her kimlik kendine özgü ve inşa edilmiş olduğundan "hiçbir kimlik hakiki kimlik değildir" (Connolly, 1989: 331). Daha çok kimliğin özcülük karşıtı kuramsallaştırılması olarak bilinen bu yaklaşım kimliklerin öz bir içeriğe sahip olduğunu savunanların karşısındadır ve kimlik arayışının ardındaki güdünün kimliğin imkânsızlığı olduğuna vurgu yapar (Laclau, 1994: 4). Kimlikler "bireylerin …içinde yaşadıkları dünyayı kendilerine ve diğerlerine açıkladıkları bir temsil sürecinden doğar" (Weldes vd., 1999:14) ve bu söylemsel tabiat ile aynı doğrultuda, istikrarsız ve parçalanmış kalırlar. Bununla birlikte, özellikle muğlak koşullarda, kimlikleri Neumann'ın (2004) deyimiyle "derin yapının" parçası sayılabilecek derecede kesin şekilde "sabitlemek" adına söylemde tutarlılık sağlama çabalarına rastlamak mümkündür (Norton, 1987). Kimlikler gerçekten "varmış gibi" toplumsal aktörlerin üzerinde etki oluşturulduğu için bunun dünyada ciddi sonuçları olabilir. Bu, söylemsel kimlik inşası ile iktidar kavramı arasındaki ilişkiyi ortaya çıkarır. İktidar vasıtasıyla inşa edilmiş belli bir kimliği dayatarak "kimliği kontrolü altında bulunduranların bir birey, grup veya toplumun kaderi ve yaşamı üzerinde çok derin bir nüfuza [sahip olduğu] açıktır" (Vasquez, 1995:223).

Bu bağlamda bu kitapta ele alınan söylem kavramı üzerinde de durmak gerekmektedir. Bu çalışma kapsamında dil, toplumsal dünyada gerçekleşenleri yansıtan basit bir ayna olarak ele alınmaz. Dilin daha ziyade dil dışında var olmayan bir toplumsal gerçekliği oluşturduğu kabul edilir ki, bu da yorum sürecini yaşamsal kılar. Toplumsal dünyanın farklı versiyonlarının analizi yalnızca yorumlamayla mümkündür. Buna bağlı olarak söylem "bir konu hakkında belli bir tür bilgi hakkında konuşmak için bir dil, yani bir temsil yolu sağlayan bir ifadeler grubu" olarak kuramsallaştırılır (Hall, 1992: 291). Söylemler sistematik olarak birey veya grupların eylemleri için hareket noktaları olan birden çok özne konumları üretirler. Örneğin devlet çoğunlukla güvensizlik söylemleri aracılığıyla üretilmiş bir özne olarak kabul edilir (Weldes vd., 1999). Milliyetçi söylemler de benzer şekilde genellikle kan, dil veya kültür tarafından bir araya getirildikleri savunulan "hayali cemiyetler" üretirler (Anderson, 1983).

Söylemler; uslamlama, metafor ve çeşitli başka dilsel biçimlenmelerden meydana gelen bir "söylemsel ekonomi" oluşmasına yardımcı olurlar. Gerçekliğin doğru tasvirleri olarak kabul edilebilecek derecede, tarihi mitlerin yanı sıra başka çeşitli mevcut metinlerden ödünç alarak, bu metinleri tekrar inşa ederek ve tekrar bağlamsallaştırarak güç kazanabilirler. Bunun meydana getirdiği "metinlerarasılık" eylemi, "metinlerin; diğer metinlerin içinde ve onlara karşı konumlandığını, kendi kimlik ve politikalarını oluştururken bunlardan yararlandıklarını, geçmişi kendilerine mal edip geçmiş üzerinde yeni düzenlemeler yaptıklarını ve diğerlerini okuyarak ve aktararak otorite inşa ettiklerini" ima eder (Hansen, 2006: 55). Bu, farklı bağlamlarda benzer söylemsel uygulamaların oluşturulabileceği anlamına gelir (Wodak, 1999: 3). Aslında metinlerarasılık kavramı Laclau ve Mouffe'un (1985: 105) "eklemlenme" kavramına benzer. Burada "öğelerin arasında, eklemleme uygulaması sonucunda kimliklerin uyarlanmasını sağlayan bir ilişki kuran" söylemsel uygulamadan söz edilir. Tıpkı metinlerarasılık gibi eklemlenme de söylemsel uygulamanın gerçekliğin farklı versiyonlarını oluştururken daha önceki veya çağdaşı söylemsel biçimlenmelerden yararlandığı gerçeğini ihtiva eder (Phillips ve Jørgensen, 2002: 141).

Bir kere inşa edilmiş olan söylem, "'gerçek' olanın temsili ve oluşumu" olarak "bazı ifade ve tasvirlerin diğerlerinden daha değerli hale geldiği bir alan" meydana getirir (Campbell, 1992: 6). Dolayısıyla, söylemler "telaffuz edilebilir olanın sınırlarını belirleyerek" ve böylece farklı gerçeklik versiyonları arasında "siyasi mücadelelere" yol açarak bazı eylemlere "neden" olmasalar da en azından onları "mümkün" kılabilirler (Diez, 1999: 611). Böyle bir çekişme içinde belli söylemlerin iktidar sahibi kurumlarda yer almak gibi bir avantajı vardır. Örneğin devletçi söylem, devletten gelen bilgiye erişimleri, anayasal meşrulukları ve medyaya erişimde ayrıcalıkları nedeniyle "bizim adımıza konuşan temsilciler olarak inşa edilmiş" olmaları sayesinde devlet görevlilerinin söylemlerinin nasıl güç kazandığının klasik bir örneğidir (Weldes vd., 1999: 17-18).

Burada söylemleri üreten aktörlerin "çıkarları" hakkında bir şey söylemek gerekir. Postyapısalcı bir açıdan, bu kitap bireysel niyetler veya aktörlerin çıkarlarından ziyade geniş anlamda söylemsel yapılarla ilgilenir. Ne var ki bu, söylemlere katılanların "çıkarlarının" tablodan tümüyle çıkarıldıkları anlamına gelmez. Bununla birlikte, çıkarların analize dahil olma yolu aktörlerin "hakiki" çıkarlarını açıklamaya çalışan rasyonalist anlatımlardan farklıdır. Söylem katılımcıları dünyanın çeşitli tasvir şekillerine "çıkarları, arzuları, hırsları olan ve dünyanın gerçekten nasıl olduğunun bazı versiyonlarını diğerlerine tercih eden grup ve bireylerden 'geliyormuş gibi'" yaklaştıklarından, söylemde çıkarların gündeme getirilmesi postyapısalcı analizde güçlü bir söylemsel araç olarak kabul edilir (Potter, 1996: 110). Dolayısıyla çıkarlarla ilgili iddialara gerçekliğin söylemsel oluşumlarından bağımsız olmayan tasvirlerin bizzat kendileri olarak yaklaşılır (Potter, 1996: 114).

Farklılık Yoluyla Kimlik

Postyapısalcı bakış açısından yaklaşıldığında, oluşturulan farklılıklar ne kadar asgari olursa olsun, Benliğin kimliğinin inşasında merkezi rol oynar (Neumann, 1999: 35). Connolly'nin ifadesiyle (1991: 64):

> Bir kimlik, toplumsal olarak kabul edilir hale gelmiş olan bir dizi farklılığa göre oluşur. Bu farklılıklar onun varlığı açısından yaşamsaldır. Farklılık olarak birlikte var olmazlarsa, kimlik de özgünlüğünü ve dayanıklılığını yitirir [...] Kimlik var olmak için farklılıklara gereksinim duyar ve kendinden eminliğini sağlamak için farklılığı ötekiliğe dönüştürür.

Bu yüzden kimliği onun "kurucu dışarısı" (Butler, 1993), onun Öteki(ler)i olmadan düşünmek imkânsızdır. Genel kanı, Benliği meydana getiren Ötekilerin çoğunlukla tehlikeli ve/veya tehdit edici olarak tasvir edildiği yönündedir. Örneğin Campbell'in (1992) Soğuk Savaş döneminde ABD kimliğinin inşası üzerine çalışması, bir devletin sınırlarının ötesindeki Ötekilerinin tehlikeli olarak tasvirinin bir devletin kimliğinin söylemsel inşası için kilit bir ihtiyaç olduğunu ileri sürer. Bununla birlikte, Benliğin söylemsel inşası için bu ihtiyaç her zaman söz konusu olmayabilir. Rumelili'nin ifadesiyle, "Ötekinin farklılıkları çeşitli, az ya da çok biraz daha olumlu isnatlar, metaforlar, ikilikler aracılığıyla temsil edilebilir" ve "inşa edilmiş Öteki bu temsil uygulamaları yoluyla idealize edilebilir veya tamamen karalanabilir, doğrulanabilir veya yadsınabilir, hatta erotik veya egzotikleştirilebilir" (2004: 36). Uluslararası ilişkiler alanındaki daha eski postyapısalcı araştırmalar gerçekten de Ötekinin temsil şekillerinin daha az olumsuz kavramlarla kurulabileceğini ve bunun Benlik ve Ötekinin kimliklerinin inşasında sırasıyla önder/ ortak (Milliken, 2001) veya ebeveyn/çocuk (Doty, 1996) gibi ikili karşıtlıklara yol açabileceğini gösterir.

Başta edebiyat olmak üzere uluslararası ilişkiler dışındaki alanlarda yapılan ilk araştırmalar, haklı olarak değerlendirici temsiller dışında Benlik/Öteki ilişkilerinin başka boyutları da olduğunun altını çizmektedir. Todorov'un (1999: 185) 16. yüzyılın başında İspanyol din adamlarının Yeni Dünya'daki "Kızılderililer"in statüsü üzerine yaptıkları tartışmaların analizine dayanarak Benlik ve Öteki arasındaki ilişkiler hakkındaki ufuk açıcı çalışmasında ima ettiği üzere, Benlik ve Öteki ilişkileri yalnızca değer yargıları düzeyinde (aksiyolojik düzey) anlaşılamayıp, iki düzeyin daha hesaba katılması gerekir: Benlik ile Öteki arasındaki mesafeyi belirleyen praksolojik düzey ve Benliğin Öteki hakkında sahip olduğu bilginin düzeyine işaret eden epistemik düzey. Todorov ayrıca yukarıda değinilen uluslararası ilişkiler alanında Benlik/Öteki ilişkileri üzerine yapılmış olan ampirik çalışmalara uygun olarak Öteki üzerine yapılan değerlendirmelerin mutlaka radikal derecede olumsuz kavramlar bağlamında olması gerekmediğini savunur. Praksolojik düzey hakkında Benliğin Öteki ile arasına mesafe koymasının Ötekine karşı kayıtsızlık, Benliğin Ötekine boyun eğmesi veya Ötekinin Benliğe boyun eğmesi biçimlerini alabileceğini ifade eder. Dahası, onun analizleri, kolektifler birbirlerini ne kadar çok tanırlarsa temsillerin olumsuzluğunun o derecede azalacağı yönündeki uzlaşımsal düşünceyi de reddeder (Neumann, 1999: 21).

Dış Politika Yoluyla Kimlik

Uluslararası ilişkilere postyapısalcı bakış devlet ve egemenlik kavramlarını verili, kaçınılmaz kavramlar olarak kabul etmeyip bunların toplumsal ve tarihsel açıdan inşa edilmişliklerinin altını çizer (Walker, 1993; Vasquez, 1995). Egemenlik kavramının belli bir toprak parçası bağlamında devletin modern siyasi kimliğinin inşa edilmesinde kullanılmış olduğunu savunur. Buna karşılık, coğrafi bir bölgeye ulusal kimliğin dayatılması sadece modern devletin içerisinde kiliseninki gibi rakip kimliklerin pasifleştirilmesinde can alıcı bir rol oynamakla kalmamış, aynı zamanda ulusal Benlik ile dışarıda kalan Öteki(ler) arasındaki sınırların çizilmesine de hizmet etmiştir. Ontolojik statüsü olmayan devlet böylece kendisini aynı anda hem içerisi hem de dışarısıyla ilgili kimlik söylemleri ile (tekrar tekrar) inşa etmek durumunda kalmıştır.

Dış politikanın devlet kimliğinin ifadesi için bir mecra olarak kabul edildiği sosyal inşacı düşünceden farklı olarak postyapısalcılık bu çerçevede dış politikaya devletin kendi kimliğini ve dolayısıyla da bizzat kendi varlığını oluşturmak için başvurduğu "sınır üretici belli bir siyasi performans türü" işlevi gören bir söylemsel uygulama gözüyle bakar (Ashley, 1987: 51). Dış politika aktörlerince somutlaştırılan söylemler "anlamlar üretir ve bunu yaparken dış politikanın dayandığı 'gerçekliği' faal olarak inşa ederler" (Doty, 1993: 303). Dış politikanın söylemsel bir uygulama olarak kavramsallaştırılması aynı zamanda "politika ve kimliğin ontolojik açıdan birbirleriyle bağlantılı" olduğu anlamına da gelir (Hansen, 2006: 21). Devletler için belli özne kimliklerinin oluşturulması, birbirlerine göre konumlandırılmaları ve böylece belli politikaların mümkün olduğu belli bir gerçekliğin inşa edilmesi dış politika yoluyla gerçekleşir (Doty, 1993: 303).

Bu, bir devletin yurtiçinde belli bir kimliğin, yurtdışında da dış politika aracılığıyla başka bir kimliğin hegemonyasını sağlama çabası arasında net bir ayrım olduğu anlamına gelmez. Aslında bu ikisi birbirinden bağımsız değildir. Çoğunlukla "içeride" bir kimliğin sağlama alınmasına karşı direnç gösteren öğeler "dışarıda" söylemsel olarak inşa edilmiş dış tehditlere bağlanırlar. Örneğin araştırmalar göç ve göçmenler hakkındaki ulusal tartışmaların nasıl bu konuları bir ulusal güvenlik sorunsalı olarak sunduğunu tekrar tekrar gösterir (Doty, 2000; Bigo, 2006; Huysmans, 2006; Kaya, 2009). Benzer şekilde David Campbell de Soğuk Savaş sırasında ABD'deki dışarıdan gelen "komünist tehdidi" söyleminin içerideki rakip kimlik iddialarını susturmak için nasıl kullanıldığını göstermiştir (Campbell, 1992: 195-223).

Genişleme Politikası Yoluyla Avrupa'nın İnşası: Türkiye'nin Üyeliği Örneği

Postyapısalcı açıdan bakıldığında, diğer tüm kolektif varlıklar gibi AB de sürekli anlamının telaffuz edilmesi ihtiyacında olan hayali bir cemiyet olarak tarif edilebilir (Diez, 2004; McNamara, 2011). Tıpkı ontolojik varlık eksikliğinin kimliğinin söylemsel olarak inşasını gerektiren devlet vakasındaki gibi (Campbell, 1992: 91), AB'yi tanımlama yönündeki herhangi bir girişim kolektifin anlamının içini doldurma ve o anlamı sabitleme çabasıyla kolektif varlığın söylemsel olarak oluşturulmasını gerekli kılar. Resmi AB söylemine damgasını vuran, ama aynı zamanda onun ötesine de uzanan "Avrupa Birliği" ile Avrupa kavramı arasındaki yaygın şekilde kabul edilmiş söylemsel denkliğin Avrupa kimliği kavramı için çok önemli sonuçları söz konusudur (Shore, 1999; Hülsse, 2000; Risse, 2004a, 2010; Krzyzanowski ve Oberhuber, 2007; Tekin, 2010).[2] Burada Avrupa kimliği kavramının nasıl akademik ve siyasi tartışmalarda AB kimliğinden çok daha yaygın olarak kullanıldığını veya Birliğin üye devletler veya aday ülkeler üzerindeki nüfuzundan nasıl pek nadiren "AB"lileşme, daha çok "Avrupalılaşma" olarak bahsedildiğini hatırlatmak gerekir. Avrupa'yı tanımlama yönündeki söylemsel çaba siyasi bir eylemdir ve yalnızca yapıbozumu aracılığıyla ortaya çıkarılabilecek mekânsal ve zamansal sınırların çizilmesini gerektirir.

Akademik yazında AB "düzenleyici" devletten (Majone, 1996) "çok katmanlı yönetişim" sistemine (Hooghe ve Marks, 2001) uzanan çeşitli şekillerde nitelenmiştir. AB'nin tanımlanması çerçevesinde akademik ve siyasi çevrelerde yer alan popüler bir tartışma AB'nin modern devletlerin ötesine geçerek postmodern veya ulus ötesi bir düzeni andırır hale gelip gelmediğidir.[3] Bu AB'de katı ülkesel ayrımların ve tek tip kimliklerin dayatılmasının gücünü kaybettiği ve Birliğin daha geçirgen sınırlarla bağdaştırıldığı anlamına gelir (Ruggie, 1993). Başka bir deyişle bu, AB'nin "Vestfalyacı veya 'modern' devletin katı sınırları ve merkezi egemenlik niteliklerini aşarak geçirgen sınırlara ve katmanlı egemenliğe doğru ilerlediği" anlamına gelmektedir (Buzan ve Diez, 1999: 56). Bu bakış açısına göre Birlik bir hükümetler arası işbirliğinden çok daha fazlasıdır; ancak egemenlik ile birlikte sabit, net bir kolektif kimlik derdi olan modern ulus-devlete de benzemez. Bu ise hem "içerisi" hem de "dışarısıyla" ilişki içinde olan birden fazla "kimliklere" açık bir Avrupalı kimliğinin "Benlik ile Öteki arasındaki ayrımın bulanıklaşmasına" yol açtığı bir inşa halinde olmasına işaret eder (Antonsich, 2008: 507).

Ne var ki bu iddianın büyük kısmı AB'nin dışarıyla ilişkilerinden ziyade AB üyeleri arasındaki kurumsal ve toplum içi ilişkilerin analizine dayalıdır (Rumelili, 2004: 27-8). Bunun aksine AB genişleme siyaseti, Avrupa'nın tanımlanması konusundaki söylemsel mücadelelerin ve dolayısıyla inşa edilmiş Avrupa kimliklerinin modern ulus-devlet kimlikleriyle ilişkisinin AB'nin dışarısıyla olan ilişkilerinde gözlemlenebileceği söylemsel alanı meydana getirir. Bu, AB genişlemesinin belirli bir dış politika türü olarak kavramsallaştırılmasından kaynaklanır. Resmi AB söylemi genişlemeyi özellikle Orta ve Doğu Avrupa ülkelerinin siyasi ve ekonomik sistemleri üzerindeki sözde dönüştürücü etkisi nedeniyle olumlu "başarı" çağrışımlarına sahip "etkili bir dış politika aracı" başlığı altında sunar.[4] Benzer şekilde akademik çevreler de AB genişlemesini, AB'nin aday ülkelerin iç ve dış politikalarını üyelik perspektifi sayesinde biçimlendirebilecek bir konumda olması nedeniyle bir dış politika biçimi olarak tarif eder (Sjursen, 1998; Smith, 1999).

Bu genişlemenin önemli bir parçası olmakla beraber, bu çalışmada genişlemeden belli bir dış politika biçimi olarak bahsetmenin ardındaki mantık kimlik ve dış politikaya dair postyapısalcı kuramsallaştırmalarda yatar. Postyapısalcı bakış açısından incelendiğinde, belli sınırlar çizmekte olan AB genişleme politikası söz konusu kolektif varlık için belli bir tür dış politika olarak kabul edilebilir. Dahil etme veya dışlama kararı iki ana koşula dayanır. Avrupa Birliği Antlaşması'nın (ABA) 49. maddesine dayanan ilk koşul, aday/üye ülkenin bir Avrupa ülkesi olmasıdır. Tek başına bu koşul bile genişleme politikasının esas olarak kimin Avrupalı olduğu, kimin olmadığının değerlendirmesine dayanan bir dahil etme/dışlama kararı içerdiğini ve böylece üyeliğe başvuran bir ülkenin katılım ihtimalinin tartışılmasında bir Avrupa ülkesi olmanın ne anlama geldiğine dair çeşitli söylemleri gündeme getirdiğini göstermektedir.[5]

Bir Avrupa ülkesi olmalarının yanı sıra aday ülkelerden beklenen, AB'nin belirlediği ve Kopenhag kriterleri adı verilen siyasi, ekonomik ve AB müktesebatıyla ilgili kriterleri yerine getiriyor olmalarıdır.[6] Herhangi bir dahil etme/dışlama eylemi, ister kültürel/coğrafi imalar ister demokrasi ve insan hakları gibi başka nitelikler bağlamında olsun, bir kimlik performansı olarak değerlendirilebilir. Bu nedenle Kopenhag kriterleri hakkındaki tartışmalarda da kimlik inşaları gözlemlenebilir.[7] Yukarıda, postyapısalcı çerçevede kimliklerin söylem yoluyla ilişkisel olarak inşa edildikleri ve devletler için belli özne kimliklerini esas olarak kuranların dış politika belirleyicileri tarafından ortaya atılan söylemler olduğunun altı çizilmişti. Dolayısıyla Birlik bağlamında da bir dış politika türü olan AB'nin genişlemesi konulu söylemlerin Avrupa projesinin geleceği açısından önemli etkileri olan, Avrupa'ya dair çeşitli kimlikler inşa ettikleri söylenebilir.

Bu bağlamda, yüzyıllardır Avrupa'ya yakınlığı ve uzaklığı tartışma konusu olan (Levin, 2011) ve daha yakın dönemlerde AB üyeliğine uygunluğu kimlik ve "Avrupalı" olarak davranamama potansiyeli bağlamında sorgulanan (Diez, 2004) Türkiye'nin potansiyel AB üyeliği, Avrupa kimliklerinin inşası konusunda yapılan analizler için can alıcı bir söylem alanı yaratmaktadır. Bunun yanı sıra, postmodern veya ulus ötesi bir Avrupa kimliğinin doğuşu hakkındaki iddialar için de önemli bir gösterge sağlamaktadır. Bu araştırma potansiyeline rağmen Türkiye-AB ilişkileri mevcut literatürü büyük ölçüde iki taraf arasındaki başlıca meseleler (demokrasi, ekonomi ve dış politika), bunların oluşturduğu fırsatlar ve engeller ile katılım sürecinin her iki tarafa olan etkileri üzerine odaklanmıştır.[8] 1990'ların sonundan itibaren taraflar arasındaki ilişkilerin yoğunlaşması üzerine Avrupa'da Türkiye'nin üyeliği konulu söylemsel alanın genişlemesi, AB-Türkiye ilişkileri ve Avrupa bütünleşmesi literatüründe "kimlik" etmenine olan ilginin artmasına neden olmuştur. AB-Türkiye ilişkileri üzerine bu yıllarda yapılan ilk çalışmalar "kimliğe" büyük ölçüde Türkiye'nin AB üyeliğini zorlaştıran birleşik ve bağımsız bir değişken olarak yaklaşıyordu (Öniş, 1999; Müftüler-Baç, 2000; Nas, 2001).

AB-Türkiye ilişkileri üzerine yapılan daha yakın tarihli çalışmalar ise belirli AB üyesi ülkelerde Türkiye'nin üyeliği hakkındaki siyasi tartışmalara odaklanmıştır. Tocci'nin (2007b) derlemesi çeşitli üye ülkelerde Türkiye'nin AB üyeliğine adaylığı üzerine yer alan görüşlerin geniş bir tablosunu çizer. Daha ayrıntılı bir metodoloji benimseyen Tekin (2010) ise Fransa'daki Türkiye'nin üyeliğine muhalif söylemlerin analizini yaparak Türkiye'nin Fransa'da hangi söylemsel stratejilerle

Ötekileştirildiğini gösterir. Yılmaz (2007) ise Türkiye'nin üyeliğine karşı Fransız ve Alman söylemlerinin coğrafi, kültürel ve tarihsel imalara ne şekilde dayandığına odaklanır. Bu son iki çalışmanın ortak noktası belirli üye devletlerdeki muhalif (yani Türkiye'nin üyeliğine karşı olan) söylemlere odaklanmaları ve bu söylemleri uluslararası ilişkilerin kavramsal çerçevesinin dışında ele alıyor olmalarıdır. Bu nedenle bu çalışmalar belli ulusal ortamlarda Türkiye'nin AB'den dışlanmasını meşrulaştırmak için başvurulan söylemsel stratejilerin ortaya konması açısından değerli olmakla birlikte, incelenen örneklerin kısıtlı olmasının da etkisiyle, bu söylemlerin ilişkisel olarak inşa ettikleri farklı Avrupa görülerine yeterince değinmemektedir.

1990'lı yıllardan itibaren genişlemenin de etkisiyle Avrupa kimliği kavramı sosyal inşacı Avrupa bütünleşmesi literatüründe gittikçe daha önemli bir yer kaplamaya başlamıştır. Bu tarz çalışmaların bazıları Türkiye hakkındaki tartışmalar üzerinden oluşturulan Avrupa kimliğini geniş anlamda iki çerçeveye yerleştirmiştir: Türkiye'nin AB'ye kabul edilmesi fikrine daha açık olan kapsayıcı, kozmopolit bir Avrupa ve Türkiye'yi üye ülke olarak görmeyi reddeden, dışlayıcı, özcü bir Avrupa anlayışı (Baban ve Keyman, 2008; Risse, 2010; Levin, 2011). Bu bulgular AB içindeki hâkim izlenimleri yansıtmakla beraber, bu çalışmalarda inşa edilen kimliklerin içeriklerini ve dolayısıyla birbirinden farklılıklarını görmeye olanak tanıyabilecek farklı söylemsel alanları kapsayan ampirik analizler gerçekleştirilmemiştir. Doğu'ya genişlemenin nedenlerine odaklanan sosyal inşacı çalışmalar ise genişleme sürecinde neden bazı ülkelere diğerlerine göre öncelik tanındığını anlamaya çalışmışlardır (Sjursen, 2002, 2006). Bu çalışmalar AB'nin Türkiye'nin üyeliğini meşrulaştırırken "ortak kimlik" ve "hısım temelli görev"e karşılık gelen bir "değer" boyutuna yer vermediğinden, genişleme kararlarında Türkiye'nin Orta ve Doğu Avrupa ülkelerinin gerisine atıldığı düşüncesini savunmuşlardır. Sosyal inşacı çalışmaların belirgin bir özelliği olarak bu eserler dil ve söylemi oluşturucu öğeler yerine açıklayıcı unsurlar olarak kabul ederler ve bu nedenle de, Türkiye aracılığıyla inşa edilen Avrupa kimliğinin daha geniş kapsamlı ifadelerine odaklanmak yerine AB'nin Türkiye siyasetini açıklamayı hedeflerler.

Türkiye aracılığıyla inşa edilen Avrupa kimliğinin önemine kimliğin söylemsel olarak farklılık yoluyla inşa edilişine vurgu yapan postyapısalcı çalışmalar dikkat çekmiştir. Bunlardan bazıları, Avrupa kimliğinin Avrupa'nın "Doğu" ile olan tarihsel ilişkisi aracılığıyla söylemsel olarak inşasına odaklanmıştır. Örneğin Neumann (1999: 63), Avrupa tarihindeki Türkiye ve Rusya söylemlerinin bu iki ülkenin günümüzde Avrupa'da temsil edilme şekillerini hâlâ etkilediğini savunmuştur. Bununla birlikte, Türkiye örneğinde tarihten ve yakın zaman retoriklerinden yapılan seçme alıntıların "Türk"ün temsil edilme şekli konusunda süregiden mücadelelere vurgu

yapmayı büyük ölçüde göz ardı etmesi bakımından fazla sade bir tablo" sunmaya
eğilimli olduğuna dikkat çekmiştir.

Diğer postyapısalcı çalışmalar AB dış politikası, özellikle de genişleme aracılı-
ğıyla inşa edilen Avrupa kimlikleri ile uluslararası ilişkilerdeki modern ulus-devlet
kavramı arasındaki ilişkiyi ele almıştır. Örneğin Diez (2004), AB'nin üçüncü ülke-
lerle olan ilişkilerindeki coğrafi ve kültürel Ötekileştirmelerin AB'de postmodern
bir kimliğin doğmakta olduğu yönündeki popüler iddiaları sorunsallaştırdığının
altını çizmiştir. Rumelili (2004) ise üçüncü ülkelerle ilişkiler yoluyla oluşturulan
Avrupanın/Avrupaların modern ulus-devlet paradigmasıyla örtüşmeyebileceğine
dikkat çekerken, Türkiye'nin kültürel/dini ve demokratik nedenlerle dışlanmasının
AB'deki Avrupa tasavvurunun hem modern hem de postmodern öğeler içerdiğini
gösterdiğini savunmuştur. Bununla birlikte her iki çalışma da AB tarafından inşa
edilen Avrupa kimliklerinin postyapısalcı bir açıdan daha iyi anlaşılması ve kavram-
sallaştırılabilmesi için AB'nin üçüncü ülkelere ilişkin söylemlerine yönelik ampirik
araştırmaların gerekliliğinin ve bu tarz çalışmaların eksikliğinin altını çizmişlerdir.

Bu kitap, belirli AB ulus-devletleri içeren, ama diğer AB kurumlarını da (Avrupa
Komisyonu ve Avrupa Parlamentosu [AP]) kapsayacak şekilde onların ötesine geçen
ve Türkiye'nin AB üyeliğini hem destekleyen hem buna karşı çıkan söylemleri hesaba
katan bir ampirik analizi merkeze alarak bu boşluğu doldurmayı amaçlamaktadır.
Böylece farklı kurumsal, ulusal ve/veya ideolojik alanlardaki söylemlerin farklılık-
larını ve benzerliklerini açıklamakta, aynı zamanda inşa edilmiş kurumsal ve/veya
ulusal kimliklerin ve ideolojilerin farklı AB vizyonlarına ne şekillerde sızdığını da
ortaya koymaktadır. Bunun için kimlik anlatılarının ifadesinde yaşamsal bir işleve
sahip olan birincil kaynaklardan (yarı yapılandırılmış derinlemesine mülakatlardan)
yararlanmaktadır. Belki daha da önemlisi, kitap yukarıda belirtilen çalışmalarda
birbirinden ayrı olarak izlenen iki yaklaşımı birleştirmektedir. Bir yandan metinlere
eleştirel söylem analizi (ESA) yöntemini uygulayarak postyapısalcı bir anlatıyı siste-
matik bir metodolojiyle gerçekleştirmenin yeni bir yolunu ortaya koymaktadır. Öte
yandan, söylem analizinin sonuçlarını sırf Türkiye'nin AB içinde nasıl algılandığı
veya temsil edildiğinin teşhis edilmesiyle sınırlamamakta, postyapısalcı varsayımlara
uygun şekilde bu temsillerin işaret ettiği farklı Avrupa(lar)a da odaklanmaktadır.

Araştırmanın Metodolojisi

Bu kitap, Birliğin birbiriyle bağlantılı üç karar alma alanında, yani Avrupa
Komisyonu, AP ve üç AB üyesi ülkede (Fransa, Almanya, Britanya) Türkiye üze-
rine AB söylemlerinin izini sürmekte ve analizini yapmaktadır. Bunu yaparken AB
komiserlerinin konuşmalarını ve (Avrupa/ulusal) parlamento tartışmalarını bu üç

alandaki siyasetçiler ve kilit politika yapıcılarla gerçekleştirilen 84 yarı yapılandırılmış, ucu açık, derinlemesine nitel mülakatla bir araya getiren bir "ikili metodoloji" benimsemektedir (Pace, 2006: 11). Bu nedenle analiz seçili bazı ulusal ve AB seçkinlerinin söylemlerine odaklanmaktadır.[9] Bu kitapta seçkinlerin söyleminin analizinin yapılmasının önemi esas olarak Avrupa ve AB hakkındaki tartışmalarda seçkinlerin baskın olmasından ve bunun sonucunda AB'nin henüz tamamlanmamış bir "seçkinler projesi" olarak kavramsallaştırılmasından kaynaklanır (Risse, 2010). Konuşmalar ve tartışmaların zaman dilimi, Türkiye'nin adaylık statüsü kazandığı Aralık 1999'daki Helsinki Zirvesi'nden Ağustos 2015'e kadar olan dönemi kapsar.[10] Ancak başta ulusal tartışmalar olmak üzere Türkiye üzerine yapılan konuşma ve tartışmaların AP haricindeki tüm alanlarda özellikle 2010 yılını takiben önemli ölçüde seyreldiği ve kısaldığı görülmektedir. Mülakatlar Ekim 2006 ile Eylül 2008 arasında gerçekleştirilmiştir.

Analiz Alanları

Türkiye üzerine yapılan tartışmaların söylemsel inşasında üç kurumsal alanın hepsi temel rollere sahiptir. Komisyon temsilcileri ile yapılan tartışmalar, parlamento raporları, aday ülkeler hakkında alınan kararlar ve AP milletvekillerinin Komisyon ve Konsey temsilcileriyle gayrı resmi bağlantıları gibi çeşitli kanallar sayesinde AP genişleme hakkında ciddi anlamda söylemsel güce sahiptir (Judge ve Earnshaw, 2003). Genişlemenin son aşamasında AP'ye aday ülkenin üyeliğini veto etme gücü veren onay prosedürü bu süreçte AP'nin elindeki en güçlü resmi müdahale yoludur. Nispi temsil yöntemiyle yapılan doğrudan seçimler genişleme konusunda farklı ideolojik ve ulusal bakış açılarından beslenen çok çeşitli siyasi görüşün parlamentoya yansıması anlamına gelmektedir.

Komisyon "genişleme sürecinin tüm aşamalarında yer alan" kilit bir AB kurumudur (Diedrichs ve Wessels, 2006) ve genişleme süreci üzerinde iki tür etkiye sahiptir. Komisyon, üyeliğe başvuran ülkeler hakkında yaptığı düzenli değerlendirmelerle genişleme tartışmasının bağlamını belirleyerek söz konusu aday ülkelerde ve üye ülkelerde ciddi düzeyde söylemsel nüfuza sahip olmaktadır (Robert, 2004). Dahası, müzakereci kimliği ve Konsey'e politika önerilerinde bulunmasına imkân veren resmi politika öncülüğü rolü sayesinde üye ülkeler ve aday ülkeler için "eylem ihtimallerini" resmi olarak ve zorla biçimlendirmesi açısından söylemsel gücün nerede kurumsallaşacağını "yöneterek" de etkili olmaktadır.[11]

Üye devletlerse Bakanlar Konseyi ve Avrupa Konseyi yoluyla genişleme ve dolayısıyla Avrupa üzerine söylemlere katkıda bulunur. Üye ülkeler, bir ülkenin üyeliğe başvurusunun kabul edilmesi, katılım müzakerelerinin açılması ve (AP ile birlikte) üyelik konusunda son kararın alınması gibi katılım sürecinin kritik aşamalarında karar almaktan sorumludur. Bu kurumsal yapı da üye devletlerin genişleme üzerine yaptıkları ulusal tartışmalarını müzakereler ve pazarlıklar yoluyla AB'nin kurumsal alanında (yeniden) inşa edebilecekleri geniş bir söylemsel sahanın oluşmasının önünü açar.

Bu çalışmaya dahil edilen ülkeler hem Birlik içindeki siyasi ağırlıkları (ki bu en kaba haliyle ülke nüfuslarının AB kurumlarındaki temsil güçlerine ve oy ağırlıklarına yansımasıyla ölçülür) hem de Avrupa'nın ülkelerin kendilik kavrayışlarındaki rolü dikkate alınarak seçilmiştir. Daha önce yapılmış olan araştırmalara göre Avrupa'nın bir ülkenin ulusal kimlik inşasında oynadığı rol, o ülkenin Avrupa'nın bütünleşmesine ve genişlemeyi de içeren ilgili AB politikalarına bakışını ciddi oranda belirlemektedir (Larsen, 1997; Marcussen vd., 1999; Wæver, 2005; Risse, 2010).

Fransa ve Almanya, ne oldukları ve geleceklerinin nasıl olacağı anlatısında Avrupa'nın merkezi bir rol oynadığı ve her iki ülkenin de ulusal kimlik anlatılarının Avrupa üzerine kararlar alabileceklerine dair güçlü bir inanç sergilediği iki vakadır (Wæver, 2005: 42-60). Fransa'da 1980'lerde Mitterrand'ın başkanlığı döneminde, ülkenin siyasi ve ekonomik gerilemesi karşısında Fransız ulusu kavramı ve Avrupa arasında bir füzyon oluşturulmuştur. Bu füzyon Soğuk Savaş sonrasında Fransız sağı tarafından dünyada Fransa'nın yeni rolünün tanımlanmasında benimsenmiştir (Larsen, 1997: 89). Bu söylemsel füzyon uyarınca "Fransa kendi evrensel değerlerini kendisi yansıtamayacak kadar küçülmüş olduğu için Avrupa Fransa'nın geleneksel görev ve ideallerini devralan daha büyük bir Fransa haline geliyor"du (Wæver, 2005: 44). Bu da Avrupa'yı hem Fransa'nın Avrupa'nın öncü kuvveti olarak merkezi bir role sahip olduğu bir sahne, hem de "biçim olarak Fransız" bir varlık şeklinde inşa ediyordu (Wæver, 2005: 44). Fransız modelinin daha üst düzey bir kopyası olması da Avrupa için net sınırlara ve siyasi olarak harekete geçme yetisinden yoksun bir serbest ticaret bölgesinden daha fazlası olarak dışarıya karşı güçlü durabilecek, hareket kabiliyeti yüksek sağlam bir çekirdeğe sahip olması anlamına geliyordu (Larsen, 1997: 89). Yine de Fransız egemenliğine öncelik veren bir "bağımsız milliyetçi kimlik söylemi"nin hâlâ var olduğu anaakım Fransız siyasi söyleminde bu Avrupa görüşüne karşı çıkanlar da bulunmaktaydı (Risse, 2010: 71-6).

Almanya'da merkez sağ ve merkez sol iki ana parti 1950'lerden bu yana iki Almanya'nın birleşmesi gibi sorunlar karşısında dahi varlığını devam ettiren bir "federalci mutabakat" çevresinde bir araya gelmiştir (Risse ve Engelmann-Martin, 2002: 300). "Federalci mutabakat"ın iki başlıca öğesi vardır (Marcussen vd., 1999: 622-5; Risse ve Engelmann-Martin, 2002: 314-5). Bunlardan ilki Almanya'nın ulus-devlet kimliğinin kendi milliyetçi ve militarist geçmişine karşı olarak ve ortak barış projesi olarak oluşturulan bir Avrupa ile yakın bir ilişki içinde inşa edilme şeklidir. Birincisiyle yakından alakalı olan ikinci öğeyse Alman kooperatif federalizminin Avrupa'nın inşası için ana model olarak kavramsallaştırılmasıdır. Burada Birliğin kurumsal düzeni söylemsel olarak Almanya'nın yurtiçindeki kurumsal düzeniyle bağlantırılmaktadır. Bu düzen iktidarın Avrupa'da birçok düzeyde dağıtılabileceği yegâne araç olarak kabul edilir ki böylece Alman iktidar devletinin nüksetmesine yol açacak ulus-devletler arasındaki güç dengesi yaklaşımının önü de kesilmiş olacaktır (Wæver, 2005: 48). Bu genellikle Habermas'ın "anayasal yurtseverlik" adını verdiği olgunun Avrupa düzeyindeki tezahürü olarak yorumlanır. Buna göre kurumlar ve prosedürler kökleri derinlere inen milliyetçiliklerin bastırılmasında merkezi bir role sahiptir (Wodak ve Weiss, 2004: 246). Bazı çalışmalar ise, Orta ve Doğu Avrupa ülkelerine genişlemeyi gerekçelendirirken ortak bir Avrupa kültürüne yapılan göndermelerden yola çıkarak Almanya'daki Avrupa konulu tartışmaların kurumsal/prosedürelin yanı sıra, güçlü bir kültürel boyutu da olduğunu ifade ederler (Good, 2001: 151-2; Zaborowski, 2006: 118).

Britanya'daki ulusal Benlik tanımı da Avrupa ile yakın bir ilişki içermektedir. Ancak Fransa ve Almanya'dakinden farklı olarak burada Avrupa, Britanyalı Benliğin kendisini karşısında konumlandırarak tanımladığı dostane bir Öteki olarak inşa edilir. Anaakım Britanya siyasi söyleminde Avrupa "Kıta" ile özdeşleştirilir ve Birleşik Krallık Parlamentosu'nun nihai egemenliğe sahip olduğu "Anglosakson istisnacılığı" ile kıyaslanır (Marcussen vd., 1999: 625-7). Benzer bir şekilde Avrupa üzerine Britanya söylemi de çoğunlukla, Fransız ve Alman söylemlerinin tersine; medeniyetsel, kültürel veya kurumsal olsun geniş bir Avrupa projesine pek vurgu yapılmayan bir siyasi ve kurumsal pragmatizm sergiler (Larsen, 1997: 51-7).

Veriler

Bu kitapta AP'ye ilişkin analizler, AP milletvekillerinin Türkiye hakkındaki parlamento tartışmalarına ve Türkiye'nin üyeliği hakkında uzun uzadıya tartışmalar da içeren genişleme konulu parlamento tartışmalarına katkılarının yanı sıra,[12] her siyasi grubun büyüklüğüne orantılı olarak temsil edildiği AB-Türkiye Karma Parlamento Komisyonu (AB-Türkiye Delegasyonu olarak da bilinir) üyesi de olan milletvekilleriyle gerçekleştirilen 29 adet derinlemesine kalitatif mülakatları içerir.[13]

Bu analiz süresince AP'de temsil edilen en büyük üç siyasi grupta 2014 yılı Parlamento seçimlerine kadar çok fazla değişiklik olmamıştır.[14] Geleneksel olarak merkez sağı en büyük siyasi grup olan Avrupalı Demokratlar ve Hıristiyan Demokratlar Grubu (EPP-ED) temsil etmiştir. 2009 parlamento seçimlerini takiben Britanya Muhafazakâr Partisi önderliğinde bir grubun Avrupa Muhafazakârlar ve

Reformcular Grubu'nu (ECR) kurmak için EPP-ED'den ayrılmasıyla EPP-ED de adını Avrupa Halk Partisi Grubu (EPP) olarak değiştirmiştir. Merkez solu temsil eden Avrupa Sosyalistler Partisi Grubu (PES) ise adını 2004'te Sosyalist Grup, 2009'da ise Sosyalist ve Demokratlar İlerici İttifakı Grubu (S&D) olarak değiştirmiş olup AP'deki ikinci büyük gruptur. 1999-2004 parlamento döneminde Avrupa Liberal, Demokratik ve Reform Partisi (ELDR) adı altındayken 2004'ten sonra Avrupa İçin Liberal ve Demokrat İttifakı (ALDE) adını alan anaakım liberal ve merkez partiler ise 2014 seçimlerine kadar üçüncü büyük grupken, bu seçimlerden sonra ECR grubunun üçüncü büyük grup statüsüne yükselmesiyle dördüncü sıraya düşmüştür.

EPP ve EPP-ED önderliğindeki geleneksel merkez sağ, Türkiye'nin üyeliği konusunda büyük ölçüde bölünmüştür. Özellikle Hıristiyan Demokrat partiler Türkiye'nin AB üyeliğine umumiyetle karşıyken, Britanyalı Muhafazakârlar (2009'a kadar bu grubun üyesiydiler) ve İtalyan Forza Italia gibi başka muhafazakâr partilerin ise Türkiye'nin üyeliğine açık destek verdiği bilinmektedir. PSE/PS/S&D ve ELDR/ALDE ile 2014 seçimlerine kadar dördüncü grup olan, ancak bu seçimlerden sonra büyüklük sıralamasında altıncılığa düşen Yeşiller/Avrupa Özgür İttifakı Grubu (Yeşiller/EFA) büyük ölçüde Türkiye'nin üyeliğinden yanadır. Milliyetçi ve büyük ölçüde AB mualifi Avrupa Uluslar Birliği Grubu (UEN), 2009'da adını Özgürlük ve Demokrasi Avrupası Grubu (EFD) olarak değiştiren Bağımsızlık ve Demokrasi Grubu (IND/DEM) ve aşırı sağ Kimlik, Gelenek, Egemenlik Grubu (ITS) (ki Haziran 2015 sonrası benzer bir grup Avrupa Milletler ve Özgürlük Grubu (ENF) adı altında kurulmuştur) gibi küçük grupların muhalifliği ise çok daha açıktır. Öte yandan, nispeten küçük gruplardan aşırı solu temsil eden Avrupa Solu/Kuzey Yeşil Solu Konfederatif Grubu bu konuda kendi içinde bölünmüştür.

Komisyon'a ilişkin analizlerde, Genişlemeden Sorumlu Komiser ve Komisyon Başkanı'nın Türkiye'nin Birliğe üyeliği veya Türkiye'ye ayrılmış belirli kısımları olan genişleme konulu konuşmaları Komisyon'da görev yapmakta olan bürokratlar ile yapılan mülakatlarla bir araya getirilmiş, böylece bürokratların görüşlerinin yanı sıra resmi söylem de göz önünde bulundurulmuştur.[15] Avrupa bürokrasisinin sesi halk arasında pek duyulmasa da bu kişiler resmi söylemlerin çoğunun dayandığı ana raporları ve diğer siyasi belgeleri hazırlamaktadır. Avrupa Komisyonu'ndan yetkililerle on dokuz derinlemesine mülakat gerçekleştirilmiştir. Görüşülenlerin tümü Komisyon'un yönetici düzeyinden görevliler olup orta düzey masa başı görevlileri, uluslararası ilişkiler görevlileri ve kendi genel müdürlüklerinde Türkiye üzerine çalışan program yöneticilerinden oluşmaktadır. Saha çalışmasında 28 genel müdürlük arasından sadece Türkiye ile ilişkileri de içeren genişlemeyle ilgili konularla ilgili bölüm/masaya sahip olan 14'ü hedeflenmiştir. Bu kapsama giren genel müdürlükler şunlardır: Tarım ve Kırsal Kalkınma; Rekabet; Ekonomik ve Mali Konular; Eğitim ve Kültür; İstihdam, Sosyal İşler ve Eşit Fırsatlar; Enerji ve Ulaştırma; Genişleme; Çevre; Balıkçılık ve Deniz İşleri; İç Pazar ve Hizmetler; Adalet, Özgürlük ve Güvenlik; Bölgesel Politika; Araştırma; Ticaret.

Üye ülkeler alanındaysa ulusal parlamentolardaki Türkiye üzerine tartışmalar ve Türkiye'nin katılımı üzerine uzun uzadıya tartışmaları içeren genişleme, dış işleri ve Avrupa bütünleşmesi konulu görüşmeler analize dahil edilmiştir.[16] Türkiye ile ilgili konulardaki parlamento tartışmalarının uzunluklarının ve sayısının 2005'te bu ülkeyle katılım müzakerelerinin başlatılmasını takiben, özellikle de 2011 yılı sonrasında oldukça azaldığının altını çizmek gerekir. Analiz aynı zamanda üç üye ülkenin ulusal parlamentolarında milletvekili olan (MP) kişilerle gerçekleştirilen derinlemesine görüşmeleri de içermektedir. Ulusal parlamentolardaki siyasi grupların nispi olarak temsil edildiği AB meseleleri üzerine çalışan parlamento kurumlarının üyeleriyle toplam 36 görüşme gerçekleştirilmiştir.[17]

Analiz edilen veriler genel olarak merkez sol ve merkez sağı temsil ettiği bilinen ana siyasi partilerin söylemlerini içerdiğinden ülkelerdeki seçmen kitlesinin önemli bir kısmının da görüşlerini yansıtır. Fransa örneğinde şu üç siyasi parti dahil edilmiştir: *Union pour un mouvement populaire* (UMP–Halk Hareketi Birliği),[18] *Union pour la démocratie française* (UDF–Fransız Demokrasisi İçin Birlik)[19] ve *Parti socialiste* (PS–Sosyalist Parti). UMP Fransız Ulusal Meclisi'ndeki ana merkez sağ partiyken PS Fransız siyaset sahnesindeki en büyük merkez sol partidir. Merkez sağdaki bir diğer parti olan UDF ise Fransız parlamento ve başkanlık seçimlerinde "gelişmiş ve ölçülebilir tavizler sistemi" uyarınca UMP ile yapmış olduğu yakın ittifaklar nedeniyle analize dahil edilmiştir (Hanley, 1999: 171). Alman siyaset sahnesinde analize katılan söylemler Bundestag'ın [Alman Federal Parlamentosu –çn.] *Christlich Demokratische Union Deutschlands/Christlich-Soziale Union in Bayern* (CDU/CSU) parlamento koalisyonu,[20] *Sozieldemokratische Partei Deutschlands* (SDP) ve *Bündnis 90/Die Grünen* (bundan sonra Yeşiller olarak bahsedilecektir) milletvekillerine aittir.[21] CDU Alman siyasetindeki ana merkez sağ parti olup muhafazakâr ve Hıristiyan Demokrat kardeş partisi CSU ile federal düzeyde işbirliği yapar ve Parlamento'da ortak grup kurar. SPD ve Yeşiller siyasi yelpazenin merkez solunda yer almaktadır. Britanya örneğinde ise merkez sağdaki ana parti olan Muhafazakâr Parti ile merkez solun en büyük temsilcisi olan İşçi Partisi milletvekillerinin söylemleri analize dahil edilmiştir.[22]

Fransa ve Almanya'nın ana merkez sağ partileri olan UMP, UDF ve CDU/CSU koalisyonu Türkiye'nin AB üyeliğine büyük ölçüde karşı çıkarken, içlerindeki görüş ayrılıklarına rağmen PS, SPD ve Yeşiller'in temsil ettiği merkez sol genel olarak üyeliği desteklemiştir. Britanya'daysa her iki parti de ağırlıklı olarak Türkiye'nin üyelik başvurusuna tam destek vermiştir.

Tür Üzerine Düşünceler

Parlamento tartışmaları, siyasi konuşmalar ve mülakatlar "toplumsal uygulamayı meydana getiren belli bir dil kullanım biçimi" (Fairclough, 1995: 56) olarak tanımlanan farklı metinsel türleri oluştururlar. Parlamento tartışmalarındaki söylemler diyalojiktir. Burada milletvekilleri hem diğer milletvekillerinin dile getirdiği hem de parlamento bağlamı dışında telaffuz edilen söylemlere cevap verir (Bayley, 2004: 24). Dolayısıyla, AP veya ulusal parlamentolardaki tartışmalar milletvekillerinin diğerlerini siyasi meselelerde rıza göstermelerini veya vazgeçirmelerini sağlamaya çalıştıkları ikna edici bir işleve sahip olduğundan söylemlerde çeşitli münazara manevraları ve ikna etme stratejilerine başvurulur (Van Dijk, 1993: 71).

Analiz, Hansen'in kimlik/politikanın ifadesi, resmi otorite düzeyi ve metnin ne kadar okunduğu ve katılım gördüğü biçimindeki üç kıstasa göre sınıflandırdığı tür tipolojisini esas alır. Buna göre parlamento tartışmaları hem kimlik hem de politikaları telaffuz eden ve siyasetçilerin seçilmiş olmaları ve bir seçim platformu ile seçmen kitlesinin varlığı yüzünden son derece yüksek resmi otoriteye sahip bir tür olarak sınıflandırılır (Hansen, 2006: 85). Parlamento tartışmaları çok fazla okunmasa ve katılım görmese de, siyasetçiler medya ve baskı grupları aracılığıyla toplumla sürekli bir etkileşim içinde olduklarından daha geniş kitlelere ulaşabilecekleri diğer ortamlarda söylemlerinin sürekli tekrar elden geçirilmesi söz konusudur.[23]

Parlamento tartışmalarından farklı olarak siyasi konuşmalar üst düzey siyasi otorite, kimlik ve politikaların telaffuzu ve geniş kitlelere ulaşması itibarıyla Hansen'in üç kıstasını da yerine getirir (Hansen, 2006: 82-7). Siyasi konuşmalar "[k]amusal söylemin yapılandırılmasında bir mücadele alanı" teşkil ettiklerinden, "siyasetçinin *ne* söylediğinden çok *nasıl* tartıştığına" daha yoğun şekilde bir odaklanmayı ve dolayısıyla dinleyicilere hitap ederken savların oluşturulmasında kullanılan söylemsel araçlara dikkat edilmesini gerektirirler (Wæver, 2004: 200).[24] Komisyon örneğindeki siyasi konuşmalar aynı zamanda Wodak ve Weiss'in (2004: 235-42) Avrupa üzerine "öngörüsel/spekülatif konuşmalar" olarak bahsettikleri yeni ve belirli bir siyasi konuşma alt türü olarak da nitelenebilir. Bu türün belirleyici özelliklerine uygun olarak genelde mutabakata yöneliktirler; "Avrupa'yı anlamak" ("düşünce, öz, töz"), "Avrupa'yı örgütlemek" ("kurumsal karar alma biçimleri ve siyasi çerçeve") ve "sınırları çizmek" (iç/dış ayrımı) amaçlı tartışma stratejilerine bel bağlayan bu türde bu üç boyutun etkileşimi konuşmanın zeminini meydana getirir. Bu çalışma Genişleme Komiseri'nin ve Komisyon Başkanı'nın Türkiye'nin AB üyeliği veya Türkiye'ye belirli kısımlar ayrılmış olarak genişleme meseleleri üzerine yaptıkları konuşmaları içermektedir.

Postyapısalcı çalışmalarda kalitatif mülakatların kullanımı siyasi konuşma ve tartışmalara göre nadirdir; ancak mülakatların söylem araştırmalarında diğer türlerin sağlamadığı bazı belli avantajları sahip olduğu da bilinmektedir. Konuşmacıların anlatıları ve yönelimleri en iyi şekilde mülakat verilerinde ortaya çıkar (Howarth, 2005: 338). Bu büyük ölçüde mülakatların (inşa edilmiş) kimliklerin kalıplarına ışık tutan genişletilmiş bir anlatıya doğru ilerlenmesine izin veren diyalojik doğası sayesindedir. Bununla birlikte araştırmacıya, katılımcıyla etkileşim halinde söylem üretme rolünü veren de bu diyalojikliktir. Böylece bu çalışmada benimsenen ikili metodoloji mülakatlardaki görece öznelliğin, kimlik ifadelerinde hukuki/siyasi metinlerdekinden daha açık olan siyasi tartışma ve konuşmaların üst düzey res-miliğiyle dengelenmesine yardımcı olur. Bu aynı zamanda Türkiye ve AB üzerine söylemlerdeki düzen veya düzensizliklerin karşılıklı kontrol edilmesini sağlayarak bu iki alanda benzer söylemsel kalıpların gözlemlenip gözlemlenmediğinin veya daha gayri resmi, özel ve esnek ortamlarda alternatif inşaların ortaya çıkıp çıkma-dığının tespitini mümkün kılar.

Bu araştırma kapsamında gerçekleştirilen yarı yapılandırılmış mülakatlarda bir taraftan katılımcının kendini ifadesi için geniş bir alan sağlanırken bir taraftan da görüşmenin genel temalarını yapılandırmak için "konu başlıkları" belirlenip kul-lanılmıştır (Krzyzanowski, 2005; Krzyzanowski ve Oberhuber, 2007).[25] Buradaki amaç "anlamlardaki değişkenliği [tespit eden]" "kimliğin tözel içeriği" (Checkel ve Katzenstein, 2009:17) üzerine uzun anlatılar elde edebilmektir. Türkiye'nin üyeliği tartışmasının tüm yönlerini ele almayı amaçlayan bu konu başlıkları şunlardır: Muhatapların Avrupa ve Avrupalılık tanımları; Türkiye'nin Avrupalılığına dair değerlendirmeleri; Türkiye'nin üyeliğinin AB söyleminde ortaya çıkardığı demokrasi ve insan hakları, kadın hakları, din, kültür, göç, güvenlik ve Türk ekonomisinin durumu da dahil olmak üzere başlıca meseleler hakkındaki görüşleri ile Türkiye'deki değişim üzerine görüşleri. Siyasal seçkinlerin (AP ve ulusal parlamentolarda) ve yetkililerin (Komisyon'da) Türkiye'nin meselelerine ve ülkenin AB ile ilişkilerine aşina olan ve bu konulardaki söylemsel alanı biçimlendirme imkânına sahip olan üyeleriyle iletişim kurmaya ve konuşmaya özen gösterilmiştir.

Eleştirel Söylem Analizi

Ortaya çıkan metinler eleştirel söylem analizine (ESA), özellikle de esas olarak Viyana Okulu'nun savunduğu söylemsel-tarihsel koluna tabi tutulmuştur.[26] ESA farklı toplumsal alanlarda söylem ile toplumsal ve kültürel gelişmeler arasındaki ilişkilere odaklanan bir söylem analizi yöntemidir. Söylemsel pratikleri, sosyal kimlikleri ve sosyal ilişkileri içeren sosyal dünyanın inşasına katkıda bulunan önem bir sosyal pratik olarak değerlendirmektedir. Kavramsal dayanakları Althusser'in ideoloji kuramına, Bakhtin'in oyun teorisine ve özellikle de Gramsci ve Frankfurt Okulu'nun felsefi geleneklerine dayanmaktadır (Titcher vd., 2000: 144). Frankfurt Okulu'nun etkisi kendisini, özellikle analizin Habermas'ın eleştirel bilimin özdüşünümsel olması gerektiği ilkesini benimsemesinde gösterir. Bu kuramsal duruş ESA kapsamındaki çalışmalarda iktidar ilişkilerine, dışlama süreçlerine, eşitsizliğe ve kimlik inşasında dilin rolüne odaklanılmasına yol açmıştır.

Bu çalışma, ESA çatısı altındaki farklı kollardan Viyana Okulu'nun "söylemsel-tarihsel" yaklaşımına yakın durmaktadır. Bu yaklaşımdan ulusal kimliklerin analizinde yararlanılmış (Wodak, 1999) ve daha yakın tarihlerde de Avrupa kimliklerinin inşasının analizinde başvurulmuştur (Krzyzanowski ve Oberhuber, 2007). Bu yaklaşımın ayırıcı özelliği "biz" ve "onlar"ın söylemsel inşasının kimlik ve farklılık söylemlerinin temel öğesi olarak görüldüğü kimlik inşasına özel bir vurgu yapmasıdır (Wodak, 2001: 73). Metinlerin analizi için analitik araçlar sağlamasının yanı sıra, analize söylemsel-tarihsel analiz açısından yol gösterici ve merkezi bir kavram olan "metinlerarasılığı" da katar. Yukarıda da değindiğimiz üzere, bu kavram postyapısalcı yaklaşımlarda da merkezi bir yere sahiptir. Bununla birlikte bu çalışma metinlerarasılığı bazı postyapısalcı analizlerde olduğu gibi söylemlerin yanı sıra metinlerin arasındaki bağlantıları açıklamak için başvurulduğu daha geniş anlamıyla almaz. Onun yerine söylemsel-tarihsel çalışmalarda öne sürülen "metinlerarasılık" ile "söylemlerarasılık" arasındaki ayrımı benimser. Başka bir deyişle, burada "metinlerarasılık" bir metnin geçmiş veya şimdiki zamandaki diğer metinlerden "bir konu veya ana aktörlere sürekli göndermeler yoluyla, aynı olaylara gönderme yaparak veya ana savların bir metinden diğerine aktarılmasıyla" açıkça veya örtülü olarak yararlanma şekillerinden bahsetmek için kullanılırken, "söylemlerarasılık" ise söylemlerin birbiriyle bağlantılı olma ve birbirinden faydalanma şekillerini anlatır (Krzyzanowski ve Oberhuber içinde Wodak, 2007: 206). Bu ayrımın temelinde metnin çeşitli türler aracılığıyla "belli ve yegâne bir söylemin gerçekleşmesi" anlamına gelmesi, söylemin ise "bilgi ve yapıların kalıpları ve benzerlikleri" olarak kavramsallaştırılması yatar (Krzyzanowski ve Oberhuber içinde Wodak, 2007: 207).

Söylemsel-tarihsel ESA ile bu kitapta seçilen postyapısalcı yaklaşım arasında metin analizinde "tarih" kavramına verdikleri yer konusunda bir fark vardır. Söylemsel-tarihsel yaklaşım, "söylemsel 'olayların' parçası oldukları toplumsal ve siyasal alanın geçmişinin" analize katılması gerektiğini savunur. Bu ESA'nın "söylemsel uygulamalar ile belirli eylem alanları (durumlar, kurumsal çerçeveler ve toplumsal yapılar da dahil olmak üzere) arasında diyalektik bir ilişki" öngören kuramsal köklerinden kaynaklanır (Wodak, 2001: 66). Ne var ki, bu kitaptaki post-yapısalcı varsayımlar toplumsal gerçekliğin ondan bahsetme şeklimizden bağımsız olarak var olmadığını savunur ve söylem ile toplumsal/kurumsal yapılar arasında böyle bir ayrımın varlığını reddeder. Bu nedenle söylemlerin zamanlaması ve yeri, söyleme katılanlar ve bu kişilerin kurumsal bağlantıları ile antlaşmaların imza-lanması gibi gerçek maddi "olayları" da kapsayan arka plan bilgiler de verilmekle beraber, olayların bağlamsal anlatıları eleştirel bir biçimde sunulur.

Söz konusu kuramsal ayrılık kendisini bu kitabın dilsel araçların aktörlerin gerçek manipülatif hedeflerinin ortaya serilme yolu olarak kavramsallaştırılma-sını reddetmesiyle de gösterir. Habermasçı temelleri ESA yaklaşımlarını genelde analizi yapan kişinin olaylara temsillerin sahteliğini ortaya çıkarma ve aktörlerin "hakiki" hedeflerini ortaya serme amacıyla dahil olduğu, söylemlerin şeylerin "hakikatler" olarak aslında var olma biçimlerinden sapmalar (Blommaert, 2005: 32-3) olarak kabul edildiği bir yöne götürür. Burada benimsen postyapısalcı çer-çeveye göre, "söylem kendi başına bir konu olarak ele alınır" ve olayların ardında hangi niyetlerin yattığına bakılmaz (Buzan vd., 1998: 176-7). Dolayısıyla burada ilgilenilen, bireysel konuşmacı ve yazarların niyet, inanç ve algılarından çok daha geniş anlamıyla söylemsel yapılar ve söylemin nitelikleri, belli bir konuşma veya yazıyı makul ve doğal gibi gösteren söylemsel düzenlemelerdir. Bunula birlikte, postyapısalcı epistemoloji ve ontoloji verinin inşa edilmişliği üzerine bir vurgu gerektirmekle beraber, (Hansen ve Sørensen, 2005: 98; Hansen, 2006: 213) bu, söz konusu değerlendirmede "her şeyin mubah" olduğu anlamına gelmez.

Birincisi, postyapısalcılık tarafından benimsenen "siyasi eleştiri etosu" farklılığın olumsuzlanmasına, hatta Ötekiler ile şiddet ilişkilerine yol açabilecek milliyetçi imgelemeye meydan okumak için "ulusal topluluğun sınırları çizilmiş toprak parçası ile sabit kimliğin kesişimini gerektirdiği" düşüncesini sürekli olarak sor-gular (Campbell, 1998: 13). İkincisi, kuramsal ayrılığa rağmen, söylemsel-tarihsel yaklaşımın temel dilsel araçlarının söylemdeki temsiller yoluyla inşa edilen özne kimliklerini göstermek amacıyla kullanılabileceği iddia edilebilir. Torfing'in de vurguladığı üzere (2005: 9), ESA'nın "somut söylem analizi için kullanılabilecek analitik nosyonları ve kategorileri [...] postyapısalcı söylem kuramlarından gelen kavramlarla birlikte kullanılabilir." Bunun temelinde epistemolojik ve siyasi/ideo-lojik içeriğiyle ESA ile ampirik katkıları için değerli bir teknik olarak ESA arasında gerçekten de bir ayrım yapılabileceği varsayımı yatar.

TABLO 1 Söylemsel Stratejiler

Strateji	Hedefler	Araçlar[28]
İma / adlandırma	İç ve dış grupların oluşturulması	Üyelik sınıflandırması Metaforlar, düzdeğişmeceler ve kapsamlamalar
İsnat	Toplumsal aktörlerin az çok olumlu veya olumsuz, aşağılayıcı veya takdir edici şekilde yaftalanması	Olumsuz veya olumlu özelliklerin stereotipik ve yargılayıcı şekilde yüklenmesi Örtülü ve açık anlam yükleme
Uslamlama	Olumlu veya olumsuz nitelemelerin gerekçelendirilmesi	Dahil etme veya dışlamayı, ayrımcılığı veya imtiyazlı muameleyi meşru göstermek için *topos* [çoğ. *topoi*] kullanımı Örtülü önvarsayımlar[29]
Yoğunlaştırma, hafifletme	Bir önermenin epistemik statüsünün uyarlanması	İfadelerin edimsözel gücünün yoğunlaştırılması veya hafifletilmesi

Bu çalışmada başvurulan söylemsel-tarihsel ESA'nın analitik aygıtı üç ana adımdan oluşmaktadır. İlk adımda tema ve söylemlerin ana içeriği, yani Türkiye üzerine ve Türkiye'nin Avrupa ve/veya AB ile ilişkisi üzerine anlatıdaki "söylem konuları" belirlenir.[27] İkinci adımdaysa metinlere yöneltilen şu ampirik soruların cevaplanması için anlatıdaki kimliklerin inşasında başvurulan "söylemsel stratejiler" incelenir (Reisigl ve Wodak, 2001: 44): Seçilen konular (Türkiye, AB, Avrupa) dilsel olarak nasıl adlandırılıyor ve bahsediliyor? Bunlara hangi özellikler, karakteristikler, nitelikler atfediliyor? Konuların belli şekillerde temsil edilişleri söylemde hangi savlarla ve uslamlama stratejileriyle gerekçelendiriliyor, meşrulaştırılıyor ve doğallaştırılıyor? Birbirini izleyen ifadeler yoğunlaşıyor mu yoksa azalıyor mu? Tüm bu sorular söylemde çeşitli "biz"lerin nasıl inşa edildiği ve doğallaştırıldığıyla yakından alakalıdır. Söylemsel-tarihsel ESA çalışmalarında bu ampirik soruların cevaplanması için analize tabi tutulan söylemsel uygulamaların tümünden "söylemsel stratejiler" olarak bahsedilir. Bunlar Tablo 1'de sıralanmıştır (Wodak, 2001: 73'ten yararlanılmıştır). Bu adım, ilk iki ampirik soruyu cevaplamada ima yollu stratejilere ve isnat stratejisine, üçüncü ampirik sorunun cevaplandırılmasında ise uslamlama stratejilerine odaklanılmasını gerektirmektedir. Analizin üçüncü adımında yukarıda belirtilen söylemsel stratejilerin gerçekleştirilmesi için kullanılan "dilsel araçlar" incelenir.

"İma yollu stratejiler/adlandırmalar", söylemde iç ve dış gruplar yaratarak, değişmeceler, ikameler, belli metaforlar ve düzdeğişmeceler gibi çeşitli dilsel araçlara başvurabilir. Örneğin "biz" ve "onlar" ile "aile" veya "ev" gibi metaforların kullanımı gönderme içeren az sayıdaki dilsel araca örnek gösterilebilir. Bunlar, "kişi, hayvan, nesne, eylem ve toplumsal fenomenlere dilsel olarak nitelikler yüklemenin çok basit bir süreci ve sonucu olan" "isnat stratejisi" ile çok yakından bağlantılıdır (Reisigl ve Wodak, 2001: 54). İsnat stratejisi; atıflar, eşdizimlilikler, anlam yükleyici adlar/ sıfatlar ve çeşitli diğer retorik figürler aracılığıyla gerçekleştirilebilir. Örneğin işaret sözcükleri ve stigma sözcükler gibi retorik araçların kullanımı söylemde örtülü isnat olarak düşünülebilir. Çokkültürlülük, bütünleşme, özgürlük ve demokrasi gibi işaret sözcüklerinin olumlu çağrışımları varken; ırkçılık ve Yahudi karşıtlığı gibi stigma sözcükler olumsuz çağrışıma sahiptir.

Nitelemeleri gerekçelendirmek için başvurulan "uslamlama stratejileri"nin çeşitli biçimleri vardır. En yaygınlarından biri, "savları sonuca bağlayan ve içeriğe ilişkin gerekçeler şeklinde ortaya çıkan önermeler" (Reisigl ve Wodak, 2001: 74) olarak tanımlanan *topos* kullanımıdır. Örneğin ulusal kimliklerin söylemsel inşasında karşımıza sıklıkla kültür ve tarih *topos*'u çıkar. Ulusal kimliklerin söylemsel inşasında sıkça kullanılan bir diğer *topos* da bir hareket tarzının tehlikeli sonuçları söz konusuysa, o hareketten kaçınılması veya belli tehditler mevcutsa, gerekli önlemlerin alınmasını ima eden tehdit *topos*'udur (Reisigl ve Wodak, 2001: 77). Kimliklerin söylemsel inşasında özellikle yaygın rastlanan bir diğer uslamlama stratejisi de örtülülük stratejisidir. Burada yüzeyde muğlak ve eksik bırakılmış gibi görünen savlar aslında aktörler, olaylar veya süreçlere dair belli örtülü varsayımlara dayalıdır (Van Der Valk, 2003: 193-3). Son olarak, "yoğunlaştırma ve hafifletme stratejileri" ise abartılar, küçültme veya büyütme, aşırı sözcükleştirme (belli bir varlık, olay veya süreçten bahsederken eşanlamlıların aşırı kullanımı), atlamalar veya tekzipler gibi çeşitli dilsel aygıtlara başvurarak ifadelerin etkisini azaltabilir veya pekiştirebilirler.

Bu kitaptaki analizler söylem konuları çevresinde düzenlenmiş olup, belli bir söylem konusunda kullanılan söylemsel stratejiler ve dilsel araçlar metinden seçilmiş alıntılarla ortaya konmaktadır. Daha etraflı ve derinlemesine analize tabi tutulan alıntılar, aynı söylem konusunu ifade eden parlamento tartışmaları/konuşmalar/ mülakatların (notlarda belirtilmiş olan) diğer kısımlarında da başvurulan çok çeşitli söylemsel strateji ve ilişkili dilsel araçkullanımları nedeniyle özellikle seçilmişlerdir.[30] Dolayısıyla, makalede kullanılan alıntılar Türkiye aracılığıyla Avrupa inşalarında gözlemlenen "tipik söylem parçaları" (Jäger ve Maier, 2009: 54) olarak kabul edilmeli ve ulusal/Avrupa düzeyindeki siyasi grupların tüm üyeleri ve komiserler/Komisyon bürokratlarının tümü için geçerli sayılacak şekilde genelleştirilmemelidir.[31]

AB-Türkiye İlişkilerindeki Başlıca Meseleler

Kimlik temsilleri bir boşlukta yer almazlar. Kimliğin farklılık yoluyla söylemsel inşası uluslararası ilişkilerdeki postyapısalcı yaklaşımın temelini meydana getirir. Bu yaklaşıma göre güvenlik, demokrasi ve insan hakları gibi çeşitli uluslararası norm ve meseleler üzerine söylemler karşıtlık temelli kimlik yapılanmaları ve sınıflandırmalarıyla sıkı şekilde iç içe geçmiştir. Tarifler ve anlatımlar dünyanın belli bir eylem yelpazesine uygun "versiyonlarını" inşa eder (Potter, 1996). Metinsel veriler ve AB-Türkiye ilişkileri üzerine bilimsel yazın yakından incelendiğinde, Türkiye'nin AB'ye üyeliği ihtimali konulu tartışmalarda ağırlıklı belli bazı kilit siyasi ve ekonomik meseleler olduğu görülmektedir.

Bunlardan biri 80 milyona yaklaşan "Türkiye'nin nüfusunun büyüklüğü" ile ilgilidir. Türkiye'nin nüfus oranları AB politika yapıcıları tarafından, çoğunlukla göç ve AB'ye muhtemel kurumsal ve ekonomik etkileri bağlamında kısıtlayıcı bir mesele olarak dile getirilir. Üyeliği halinde Türkiye'nin Almanya'dan sonra Birliğin en kalabalık üyesi olması beklenmektedir. Dahası, Türkiye'nin nüfusunun yaklaşık yüzde 30'u on beş yaşından gençtir. Bu da AB'nin yaşlanan nüfusuna göre Türkiye'nin genç bir nüfusa sahip olduğu anlamına gelmekte ve Türkiye'nin üyeliğinin muhtemel sosyoekonomik yararları konusunda da tartışmalara yol açmaktadır.

Ülke içindeki büyük gelir farklılıkları, ekonominin yapısı, popülist politikalar ve yolsuzluk gibi "ekonomik meseleler" de sıklıkla daha yakın ilişkilerin karşısındaki temel engeller olarak dile getirilmektedir. Başta örgün okullaşma ve eğitimin kalitesi olmak üzere Türkiye'nin insani gelişim göstergeleri de AB üyesi devletlerle önemli bir ayrılık göstergesi olarak telaffuz edilir (Derviş vd., 2004). Avro krizinin patlak vermesi ve 2000'li yıllarda Türk ekonomisinde kaydedilen yüksek büyüme oranları son zamanlarda Türkiye'nin üyeliğinin ekonomik açıdan mümkün olması lehine bazı savların ortaya atılmasına yol açmıştır.[32] Bununla birlikte katılım müzakereleri, AB müktesebatı ile hem kâğıt üzerinde hem de pratikte yeterince uyum sağlanabilmesi için güçlendirilmesi gereken nispeten zayıf bir idari kapasite mevcudiyeti gibi başka sorunları da açıkça ortaya sermektedir (Avrupa Komisyonu, 2010).

"İnsan hakları ve demokrasiyle ilgili meseleler," özellikle Türkiye'deki 1980 askeri darbesinden itibaren AB-Türkiye ilişkilerinin gündeminde olmuştur. Türkiye sık sık çeşitli AB aktörleri tarafından hukukun üstünlüğü; işkence ve kötü muamele sicili; düşünce, basın, örgütlenme ve toplanma özgürlükleri gibi temel özgürlükleri ihlali ve başta Türkiye'deki Kürtler olmak üzere azınlıklara muamelesi ile bağlantılı sorunlar yüzünden eleştirilmiştir. Özellikle 1999-2005 yılları arasında demokrasiyi güçlendirmeye yönelik reformlar gerçekleştirilmiştir. Türk hükümetlerince temel hak ve özgürlükleri genişleten, işkenceye karşı mücadeleyi güçlendiren, azınlık haklarını iyileştiren ve ölüm cezasını kaldıran kayda değer reform paketleri geçirilmiştir (Özbudun ve Gençkaya, 2009). Freedom House endeksine göre, 1990'ların ortalarından bu yana ülkedeki hak ve özgürlüklerin düzeyinde kademeli bir ilerleme görülmüş, hatta 2008 yılındaki Freedom House raporunda Türkiye, 2004'ten bu yana özgür olmasına ramak kalmış bir ülke olarak nitelenmiştir (Freedom House, 2008). Buna rağmen, azınlık hakları, belli temel özgürlükler (basın özgürlüğü), yolsuzluk ve yargı reformu gibi alanlarda hâlâ kayda değer sorunlar olduğu bildirilmektedir (Avrupa Komisyonu, 2014). Bu ve benzeri sorunların 2000'li yılların sonlarına doğru ağırlaştığı yönünde genel bir kanı mevcuttur. Yine Freedom House verilerine göre 2013 itibariyle temel hak ve özgürlükler alanında bir geriye gidiş söz konusudur.

Demokrasi ve hukukun üstünlüğüyle bağlantılı olarak, "asker-sivil ilişkileri" de AB ile Türkiye arasında önemli bir tartışma konusu olmuştur. Ülke tarihindeki üç askeri darbe ile (1960, 1971, 1980) Türk Silahlı Kuvvetleri (TSK) sivil otorite üzerinde nüfuz sahibi olmasını sağlayacak çeşitli kurumsal mekanizmalar oluşturmuştur. Türk Silahlı Kuvvetleri'nin de sayesinde "iç güvenlik" ve "milletin ve devletin bölünmez bütünlüğü" söylemleri neredeyse hegemonik bir konuma ulaşmış, bunlar da TSK'nın sivil otorite karşısındaki konumunu güçlendirmiştir. Geçtiğimiz yıllardaki demokratik reformlarla birlikte askeriye üzerindeki sivil denetimi güçlendiren önemli adımlar atılmış olmakla beraber, özellikle siyasi ve ekonomik alanlarda askeri özerklik konusunda sorunlar hâlâ mevcuttur (Gürsoy, 2011). Bununla birlikte, 2000'li yılların sonlarına doğru gerçekleştirilmiş olan darbe iddialı yargılamalarda önemli hukuk ihlallerinin yapıldığı ve bu nedenle toplumsal kutuplaşmanın da körüklendiği iddia edilmiştir (Gürsoy, 2015).

AB politika yapıcıları arasında Türkiye ile ilişkiler konusundaki başlıca tartışma temalarından biri de Kıbrıs meselesi olmuştur. Kıbrıs'ın 2004'te AB'ye üyeliği AB-Türkiye ilişkilerine yeni engelleyici dinamikler getirmiştir. En sonuncusu Nisan 2004'te Kıbrıslı Rumlarca bir referandumda reddedilen "Annan Planı" olmak üzere BM'nin önayak olduğu Ada'yı birleştirme çabalarına rağmen Kıbrıs meselesi kırk yılı aşkın süredir bir "donmuş ihtilaf" olarak kalmıştır. Aralık 2006'da Konsey, AB ile yapmış olduğu Gümrük Birliği Antlaşması uyarınca limanlarını ve hava sahasını Kıbrıs Rum Kesimi'ne açana kadar Türkiye ile müktesebatın sekiz faslı üzerinde müzakereleri başlatmama ve fasıllardan hiçbirini geçici olarak kapatmama kararı almıştır.

AB-Türkiye ilişkileri üzerine konuşmalarda sıkça karşımıza çıkan bir başka mesele de Türkiye'nin üyeliğinin "jeopolitik sonuçları"dır. Türkiye'nin Avrupa ve Ortadoğu ile tarihsel ilişkileri nedeniyle bu iki bölge arasında bir "köprü" işlevi gördüğü yaygın olarak ileri sürülmüştür. Özellikle 2000'li yılların ikinci yarısında Türk dış politikasında aktivizmin artması, AB'nin geniş komşuluk bölgesinde AB dış politikası ile Türk dış politikasının birbiriyle uyumlu olup olmadığına dair tartışmalara yol açmıştır. Kimileri dış politikadaki potansiyel yakınsama ve işbirliği alanlarının AB'nin özellikle Güney komşuluk bölgesinde nüfuzunu artırabileceğine dikkat çekerken, kimileriyse özellikle Arap isyanları sonrasında istikrarsızlık doğurabilecek görüş ayrılığı bulunan noktalara dikkat çekmiştir.[33]

Anayasal Antlaşma'nın 2005 yılında Fransa ve Almanya'da reddedilmesinin ardından daha da belirginleşen bir mesele de "AB kamuoyunun Türkiye'nin üyeliğine bakışı"dır. Eurobarometer anketleri çeşitli ülkelerdeki AB kamuoyunun çoğunluğunun Türkiye'nin üyeliğine karşı olduğunu ve bu oranın Fransa, Almanya ve Avusturya gibi ülkelerde özellikle yüksek olduğunu göstermektedir. Araştırmalar bu tutumun Türkiye'nin kültür ve kimlik açısından Avrupa'ya yabancı bir ülke olarak algılanmasıyla yakın ilgisi olduğunu savunmuşlardır (Jimenez ve Torreblanca, 2007). Önde gelen AB liderleri, Türkiye'nin AB'ye girişine engel olan faktörler arasında "kültürel ve dini farklılıklara" da vurgu yapmışlardır.

Türkiye'yle ilgili AB söylemlerinde değinilen meseleler yukarıda kısaca değindiklerimizle sınırlı değildir. Analizde göç, sınır kontrolleri, güvenlik ve komşularla ilişkiler (örn. Ermenistan) gibi başka temaların da yer aldığı görülecektir. Bu çalışmanın odak noktası, Türkiye üzerine yapılan tartışmalar aracılığıyla Avrupa kimliğinin farklı versiyonlarının inşa edilmesinde söz konusu meselelerin nasıl belli yorumlara öncelik verecek şekilde ele alındığıdır.

Kitabın Ana Hatları

Bu kitapta Türkiye ve Türkiye'nin AB ile ilişkileri üzerine tartışmalarda farklı Avrupaların inşa edildiği dört ana söylem konu başlığı tespit edilmiştir. Bunlar Avrupa'nın "bir güvenlik topluluğu", "demokratik değerlerin bir savunucusu", "siyasi bir proje" ve "kültürel bir alan olarak" kavramsallaştırılmasına karşılık gelir.

Giriş'i takip eden Birinci Bölüm, Avrupa'nın Türkiye üzerine AB söylemlerinde nasıl bir "güvenlik topluluğu" olarak inşa edildiğini incelemektedir. Türkiye'nin medeniyetler arasındaki diyalogda kilit bir oyuncu, Güney komşuları için örnek bir ülke, güçlü bir AB dış kimliğinin inşası önünde bir engel ve göç ve sınır güvenliği açısından potansiyel bir tehdit olarak tanımlanmasıyla gerçekleştirilen bu inşa sürecinde kullanılan çeşitli söylemsel stratejileri ortaya koymaktadır. Bölüm, bu inşalardaki kurumsal, ideolojik ve ulusal farklılıkları da (eğer varsa) incelemektedir. Bununla birlikte bu bölümde, güvenlik konulu AB söylemlerinin tüm farklı versiyonlara rağmen büyük ölçüde Avrupa/Batı ve Güney olarak iki yekpare ve homojen kültür bloğu inşa ederken bir siyasi mit olarak "medeniyetler çatışması" anlatısının ana ilkelerinden yararlandığı ve Avrupa'yı büyük ölçüde içerisi ve dışarısı arasında net sınırlar çizen ulus-devlet merkezci kavramlarla inşa ettiği savunulmaktadır.

İkinci Bölüm, Türkiye'nin üyeliği hakkındaki AB tartışmaları aracılığıyla Avrupa'nın sistematik şekilde nasıl "demokratik değerlerin savunucusu" olarak inşa edildiğini ortaya koymaktadır. Demokrasinin sağcı, aşırı sağcı ve aynı derecede olmamakla beraber solcu/liberal siyasi gruplar arasında nasıl kültürel/tarihsel bir değer olarak kavramsallaştırıldığını ve yeni şarkiyatçı söylemi nasıl tekrar ürettiğini göstermektedir. Aynı zamanda, bazı sol/liberal siyasi grupların ve Komisyon bürokratlarının demokrasiyi Türkiye'nin Avrupa modelini medenileştirici misyonuyla birlikte kopyalayarak edinebileceği kazanılabilir bir özellik olarak sunduklarını ortaya sermekte ve bu inşanın özdüşünümsellik noksanlığıyla (veya İkinci Dünya Savaşı'yla sınırlı kalmak üzere yetersiz derecede) birleşerek modernleşme projesinin Avrupa merkezciliğini tekrar ürettiğini ve bu yüzden de AB'nin normatif bir aktör olarak nitelenmesini sorunlu kıldığını belirtmektedir.

Üçüncü Bölüm, çok sayıda AP ve Komisyon söyleminin yanı sıra çoğu Fransız ve Alman siyasi grupları içinde, Avrupa'nın iyi işleyen kurumlara, güçlü bir çekirdeğe, sağlam bir bütçeye ve toplu bir egemenliğe sahip bir "siyasi proje" olarak inşa edildiğini ortaya koymaktadır. Türkiye'nin siyasi projeye olası etkileri konusunda siyasi gruplar ve ulusal/kurumsal alanlar arasında önemli görüş farklılıkları bulunmasına rağmen, Alman Yeşiller gibi gruplar haricinde, kültür ve tarih gibi özcü olgulara bağlanan Türk "egemenliği" kavramının belli bir derece iç homojenlik ve tekillik gerektiren bu siyasi projenin işleyebilmesinin önünde bir engel olarak gündeme getirildiği görülmektedir. Bu bulgularla yola çıkan bölüm ayrıca Komisyon'un ulusüstülüğünün sınırlarını ortaya çıkarmakta ve bu kurumun yaygın olarak ulusüstü bir aktör şeklinde görülmesini de sorgulamaktadır. Komisyon yetkililerinin ulusüstülüğe vurgu yapmalarına ve Türk milliyetçiliğinin tezahürleri olarak gördükleri politikaları eleştirmelerine rağmen, Türkiye'nin üyeliği üzerine stratejik fikir yürütmeler veya AB üyesi ülkelerin ulusal egemenliklerine bağlı oldukları hassas konular söz konusu olduğunda, bu bölümde "Avrupa milliyetçiliği" olarak bahsedilen bir milliyetçiliğe büründükleri görülmektedir. Bu bölümde aynı zamanda AP'deki merkez sağ grubunun çeşitli kesimlerinde (İsveçli, Britanyalı, İspanyol ve İtalyan hizipler) ve Britanya'daki iki ana siyasi parti arasında Avrupa'nın ulus-devletlerden oluşan bir siyasi proje olarak inşasına dair alternatif ancak azınlık bir söylem de tespit edilmektedir. Ancak söylem konusu yüzeysel olarak farklı görünse de onu inşa eden söylem düzeninin ulus-devlete dayanması açısından büyük ölçüde benzer olduğu savunulmaktadır.

Dördüncü Bölüm, Türkiye üzerine tartışmalarda Avrupa'nın bir "kültürel alan" olarak söylemsel inşasını ortaya koymaktadır. AP'dekilerin yanı sıra Fransa ve Almanya'daki sağ ve aşırı sağ siyasi grupların Avrupa'nın içerisi ve dışarısı arasındaki katı sınırları büyük ölçüde coğrafi, tarihsel ve kültürel etmenlere dayanarak inşa ettiklerini bulmaktadır. Bu bölüm ayrıca sol/liberal grupların ve Komisyon'un mevcut söylemlerinin sürekli olarak kültürel çeşitliliğe vurgu yaptığını ve özcülüğü açıkça reddettiğini işaret etmektedir. Bununla birlikte bu söylemlerin daha yakından okunduğunda içerisi ve dışarısı arasında özcü sıfatlara dayalı net sınırlar çizmemekle beraber, yine de siyasi toplulukları tahayyül etme biçimlerinde modernleşme paradigmasından ve onun ulus-devlete bakışından kendilerini kurtaramıyor olduklarını iddia etmektedir. Bunun özellikle "kültür" ve "çokkültürlülük" nosyonlarının kavramlaştırılmasında karşımıza çıktığı savunulmaktadır. Çeşitliliğe yapılan vurguya rağmen din gibi "tözel" "kültür" nosyonlarının toplumda ifade bulma derecesinde bir birlik arayışının söz konusu olduğu gösterilmektedir. Aynı zamanda bu inşa esnasında Britanyalıların çoğunlukla ortak bir kültür, tarih, (gayet esnek) bir coğrafyaya dayanan mitik Avrupa ile siyasi bir ulus-devletler projesi olarak Avrupa arasında yapmış olduğu açık ayrımda olduğu gibi mevcut ulusal/kurumsal farklılıklar da ortaya serilmektedir.

Sonuç bölümüyse önceki bölümlerdeki iddiaları bir araya getirerek ampirik bulguları uluslararası ilişkilerdeki daha geniş kapsamlı kuramsal kimlik inşası tartışmaları ile AB genişleme projesi aracılığıyla Avrupa kimliğinin inşasında modernleşme paradigmasının ve modern ulus-devletin rolüne dair tartışmalar ışığında incelemektedir.

Bir Güvenlik Topluluğu Olarak Avrupa

Türkiye'nin AB üyeliğinin potansiyel güvenlik sonuçları hem AP'de ve Avrupa Komisyonu'nda (bkz. Aydın-Düzgit, 2013) hem de analize dahil olan üç üye ülkede sıklıkla tartışılmış ve dolayısıyla bir güvenlik topluluğu olarak Avrupa'nın söylemsel inşasında kilit bir rol oynamıştır. Analizimiz verilerde bu temanın, özellikle 2002 ve 2003'ten itibaren Türkiye'nin üyeliğini hem destekleyenler hem de karşı çıkanlar arasında yoğunlaştığını ortaya çıkarmaktadır. Bu yoğunluk, katılım müzakerelerinin başlamasıyla tüm söylemsel alanlarda dikkatlerin Türkiye'deki iç gelişmelere doğru kaymasıyla önemli ölçüde azalmakta, sadece 2011'deki Arap Baharı sonrasında başta Avrupa Parlamentosu ile Almanya ve İngiltere söylemlerinde olmak üzere bir miktar artmaktadır. Söylem analizi bu söylem konusunu gündeme getiren iki baskın Türkiye temsili ortaya çıkarmaktadır: Türkiye'nin medeniyetler çatışması için bir deva olarak ve Avrupa için potansiyel bir güvenlik tehdidi olarak temsilleri.

Medeniyetler Çatışmasına Deva Olarak Türkiye

Medeniyetler çatışması kavramı ilk olarak Soğuk Savaş sonrası dönemde Samuel Huntington (1993, 1996) tarafından üretilmiş ve işlenmiş, 11 Eylül olaylarından sonra tekrar etkili bir şekilde gündeme gelmiştir (Bottici ve Challand, 2011). Huntington'a göre Soğuk Savaş sonrası dönemdeki ayrım hatları siyasi veya ekonomik değil esas olarak kültürel olacaktır. Yazarın ana iddiası Soğuk Savaş sonrasında "dünya siyasetinin en önemli ekseninin 'Batı ile diğerleri' arasındaki ilişkiler olacağı" ve "yakın gelecekte merkezi bir çatışma noktasının Batı ile birtakım İslami-Konfüçyusçu devletler arasında olacağı" şeklindeydi (Huntington, 1993: 146). Bu sav, kültürleri ve medeniyetleri özcü ve statik olarak kabul eden ve çeşitli coğrafi kümelenmelere göre tanımlayan bir anlayışa dayanıyordu. Said'in ifadesiyle (2003: 69), bu tez medeniyetleri "yekpare" ve "homojen" olarak inşa etmekte ve "biz ve onlar arasındaki ikiliğin tarzının değişmeyeceğini varsaymakta"ydı. Türkiye üzerine yapılan güvenlik temalı tartışmaların tüm söylemsel alanlarda benzer bir kavramsal zeminden hareket etmeleri nedeniyle özellikle 2000'li yılların ikinci yarısına kadar medeniyetler çatışması teziyle güçlü bir söylemlerarasılık sergiledikleri görülmüştür.

Avrupa Parlamentosu

Medeniyetler çatışması tezinde medeniyetler arası katı hatların çizilmesinin Türkiye'ye ilişkin güvenlik tartışmalarında kullanılmasının, muhtemel üyeliği "Avrupalılığı" hakkında açıkça dile getirilen kaygılara neden olan Türkiye'nin üyeliğinin reddi teziyle birlikte gerçekleştiğini düşündürebilir. Ne var ki analizimiz bunun mutlaka böyle olması gerekmediğine işaret etmektedir. Hatta merkez sağdaki EPP-ED/EPP'nin Türkiye'nin üyeliği hakkındaki söyleminde, potansiyel bir üye olarak Türkiye'nin jeostratejik öneminin genellikle medeniyetler çatışması söyleminin kavramsal mercekleriyle meşrulaştırıldığı görülmektedir.[1] Esas olarak Britanyalılar (2009 öncesi), Güneyli üye devletler (özellikle İspanyol ve İtalyanlar) ve bazı İskandinav gruplar (esas olarak İsveçliler) gibi bütünleşmiş bir Avrupa'ya kuşkuyla bakan ve güçlü bir Atlantik aşırı bakışa sahip olan ulusal gruplar arasında bu durum oldukça yaygındır:

> Soğuk Savaş süresince Türkiye Batı'nın sağlam bir müttefikiydi. Komünizm kısmen Türklerin NATO Paktı'na sadakatleri sayesinde dizginlenmişti. Bu bugün bu mecliste hatırlamamız gereken bir şeydir. Türkiye'nin Avrupa ile bütünleşmesini hızlandırmanın güvenlik politikaları açısından kayda değer yararları vardır. Bence, Türkiye Arap dünyası ile aramızda köprü kurabilecek bir ülkedir. Bu yüzden, önümüzdeki süreçte Türkiye'nin "Avrupa'nın bir dostu" olduğu zemininden hareketle davranmalıyız, diyorum.
>
> (Seeberg, EPP-ED, 13 Aralık 2004)

> EPP-ED 2: 1999'da Avrupa Parlamentosu üyeliğine ilk seçildiğimden beri karma parlamento komisyonunun bir üyesi oldum ve Türkiye'nin Avrupa Birliği'ne girmesine çok olumlu baktığım için üyeliğimi devam ettirdim ve bunu en iyi şekilde destekleyebilmek için elimden geleni de yaptım. Peki bunları neden yapıyorum? Türkiye ile özel bir bağım olduğundan değil. Birincisi, buna stratejik siyasi bir açıdan bakıyorum ve Türkiye'yi son elli yıldır NATO'nun iyi bir üyesi olarak görüyorum. Günümüzün dünyasında bu ülke İslam dünyasıyla bir tür köprü meydana getirebilecek çok önemli bir jeopolitik konuma sahiptir. Bence en önemlisi, Türkiye'nin Avrupa ile her türlü bağının korunması ve güçlendirilmesi gerekliliğidir ve AB üyeliğini de bunun önemli bir parçası olarak görüyorum.

Yukarıdaki her iki alıntıda Türkiye'nin Soğuk Savaş döneminde NATO şemsiyesi altında Batı'nın yanında yer alan "sağlam" ve "sadık" bir müttefik olduğu ve AB'ye üye bir devlet olarak katkı sağlayacağı söylenmektedir. Ne var ki iki alıntı da bize (inşa edilmiş) güvenlik çıkarlarına dayanarak Türkiye'nin Avrupa'ya dahil edilmesinin, Avrupalı olarak inşa edildiğinin göstergesi sayılmaması gerektiğini göstermektedir. İlk alıntıda Türkiye "Avrupa"nın bir parçası değil "dostu"dur; ikincideyse Avrupa ve Batı'ya güçlü şekilde "bağlı" olarak inşa edilmektedir. Her iki örnekte de, Türkiye ile Avrupa arasında ikili bir karşıtlık inşa edilmektedir. İkili karşıtlıklar dünyayı aşırı basitleştirmekle kalmaz, aynı zamanda kutupları arasında bir iktidar ilişkisi kurarlar. Bu vakada söz konusu ikiliklere başvurulması hem Türkiye ile Avrupa arasında net bir sınır çizmekte hem de Avrupa'nın kendi lehine bir iktidar ilişkisi kurmaktadır.

Türkiye'nin "Avrupa" ile "Arap/İslam dünyası" arasında bir "köprü" olarak ifade edilmesi de benzer bir mesafe kurmakta ve medeniyetler çatışması tezinin kilit varsayımlarından birini tekrar üretmektedir. Burada metaforlara önceden yerleşmiş iki benzer konu arasındaki "nesnel aracı" olarak değil, söylemde "sağduyu" olarak tortulaşarak dünyaya dair bildiklerimizi inşa eden kilit öğeler olarak yaklaşılmaktadır (Drulak, 2006: 503).[2] Bu bağlamda "köprü" metaforunun kullanımı özellikle önemlidir. Köprüden yürünür veya geçilir, ancak köprünün üzerinde durulmaz. Köprü iki varlığı iki tarafa da ait olmadan birbirine bağlar. Burada bahsedilen iki taraf Avrupa ile Arap/İslam dünyasıdır. Burada inşa edilen ikili karşıtlık bu iki tarafı tutarlı ve sınırları olan varlıklar gibi sunan medeniyetler çatışması söyleminin klasik bir anlayışıdır. İma yollu kültürelleştirme stratejisi (Van Leeuwen, 1996) ile "Arap" sözcüğünün kullanımıyla taraflardan birinin "etnikleştirilmesi" gerçekleştirilmektedir. Aynı şekilde, "İslam dünyası" kavramının kullanımı da gönderme yaptığı varlığı belirleyici bir dinle yaftalayarak homojenleştirme amacına hizmet etmektedir.

Benzer bir bağlamda EPP-ED'nin İtalyan üyelerinden biri şunları söylemektedir:

> "Forza Italia" üyeleri olarak bizler artı ve eksileri değerlendirdik ve katılım müzakerelerine yeşil ışık yakmanın avantajlı ve gerekli olduğu yönündeki sağlam inançta birleştik. Bunu geri çevirmek Türkiye'nin kendini modernleştirme ve demokratik bir sistem kurma çabalarını baltalamak anlamına gelir; o ülkeyi Ortadoğu ve Kafkaslar gibi istikrarsız bölgelerin kargaşa ve despotluğuna mahkûm etmek anlamına gelir; tüm ılımlı İslam dünyasına olumsuz bir mesaj vermek, köktendincilerin uzlaşmazlığını pekiştirmek ve medeniyetler çatışması öngörülerinde bulunanları desteklemek anlamına gelir. Bugün, kökleri hem Hıristiyanlık hem de İslam tarihine dayanan bir ülke sayesinde önümüzde İslam ile Batı'nın arasındaki mesafeyi azaltmak için bir fırsat var.

> (Gawronski, EPP-ED, 13 Aralık 2004)

Yukarıdaki alıntı daha öncekilere benzer kabul edilebilir; ne var ki özellikle Türkiye'nin üyeliğini Avrupa güvenlik topluluğu için bir "çıkar" meselesi olarak inşa ederek kullandığı uslamlama stratejilerinde tartışmaya diğerleriyle bağlantılı yeni boyutlar getirmektedir. Birincisi, Türkiye'yi kendisini demokratikleştirmek ve istikrar sağlamak için Avrupa'ya bağımlı bir ülke şeklinde inşa ederek değişime yönelik iç dinamikleri inkâr etmektedir. AB'nin Türkiye ile katılım müzakerelerini başlatmama ihtimalinden bahsederken tehdit *topos*'unun nasıl gündeme getirildiği dikkat çekicidir. Bu senaryoya göre Türkiye stereotipik bir şekilde "kargaşa," "despotluk" ve "istikrarsızlık" bölgeleri olarak beyan edilen Ortadoğu ve Kafkaslar'ın arasında tek başına kalmaktadır. Dolayısıyla Türkiye'nin zamanla üyeliğe kabul edilmesi savunulurken, güvenli ve istikrarlı bir Avrupa karşısında Ortadoğu ve Kafkaslar gibi başka (inşa edilmiş) bölgelerin Ötekileştirilmesi de gerçekleştirilmiş olmaktadır. Türkiye'nin üye olmamasının başka bir sonucu da medeniyetler çatışmasının şiddetlenmesidir ki, burada ayrıca bir açık metinlerarasılık vakası da söz konusudur. Yukarıdaki alıntı, Türkiye'nin üyeliğini "İslam ile Batı'nın arasındaki mesafeyi azaltmak için bir fırsat" gibi sunarak aslında medeniyetler çatışması savının altında yatan ilkeleri de desteklemiş olmaktadır. Alıntı aynı kavramsal çerçeveyi izleyerek İslam ile Batı'yı iki ayrı yekpare ve homojen birim olarak inşa etmektedir. Burada Batı "ayırt edici din" adı verilen kavramla yaftalanmazken, "İslam dünyası"ndan bahseden önceki alıntıdaki gibi İslam, "Batı'nın iletişim kurmak istediği medeniyetin varsayılan bütününü ifade edici" kabul edilmekte ve kültürel/medeni bir çatlak (tekrar) inşa edilmektedir (Keyder, 2005: 2). Bunun altında yatan örtülü varsayım Batı'nın Hıristiyanlıktan büyük olduğu ve o evreyi geride bıraktığı; oysa İslam dünyasının hâlâ din ve ilkelliğe saplanıp kaldığı, "İslam'dan ibaret, yüzeyde Batı'dakiler kadar bol gibi görünen çelişkilerin ve çeşitlilik deneyimlerinin varlığına rağmen az sayıda değişmez niteliklere indirgenebilir" durumda olduğudur (Said, 1981: 10).

Parlamento tartışmaları ve mülakatlar, medeniyetler çatışması savı ile kurulan söylemlerarasılığın özellikle 1999-2005 döneminde AP'deki merkez sol, liberal ve Yeşiller grubunun söylemleri arasında da gayet yaygın olduğunu göstermektedir:[3]

> Korkuya yeterince teslim olduk. Bir değişime, bir işarete, Zapatero ile Erdoğan'ın Kofi Annan'ın da benimsediği medeniyetler ittifakına dair önerisi gibi farklı bir politikaya ihtiyacımız var. Bu yüzden Avrupalı yurttaşların güvenliği için, barış için, terörizme karşı savaşmak için müzakerelerin açılmasından yanayım.

> (Zingaretti, PES, 28 Eylül 2005)

> ALDE 3: Artık Doğu-Batı çatışması yok; kültürler, medeniyetler, mesela Batı kültürü ile Müslüman kültürü arasında çatışmalar var ve bu çatışmada Türkiye de çok kilit bir ülke. Türkiye bir köprü kurucu ve bu köprü ku-

rucunun dışarıda veya arada bir yerlerde olmasındansa bizim tarafımızda olmasını tercih ederim. Aradalar, ama kalemizin içinde olmalarını isterim.

Birinci alıntı, o dönemdeki Türkiye başbakanı Recep Tayyip Erdoğan ile 2005'teki İspanya başbakanı José Luis Rodriguez Zapatero tarafından başlatılan ve "farklı kültürler arasında yakın temas" kurmayı ve "Doğu ile Batı dünyaları arasındaki uçurumun açılmasını engellemeyi" amaçlayan "medeniyetler ittifakı" girişimine vurgu yapmaktadır.[4] Bu açıdan katılım müzakerelerinin başlatılarak Türkiye ile ilişkilerin geliştirilmesi Doğu dünyasına, farklı bir "kültür"e ve farklı bir "medeniyet"e açılmanın, Avrupa'nın güvenliğini pekiştirmenin yollarından biri olarak görülmektedir. Bu politikaları gerekçelendirmek için 11 Eylül sonrasında en çok başvurulan savaş retoriği aracılığıyla tehlike *topos*'u kullanılmaktadır: "Terörizme karşı savaş." Bu savaşta başarılı olmak için "diyalog" politikası önerilmektedir. "Batı" ve "Müslüman" kültürü gibi yekpare ve birbirinden ayrı iki "kültür"ün varlığını varsayan ikinci alıntıda da çok benzer bir sav dile getirilmektedir. Burada Batı'dan bahsederken ihtiva edici "kale" metaforunun kullanılması özellikle dikkat çekicidir. İhtiva edici metaforlar devletlerin "kilitlenebilir veya delinebilir" olan sınırları belli birimler olarak inşasında yaygın şekilde kullanılan mekânsal metaforlardır (Chilton, 2004: 118.) Dolayısıyla bu bağlamda kullanımı (Müslüman) Doğu karşısında "Batı"nın sınırlara sahip oluşunu pekiştirmektedir. Burada yine, Avrupa'nın parçası olduğu Batı ayırt edici bir dinle değil, parçalarının toplamından daha büyük olduğu modern bir varlık olarak tanımlanmakta, "İslam dünyası" ise "İslam"ın kendisinden daha fazla bir anlam içermemektedir. Türkiye yine bir "köprü", iki taraf arasındaki uçurumu azaltabilecek "arada" bir ülke olarak ifade edilmektedir.

Medeniyetler diyaloğu söylemi yüzeyde medeniyetler çatışması savını reddetmekle beraber birbiriyle çatışmaya meyilli, ayrı özcü medeniyetlerin var olduğu düşüncesini benimseyerek savın kilit varsayımlarını güçlendirmiş olmaktadır. Medeniyetler çatışması savının geçersizliğini ispatlama çabaları aslında bu tezin söylemsel olarak tekrar üretilmesine yardımcı olarak çatışmaların ardındaki karmaşık dinamikleri gölgelemekte ve böylece küresel düzeyde çatışmalara alternatif çözüm bulma yollarının üstünü örtmüş olmaktadır. Bu aynı zamanda Türkiye'nin medeniyetler çatışmasının önlenmesine ne yollardan katkıda bulunacağının karanlıkta bırakılmasıyla da kendini göstermektedir. Saha mülakatlarında bu konuyla ilgili sorulara verilen cevaplar genel itibariyle aşağıdaki gibiydi:

> Yeşiller-EFA 2: Güvenlik boyutu Avrupa için önemli bir soru. Türkiye AB'ye üye olmasa bile NATO'ya üye. Ama öte yandan Ortadoğu'daki bazı ülkeler üzerinde ve onların demokratikleştirilmesinde nüfuza sahip olabileceği algısına katılıyorum ki, bu açıdan Türkiye bir örnektir. Ve evet, şu anda tüm

bu ülkelerle, Suriye ve diğerleri gibi öyle ya da böyle diktatör rejimlere sahip komşularla sorunlar görüyorum. Öyle ki, İran gibi bazıları İsrail'deki intihar bombacılarını destekliyorlar.

Yukarıdaki alıntıda da görülebileceği üzere, bir güvenlik değeri olarak istikrarlı bir Türkiye'nin güney çevredeki ülkelere bir "model" teşkil etme yoluyla kültürler ve medeniyetler çatışmasında önleyici bir etkisinin olabileceği savunulmaktadır. Bu ülkelerin Türkiye'den "ilham alma" veya "etkilenme" şekilleri dini/kültürel yakınlığın bir taklit politikasıyla sonuçlanacağı yönündeki örtülü bir varsayıma dayanmaktadır. Bu da bütün bölge için bağlayıcı, yekpare, kapsayıcı bir din olarak İslam inşasının devam ettirilmesi anlamına gelmektedir. Bu aynı zamanda bölge ülkeler arasında ve bu ülkelerin içinde mevcut tarihsel, ekonomik, ideolojik, hatta dini çeşitliliği inkâr eden söylemin bir uzantısıdır. Böylece Ortadoğu ülkelerinin siyasi ve entelektüel seçkinlerinin Türkiye ve siyasi sistemi üzerine birbiriyle rekabet içindeki söylemlerinin çeşitliliği de göz ardı edilmektedir.[5]

Merkez sol ve liberal söylemlerin EPP-ED/EP söyleminin belli bir kısmı ile ortak noktası Türkiye'nin küresel düzeyde Avrupa'nın güvenliğinin sağlanmasında oynayacağı rol sorusu gündeme geldiğinde kaybolmaktadır. EPP/ED grubunun bazı kesimleri de medeniyetler çatışmasından Avrupa'nın yapıcı bir rol oynayabileceği küresel bir mesele olarak bahsederken, özellikle mülakat verileri konuştuğum Sosyalist/Liberal/Yeşil-EFA üyelerinin çoğu için Avrupa'nın oynaması gereken küresel rolün sözde medeniyetler çatışmasının hafifletilmesinden çok daha ileri gittiğine işaret etmektedir:[6]

> Yeşiller-EFA 1: Türkiye Avrupa Birliği için bir güvenlik değeri olurdu. Bu konularla ilgilenen herkes kabul etmek zorundadır ki, coğrafi konumu, bölgedeki bağlantıları ve tecrübesinden dolayı Türkiye'nin modern demokratik bir Avrupa ülkesi olması enerji, enerji nakli, ekonominin boyutu nedeniyle Avrupa'nın küresel bir oyuncu olarak daha görünür ve baskın bir rol oynamasını sağlayabilecek bir değerdir. [...] Türkiyeli bir Avrupa, bu ülkelerin hiçbirinin tek başına küresel bir rol oynayamayacağı küresel rekabet veya küresel ticaret gibi küresel karar alma gerektiren meselelerde küresel bir rol oynayabilir.

> ALDE 5: Bence Türkiye AB'nin güvenlik kimliği için değerli olacak. Bunun her zaman bütünleşme adına çok güçlü bir sav olduğunu düşünmüşümdür. Her şey bir yana, bizi doğru düzgün bir ortak güvenlik ve savunma politikası oluşturmaya zorlayacaktır. Ortak bir dış güvenlik ve savunma politikamız olmadan sınırlarımızı Suriye'ye kadar genişletemeyiz. Dolayısıyla bizim için büyük bir teşvik olacaktır. Ayrıca küresel sahnede BM'de, Amerika Birleşik Devletleri, Moskova, Çin vb. karşısındaki duruşumuzu güçlendirecektir.

[...] Bu küreselleşme çağında büyüklük önemlidir ve Türkiye'yi içine almış bir AB uluslararası alanda çok daha güçlü olacaktır.

Sosyalist/Liberal/Yeşil-EFA gruplarının çok büyük çoğunluğu için Avrupa, terörizmi ve şiddeti "istikrarlı" ve "örnek" bir ülke olarak Türkiye'nin katılımıyla dizginleyebilecek bir güvenlik topluluğu olarak inşa edilmektedir. Yukarıdaki ikinci alıntıda örneğini gördüğümüz gibi bu siyasi gruplarda daha güçlü ve daha tutarlı bir dış ve güvenlik politikası olmadan Türkiye'yi Birliğe almanın Avrupa'yı güneyden gelen güvenlik tehditlerine açık bırakacağı yönünde yaygın ve örtülü bir varsayım vardır. Güney çevresinin güvenlik konusu haline getirilmesi AB söylemlerinde yeni bir olgu değildir.[7] Güvenlikleştirme söyleminin gücü, belli bir topluluğun siyasi açıdan güçlü kimliğinden yararlanırken güvenliği nesnel, tarihsizleştirilmiş bir talep olarak inşa ederek belirli, tarihsel ve dolayısıyla sorgulanabilir niteliğini gizlemesinde yatar (Hansen, 2006: 34-5). Dolayısıyla güvenlikleştirme söylemsel açıdan masum bir eylem olmayıp Avrupa ve Güney çevresi için belirli bir kimlik dayatmanın şiddetine yol açar.

Ne var ki ılımlı sol ve liberal söylemin Avrupa'yı bir güvenlik topluluğu olarak inşa etme şekliyle ilgili söylenebilecekler bununla sınırlı değildir; zaten EPP-ED/EP kesimlerinin söylemleriyle esas fark da burada ortaya çıkmaktadır. Merkez sol ve liberal grupların önemli bir kısmı Avrupa'yı Rusya, Çin ve ABD gibi diğer güçler arasında küresel güç ve hegemonya rekabetinde çıkarlarını azamileştirme peşinde bir güvenlik faili olarak inşa etmektedir.[8] Parlamento tartışmaları, bu inşanın özellikle 2000'li yılların ortasında yoğunlaştığını göstermektedir. "Küresel oyuncu" ve "küresel sahnedeki duruş" gibi metafor ifadelerle birlikte başvurulan kullanışlılık *topos*'u yoluyla gerçekleştirilen ima yollu stratejiler her iki alıntıda da ulus-devletin dış politikalarına yakıştırılan söylemsel nitelikleri andıran özelliklere sahip bir Avrupa inşa etmektedir. "Küresel rekabet", "güç mücadeleleri" ve dolaylı olarak eşitsizlikler "küreselleşme"nin nominalleştirilmesiyle doğallaştırılmakta ve meşru kılınmaktadır. Nominalleştirmeler bir eylemin failini silip onu doğal bir gerçek olarak sunarlar. Benzer şekilde "küreselleşme", Avrupa'nın kendisini karşısında konumlandırması gereken doğal ve kaçınılmaz bir süreç olarak sunulmaktadır.[9]

Avrupa Komisyonu

Özellikle de Türkiye'nin jeopolitik öneminin daha geniş uluslararası güvenlik ve terörizme karşı savaş çerçevesinde bağlamsallaştırılmaya başlandığı 11 Eylül sonrasında, Komisyon da Türkiye ve AB üzerine güvenlik anlatısında medeniyetler çatışması söyleminin baskınlığından muaf değildir:[10]

Türkiye kendisini demokrasinin yerleştirilmesi, hukukun üstünlüğü, insan haklarına saygı ve azınlıkların korunmasına adamış Müslüman bir nüfusa sahip ilk büyük ülkedir. Türkiye bu işi başarırsa ve bu yöndeki reform çabaları etkileyici olursa, bu büyük bir başarı olacaktır ve Batı demokrasileri ile İslam dünyasının ülkeleri arasında anlayışa doğru yaşatılabilir ilk köprü kurulmuş olacaktır. O zaman fazlasıyla çok kere kötü bir ruh gibi ortaya çıkan o medeniyetler arası çatışmaya sürüklenmemiz gerekmeyecektir.

(Konuşmacı Günter Verheugen, "Enlargement of the European Union: Expectations, Achievements and Prospects," Szczecin, 4 Mart 2004)

Eski komünist Doğu artık ailenin üyesi olduğundan artık Doğu-Batı silahlanma yarışıyla karşı karşıya değiliz. Çağımızda, jeopolitiğin rolünü inkâr etmemekle beraber, küresel kültürel ve kimlik siyasetinin daha baskın hale geldiği açıktır. Bu yüzden, Avrupa ile İslam, Avrupa'nın içi ve dışı arasındaki ilişkiler zamanımızın başlıca değilse de en önemli zorluklarından biridir. [...] Avrupa Birliği terörizme karşı kararlılık gösterecek ve her türlü köktendinciliği güçlü bir şekilde dizginleyecektir; bir yandan da evrensel demokratik değerlere saygılı ılımlı İslam türleriyle köprüler kurmaya da devam edeceğiz. 21. yüzyıl bir medeniyetler çatışmasına mahkûm değildir ve diyalog ve işbirliği üzerine inşa edilebilir. Diğer koşullar yerine getirildiğine göre, AB'nin 3 Ekim'de Türkiye ile katılım müzakerelerini başlatacak olmasının en önemli nedenlerinden biri budur.

(KONUŞMA/05/465)

Yukarıdaki ilk alıntı "Batı demokrasileri" ile "İslam dünyası ülkeleri" arasında açık bir ikili ayrılık oluşturmaktadır. Bu ikili karşıtlıktaki eşitsizlik, her şeyi kapsayan bir dinle, yani İslam'la tanımlanan ülkeler karşısında yönetim tarzları (dinleri değil) bağlamında olumlu olarak ifade edilen "Batı demokrasileri" lehinedir. Dolayısıyla bu ikili sınıflandırmanın ardındaki örtülü varsayım İslam dini ile nüfusun çoğunluğunun Müslüman olduğu ülkelerdeki siyasi sistem arasında, bu ülkeler içinde ve arasında çeşitli etmenlere dayalı hiçbir farklılaşmaya izin vermeden oluşturulan söylemsel denkliktir. Bu varsayım söz konusu ikili inşanın iki kutbu arasında "yaşatılabilir bir köprü" olarak "Batı demokrasileri"nden diniyle ve "İslam" dünyasından demokratik yönetim şekliyle ayrılan, her iki tarafa da ait olmayan "demokratik" bir Türkiye'nin inşasıyla bağlantılıdır. Türkiye'nin kendisine "medeniyetler çatışması"na karşı bir korunak olduğu ifade edilirken, bu inşanın kendisi de yine tehlike *topos*'una "oralarda bir yerlerde" var olan, faal hale geçmeyi bekleyen bir fenomen gibi yaklaşarak medeniyetler çatışması savını tekrar üretmektedir. Dahası, Türkiye'nin bu sözde medeniyetler çatışmasını nasıl hafifleteceği de işlenmemiş olarak bırakılmıştır. "Korunak" rolünün ardındaki örtülü varsayım yine Türkiye'nin Müslüman nüfusa sahip diğer ülkelerce taklit edilmesi politikasına işaret eder ki, bu da tekrar bu ülkeler grubunun bağlayıcı ve kapsayıcı niteliği olarak İslam'ı öne çıkarmaktadır.

İkinci alıntı hem Komisyon'daki Türkiye üzerine konuşmaların medeniyetler çatışması söylemini tekrar ürettiği pek çok vakadan biri hem de AB dış politika konuşmalarında jeopolitik söylemlerden kaçınan bir yaklaşımdan "medeniyetsel jeopolitik" söylemine doğru kaymanın örneklerindendir.[11] Soğuk Savaş sırasında "Batı" Avrupa'nın başlıca Ötekisini meydana getiren komünist "Doğu," "aileye" katılmış olduğundan artık bir güvenlik tehdidi olarak inşa edilmez. Burada "aile" kendinden menkul bir doğallık, net sınırları ve bu sayede dışlama, maddi güvenlik ve koruma çağrışımı yaparak Avrupa/AB'yi doğallaştıran bir metafordur. "Doğu"nun Avrupa ailesine katılmasından sonra yeni çatışma boyutu kültürler/kimlikler/medeniyetler arasında inşa edilir. Konuşmacı (Olli Rehn) "açıktır" kipliğinin kullanımıyla bu çatışmanın varlığını kendi algısı yerine bariz ve evrensel olarak yansıtır ve böylece "çoğunlukla karmaşık ve akıl karıştırıcı bir dizi olayın yorumları olmaktan öteye geçemeyecek şeyleri 'gerçeklere' dönüştürerek" önemli bir güç düzeyini ima etmiş olur (Fairclough, 1992: 160). Dahası, bu çatışma da yine "Avrupa" ile "İslam" arasında, Avrupa'nın bir kere daha Hıristiyanlık ile özdeşleştirilmeyip çeşitliliğe yer bırakmayan egemen bir dinin karşısına yerleştirildiği bir çatışmaya indirgenmektedir. İnşa edilmiş bu İslam o kadar yekparedir ki, Avrupa'nın hem diğer ülkelerle hem de aldığı göçmenlerle ilişkileri için özel bir zorluk teşkil etmektedir. Göçmen nüfuslar ile tanımlayıcı nitelikleri olarak İslam dini arasında söylemsel bir denklik kurulduğu, göçmen nüfusların iktidar ilişkilerinin belli bir ölçeği içinde baş edilmesi gereken bir zorluk olarak inşa edilerek "hakiki" Avrupalılardan ayrıldıkları dikkat çekmektedir.

İslam/Avrupa ile birlikte "terörizm" ve "köktendincilik" sözcükleriyle sağlanan aşırı sözcükleştirme, 11 Eylül'den hemen sonra tehdit inşaları konusunda açılan Atlantik ötesi mesafeyi kapatmaya yönelik çabanın bir parçası olarak kabul edilebilir (Van Ham, 2006: 260). Bu, ABD dış politika söylemiyle bize tanıdık gelen "korku söyleminin" AB'nin güvenlik konulu meselelerde ağırlıklı olarak "zorluklar, riskler ve imkânlar"a göndermeler yapan söylemsel alanına girişine bir örnek daha teşkil eder (Van Ham, 2006: 265). Tıpkı Soğuk Savaş'ta olduğu gibi, bu söylem de bizzat medeniyetin kaderinin ortada olduğu "medeni ile barbar olan arasında kodlanmış bir mücadele"yi teşvik etmek için kullanılmaktadır (Campbell, 1992: 68).

Bu tür retoriğin üst düzey komiserlerle sınırlı olmadığını, Komisyon yetkilileriyle yapılan mülakatların çoğunun da medeniyetler çatışmasına gönderme yapan bu tür 11 Eylül sonrası retorikleri tekrar üreten anlatılar sağladığını burada belirtmek gerekir. AB dış politikasının oluşturulmasında genellikle Konsey kadar etkili olmasa bile onunla rekabet içinde kabul edilen Komisyon'un kurumsal bağlamında bu tür söylemsel inşalar daha da dikkat çekici hale gelmektedir (Spence, 2006).[12] Yukarıdaki ikinci alıntı aynı zamanda demokratik değerlere saygılı "ılımlı İslam türleri" ile "köprüler kurma"ya yaptığı vurguyla AB dış politikasının işbirliğine dayalı boyutuna da dikkat çekmektedir. Ne var ki böylesi bir ifade yine Birlik ile İslam dinini karşılıklı bir pozisyonda yan yana yerleştirmekte, Müslüman nüfusa sahip ülkelerdeki siyasi hareketlerin kurumsal dinamiklerini ve iktidar dinamiklerini sırf dine indirgemektedir.

Yukarıdaki iki alıntının (özellikle de ikincisinin) analizi iç alana odaklanmışlığın ötesine geçerek potansiyel bir medeniyetler çatışması ve terörizm gibi bağlantılı "tehditlerle" mücadele ederek daha küresel bir role doğru ilerleyen bir Avrupa inşa etmektedir. İkinci alıntının yapıldığı konuşmanın başlığının "Küresel Bir Aktör Olarak Avrupa Birliği?" olması da bu iddiayı güçlendirmektedir. Avrupa'nın oynaması düşünülen küresel rol özellikle 2000'lerin sonuna kadarki konuşmaların ve mülakatların bazılarında daha uzun uzadıya ele alınmaktadır:[13]

> 21. yüzyılın dünyasında, bu kadar çok şeyin tehlikede bulunduğu şu anda, AB'nin Türkiye'ye dünyanın en istikrarsız ve sorunlu bölgelerinde bir çapa, hatta bir istikrar ve demokrasi ihracatçısı olarak ihtiyacı vardır. Basın ve televizyon, ortak dış politikamızın karşı karşıya olduğu zorlukları bize her gün hatırlatıyor: İran, Irak, Ortadoğu, enerji krizi veya Müslüman dünyasıyla genel diyalog konusunda olsun, Türkiye özel bir rol oynayabilir ve Avrupa Birliği'nin bölgeye istikrar getirme yetisine katkıda bulunabilir. Bir yandan Türk diplomasisi Ortadoğu'da son derece faalken, öte yandan da Türk silahlı kuvvetleri Lübnan, Afganistan ve Balkanlar'da AB üyesi ülkelerin silahlı kuvvetleriyle yan yana görev yapmaktadır. [...] Önümüzdeki yıllarda Türkiye ile işbirliğimizin artacağı bir diğer kilit alan da enerjidir. Orta Asya, Ortadoğu, hatta Kuzey Afrika'dan Avrupa'ya tedarik edilen enerji konusunda Türkiye önemli bir merkeze dönüşmektedir. Bu yıl Bakû-Tiflis-Ceyhan boru hattının bitirilmesi arz güvenliğinin sağlanması ve Hazar petrol rezervlerinin devreye sokulması açısından önemli bir adımdı. [...] Türkiye'nin üyeliği Avrupa Birliği'ni gerçek anlamda küresel bir aktöre dönüştürecektir ki, bazı kimselerin tereddüt etmesinin nedenlerinden biri de bu olabilir. Onların 21. yüzyılın gerçekliklerinden kaçmalarına izin vermeyelim. Güçlü ve birlik içinde bir Avrupa olarak yüzyılımızın zorluklarına göğüs gerebiliriz.
>
> (KONUŞMA/07/28)

> COM 7: Esas olarak Türkiye tam da stratejik olarak çok hassas ve çok önemli bir bölgede, bir sürü siyasi mesele, suç meseleleri, kaçakçılık meseleleri bulunan bir konumda yer alıyor. Devasa siyasi krizler ve sıcak bir krizle karşı karşıyayız. Enerji arz meselesi de var; o yüzden bizim için çok önemli

bir bölge. Ve Türkiye'nin İran gibi bir şeye dönüşmesi halinde, çok çok büyük bir sorunla karşılaşırız. Ana hedefimiz bunun olmasına engel olmak; ikincisiyse Türkiye'nin rotasının bize doğru olmasını devam ettirmek ve modernleşme sürecini desteklemektir ki, bana göre bu, bölgede köktencilik, terörizm ve köktendinciliği durdurmanın da temel koşuludur. Yapmamız gereken budur; ayrıca kurumsal yapılar bağlamında daha çok düşünmeye başlamalıyız, askeri kimlik, dış ve güvenlik politikalarına daha ağırlık vermeli bunları daha elle tutulur hale getirmeliyiz. ABD'nin yaptıklarına bakın, Lübnan'a bakın. AB'nin de devreye girmesi gerekiyor. Türkiye bunda bizim yanımızda olmalı ve bu aynı zamanda algıları Avrupa'nın küresel bir role sahip olduğu yönünde değiştirmeye de yardımcı olmalı.

Yukardaki alıntıların ikisi de Türkiye'nin üyeliği ihtimallerinin Komisyon'da nasıl tartışılarak Avrupa'nın küresel düzeyde nüfuz ve güç rekabetine giren bir güvenlik topluluğu olarak inşa edildiğinin örnekleridir. Bu "petrol rezervlerinin devreye sokulması," "(enerji) arz güvenliğinin sağlanması," "güçlü ve birlik içinde Avrupa" ve "askeri kimlik, dış ve güvenlik politikalarına daha ağırlık vermeli, bunları daha elle tutulur hale getirmeliyiz" gibi metaforik ifadelere başvuran ima yollu stratejilerle birlikte kullanışlılık *topos*'u aracılığıyla gerçekleştirilmektedir. AP ve ulus-devletler arasında da gözlemlediğimiz gibi, bu tür metaforik ifadeler birlik, tutarlılık ve küresel düzeyde nüfuzla bağlantılı aktivizme vurgularıyla ulus-devletlerin dış politikalarına yakıştırılan söylemsel nitelikleri Avrupa'ya da kazandırmaktadır.

Her iki alıntı da güvenlikleştirme stratejisine başvurmaktadır. AB'nin Türkiye'nin sınır komşusu olduğu Güney komşuluk bölgesi ilk alıntıda "dış politikanın karşı karşıya olduğu (istikrarsız) zorluk" ve "en istikrarsız ve sorunlu bölge" olarak veya ikinci alıntıda, bölgeyi "devasa siyasi krizler," "sıcak kriz," "çok çok büyük bir sorun," "suç meseleleri" ve "kaçakçılık meseleleri" ile bağdaştıran isnatlarla bir "varoluşsal tehdit" olarak inşa edilmektedir. Özellikle ikinci alıntıda, kavramsal olarak "tehlike" ve "tehdit" alanlarına ait olan ve "devasa" ve "çok çok büyük" gibi kullanımlar içeren aşırı vaka çağrışımlarıyla birlikte bu ifadelerin kullanımıyla sağlanan aşırı sözcükleştirme bölgeyi Avrupa'yı tehdit eden bir Öteki olarak inşa etmektedir. Burada İslam'ın bölgeyi bütünüyle tanımlayan yekpare bir din olarak kavramsallaştırılmasının uzantısı şeklinde yapılan örtülü varsayım, "modern" ve "ekonomik açıdan gelişmiş" bir Türkiye'nin dini/kültürel yakınlık sayesinde bölge ülkelerini bir taklit politikası izlemeye teşvik edeceğidir. İlk alıntıdaki "Müslüman dünyasıyla diyalog" ifadesinde bu varsayım yine bulunmakla birlikte, Türkiye'nin diplomasisi ve Türk silahlı kuvvetlerinin uluslararası çatışmalardaki rolü gibi başka nüfuz araçları da gündeme getirilmektedir. Aslına bakılırsa, komiserlerin konuşmalarında daha faal ve etkili bir Türk dış politikasına göndermelerde özellikle 2007'den sonra yaşanan artış, aynı dönemde Türkiye'nin geniş coğrafyasında giderek faal hale gelmesine dikkat çeken pek çok başka akademik veya politik anlatıya paralel olarak gerçekleşmiştir.

11 Eylül sonrası uluslararası güvenlik anlatıları hakkında Fairclough (2005: 47), bu anlatıların pek çoğunda "hasımların kötülüğü nispeten açık" iken "bunun aksine kahramanların iyi kişilikli olduğunun varsayıldığı" gözleminde bulunmuştur. Benzer şekilde yukarıdaki ikinci alıntı, ilerlemenin nihai hedefi olarak (Aydınlanma'nın baskın bir paradigması olarak) modernleşmeyi, Fairclough'un (2005) "şer söylemleri" diye ifade ettiği şeyin kavramsal muhitine ait olan "köktencilik," "terörizm" ve "köktendincilik" terimleriyle yine aşırı sözcükleştirme aracılığıyla tanımlanan barbar Ötekinin karşısına yerleştirmektedir. Kahramanın, yani burada AB'nin "iyi kişiliği" olumlu yükümlülük-değerlendirici anlamlar taşıyan "modernleşme" etiket kelimesiyle örtülü olarak iletilmektedir (Reisigl ve Wodak, 2001: 55). Burada yine 11 Eylül sonrası dönemde ABD dış politikasıyla yakın söylemlerarasılık görülmektedir. 11 Eylül'den sonra (tekrar) tanımlanan "kötü Öteki" ile savaş, olumlu olarak ifade edilen Avrupa/AB'ye kendisini Amerika Birleşik Devletleri gibi diğer büyük güçlerin arasında öne çıkarması gereken bir "küresel misyonerlik rolü" atfetmektedir.

Tüm Komisyon yetkilileri bu inşayı Türkiye'nin üyeliğinin Birlik için yararlı olacağı savıyla birleştirmemektedir. Kimileri şahsi mülakatlarda Türkiye'nin AB'nin küresel bir güç olma rolünü, esas olarak ülkenin Birlik içinde karar alma konusunda getirebileceği potansiyel sorunlar nedeniyle zorlaştırabileceğine dair kaygılarını dile getirmektedir (bkz. Üçüncü Bölüm). Ne var ki bu, Türkiye'nin üyeliği konusunda Avrupa'nın uluslararası sistemdeki rolüyle ilişkili olarak yine belli bir tarzda inşa edildiği gerçeğini değiştirmemektedir. Hansen'in de dikkat çektiği üzere (2006: 58), belli bir kimlik inşası mutlaka belli bir politika anlamına gelmez ve "aynı kimlik inşası çevresinde birden çok politika oluşturulabilir."

Üye Ülkeler

Fransa

Medeniyetler çatışması savı ifadesinin Fransız siyaset sahnesinde de yaygın olduğu ortaya çıkmaktadır.[14] Hem UMP hem de PS'li üyeler arasında, Türkiye ile üyeliği kapsamayan daha yakın ilişkiler kurulması veya (daha ender olarak) nihayetinde Türkiye'nin üye olmasına yönelik savlarda gözlemlenmektedir:

> Siyasi bir Avrupa'nın ortaya çıkışı [...] Avrupa Birliği'nin küresel sahnede gerçek bir ağırlığı olmasını mümkün kılar. O zaman Birliğin en yakın komşuları konusundaki politikası ne olmalıdır? [...] Temel insan haklarını savunma geleneğimiz, hoşgörü düşüncemiz, *laicité* ilkesine bağlılığımız

Fransa'yı demokrasi ve ekonomik kalkınma yolunun destekçisi yapar. Her şey kuşkusuz mükemmel değil; ama başarılı deneyimiyle Türkiye'nin Müslüman dünyasına bir seküler devlet ve dönüşümlülüğe açık demokrasi örneği sağlama gibi bir artısı var. Son olarak da, kriz durumundaki bir bölgesel ve uluslararası jeopolitik bağlamda, jeopolitik ağırlığı inkâr edilemeyecek ve yatıştırılmış bir Türkiye'nin aynı tarafta olması Birliğin çıkarınadır. Açık bir işaretin, Avrupa Birliği ile Türkiye arasındaki diyaloğun vahşice kopmasının medeniyetler çatışması özlemi çekenlerin ekmeğine yağ süreceğini kim inkâr edebilir?

(Accoyer, UMP, 14 Ekim 2004)

Türkiye'ye verilecek cevap hiçbir şekilde, "Bizden değilsin," olamaz. Bu, Müslüman kitlelere Bin Ladin'in kendilerine inandırıcı bir bakış açısı sağladığı mesajını gönderen aşağılayıcı bir geri çevirme olur. Türkiye köktendinci akıma karşı bir modeldir. [...] Yirmi yıl içerisinde daha homojen bir Amerika bloku ve baskın bir Çin bloku var olacaktır. Avrupa, Akdeniz ve Ortadoğu'dan oluşan üçüncü bir kutup oluşturulması gerekir. Öyle anlaşılıyor ki, bu stratejinin menteşesi, Avrupa'nın kendisine ihtiyacı olduğu kadar kendisi de Avrupa'ya ihtiyaç duyan Türkiye'dir. Bu birlikteliği engelleyen tek şey Avrupa'nın kurumsal düzenidir.

(Boucheron, PS, 14 Ekim 2004)

UMP'li parlamenterin sözlerini içeren ilk alıntıda Avrupa "küresel bir oyuncu," yani güçlü bir dış kimliğe sahip olarak kavramsallaştırılmaktadır. Birlik için önemli bir küresel rolün temeli ise "siyasi Avrupa" kavramıyla gösterilen sıkı siyasi bütünleşme şeklinde ifade edilmektedir. Birlik için güçlü bir dış kimliğe bu şekilde vurgu yapılmasıyla ilgili olarak Fransız ulusal kimlik inşalarındaki "devlet"in kavramsallaştırılmasına ve bunun Avrupa'ya yansımasına bakmak gerekir. Türkiye'nin üyeliği üzerine Fransız siyasi söyleminde Avrupa'nın siyasi bir proje olarak inşa edilmesi konusunu Üçüncü Bölüm'de detaylı olarak ele alacağız.

Alıntı ayrıca Türkiye'nin Avrupa'nın küresel rol ve kimliğini güçlendirmek için yapabileceği katkıları anlatmakta ve bunları yaparken de büyük ölçüde medeniyetler çatışması söyleminin ana ilkelerinden yararlanmaktadır. Daha yakın bağları, hatta üyeliği savunmasına rağmen, bu sözcelerin Türkiye'ye Avrupalılık ifade etmemeleri dikkat çekicidir. "Komşu" metaforuyla bir "dışarıdan" olduğu beyan edilen Türkiye, birbiriyle kaynaştırılan Fransız/Avrupalı değerlerini benimseme çabaları yüzünden Fransa'nın desteğine layık bulunmakta ve bu da ülkenin Avrupa ile ilişkileri çerçevesi içinde "Fransız istisnacılığı"nın bazı ana ilkelerinin, yani "insanın/bireyin temel hakları," "eşitliğin" devamı olarak yorumlanabilecek "hoşgörü"[15] ve sekülarizmin (*laïcité*) sürekli tekrarlanmasıyla kendisini göstermektedir. Belli değerlerin "Avrupa'nın/Fransa'nın kendisine ait" olmasına yapılan bu vurgu aynı zamanda Fransa ve Avrupa'nın kendilerinin olumlu sunulmasına katkıda bulunmaktadır (Bu da esasen gösterici sözcük olan "biz" aracılığıyla sağlanıyor). Türkiye ise demokratik, modern ve ekonomik açıdan tam kalkınmış değilse de buna potansiyeli olduğu belirtilmektedir.

Parlamento'dan yapılan bu alıntı, medeniyetler çatışması savının aksinin ispatlanması konusunda Türkiye'nin öneminin altını çizerken bu kavrama açık metinlerarası göndermeler yapmaktadır. Türkiye, eksikleri kabul edilmekle beraber, seküler devleti ve demokrasisiyle İslam dünyasına "örnek" verilmektedir. Örneğin sadece İslam dünyasına yönelik olması nüfusunun çoğunluğu Müslüman olan ülkelerde din ile sekülarizm ve demokrasi yokluğu arasında doğrudan bir bağlantı olduğu yönünde örtülü bir varsayıma işaret etmektedir. Yukarıdaki AP ve Komisyon söylemlerinde de dikkat çekildiği üzere, bu iddianın temelinde İslam dininin, nüfusun çoğunluğunun Müslüman olduğu ülkelerdeki toplumsal ve siyasi sistemi kapsadığı ve bu ülkelerin içindeki ve aralarındaki farklılıklara yer bırakılmadığı yönünde örtülü bir varsayım yatmaktadır. Güney çevre ülkeleri her şeyin üzerindeki bir dinle tanımlanırken, ikili karşıtlıkta "İslam"ın karşısına konan Hıristiyanlık olmadığından Batı için durum böyle değil gibi görünmektedir.

Konuşmacı Türkiye'den, uluslararası ortamda siyasi ağırlık, dolayısıyla da daha güçlü bir dış kimlik kazanması açısından Birliğin çıkarına hizmet eden bir "model" olarak bahsetmektedir. Fransa'nın ve/veya Avrupa'nın çıkarlarının gerektirdiği Türkiye'nin demokratik ve toplumsal ilerlemesi dış yardıma bağlı olarak sunulmakta ve böylece herhangi bir şekilde bağımsız ilerleme ihtimali yok sayılmaktadır. Dış desteğin alternatifi, varlığı sabit bir fenomen ve "kaçınılmaz" olarak kabul edilen "medeniyetler çatışması"dır. Bu, hem Güney ülkelerindeki toplumsal ve siyasi sorunların ardındaki dinamikleri gizlemekte hem de medeniyetler çatışması söyleminin temel ilkelerini çatışma potansiyeline sahip yekpare ve özcüleştirilmiş medeni/kültürel birimler bağlamında tekrar üretmektedir. Dolayısıyla, gerçekleşen siyaset düzeyinde farklı olduğunu iddia etmekle beraber, daha derin soyutlama düzeyinde medeniyetler çatışması söylemiyle ortak kodlara sahiptir. Bu da, Laclau ve Mouffe'a göre, aktörlerin birbirleriyle bağlantılı oldukları ve bu yüzden benzer meselelerle uğraştıkları, kilit kavramları tekrar oluşturma ve onlar üzerinde hegemonya kurma çabasıyla birbiriyle bağlantılı kavram ve imgelere başvurdukları siyasi söylemlerde sıkça rastlanan bir durumdur (Laclau ve Mouffe, 1985).

PS'li parlamenterden yapılan ikinci alıntıda da Türkiye'nin açık bir Ötekileştirme ile reddedilmesinin Müslümanlar arasında İslami köktendinciliği ateşleyeceği iddia edilerek medeniyetler çatışması söyleminin ana tema ve kavramları (tekrar) üretilmektedir. Yine bu savda hem farklılığa hiç yer bırakmayan, Müslümanların "kimlik"inin kesin ve bağlayıcı bir özelliği olarak her şeyi kapsayıcı bir İslam inşa edilmekte ve Türkiye de Müslüman nüfusu sayesinde taklit edilebilecek bir "model" olma potansiyeline layık görülmekte, hem de "köktendincilik" yüklenen eylemlerin ardındaki karmaşık dinamikler örtbas edilmektedir. UMP söylemine benzer şekilde, Türkiye'nin Avrupa'nın güvenliğine katkıları Avrupa'nın oynaması istenen güçlü "dış kimlik" ve "küresel rol"e bağlanmaktadır. Yukarıdaki gibi bazı örneklerde bu "küresel rol", medeniyetler çatışmasının önlenmesi ve/veya hafifle-tilmesinin ötesine geçerek Avrupa, ABD ve Çin gibi diğer "küresel oyuncular"la aynı seviyede küresel güç rekabetinde çıkarlarını azamileştirme hedefini taşıyan bir "güvenlik faili" olarak inşa edilmektedir.

Avrupa'nın dış kimliğine katkılarının mutlaka Türkiye'nin Avrupa Benliği'ne dahil edilmesi ve/veya Türkiye'nin Birliğe üye olması anlamına gelmediğinin altı çizilmelidir. "Menteşe" metaforu Türkiye'yi, Avrupa'yı Akdeniz ve Ortadoğu'ya bağlayan bir dışarıdaki olarak inşa ederken bölge tercihleri de Türkiye ile ilgili bölgelerdeki ülkeler arasında bağlayıcı bir ilişki olarak coğrafi ve dini yakınlığa öncelik tanındığına işaret etmektedir. Ne var ki bu rol, esas olarak Birlikteki ku-rumsal durum nedeniyle mutlaka tam üyelik gerektirmez. Bu sav, Türkiye'nin tam üye olması durumunda potansiyel kurumsal ağırlığı ile projenin iç bütünlüğünü bozarak böyle güçlü bir dış kimliğe katkıda bulunmayı engelleyebileceği yönündeki örtülü bir varsayıma dayanmaktadır (bkz. Üçüncü Bölüm).

Parlamento üyelerinin bazıları Türkiye'nin Güney çevresini güvenlikleştirerek bu ülkenin Avrupa'nın savunmasına katkılarına vurgu yapmaktadır:

> UMP 5: Bakınız, Türkiye NATO'da güçlü ve güvenilir bir ortaktı. Sovyetler Birliği ve NATO blokunu hatırlarsınız; onlar da Sovyetler Birliği'ne karşı Avrupa'nın güçlü bir ortağıydı. Donanımlara, çok iyi eğitime vb. sahip-ler; dolayısıyla çok güçlü bir stratejik ortak ve Avrupa için de Güney'de, Türkiye'nin güneyinde İran İslam Cumhuriyeti'nin ve ileri bir İslam cumhuriyeti olacak Irak'ın bulunduğu yerde olanlara karşı en önemli sa-vunmalardan biri.

Yukarıdaki alıntı, Türkiye'nin Soğuk Savaş'ta Batı/kapitalist blokunun bir parçası, güçlü orduya sahip sadık bir ortağı rolüne gönderme yapmak yoluyla, tarih *topos*'unu kullanarak Türkiye'nin Avrupa'nın savunma kimliğine katkısından bahsetmektedir. UMP'nin Türkiye'ye ilişkin söylemlerinde çoğunlukla mülakatlarda kendini göste-ren (PS'nin bazı üyelerince de paylaşılan) savunma üzerine böyle bir vurgu şaşırtıcı değildir; zira Fransız ulusu/devletinin inşalarında ve dolayısıyla Fransızların güvenlik üzerine düşüncelerinde, söylem bağlamında savunma ve askeri meseleler tarihsel olarak baskın bir rol oynamıştır (Howorth ve Chilton, 1984).[16] Yukarıdaki alıntıdaysa, Avrupa'nın "içinde" değil stratejik "ortağı" olan bir Türkiye'nin Avrupa'nın karşısında savunulmasına yardım ettiği baskın Öteki artık Sovyetler Birliği değil, Güney çevrede tanımlayıcı ana özellikleri İslam olmakla isnat edilmiş ülkelerdir.

Almanya

Almanya'da anaakım sol ve sağ siyasi söylemler Türkiye'nin üyeliği hakkında çoğunlukla birbirine zıt siyasi bir duruşu savunsa da, Türkiye'nin potansiyel üyeliği konulu tartışmalarda medeniyetler çatışmasına gönderme yaparak, Avrupa'nın bir güvenlik topluluğu şeklinde inşa edilmesi açısından önemli benzerlikler göstermektedir:[17]

> Avrupa'nın Doğu sınırları 11 Eylül'den beri farklı bir şekilde kavramsallaşmıştır ve güvenliğimize yönelik potansiyel stratejik tehditler bu bölgeden kaynaklanacaktır. Avrupalılar olarak burada Amerikalılardan farklı yöntemler denemek zorundayız, zira karşımızdaki askeri bir düşman değil. Bu noktada önemli olan soru, hukukun üstünlüğü ve piyasa ekonomisine dayanarak başarılı bir modernleşme süreci geçirmiş olan büyük bir Müslüman ülke olup olmadığıdır. Türkiye gitmekte olduğu yolda başarılı olduğunda, uluslararası terörizme karşı savaştaki en büyük zafer kazanılmış olacaktır.
>
> (Fischer, Yeşiller, 4 Aralık 2002)

> Türkiye'nin demokrasi, hukukun üstünlüğü, insan hakları, sivil toplum açısından İslam dünyasına bir model teşkil edeceğine inananların Türkiye AB'ye tam üye olur olmaz bu modellik rolünün sona ereceğini gerçeğini de göz önünde bulundurmaları gerekir. [...] Kültür ve medeniyetler arası diyalog, İslam dünyasındaki güçlerle ortaklık, çok yönlü karar alma mekanizmalarının güçlendirilmesi; bunların hepsi kendi başına önemli şeylerdir. Ne var ki, bunlardan hiçbirinin önkoşulu Avrupa'ya katılım değildir.
>
> (Schaeuble, CDU/CSU, 29 Ekim 2004)

Zamanın Dışişleri Bakanı olan Yeşiller üyesi Joschka Fischer'den yapılan alıntı, 11 Eylül sonrası güvenlik söylemlerinde "şer söylemleri"nin bir parçası olarak tanımlanan (Fairclough, 2005: 47) "güvenlik tehditleri" ve "uluslararası terörizm"i bölgeye atfederek bölgeyi güvenlikleştirmekte ve kargaşa içinde bir "Doğu" inşa etmektedir. İslam ile modernleşme arasında bu ikisinin doğası gereği bir gerilim olduğu varsayımından yola çıkılarak Türkiye, bu gerilimi çözüme kavuşturabilecek "örnek niteliğinde" bir test, "kuralı doğrulayan bir istisna" (Tocci, 2007a: 29-30) olarak ifade edilmektedir. Bu tür bir inşa Avrupa'yı 11 Eylül sonrasında küresel bir misyoner rolü içinde (yeniden) tanımlanan "kötü Öteki" ile mücadele eden bir dış politika alanı olarak görmektedir. Alman siyasi söyleminde dikkati çeken, Avrupa'nın "sivil bir güç" olarak rolüne tekrar tekrar yapılan vurgudur.[18] Alıntıda bu vurgu, askeri araçlara başvuran bir aktör olarak isnat edilen ABD ile "sivil Avrupa"nın yan yana yerleştirilmesiyle sağlanmaktadır. Bununla birlikte, sonraki bölümde de ele alacağımız üzere, bir "sivil güç" olarak Avrupa'ya yapılan bu vurgu sadece Alman siyasi söylemine özgü olmayıp pek çok başka söylemsel alanda, özellikle de Türkiye'de demokrasinin güçlendirilmesi konulu tartışmalarda yaygın olarak karşımıza çıkmaktadır. Almanya vakasına belki de daha çok özgü olup onu diğer analiz alanlarından ayıran, incelenen Alman verilerinde Avrupa'nın bir "askeri aktör" olarak inşa edilmesine dair hiçbir kanıt bulunmamasıdır. Bu durum, İkinci Dünya Savaşı sonrası Alman dış politika söyleminde Almanya'nın askeri güç gibi "sert güç çözümleri"nden kaçınan ve uluslararası ilişkilerde daha çok ekonomik ve diplomatik politika aygıtlarına başvuran bir "sivil güç" olarak inşa edilmesiyle bir söylemlerarasılık vakası olarak kabul edilebilir (Maull, 1990: 92-3).

Avrupa'nın bir "sivil güç" olarak inşası CDU/CSU'lu parlamenterden yapılan ikinci alıntıda da "sivil güç" söyleminin merkezi öğelerinden biri olarak tanımlanan "ortaklıklar" ve "çok yönlü karar alma mekanizmaları" göndermeleriyle yinelenmektedir.[19] Özellikle CDU/CSU mülakat verilerinde, Türkiye'nin üyeliğinin reddi için bir gerekçe olarak başvurulan (Türkiye'nin de üye olduğu) NATO ile AB arasında güvenlik rolleri bağlamındaki ayrıma sürekli yapılan vurgu da bu inşayı söylemsel olarak pekiştirmektedir.[20] İlk alıntıdaki gibi burada da medeniyetler çatışması söylemi tekrar üretilmektedir. Bu örnekte içsel olarak homojen kültür ve medeniyet bloklarının mevcudiyetini varsayan "kültür ve medeniyetler arası diyalog" değişmecesinin sık kullanımına ve kapsayıcı bir din ile tanımlanan yekpare bir devletler birimini ima eden "İslam dünyası"na gönderme yapılmaktadır. AB üyeliği ile kültür ve medeniyet sınırları aşılmadığı sürece, bu çabalar bağlamında Türkiye'ye potansiyel örnek ülke durumu atfedilmektedir. Türkiye'nin "örnek" rolünün Arap Baharı'nın erken dönemlerinde özellikle Türkiye'nin üyeliğine destek veren milletvekilleri tarafından vurgulandığı da görülmektedir.

Britanya

Fransız ve Alman vakalarına benzer şekilde, Britanya siyasi söylemi de Türkiye'nin üyeliğinin güvenlik açısından sonuçlarını esas olarak medeniyetler çatışması tezi üzerinden dile getirmektedir.[21] Diğer iki üye ülkeden ana farklılık, iki ana parti üyelerinin bu krizin giderilmesinde kilit bir araç olarak gördükleri Türkiye'nin tam üyeliğini desteklemesidir:

> Yeni hükümetin küreselleşmenin getirdikleriyle baş etme şekliyle AB üyeliğine layık, örnek, demokratik Müslüman bir ülke olma hedefinin başarılı olması bizim için çok önemli. Birliğin mevcut yükümlülükleri ne olursa olsun, Türkiye'nin üyeliği başlıca stratejik hedeflerden biri olmalıdır. Avrupa'nın, batılı görümlü bir Türkiye'ye, seküler Müslüman bir ulusun

Avrupa demokrasileri ailesinde bizlere katılmasına ihtiyacı var. Bu her koşulda uğrunda çabalamaya değer bir hedef; hele de şimdi [...] Türkiye halklarının çok büyük bir çoğunluğu Müslümandır. Nasıl Batı Avrupa'nın Hıristiyan partileri varsa, Türkiye de bunu yücelten siyasi partilere sahip; ama seküler bir ülke ve bizim liberal demokratik değerler anlayışımızı kabul ediyor. Üyeliği sadece Avrupa'nın değil, tüm dünyanın istikrarı için de çok önemlidir.

(Straw, İşçi Partisi, 11 Aralık 2002)

MUH 2: Bence [Türkiye'nin üyeliği] Avrupa'nın güvenliğini geliştirir. Diğer İslam ülkelerine alternatif bir yol olduğunu gösterir. Çoğu tek yolun ya şu anda sahip oldukları feodal diktatörlük ya da dini köktenciliğe gerilemek olduğunu sanıyor. Körfez ülkelerinin çoğunda, seçimler düzenlense kaçıklar kazanır. Dolayısıyla bu bir alternatif olduğunu gösterecek. Bir İslam ülkesinde iyi bir Müslüman olabilirsiniz, ama yine de anaakım ekonomik kalkınmanın, hukukun üstünlüğünün, demokrasinin ve o tür şeylerin bir parçası olabilirsiniz ki, bu da bir artıdır.

Analize tabi diğer söylemsel alanlarda da gözlemlendiği gibi yukarıdaki alıntıların her ikisinde de Türkiye diğer "Müslüman" ülkelerce taklit edilecek potansiyel bir "model" olarak ifade edilmektedir. Bu yüzden buradaki iddia yine İslam'ın bütün bölge için homojen ve her şeyi kapsayıcı bir din olduğu yönündeki inşanın bir uzantısıdır. Bu söylemsel olarak "Müslümanlar" ve/veya "Müslüman/İslam ülkesi/leri"nden bahsederek İslam dininin siyasi bir sistem olarak "demokrasi" ve onun "hukukun üstünlüğü," "sekülarizm" ve "anaakım ekonomik kalkınma" gibi öğeleriyle yan yana getirilmesiyle gerçekleştirilmektedir. İslam'ın siyasi sistemlerin belirleyicisi konumundaki bütüncül bir din olarak kavramsallaştırılması, bölge ülkeleri içindeki ve ülkeler arasındaki tarihsel, ekonomik, ideolojik, hatta dini çeşitliliği inkâr eden söylemin bir ürünüdür. İkinci alıntı, Körfez bölgesindeki sözde siyasi İslamcı hareketlerin tümü için aşağılayıcı "kaçıklar" stereotipine başvurarak böyle bir homojenleştirmeyi açıkça yapmaktadır. Literatürde bu hareketlerden bazılarının bölgedeki demokrasi karşıtı rejimlere karşı meşru iktidar arayışları olarak görüldüğü diğer yorumlar da bu genelleştirmeyi sorunsallaştırmaktadır.[22]

Buna bağlı olarak yukarıdaki alıntılar, "İslam" ülkelerindeki gelişmeleri nesnel ölçütler olarak olumlu şekilde sunulmuş "Avrupalı" kıstaslara, özellikle de liberal demokrasiye kıyasla değerlendirme saplantısını da sergilemektedir. İlk alıntı kendini olumlu gösterme çabasında daha da ileriye giderek bu standartları "biz"e atfederek Benliğin Ötekiler karşısında üstünlüğünü pekiştirmektedir. İlk konuşmacı yine aynı noktadan hareketle Batı Avrupa'daki Hıristiyan Demokrat partiler ile Türkiye'de iktidardaki Adalet ve Kalkınma Partisi arasında bir benzetim kurarak ilerlemenin

Avrupa/Batı modelinden geçen tek bir yolu olduğunu ima etmektedir. Ne var ki bu kavramsal çerçeveyi paylaşan "Avrupalı" gözlemciler bile bu hareketlerin doğuş ve gelişmesinin arasındaki önemli farklılıklara ve bizzat Hıristiyan Demokrat partiler arasındaki ciddi farklılıklara dikkat çekerek bu iddiayı sorgulamaktadır.[23]

Türkiye'nin "Müslüman" ülkelere bir model teşkil ederek Avrupa'nın güvenliğine nasıl katkıda bulunacağı parlamentodaki konuşmaların bazılarında daha ayrıntılı olarak ele alınmıştır. Bunun bir örneği Muhafazakâr bir milletvekili ile (eski) Başbakan Tony Blair arasındaki şu konuşmadır:

> Terörizme yol açan nedenler ve koşullarla uzun vadeli mücadelede, sert askeri gücün yanı sıra Avrupalıların iyi oldukları yumuşak gücün önemini göstereceğinden, Türkiye ile müzakerelerin açılması Irak'ın işgalinden çok daha önemli olmayacak mıdır? Başbakan, Başkan Bush'u Avrupalıların Avrupa ve dünyanın geri kalanında istikrar ve demokrasi oluşturma konusundaki deneyimlerinin önemini kabul etmeye ve neredeyse yalnızca Amerikalıların rakipsiz oldukları sert güce dayalı hareket etmek yerine daha etkili ortaklıklar kurmaya acaba ikna edecek midir?
>
> (Curry, Muhafazakâr, 20 Aralık 2004)

> Şunu söylemem gerekir ki, bazen hem sert hem de yumuşak [güce] ihtiyaç olan durumlar vardır; Irak'ta başarılı olmamız halindeyse, ki teröristlerin ve asilerin eylemlerine rağmen sonunda olacağımıza inanıyorum, bu bölgede istikrar ve demokrasi için bir güç olacaktır. Türkiye'nin üyeliğinin Avrupa Birliği'nin iyiliğe yönelik bir güç olabileceğinin göstergesi olduğu konusunda beyefendi ile hemfikirim. Başkan Bush gelecek yıl içerisinde Avrupa'ya geldiğinde, onun da beyefendinin görüşlerine katılacağına kuşkum yok.
>
> (Blair, İşçi Partisi, 20 Aralık 2004)

Yukarıdaki alıntıların her ikisi de Türkiye'yi sözde "terörizme karşı savaş"ta bir güvenlik değeri olarak inşa etmektedir. "Yumuşak güç" ifadesindeki metafor AB'nin taklit edilecek bir model olarak Türkiye'yi sunup Güney bölgesini "etkileme" gücüne karşılık gelmektedir. Bu sav, terörizmin İslam'la sınırlı olduğu ve bu yüzden "Müslüman" bir ülkenin AB üyesi olmasının mücadeleye katkısı olacağı önkoşuluna dayanmaktadır. Bu iddia aynı zamanda, dünyanın Avrupa ve Batı'nın (ABD'ye ek göndermeyle) temsil ettiği "iyi güçler" ("istikrar" ve "demokrasi"ye göndermelerle) ile teröristler/asiler ile kişileştirilen ve örtülü olarak olumsuzluk yüklenen "şer güçler" arasında ikili bölümlenmesini tekrar üretmektedir. İlk alıntıda bu bölme, farklılıklarının metin üzerinde hakir görüldüğü "bir sınıfın birbirine denk, ortak üyeleri" dokusuna sahip "ortaklıklar" diliyle vurgulanmaktadır (Fairclough, 2005: 49). Bu söylemsel iki kutupluluk bir yandan çağdaş küresel çatışmaların ardındaki karmaşık dinamikleri basitleştirirken, bir yandan da Soğuk Savaş sonrası uluslararası sistemde "artmış farklılık ve çatışma için bir şablon" ortamına katkıda bulunmaktadır (Lazar ve Lazar, 2004: 223). Hem İslam ile terörizm arasında kurulan söylemsel denklik hem de dünyanın "kahramanlar" ile "hasımlar" olarak ikiye ayrılması ABD başkanı Bush'un 11 Eylül sonrasında uluslararası ilişkiler ve güvenlik üzerine söylemleriyle güçlü bir metinlerarasılık ima etmektedir.[24] Bu, (inşa edilmiş) Britanya ulusal kimliğinin güçlü Atlantikçi öğesinin ve buna bağlı olarak Britanya'nın "küresel rolü"ne yapılan vurgunun bir uzantısı olarak yorumlanabilir (Mautner, 2001: 9).[25] Artık Avrupa düzeyinde de paraleli olan bu "küresel rol" gerektiğinde "yumuşak" gücün yanı sıra "sert" (askeri) gücün de kullanımı anlamına gelmektedir.

Bu noktaya kadarki analiz, Türkiye konulu tartışmalarda Avrupa'nın bir güvenlik topluluğu olarak inşa edilmesinde İşçi Partililerin ve Muhafazakâr Partililerin söylemlerinin büyük ölçüde benzer olduğunu düşündürmektedir. Ne var ki bütün veriler incelendiğinde hesaba katılması gereken önemli farklılıklar ortaya çıkmaktadır. Yukarıdaki alıntılar İşçi Partisi ve Muhafazakâr Partili üyelerin Türkiye'nin üyeliğinin, "terörizm" ve "köktendincilik" gibi "küresel çatışmaların" çözümü için Avrupa'nın bir model olarak "küresel rolünü" pekiştirdiği görüşünde olduklarına işaret etmektedir. Bununla birlikte, İşçi Partililerin Avrupa'nın güvenliği üzerine söylemlerinde Muhafazakârlardan elde edilen verilerde daha az rastlanan ek bir katman bulunmaktadır:

> Genişleme partinin her kesiminden destek gördü. Görebildiğim kadarıyla, Türkiye'nin üyeliğini her zaman desteklemiş olan tek ülke biziz. Bu mesele hiçbir zaman parti siyasetine konu olmamıştır ve her zaman Türkiye'nin üyeliğinin nasıl gerçekleştirilebileceğiyle ilgili olmuştur. Avrupa'nın geri kalanı bu politikayı hep kalleş Britanya'nın Avrupa Birliği'ni dağıtmak için Türkiye'yi üye yapmaya çalıştığı şeytani bir komplo olarak görmüştür; tam tersine. Gelecekte Avrupa dış politikası ve güvenlik politikasında daha fazla işbirliği sağlamalıdır ve Türkiye de bizimle birlikte olması için elimizden geleni yapmamızı gerektiren önemli bir oyuncudur.

(Stuart, İşçi Partisi, 15 Aralık 2004)

Yukarıdaki alıntı Avrupa'yı küresel güç ve hegemonya rekabetinde çıkarlarını azamileştirme peşindeki tekil bir varlık olarak isnat etmektedir.[26] Türkiye'nin uluslararası sahnede "önemli bir oyuncu" olduğundan bahsederek "oyun" metaforunu kullanmakta ve örtülü olarak Avrupa'nın "kazanmak" için bu oyunu benimsemesi gerektiğini ima etmektedir. Dış politika ve güvenlik politikasında "daha fazla işbirliği"ne yapılan gönderme de Avrupa'nın bir "küresel aktör" olarak tekilliğini güçlendirmektedir. Böyle bir inşanın Muhafazakârların verilerinde pek bulunmaması İşçi Partisi'nin Avrupa'yla alakalı dilinde, özellikle de 1987'den sonra gerçekleşen değişimlerin bir parçası olarak yorumlanabilir. Larsen (1997: 60), İşçi Partisi'nin 1980'lerin sonundan itibaren, AB'yi yalnızca devletlerarası bir işbirliği mekanizması olarak gören Muhafazakârların aksine, "sadece bir ortak pazardan fazlası" anlamına gelen "daha çok organik, *Gemeinschaft* benzeri bir sivil birlik" olarak sunmaya başladıklarını belirtmektedir.

Avrupa İçin Potansiyel Bir Güvenlik Tehdidi Olarak Türkiye

Buraya kadarki tüm söylemsel alanların analizinde, Türkiye'nin potansiyel bir medeniyetler çatışmasının önlenmesindeki rolü üzerine üretilen savlar aracılığıyla Avrupa'nın bir güvenlik topluluğu olarak inşa edildiği, bazı vakalarda bunun Avrupa'nın tekil bir küresel aktör olduğunun ifadesine kadar uzandığı savunulmuştur. Bununla birlikte, Avrupa'yı bir güvenlik topluluğu olarak inşa eden, ama bunu esas olarak Türkiye'yi Avrupa'nın güvenliğine yönelik potansiyel bir tehdit olarak sunmakla yapan başka bir söylem kolu daha vardır.

Avrupa Parlamentosu

AP bağlamında Türkiye'nin potansiyel bir güvenlik tehdidi olarak sunulmasının en göze çarptığı söylemler EPP-ED/EPP'nin yanı sıra daha küçük siyasi gruplarda yer alan Avrupa karşıtları, aşırı sağ ve aşırı sol hizipler (IND/DEM, UEN, GUE/NGL gibi) ve herhangi bir siyasi gruba üye olmayan Parlamento'nun bağlantısız üyelerine aittir:[27]

> Avrupa sınırlarını İran, Irak, Suriye ve Kafkaslara kadar genişleterek her zaman için dünyanın en tehlikeli ve belalı yerleriyle arasında durmuş olan o *cordon sanitaire*'i [güvenlik kuşağı –çn] kaybetmiş olacaktır. Bu da Konsey'in göz önünde bulundurması gereken bir şeydir.
>
> (Stenzel, EPP-ED, 13 Aralık 2004)
>
> Türkiye'nin Avrupa Birliği'ne katılması halinde [...] Avrupa Birliği Suriye, İran ve Irak gibi ülkelerle komşu olacaktır ki, bu durum gelecekte çatışma ve karşı karşıya gelme açısından çok büyük potansiyele sahiptir.
>
> (Batten, IND/DEM, 11 Mart 2009)
>
> EPP-ED 3: Bence özellikle güvenlik açısından bir sorun olacaktır, zira ne yazık ki Türkiye çok zorlu sınırlara, çok zorlu komşulara sahiptir. Bu kadar zorlu sınırlara sahip olmayı göze alamazsınız, bu nedenle bence güvenlik yönü çok ciddi, zira bu sınırlarla, bu komşu ülkelerle her zaman sorun yaşayabilirsiniz. Irak'a bakın, Irak'taki durum çok kötü, korkunç; İran da zaten her zaman zor bir ülke olmuştur ve neler olacağını bilemezsiniz. Bizim için de çok zor bir durum. Türkiye'yi tek başına bırakmak istemiyoruz, bı-

rakmamalıyız, Türkiye'yi desteklemek istiyoruz, ama soru şu: Türkiye'nin bu sınırlarını kendi sınırlarımız yapmayı göze alabilir miyiz? Bu mümkün değil.

Yukarıdaki alıntıların hepsinde, Türkiye'nin Birliğe kabulüyle "coğrafi" sınırlarının Birliğin sınırları haline gelmesinin sonuçlarına dikkat çekerken tehdit (güvenlik) *topos*'u kullanılmaktadır. Güney ve Doğu'daki "tehlikeli," "sorunlu" ülkelerle bir "tampon bölge" olarak Türkiye tarafından ayrılması gereken "istikrarlı ve güvenli" Avrupa arasında açık bir sınır çizilmektedir. Bu, ilk alıntıda, Chilton (1996) tarafından güvenlikleştirmeye dair, sınırları belli bir siyasi varlığı belirten, konteynir metaforu olarak tanımlanan *"cordon sanitaire"* metaforu ile ifade edilmektedir.[28]

Buradaki sınır çizme sadece Avrupa'nın şiddetten emin şekilde korunmuş olan bir coğrafi mekân olarak inşasına katkıda bulunmakla kalmayıp, aslında Avrupa'nın içine ve dışına homojen bir kimlik yakıştırarak kendisi aracılığıyla da bir şiddet biçimi inşa etmektedir. Üstüne üstlük, güvenlikleştirme söylemi sınır çizmeye ve kimlik inşasına yetkin ve meşru kılıcı bir boyut kazandırmaktadır. Güvenlik söyleminin ülkeye (hükümet, toprak ve toplum da dahil olmak üzere) varoluşsal tehditler inşa ederek ulusal topluluğun doğallaştırılmasına katkıda bulunduğu ulusdevlet vakasında yaygın şekilde belgelenmiştir (Buzan vd., 1998: 21). Dolayısıyla güvenlik tehditleri yalnızca "devleti potansiyel olarak baltalayıcı" olarak algılanmaz; ortaya atılan çeşitli "ulusal çıkarlar"a ölümcül riskler teşkil ederek devletin kendisini oluştururlar (Hansen, 2006: 34).

Daha yakın tarihli tartışmalarda, Türkiye'nin Avrupa için potansiyel bir güvenlik tehdidi olarak sunulmasına Adalet ve Kalkınma Partisi (AKP) hükümetinin özellikle 2007'den sonra Türkiye'nin komşularıyla daha yakın ilişkileri savunan dış politika söylemi üzerine yürütülen tartışmalarda da rastlanmaktadır:[29]

> Türkiye gittikçe daha çok Avrupa karşıtı ve Batı karşıtı bir dış politika izliyor. Erdoğan ve Cumhurbaşkanı Gül'ün liderliğinde, Türkiye gittikçe daha çok İslamcılaşıyor.
>
> (Claeys, NI, 25 Kasım 2009)

Türkiye'nin dış politika yöneliminde Doğu'ya doğru muhtemel kayma, AKP'nin söylemsel olarak komşularıyla sıfır sorun yaklaşımına bağlı ve daha geniş çevresinde daha aktif olma ihtiyacına vurgu yapan yenilenmiş bir dış politika çizgisiyle 2007 yılında ikinci defa iktidara geldiğinden beri siyasi ve akademik çevrelerde popüler bir tema olmuştur. Bu AP'deki aşırı sağ söylemlerde sıklıkla gündeme getirilmiş olup, (daha az yaygın şekilde olmakla beraber) merkez sağda da Türk dış politikasında gitgide artan bir Avrupa ve Batı karşıtlığının kanıtı olarak görülmüştür. Suriye ile ilişkilerde yaşanan gelişmeler, IŞİD'e karşı olan tutum veya İsrail ile ilişkilerdeki sorunlar bu gruplar tarafından çoğunlukla İslam ve İslamlaşma bağlamında Avrupa güvenliğine bir tehdit olarak yorumlanmaktadır.

Avrupa Komisyonu

Avrupa Komisyonu'nda Türkiye'nin potansiyel bir güvenlik tehdidi olarak sunulmasına, komiser konuşmalarından ziyade Türkiye-AB ilişkilerinde sınır denetimi, iltica hakkı ve/veya insan kaçakçılığı konularının ele alındığı mülakatlarda rastlanmaktadır:

> KOM 14: Güney sınırlarınızdaki bölgeye bakacak olursanız, pek çok kişinin Türkiye'nin kapısını çalacağına ve nihai duraklarının AB olacağına şüphe yoktur. Bence bir sorun var; çok büyük bir göç baskısı söz konusu. Peki, bu mutlaka kötü bir şey mi? Bence Avrupa'da da bir sorunumuz var. Nüfusumuz gittikçe yaşlanıyor ve göçmen işçilerin buraya gelmesine ihtiyacımız var. Bu yüzden bence buna çok olumsuz bir şekilde bakmak, göç sorununun illa da kötü bir şey olduğunu söylemek çok yanlıştır. İnsanların Avrupa'ya gelip çalışmalarına ihtiyacımız var, aksi takdirde yaşam standardımızı kaybederiz. Ama bunun toplumlara ek yük getirmeyecek bir şekilde yapılması gerekiyor. Dolayısıyla toplumda çözüme kavuşturulması gereken sağlıksız bir gerilim mevcut. Bu yüzden, ben olsam çok dengeli bir duruş sergilerdim. [...] Sınır sorunu da çok karmaşık. Irak ve İran gibi ülkelere ve bölgelere komşu bir ülkenin, Polonya'nın Beyaz Rusya veya Ukrayna ile yaptığı aynı Schengen standartlarını uygulamasını bekleyemezsiniz. Durum tümüyle farklıdır.

Türkiye-AB ilişkilerindeki güvenlik konu çerçevesinin gündeme gelmesine cevaben dile getirilen yukarıdaki alıntı "göç" meselesini güvenlik meselesi haline getirmektedir. Başka çalışmalar AB'nin politika uygulamalarında ve söylemlerinde göçün her zaman güvenlikleştirilmediğini, ancak mesele AB'de zaten mevcut olan Müslüman topluluklarla ilgili olduğunda güvenlikleştirme eğiliminin arttığını ileri sürmüştür (Boswell, 2007). Göçün bu şekilde güvenlik konusu edilmesi AB'de "toplum güvenliği" üzerine mevcut bir söylemin bir parçası olarak kabul edilebilir (Wæver, 1995). "Toplum güvenliği" konulu söylemde, "tehditler diğer devletlerin saldırganlığı, devlet egemenliğine tecavüzlerden daha çok toplumun, özellikle de toplumsal, kültürel ve ulusal kimliğin karşısındaki sorunlarla bağdaştırılmaktadır" (Waltera ve Haahr, 2005: 96). Bu çerçevede göçün yanı sıra uyuşturucunun ve örgütlü suçun güvenlikleştirilmesi de "toplum güvenliği" konulu söylemin bir parçası olarak kabul edilebilir.[30]

Yukarıdaki alıntı ayrıca "toplum" ve "devlet" güvenliği söylemleri arasındaki yakın ilişkiyi de sergilemektedir. Ulus-devlet söyleminde göç, uyuşturucu ve/veya örgütlü suç "devlet merkezli ve topraklarla sınırlı 'ulusal güvenlik' sorunsalının üzerine oturan" "uluslarötesi sorunlar" şeklinde inşa edilir (O'Tuathail, 1999: 19). Göçün, Türkiye'nin komşu olduğu bölgede bir "geçiş ülkesi" olması dolayısıyla AB'ye bir "sorun" olarak atfedildiği yukarıdaki alıntıda da benzer bir durum gözlemlenmektedir. Türkiye'nin Doğulu komşularından Irak ve İran'a atfedilen Ötekilik derecesi, Beyaz Rusya ve Ukrayna gibi diğer Doğulu Ötekilerinkinden çok daha fazladır.[31] Göçü bir "sorun" olarak ifade etmenin kendisi ise bireylerin göç etme faaliyetlerini insanın herhangi bir eyleminden arındırarak soyut olarak adlaştıran müphem bir formülasyondur ve böylece o çerçevede benimsenen politikaları doğallaştırmaktadır. Dahası, "kapı," "baskı" ve "yük" gibi konteynir metaforlarının kullanımı Avrupa'yı dış tehditlerden korunmaya muhtaç sınırlı bir alan olarak inşa etmektedir (Charteris-Black, 2006). Bu şekilde kullanılan konteynir metaforları sınır denetimine dair kısıtlayıcı politikaların meşrulaştırılmasında kilit bir rol oynar; zira "net biçimde belirlenmiş bir konteynirin varlığı aynı zamanda o konteyniri dolduran veya boşaltan bilinçli ve kontrol edici bir varlığa işaret eder" ki, bunlar da hükümetlerdir (Charteris-Black, 2006: 576). Bu nedenle, ulus-devlet vakalarında sıklıkla görüldüğü gibi, Türkiye'nin üyeliği konulu tartışmalarda göçün (geçişin) denetimine ilişkin söylemler Avrupa'nın sınırlı bir mekân olarak inşa edilmesine ve bu konuda merkezileştirilmiş politikaların meşrulaştırılmasına yardımcı olmaktadır.

Yukarıdaki analiz, "genişleme paradoksu"nun –geleneksel olarak genişlemede öncü rol oynayan– Komisyon görevlilerinin AB'nin yeni uçlarında yeni sınırların çizilmesini konu alan genişlemeyle ilişkili Türkiye üzerine söylemlerinde ne şekilde kendini gösterdiğini ortaya koymaktadır (Diez, 2006: 241-2). Yeni Ötekiler yaratmak için mal ve insan kaçakçılığı ve kaçak göçe göndermeler yoluyla aday ülkenin sınırlarının ötesine uzanan son derece yüksek bir güvenlikleştirme ortaya çıkmaktadır (Diez, 2006). Türkiye vakasındaysa, Avrupa için bir varoluşsal tehdit kaynağı olarak ülkenin Güney sınırı güvenlikleştirilmektedir. Bu ayrıca Akdeniz bölgesinin AB tarafından güvenlikleştirilmesinin bir uzantısı olarak da tasavvur edilebilir (Pace, 2006). Bu araştırmanın çerçevesi açısından dikkat çekici olan, Komisyon yetkililerinin nasıl Türkiye'nin Doğu/Güneydoğu sınırlarının güvenlikleştirilmesine ayak uyduruyor olduğudur. Bu durum, özellikle sınır denetimi ve idaresiyle ilgili genel müdürlüklerde (Adalet ve İçişleri, Ticaret, Tarım, Bölgesel Politikalar, Genişleme) çalışan muhataplar için geçerlidir. Bu, söz konusu görevlilerin makamlarının meşruluğunun ve dolayısıyla Avrupa'nın "yönetimselleşmesi"ndeki rollerinden kaynaklanan güçlerinin gittikçe daha çok Komisyon'un yetki alanına giren bu tür politikalarla artırılıyor olmasına bağlanabilir.[32]

Üye Ülkeler

Fransa

Fransız siyasi söyleminde, analize dahil edilen üç partinin de Türkiye'nin AB üyesi olması durumunda tutarlı bir Avrupa dış politikası ve güvenlik politikası oluşturulması ve Avrupa'nın istikrarı konularında kaygılarını ifade ettiği görülmüştür. Bu, Avrupa'nın Fransa'nın geniş hali olarak tasavvur edildiği merkez sağ ve merkez solda hâlâ etkili olan federalist anlatıyla uyumludur. Bununla birlikte, Türkiye'nin üyeliğe kabul edilmemesini gerekçelendirmek için buna başvuran UMP ve UDF söz konusu olduğunda bu söylem çok daha belirgindir:[33]

> UMP 6: Bence, bir kere medeniyetler arasında köprü kurma veya öyle benzeri bir düşünce var. Yani sanırım savunulabilir bir şey; ama bir ülkenin üyeliğini tartışırken aklımızdaki en önemli mesele bu olamaz. Bir ülkenin üyeliği her şeyden önce bir iç meseledir. Her şeyden önce Avrupa projesine dair bir iç meseledir. Bu, Türkiye'nin dahil olduğu bir AB'nin nasıl bir dış politikaya sahip olabileceğiyle alakalı bir sorudur. Bu tabii ki çok ciddi bir konudur; zira Türkiye'nin, nasıl söylesek, Güney'de, Akdeniz'de güvenlik kaygılarına yol açan çok özel komşuları ve onlarla çok farklı ilişkileri var. Bence, hiç kuşkusuz, AB'nin Türkiye'yi üye kabul edip etmemesi konusundaki büyük meselelerden biri budur. Türkiye'yi dahil etmenin bedeli ortak bir dış politika sürdürememe ise, o zaman bu son derece sorunludur. Bu konuda çok dikkatli olmalıyız.

Yukarıdaki mülakat alıntısı daha yukarıda ayrıntılı olarak değinilen medeniyetler çatışması savını sorgulamamaktadır. AB için küresel bir rol inşası ile medeniyetler çatışması savıyla kısmen gerekçelendirilen güçlü bir dış kimlik ihtiyacını da sorgulamamaktadır. Ne var ki buradaki muhatap, AB'ye üye olmuş bir Türkiye'yi, Güney komşuları konusunda (güvenlik) tehdit *topos*'unu kullanarak Birliğin oynayabileceği muhtemel küresel rolün karşısında potansiyel bir tehdit olarak inşa etmektedir. Birliğin sahip olabileceği tekil ve tutarlı bir dış politika içeride tutarlı bir projeye bağlı kılınmaktadır (Üçüncü Bölüm'de buna daha uzun değineceğiz). Bu (inşa edilmiş) kimliğe Türkiye'nin oluşturduğu potansiyel tehdit, ülkenin Güney'deki komşuları ve o komşularla olan ilişkilerinden kaynaklanmaktadır.

Bu iddia, incelenmesi gereken iki örtülü varsayıma dayanmaktadır. Bunlardan birincisi, Ortadoğu ve Akdeniz ülkelerinin "güvenlik kaygılarına yol açan" ülkeler olarak isnat edilmesidir. Yukarıda daha derinlikli olarak değindiğimiz üzere, bölgenin güvenlik konusu yapılması sınır çizilmesi ve kimlik inşasına yetkin ve meşru kılıcı bir boyut sağlanması açısından çok önemli bir rol oynamaktadır. Bu açıdan Güney bölgesinde Akdeniz'in özellikle belirtilmiş olması da dikkate değerdir. Fransa kaynaklı verilerdeki diğer mülakatlarda ve parlamento tartışmalarında da Akdeniz'den farklı parti söylemlerinde genellikle güvenlikleştirilmiş olarak açıkça bahsedildiği düşünüldüğünde, bunu "Akdeniz" nosyonunun Fransız siyasi söyleminde genel olarak kullanılma biçimlerinden bağımsız olarak yorumlamak mümkün değildir.[34] AB'de Akdeniz konulu söylemler üzerine çalışmasında Pace (2006: 107), Akdeniz'in Fransız siyasi söyleminde sistematik olarak "güvenlikleştirici bir nesne", yani Avrupa'nın güvenliğine bir tehdit olarak inşa edildiğini ve bunun Fransa'nın bölgede geçmişteki sömürgeci varlığına bağlı "güç öğeleri" barındırdığını bulmuştur. Avrupa adına güçlü bir dış kimliğe Türkiye'nin oluşturduğu potansiyel tehdidin ardındaki ikinci örtülü varsayım, Türk dış politikasının bölgedeki AB politikalarıyla uyumlu olmadığıdır. Bu varsayım bölgede ortak, tutarlı bir AB dış politikası olmadığına işaret edenlerin yanı sıra,[35] bölgedeki Türk dış politikası ile Yeni Komşuluk Politikası (NNP) gibi mevcut AB politikaları arasındaki kesişim noktalarına vurgu yapan yaygın ifadeleri hesaba katmazken ikisi arasında tartışmalı olan meselelerin varlığını kabul etmektedir.[36]

Türkiye'yi güney komşuları aracılığıyla Avrupa'ya bir tehdit ve güçlü bir Avrupa dış kimliğinin karşısında bir engel olarak inşa eden UDF söyleminin temelinde de aynı varsayımlar vardır. Esas olarak parlamento tartışmalarında gözlemlendiği kadarıyla, UDF söyleminin UMP söyleminden farkı kullanılan dilsel stratejilerde ve siyasi grubun üyeleri arasındaki söylemin nispeten tekbiçimliliğinde yatmaktadır:

> Türkiye'nin üyeliği Avrupa'yı Suriye, Irak ve İran ile sınırdaş yapar: Avrupa bu değildir. Bay Ayrault eğer buna itiraz edecek olursa, karar vermemiz için bir harita yeterli olacaktır! Dünyanın bu kısmında yangın haline gelmiş sorunları ve dramları herkes biliyor. Avrupa'nın orada söyleyecekleri vardır. Orada oynaması gereken rolü oynayamaz. Bunu ancak tarafsız olması durumunda yapabilir ki, umarım yapar. Üyelerinden biri yüzünden, olayda çıkarı olan, müdahil bir durumda olması halinde bunu yapması daha zor olacaktır.

> (Bayrou, UDF, 14 Ekim 2004)

Yukarıdaki pasaj hem Güney bölgesini negatif çağrışımları olan "yangın haline gelmiş sorunlar" ve "dramlar/trajediler" ifadeleri/sözcükleri yükleyerek güvenlikleştirmekte hem de net sınırlar çizmektedir. Daha önce Avrupa Parlamentosu söylemlerinde tartıştığımız gibi, sınırlar *topos*'u hem "istikrarlı" ve "güvenli" Avrupa hem de Güney'deki "krizler içindeki" ülkelere homojen bir kimlik yakıştırmasıyla kimliğin (yeniden) üretimi açısından yaşamsal bir rol oynamaktadır. "Harita"dan bahsedilmesi, eleştirel siyasi coğrafyacının "coğrafyanın muğlak sosyokültürel ve siyasi alanları artan biçimde desteklediği" ve "coğrafi tahayyüllerin toprakları ve kimliği elle tutulur şekilde belirtme çabası içinde inşa edildiği" iddialarını destekler yöndedir (Pace, 2006: 163).[37] Güvenlik kavramının karşı yönde bir eylem gerektiren varoluşsal bir tehdit olarak okunması sayesinde güvenlikleştirme coğrafya yoluyla kimlik inşasına meşruluk katan öğelerden biri haline gelmektedir.

UMP söylemine benzer olarak, Avrupa'nın küresel role ve dolayısıyla da güçlü bir dış kimliğe sahip olması gerekliliği vurgulanmakta, ancak Türkiye'nin bölgeyle etkileşim içinde olması nedeniyle buna engel olacağı ifade edilmektedir. Bu iddianın altında yatan uslamlama stratejisi, sınırları belli olan Birliği bölgenin sorunlarından tarafsız bir soyutlama halinde tutan ortak bir AB dış politikası olduğu yönündeki örtülü varsayıma dayanmaktadır. Bu varsayım aynı zamanda bazı AB ülkelerinin, özellikle de Fransa'nın, kendilerini AB'de ve küresel sahnede ABD karşısında kilit bir güç olarak kabul ettirme çabaları kapsamında bölgede giriştikleri güç siyasetinin rolüne vurgu yapan anlatıları da tümüyle görmezden gelmektedir.[38]

Almanya

Almanya verileri, Türkiye'nin potansiyel üyeliğinin güçlü bir Avrupa dış kimliğine etkileri konulu söylemler açısından Fransa verileriyle çarpıcı bir benzerlik göstermektedir. Bu, CDU/CSU'da daha belirgin olmakla beraber daha az bir derece de olsa SPD verilerinde, özellikle de mülakatlarda da görülmektedir:[39]

> Avrupa'nın stratejik önemi ve gücü birliğindedir. Sınırlarımızın genişlemesi bunu tehlikeye atacaktır. Birlik içinde ve harekete geçme kapasitesine sahip bir AB bizim için daha çok istikrar ve barış demektir.
>
> (Schaeuble, CDU/CSU, 29 Ekim 2004)

> SPD 3: Benim görüşüme göre, Türkiye Ortadoğu ve Orta Asya'daki sorunların istikrara kavuşturulmasında çok yardımcı olabilir ve önümüzdeki yüzyılda örneğin, boru hatları açısından çok önemli bir role sahip. Dolayısıyla Avrupa'nın güvenliği için, Avrupa'nın küresel profili için önemli [...] Ben ortak bir politika, Avrupa Birliği olarak dış politikamızı oluşturmakta daha çok sorun yaşayacağımızdan korkuyorum. Örneğin bunu Polonya'da görüyorsunuz ki, Türkiye'de de aynı sorun var; çünkü Türkiye'nin şimdiki haliyle yaratılması tarihte çok eski değil. Daha önce Osmanlı İmparatorluğu'ydu ve Avrupa Birliği'nin uluslararası işlerinde ortak bir politika oluşturulabilmesi için bu süreçte ulusal çıkarlarından vazgeçmeleri gerektiğini anlamaları çok da kolay olamaz.

Bir CDU/CSU'lu parlamento üyesine ait konuşmadan yapılmış olan ilk alıntıda sınırlar *topos*'u ve tehdit *topos*'u Avrupa'nın küresel düzeyde stratejik öneme sahip bir güvenlik topluluğu olabilmesi için bir önkoşul olarak iç tutarlılığın inşasında kullanılmaktadır. Buna göre Avrupa'nın güçlü bir dış kimliğe sahip olması ve istikrarı içeride tutarlı ve homojen bir kimlik gerektirmektedir. Türkiye'nin üyeliğiyse bunu tehlikeye atacaktır (bkz. Üçüncü Bölüm). İkinci alıntı ise Avrupa'yı Türkiye'nin hem güvenliği pekiştirici rolü hem de Avrupa'nın küresel güç iddiasını kuvvetlendirebilecek stratejik konumu (özellikle enerji arzı konusunda) ile katkıda bulunabileceği bir "küresel güç" olarak inşa etmektedir. Bununla birlikte, Türkiye adına egemenliğin özcüleştirilmiş tarihsel yükü Avrupa için böyle bir dış kimliğin ortaya çıkışı açısından bir risk olarak algılanmaktadır.

Türkiye'nin ya açık kültürel/medeniyetsel ve jeopolitik etmenlerle ya da tarihe bağlı egemenlik kaygıları gibi daha örtülü özcü sıfatlarla homojenliği zedeleyerek Avrupa'nın "küresel güç" olma halini baltalayacak olması ihtimaline sık bir şekilde her üç parti söyleminde de rastlanmaktadır. Bu durumu, savaş sonrası egemen Alman ulusal kimlik inşalarından bağımsız olarak yorumlamak mümkün görünmemektedir. Alman ulusal kimliğinin savaş sonrası (yeniden) inşasında, çok korkulan Alman güç devletinin uluslararası sahnede (yeniden) ortaya çıkmasını engellemek adına siyasi eylemlerde bulunma yetisine sahip sıkı şekilde bütünleşmiş ve dolayısıyla da tutarlı bir dış kimliğe sahip bir Avrupa'nın inşa edilmiş olduğunu Giriş bölümünde savunmuştuk (Wæver, 2005: 46-8). Benzer şekilde Spohn da (2002: 305), Almanya'nın "Avrupa Birliği'ni yenilenmiş bir küresel oyuncu olarak tahayyül eden imparatorlukçu benzeri yönelimi"nin ardında savaş sonrasında Avrupa ve Alman ulusal kimliği arasında, Alman çıkarlarının Avrupa'nınkilerle eşanlamlı hale geldiği denkliğin inşasının yattığını savunmuştur.

Avrupa'nın bir güvenlik topluluğu olarak inşası yalnızca Türkiye'nin üyeliğiyle ilgili olarak Avrupa'nın dış dünyayla ilişkileri üzerine yapılan tartışmalarla gerçekleştirilmemektedir. CDU/CSU söyleminde Avrupa'nın bir güvenlik topluluğu olarak inşa edilmesi için göç konulu tartışmalardan yararlanıldığı alternatif yollara da rastlanmaktadır:[40]

> Türkiye'nin Avrupa'ya getireceği güvenlik sorunlarının bilincinde olmalıyız. Son raporlara göre, İslami örgütlerin toplam 30.000 üyesinden 27.000'i Türktür. Türk kökenli milyonlarca insan Almanya'da barış içinde yaşıyor. Ama kızıl-yeşil koalisyonun bugüne kadar yaptığının aksine, bu bizi köktendinci İslamcıları görmezden gelmeye götürmemeli. Baylar bayanlar, Almanya'daki Türk gerçeğini görmezden geliyorsunuz [...] Bugün AB üyesi ülkelerde 4 milyon Türk yaşıyor ve bunların 2,5 milyonu da Almanya'da. Aynı makale (*Frankfurter Rundschau*'da) Avrupa'ya göç edecek Türklerin de 4 milyon civarında olacağına dikkat çekiyor. Bu sayılara bakınız! Almanya'daki Türklerin sayısı hızla artacak, hatta iki katına çıkacak!
>
> (Strobl, CDU/CSU, 21 Ocak 2005)

Yukarıdaki alıntı tekrar tekrar sayı *topos*'una başvurmakta; ancak burada inanılırlılık sağlamak ve Türkiye'nin üyeliğinin güvenliğe getireceği göç tehdidine karşı aciliyet hissini artırmak adına oranlar yerine mutlak sayılar kullanılmaktadır. Türkler gerçekten de açık ara Almanya'daki en büyük göçmen grubudur. Ancak daha yakından bakıldığında ülkenin toplam nüfusunun yaklaşık % 3,5'ini meydana getirdikleri (Kaya, 2009, s. 39) ve Türkiye'nin üyeliği durumunda AB'ye göç edeceği öngörülen Türklerin sayısı hakkında farklı görüşler olduğu görülmektedir (Erzan vd., 2006). Abartılı sayılarla temsil edilen (mevcut ve potansiyel) göçmenler İslami köktendincilik ile İslami örgütlere üyelik arasında kurulan söylemsel denklikle güvenlikleştirilmektedir. Ne var ki bu, İslami örgütlerin temsil ettiği çok çeşitli görüşleri ve bu örgütlerin düşük üyelik oranlarına dikkat çeken anlatıları göz ardı etmektedir.[41]

Buradaki amaç bir yorumlama tarzını diğerine yeğlemek değildir. Zira "dinsellik" ve "İslamcılık" gibi kavramların tanımlamaları da söylemde sorgulananlar arasındadır. Burada amaç bir açıklama yapmak yerine bir başkasının söylem dışı bırakılmasının "etkilerine" dikkat çekmektir. Güvenliğe atfedilen anlamların söylemde askeri yönelimli anlamlardan, (inşa edilmiş) dini, kültürel ve etnik kimliklerin korunmasına dair kaygıları da kapsayacak şekilde genişletilmesine Soğuk Savaş sonrası dönemdeki güvenlik araştırmalarında sıklıkla dikkat çekilmiştir.[42] Aslında medeniyetler çatışması savının farklı söylemsel alanlarda tekrar üretimi de bu kavramın kapsamının genişletilmesinin doğal bir uzantısı olarak kabul edilebilir. Komisyon söylemleri kapsamında da ayrıca ele alındığı üzere, bu tür bir söylemsel kapsam genişletme, gelen göçmenlerin göç alan ülke için esas olarak (inşa edilmiş) kimlik nedeniyle bir tehdit olarak inşa edildikleri "toplum güvenliği" kavramının ortaya çıkmasına yol açmaktadır.

"İslami köktendincilik" ile genelleştirilmiş bağdaştırmalar yoluyla göçmenlerin iç güvenliğe bir tehdit olarak inşa edilmesi, normatif etkileri açısından hem dışlayıcı "biz-onlar" mantığını yerleştirmekte hem de göç alan ülkelerde ırkçılık, işsizlik ve toplumsal ayrımcılığı içeren karmaşık dinamikler ağını gizlemektedir. Dahası, göçün güvenlik konusu edilmesi "siyasi prosedürün normal sınırlarının dışında" eylemlerin meşru olduğu "olağanüstü önlemler" için zemin hazırlama potansiyeline de sahiptir (Buzan vd., 1998: 24-5). Almanya'nın yanı sıra Fransa ve Britanya gibi Avrupa ülkelerinde göçmenlerin durumu üzerine siyasi söylemde göçün bir "güvenlik sorunu" olarak sunulmasına özellikle de merkez sağ ve aşırı sağ söylemde rastlamak mümkündür (Bigo, 2002). Dolayısıyla bu söylemin Türkiye'nin AB üyeliği konulu CDU/CSU tartışmalarında yeniden üretilmesi, AB genelinde göç/bütünleşme bağlantısı üzerine daha geniş kapsamlı tartışmalarla yakın bir söylemlerarasılık ima etmektedir. Bu konu üzerinde Dördüncü Bölüm'de daha uzun duracağız.

Britanya

Fransız ve Alman verilerinden farklı olarak Britanya kaynaklı verilerde Türkiye'den Avrupa güvenliğine potansiyel bir tehdit olarak bahsedildiğine pek rastlanmamaktadır. Diğer üye ülkelerde söz konusu olduğu gibi, bu da AB düzeyinde tutarlı bir dış politikaya büyük ölçüde kuşkucu yaklaşan egemen (Britanyalı) ulusal kimlik inşasıyla bir tür söylemlerarasılık olarak görülebilir. Bununla birlikte, İşçi Partisi ve Muhafazakâr Partililer arasındaki marjinal bir azınlık söylemi Türkiye'yi göç ve/veya Avrupa'nın sınırları konusu çerçevesinde bir güvenlik tehdidi olarak inşa etmektedir:[43]

> MUH 2: Benim gördüğüm, Türkiye'nin sınırlarının ihlali, Afrikalıların bazılarının buraya, AB'ye Libya'dan İtalya'ya geçerek gelmesi gibi, AB dışından göçmenlerin Türkiye'den geçmesi, Avrupa anakarasına gelmesi sorunudur. İnsanların AB'ye gelmeleri için gayet kolay bir yola dönüşebilir ki, buradan da sınır denetiminin gerekliliği iddiasına geri gelmiş oluruz.

Yukarıdaki sözler Türkiye'nin AB üyeliğinin güvenlik açısından sonuçları konusu çerçevesinde verilen bir cevaptan alınmıştır. Bu nedenle göçün Britanya siyasi söyleminde Türkiye konulu tartışmalarda nasıl güvenlikleştirilebileceğine bir örnektir. Göçün göçmenlerin insanlıktan çıkarılmasına ve bu alanda benimsenen politikaların doğallaştırılmasına katkıda bulunan uluslarötesi bir güvenlik sorunu olarak inşa edildiği ulus-devlet alanında yapılan gözlemlere paralel şekilde, tehdit ve sınırlar *topos*'unu kullanarak Türkiye'yi göç açısından bir "geçiş ülkesi" olarak inşa etmektedir.

Sonuç

Bu analiz Avrupa'yı bir güvenlik topluluğu olarak inşa eden başlıca iki Türkiye temsili belirlemiştir. Bunlardan biri Türkiye'ye medeniyetler çatışmasının önlenmesinde kilit bir oyuncu ve Güney çevredeki ülkeler için örnek bir ülke olmanın atfedilmesiyle bağlantılıdır. Bu, AP'deki ana merkez sağ blok ve anaakım sol/liberal gruplar, Avrupa Komisyonu, Fransız merkez sağ ve merkez solu, Alman sosyal demokratlar ve Yeşiller ile Britanyalı İşçi ve Muhafazakâr Partileri arasında son derece yaygındır. Bu temsil Avrupa/Batı ile (Müslüman) Güney olmak üzere iki homojen medeniyet blokunun birbirine karşı konumlandırıldığı Huntington'ın medeniyetler çatışması savına dayalıdır ve onu yeniden üretmektedir. Bazı vakalarda (özellikle AP'deki sol/liberal gruplar, Komisyon, Fransız merkez solu, Alman

sosyal demokratlar ve Yeşiller ile Britanyalı İşçi Partisi), Türkiye'nin bu çatışma-
nın hafifletilmesi veya önlenmesindeki rolü daha da ileri taşınarak Avrupa'dan,
Türkiye'nin üye olması halinde bölgeyle din, kültür ve medeniyet yakınlığı ve/
veya "güvensiz" ve "geri kalmış" Güney ile arada bir *cordon sanitaire* rolü oynaması
sayesinde Güney'de sözü daha çok geçecek bir küresel güç olarak bahsedilmektedir.
Avrupa da söylemsel olarak dış politikası bakımından bir ulus-devleti andıracak
şekilde, çoğunlukla ABD ve Çin gibi diğer "küresel oyuncular"la rekabet içinde
olarak inşa edilmektedir.

Başlıca Türkiye'yi temsil biçimlerinden ikincisiyse AP'de merkez sağ ve aşırı
sağda, Komisyon görevlilerinde, Fransız merkez sağ ve merkez solunda, Almanya'da
Hıristiyan Demokratlar ve daha az olmakla beraber Sosyal Demokratlarda göz-
lemlenen Avrupa için bir güvenlik tehdidi olmasıdır. Böylece, Güney'e yakınlığı
nedeniyle Türkiye'nin üyeliğinin Avrupa'nın küresel sahnede başrol oynaması için
gerekli olan tutarlı dış kimliği tehdit edeceği ve/veya göç ve sınır denetimi bağla-
mında çok büyük güvenlik sorunlarına yol açacağı yönündeki iddialar aracılığıyla
Avrupa, içerisi ve dışarısı arasında net sınırlarla ulus-devlet benzeri bir şekilde inşa
edilmektedir. Bu temsillerin inşasında, güvenlikleştirme ve sınır çizmeye dair söy-
lemsel stratejiler, kriz içinde ve geri kalmış Güney'in karşısında istikrarlı, yenilikçi
ve barışçıl bir anavatanı işaret etmek için bir arada kullanılmıştır.

Bu temsillerde kurumsal, ideolojik ve ulusal sınırları teşhis etmek mümkündür.
Örneğin, Komisyon'da kendilerini Avrupa'nın sınırlarını idare etmekle yükümlü
görenlerin denetimsiz göç ve sınır denetimi konuları üzerinden Türkiye'yi potan-
siyel bir güvenlik tehdidi olarak göstermeye daha meyilli oldukları görülmüştür.
İdeolojik ayrımların belirginleştiği vakalardan biri, AP'deki aşırı sağ gruplarda göçün
güvenlik meselesi haline getirilmesinin yoğunlaşmasıdır. Türkiye'nin medeniyet-
ler çatışmasıyla mücadeledeki rolü tartışılırken teröre karşı savaştan bahsedilmesi
yoluyla İşçi Partisi'nin uluslararası güvenlik üzerine söylemindeki Atlantik ötesi
öğelerde veya Fransız ve Alman verilerinde tutarlı bir Avrupa dış politikasına olan
ihtiyaca yapılan vurguda siyasi bağlılıkların yanı sıra ulusal kimlik inşalarının
izlerine rastlamak mümkündür.

Her şeye rağmen, bu temsil biçimlerinde ortak olan merkezi söylem, ya Türkiye'yi
bir güvenlik değeri olarak sunma yoluyla açıkça gönderme yapılarak ya da İslam
veya Müslüman dünyası ile Avrupa ve Batı biçimindeki ikili ayrımla bir güven-
lik tehdidi olarak sunarak örtülü göndermelerle üretilen medeniyetler çatışması
söylemidir. Bu analiz Bottici ve Challand'la (2006: 323) benzer biçimde, 2001
sonuna kadar AB'de pek başvurulmayan bir anlatıyken, 2004 sonuna gelindiğinde

Türkiye konulu AB güvenlik söylemlerinde medeniyetler çatışması anlatısının çok yaygınlaşmış olduğunu bulmuştur.

Medeniyetler çatışması savına göre çok daha az rastlanan bir diğer söylemlerarası-
sılık (ve metinlerarasılık[44]) vakasıysa eski Avrupa Birliği Konseyi Genel Sekreterliği Dış ve Politik Askeri İlişkiler Genel Direktörü ve Avrupa Dış Eylem Servisi Yönetim Kurulu başdanışmanlarından Robert Cooper tarafından ortaya atılan "yeni liberal emperyalizm" konulu söylemdir. Cooper'a göre:

> [P]ostmodern dünyanın karşısındaki zorluk çifte standart düşüncesine alışmaktır. Kendi aramızda bizler yasalar ve açık işbirliğine dayalı güvenlik temelinde iş yaparız. Ne var ki, postmodern Avrupa kıtasının dışındaki daha eski tarz ülkelerle muhatap olduğumuzda, daha eski bir çağın daha sert yöntemlerine; güç, önceden saldırı, kandırmaca, hâlâ 19. yüzyılın her ülke kendi derdinde dünyasında yaşayanlarla baş etmek için ne gerekiyorsa onlara başvurmalıyız.[45]

Bu söylemin ana savları Avrupa'ya küresel sistemde daha müdahaleci bir rol biçilen güvenlik konulu Komisyon tartışmalarında ve Türkiye konulu sol/liberal söylem-
de özellikle göze çarpmaktadır. Türkiye, kendi içinde "postmodern" Avrupa'nın "modern/modern öncesi" dünya ile mücadele etmesi ve onu istikrara kavuşturma-
sında gelecekte yardımına başvurulacak bir aktör olarak sunulmaktadır. Üçüncü Bölüm'de daha ayrıntılı olarak ele alacağımız bir başka görüşe göreyse, Türkiye egemenliklerden arınmış postmodern Avrupa'ya katılmaya elverişsiz ve bu tür bir rolün önünde engel oluşturacak bir aktör olarak görülmektedir. Ne var ki her iki temsil de dış ilişkilerinde kullandığı güç politikasıyla inşa edilen bir Avrupa söy-
leminin artan hâkimiyetini ortaya koymaktadır. Avrupa'nın "küresel güç" olarak inşası bu gücün özellikle yakın çevresinde demokrasinin, insan haklarının ve hu-
kukun üstünlüğünün yayılması bağlamındaki normatif rolüne dair bazı iddialarda bulunulmasını gerektirmektedir. Bu özellikle söz konusu inşanın "istikrar ihracı" ve "kendi güvenliğini sağlamak ve güç elde etmek" başlığı altında söylemsel olarak "değerler" ile "çıkarlar"ı birleştirme biçimlerinden kaynaklanmaktadır (Fairclough, 2005: 50). Avrupa'ya yakıştırılan bu rolün normatif boyutunun daha derinlikli olarak ele alınması Avrupa ve Türkiye üzerine demokrasi ve demokratikleşme ko-
nulu tartışmalardaki söylemleri analiz etmekle mümkün olacaktır; bu da sonraki bölümün konusudur.

Demokratik Değerlerin Savunucusu Olarak Avrupa

Soğuk Savaş'ın sonundan bu yana, demokrasi ve insan hakları Türkiye-AB ilişkilerindeki başlıca meselelerden olmuştur. Katılım müzakerelerinin başlamasının Türkiye'nin Kopenhag siyasi kriterlerini yerine getirmesi koşuluna bağlanması Türk demokrasisinin durumunu AB gündeminde ön sıralara taşımıştır. Bu analize göre, Türk demokrasisi üzerine tartışmalar 2005 yılında katılım müzakerelerinin başlamasıyla durulmamıştır. Hatta, Türkiye üzerine tartışmaların 2005'ten sonra yoğunluk kaybettiği üye ülkelerden farklı olarak, analize dahil edilen ve Türkiye üzerine tartışmaların nispeten daha yoğun bir şekilde devam ettiği kurumlarda, yani AP ve Komisyon'da, Türk demokrasisiyle ilgili konular Komisyon'un Türkiye'nin Kopenhag siyasi kriterlerini yeterince yerine getirdiği kararına varmasından on yıl sonra bile öncelikli konumunu korumaya devam etmiştir. Gelgelelim, katılım müzakerelerinin başlatılmasından sonra Türkiye'nin demokratikleşmesi üzerine yapılan tartışmalar, ülkenin "Avrupa" standartlarında yeterince demokratik olup olmadığına dair genel tartışmalardansa anayasa reformu, seçimler, Gezi olayları ve yargı reformu gibi belirli gelişmelerden bahsedilen daha ayrıntılı bir hal almıştır.

AP'nin Türk demokrasisi hakkında sık sık kaygılarını dile getirdiği bilinmektedir. Öyle ki, AP'deki Türkiye konulu tartışmalar (1996-2004) niceliksel olarak incelendiğinde Türk demokrasisinin AP tartışmalarında değinilen kusurlarının aşağı yukarı gayrimüslim azınlık hakları, Kürt azınlığın durumu, sivil-asker ilişkileri, Kıbrıs sorunu, iyi komşuluk ilişkileri (Yunanistan ve Ermenistan ile), Ermeni soykırımının tanınması, insan hakları ve demokratik reformlar, kadın hakları, hukukun üstünlüğü ilkesinin yürürlüğe geçirilmesi, polis gücünün durumu ve yolsuzluk konularını kapsadığı görülmektedir (Giannakopoulos ve Maras, 2005). Analizlerinin kapsadığı dönem bu kitabınkinden daha kısıtlı olmasına rağmen, Türkiye'de demokratikleşme konusunda değinilen genel meseleler analize tabi tutulan örnek verilerle genel hatlarıyla uyumlu görünmektedir.

Demokrasi, Komisyon'un Türkiye üzerine söylemlerini biçimlendiren ana temalardan biridir. Türkiye'deki demokratik gelişmelerin izlenmesi ve Kopenhag siyasi kriterlerinin yeterince yerine getirilmesi durumunda katılım müzakerelerinin başlatılmasını tavsiye etme görevlerinin 2002'de resmen Komisyon'a verildiği düşünüldüğünde bu şaşırtıcı değildir. Komisyon, katılım müzakerelerinin başlatılmasından bu yana İlerleme Raporları ile Türk demokrasisini izlemeye ve bu konu hakkında raporlar yayımlamaya devam etmektedir. Komiserlerin konuşmaları ve mülakatlar, sürekli olarak Türk demokrasisinin temel hak ve özgürlükler, azınlık hakları, sivil-asker ilişkileri, kadın hakları , ülkenin Kıbrıs meselesinde izlediği politika ve (daha az oranda ve ilk dönemlerdeki komiser konuşmalarında daha sık olmak üzere) Yunanistan'la ikili ilişkiler alanlarındaki eksiklerine vurgu yapmaktadır.

Fransa'daki söylem ise, diğer söylemsel alanlardan farklı olarak, ülkenin demokratikleşme karinesine ilgi göstermek yerine daha çok jeopolitik meseleler, bir siyasi proje olarak AB ve bunun Avrupalı halklar, kültür, tarih ve dinle ilişkisi çevresindeki tartışmalara odaklanmıştır. Öyle ki, katılım müzakerelerinin başlatılmasından Ağustos 2015'e kadarki dönemde sadece dört parlamenter Türkiye'de demokrasi konusunu gündeme getirmiştir.[1] Demokratikleşme meselesi gündeme geldiğindeyse değinilen sorunsal alanlar arasında temel hak ve özgürlükler, Türkiye'nin Kıbrıs'la ilişkileri ve Ermeni soykırımının kabulü bağlamında geçmişle barışılması, azınlıkların (özellikle de Kürt azınlığın) korunması ve kadın hakları sayılabilir. Fransız örneğinin tersine, Türkiye'nin demokratikleşme karnesi Almanya ve Britanya verilerinde sıklıkla rastlanan bir temadır. Tartışmaya konu olan başlıca meseleler arasında Almanya verilerinde temel hak ve özgürlükler, sivil-asker ilişkileri, azınlık hakları, Kıbrıs meselesi ve kadın hakları; Britanya verilerinde temel hak ve özgürlükler, hukukun üstünlüğü, azınlık hakları ve Kıbrıs meselesi vardır.

Bu analiz demokratikleşme tartışmalarında Avrupa'nın demokratik değerlerin savunucusu olarak inşa edilmesine vesile olan başlıca iki Türkiye temsili belirlemiştir: Türkiye'nin statik ve demokratik olmayan, yani demokratikleşemez bir ülke olarak temsili ve Avrupa'nın yardımıyla değişebilecek demokratik olmayan bir ülke olarak temsili.

Demokratikleşemez Bir Ülke Olarak Türkiye

AP'nin yanı sıra Fransa ve Almanya'da da sürekli yeniden üretilen bir temsilde Türkiye demokratik olmama halinde kalakalmış ve doğası gereği koşullar ne olursa olsun değişime dirençli bir ülkedir. Aşağıda da gösterileceği üzere, bu temsil biçimine Avrupa'yı da demokratik değerlerin savunucusu olarak inşa eden çeşitli söylemsel stratejilerle ulaşılır.

Avrupa Parlamentosu

Demokratikleşme konulu tartışmalarda kullanılan isnat/gönderme stratejilerine yakından bakıldığında, AP'deki merkez sağ ve aşırı sağ grupların çoğunda Avrupa'nın sürekli olarak Avrupalı/Batılı demokratik değerlerin, ilkelerin ve standartların[2] savunucusu olarak inşa edildiği ortaya çıkmaktadır. Öte yandan, Komisyon'un Türkiye'nin Kopenhag siyasi kıstaslarını yeterli şekilde yerine getirdiğine dair 2004 tarihli İlerleme Raporu'ndan sonra dahi, Türkiye sürekli olarak statik ve değişime dirençli, demokratik olmayan bir ülke olarak temsil edilmektedir.[3] Bu esas olarak demokrasi kavramının özcüleştirilmesi[4] ve Türkiye'deki demokratik ilerlemeye dair alternatif anlatıların ısrarla dışlanması yoluyla sağlanmaktadır:

> Sayın Başkan, Türk hukuk sistemi kolektif düzen ve güvenliğin çok kesin olarak bireysel insan haklarından öncelikli olduğu düşüncesine dayalıdır. Orada yaşam öyledir. Bu tür davranışlar Avrupa norm ve değerlerinin açıkça inkârıdır. Avrupa Birliği'ne katılmak istiyorlar, ama kendi istedikleri koşullarla katılmak istiyorlar. Bunu her ne pahasına olursa olsun engellemeliyiz ve Türkiye vatandaşlarının ve orada yaşayan iyi niyetli herkesin bunu istemediğimizi açıkça anlamasını sağlamalıyız.
>
> (Oostlander, EPP/ED, 13 Mayıs 2003)

> EPP-ED 1: İnsanlar nasıl düşünürler? Demokrasi, bireylerin özgürlüğü, eşit haklar gibi şeyleri nasıl yorumlarlar? Bunlar anlaşılması gereken Avrupalı değerlerdir ve Türklerin çoğunun bunları gerçekten anlamadığı izlenimine kapılıyorum; bu değerlerin anlaşılma şekli farklı. Türkler bana hep "Ne istiyorsunuz, burada da demokrasi var" diyor. Ama bu bir Avrupa demokrasisi, biz Avrupalıların tanımladığı ve anladığı anlamda bir demokrasi değil.

Yukarıdaki ilk alıntıda, Avrupalı benliğin bir sıfatı olarak "bireycilik" Türk hukuk sisteminin temel ilkesi olarak ifade edilen "kolektivizm" ile karşı karşıya getirilmektedir. Burada iki noktayı belirtmek gerekir. Birincisi, bütün hukuki yapıda "kolektif düzen ve güvenliğin" öncelikli olduğu anlatısı aslında 1999'dan bu konuşmanın yapıldığı 2003 yılına kadar gerçekleştirilen ve pek çok Türk ve Avrupalı gözlemci tarafından bireysel insan haklarını pekiştirmeye yönelik olarak nitelenen yasal ve anayasal reformları dışlayarak hakikatin bir "versiyon"unu inşa etmektedir.[5] İkincisi, Avrupa kimliğinin tarihi 19. yüzyıla kadar uzanan yerleşik, özcüleştiren bir stereotipi olan "bireycilik"e bir Avrupa normu/değeri olarak bu vurgunun yapılması yeni değildir.[6] Dilsel olarak "orada" ile birlikte "onlar" ve "kendi sahip oldukları" gibi başka mesafe koyucu adılların kullanımıyla iki varlık (Avrupa ile Türkiye) birbirinden daha da uzaklaştırılmaktadır. Bu ima yollu strateji aşırı adıllaştırma olarak adlandırılabilir. İnşa edilen mesafe Türkiye'ye demokratik değişime direnen tutucu bir ülke olma özelliğini yüklemektedir.

Bir mülakattan yapılan ikinci alıntıda yine Avrupa'dan demokratik değerlerin ("demokrasi, bireylerin özgürlüğü, eşit haklar") sahibi olarak bahsedilmektedir. Ne var ki, ilk alıntıdan farklı olarak bu kez "Avrupalılar" ile "Türkler" arasına demokrasi ve insan haklarını kavramlaştırma biçimleri açısından mesafe konmaktadır. Farklılıkların etnisiteye bağlanması, yani etnikleştirme, Türk "insanlarının" "farklı" bir demokrasi nosyonuna sahip olarak stereotipleştirilmesiyle beraber yine ülkede demokratik değişime dair alternatif anlatıları dışlamaktadır.

> O ülkede, o Türkiye'de, önce egemen zihniyetin değişmesi gerektiğine kuşku yoktur; insanların zihninde bir şeyler olması gerekiyor. Bu zorlayarak sağlanamaz. İnsanların ikna edilmesi gerekiyor; ikna edici bir siyasi savla kazanılmaları gerekiyor. Kalıcı bir zihniyet değişimini sağlamanın yolu budur. Bu on yıl içinde hemen inşa edilemez. En azından iki-üç nesil alır; o zaman neden bu ülkeye ihtiyacı olan zamanı veremiyoruz?
>
> (Sommer, EPP/ED, 13 Aralık 2004)

> Parlamento ve pek çok başka kurum, sanki bizim verdiğimiz durmak bilmez bir eğitim Türkiye'yi değiştirebilirmiş gibi oyunlarına devam ediyor. Aslında, olayın özü de budur: Bu ülke, bu ulus, bu büyük halk, evrimi ve birlikte yürütmek istediğimiz proje arasındaki çelişki.
>
> (Toubon, EPP/ED, 21 Mayıs 2008)

> UEN 1: Bildiğiniz gibi bu meclisin insanlarının genelde söyledikleri, Türkiye'nin koşulları yerine getirmediği için [Birliğe] şimdi giremeyeceği, ama değişirse üye olabileceğidir. Ben başka insanların kültürünü bu kadar derinden değiştirmeye taraftar değilim [...] Ki Türkiye'de değişmesi gereken çok şey görüyorum; ama Huntington'ın ifade ettiği gibi, başka bir ülkeyi ve başka bir halkı değişmeye zorlarsanız, bunun sonucu eninde sonunda açık savaş olur.

Yukarıdaki ilk alıntı, sıklıkla Türkiye'de bir değişmezlik durumunu ima etmek için kullanılan zihniyet veya anlayış gibi yaygın gösterenlere başvurmaktadır.[7] Herzfeld (2002: 142) "zihniyet"i özcüleştirici bir söylemin ürünü olan "analitik gücü şüpheli" bir kavram olarak tarif eder. Bu kavram, söylemsel olarak ulusal homojenlik inşa etmek için başvurulan milliyetçi söylemin kilit kavramlarından olagelmiştir. Bu yüzden Türkiye bağlamında kullanıldığında hem ülkeyi homojen bir varlık olarak inşa etmekte hem de Avrupa ile farklılıklarını özcüleştirmektedir. Parlamenterin Türkiye'de değişim için öngördüğü süreç de bu açıdan dikkat çekicidir. Johannes Fabian *Time and the Other* [*Zaman ve Öteki*] adlı eserinde (1983) belli kolektifin bir referans grubuna göre farklı bir zamana konumlandırılmasının ilişkisel olarak kurulan farklılıkların sürdürülmesi amacıyla nasıl ikili karşıtlıklar yaratmakta kullanılabileceğini göstermiştir. Burada Türkiye, Avrupalı Benlikten farklı bir zamansal kimlikle inşa edilmektedir. Hatta bunu Hansen'in (2006: 49) sözleriyle anlatacak olursak, söz konusu ülke "iki kere zamandaki yerinden edilmektedir: 'Hem' geri 'hem de' kalıcı olarak [...] gerilik içinde yer alır şekilde inşa edilmiştir."

Katılım müzakerelerinin üçüncü yılından olmasına rağmen ikinci alıntı Türkiye'nin asla değişip tam anlamıyla bir demokrasi olamayacağı yönündeki pek çok açık ifadeye bir örnektir. Aşağı konumdaki öğrencinin (Türkiye) gerekli bilgiye sahip üstün öğretmenin (Avrupa) çabalarına rağmen asla yeterince öğrenemeyeceği biçimde inşa edilen öğrenci/öğretmen ikili karşıtlığının kullanımı yaygın olarak gözlemlenmiştir. Türkiye üzerine milliyetçi ve aşırı sağ söylemlerde tipik olduğu üzere, özünde demokratik olmayan halinin kültür *topos*'uyla meşrulaştırıldığı son alıntının tersine, burada Avrupa ile arasında ayrıntısına girilmeyen bir doğal uyuşmazlık söz konusudur. Burada demokratikleşme açıkça kültürel bir öze bağlı ve böylece çok farklı bir kültüre sahip bir ülkeden beklenmemesi gereken bir süreçtir. Böylece demokrasiyle bağdaştırılan Batı kültürünün üstünlüğü açıkça ifade edilmektedir. Burada dikkati çeken bir başka husus da Huntington'ın çalışmasıyla metinlerarasılığın, doğası gereği birbirine hasım olan sınırları çizili, statik ve özcü kültürlere vurgu yapmak için ve çatışmaları durumunda o ülkeyle ilişkilerde herhangi bir alternatif önlemi ihtimal dışı kabul edip bir kriz durumu olarak savaş inşa etmek için kullanılmasıdır.

Türkiye'nin Kıbrıs'ı tanıması, limanları ve havaalanlarını Kıbrıslı araçlara açması gerektiği, özellikle katılım müzakerelerinin başlamasından sonra AP'deki tüm siyasi grupların üyelerince sık sık gündeme getirilmiştir. Bu belli vakalarda, özellikle de Yunanlı ve Kıbrıslı Rum AP üyeleri arasında, Türkiye'nin uluslararası hukuku sürekli çiğneyen ve Avrupalı demokratik değerlere uymayan bir ülke olarak sunulmasına vesile olan bir konudur:

> Gelecekte, Türkiye gibi bir ülkenin başka bir müstakbel AB üyesi ülkenin, yani Kıbrıs'ın bir kısmını işgal etmeye devam etmesi ve [AB'ye] üyeliğinin devam etmesi durumunda, Avrupa işbirliğinin ve onun altında yatan değerlerin kalbini meydana getiren o demokrasi ve uzlaşma ruhu ne hale gelir?
>
> (Sacredeus, EPP/ED, 14 Şubat 2001)

> [...] Bu ülke [Türkiye] önemli bir demokratik eksik sergilemekten, milyonların insan haklarını açıkça çiğnemekten ve Avrupa Birliği üyesi bir ülke olan Kıbrıs Cumhuriyeti'ni işgal etmekten vazgeçmeyecektir [...] Demokrasinin mabedi olan Avrupa Parlamentosu'nda Kuzey ve Güney Kıbrıs gibi yakışıksız ifadeleri dinleyemeyiz ve sözde seçmenlerin %70'ini yasadışı kolonicilerin meydana getirdiği Kuzey Kıbrıs'ta seçimlerden bahsedemeyiz.
>
> (Theocharous, EPP, 10 Şubat 2010)

İki alıntıda da Türkiye'nin Kıbrıs'taki askeri varlığı, demokratik değerlere sahip olarak olumluluk atfedilen Avrupa'nın tersine "işgalci", "kolonici" ve "insan haklarını çiğneyen" sıfatlarıyla olumsuzluk yüklenen Türkiye adına bir (Avrupai) demokrasi (eksikliği) meselesi olarak inşa edilmektedir. Meselenin demokrasi konusunda karşıtlık bağlamında sunulması da Kıbrıs sorununun tarihselliğini ve hem Kıbrıs'taki toplulukların yönetimlerinin hem de Yunanistan ve Türkiye'nin esneklikten uzak duruşlarının altında yatan inşa edilmiş bölünmüşlükleri anlatı dışında bırakmaktadır. İlk anlatı, Türk "işgalinin" potansiyel olarak devamını bir "Avrupalılık" meselesi diye yorumlarken "Avrupa"yı insanbiçimleştirerek, yani ona insani sıfatlar ("Avrupa işbirliğinin ve onun altında yatan değerlerin kalbi," "o demokrasi ve uzlaşma ruhu") atfederek özcüleştirme yoluyla Ada'daki çatışmayı inşa eden ve devam ettiren dinamiklerin ve aktörlerin marjinalleştirilmesine katkıda bulunmaktadır. AP verilerinde ayrıca, 2004'te Kıbrıs'ın AB'ye ve Kıbrıslı üyelerin AP'ye dahil olmasından sonra, Kıbrıs meselesinden bahseden bu yeni parlamenterlerin "işgal altındaki" ulus ve ülkenin "Avrupalı" olduğuna vurgu yaparak "Avrupalılık" sıfatına sıklıkla başvurdukları gözlemlenmiştir.[8] Böyle bir söylemsel hareket, başka kaynaklarda da savunulduğu üzere (Rumelili, 2003: 232), uluslararası bir çatışmayı "Avrupalılık" gibi bir kimlik bağlamında temsil ederek tehdit algılarını aşırı basitleştirmekte, meşrulaştırmakta ve çatışmaların çözüme kavuşturulmasına yardımcı olacak alternatif anlatıların ortaya çıkmasını engellemektedir.

Üye Ülkeler

Fransa

Fransa'daki Türkiye'de demokrasi konulu tartışmalarda, farklı parti gruplarında Avrupa'nın çok büyük bir çoğunlukla temel Avrupa değerlerinin savunucusu olarak inşa edildiği görülmektedir.[9] Fransız merkez sağının büyük çoğunluğu için bu inşa Türkiye'deki demokratik durgunluğa dair statik bir tabloyla ilişki içerisinde gerçekleştirilmektedir:[10]

> Gerçekten de bunun[Türkiye'nin üyeliğinin] coğrafi, kültürel veya insan hakları açısından bir meşruluğu yoktur: On iki bin siyasi tutuklu, zulüm gören milyonlar, daha dün güvenlik güçlerince işlenen bir katliam; Temel Haklar Şartı ile her gün alay edilen Türkiye'nin siyasi gerçekliği böyledir. Ülkenin insan hakları bakanından net bir cevap bekliyorum.
>
> (Lequiller, RMP/UMP, 20 Aralık 2000)

> UMP 4: Türkiye'nin AB üyeliği için çok çalışması gerek. Türkiye'nin üye olabilmek için kendi yapılarını, kendi anayasasını değiştirmesi gerekiyor. Yeni bir bilinç, yeni bir kültür yaratmalı [...] Bence Avrupalı değerler proje

açısından temel öneme sahip. Her şeyden önce, serbestiyet, toplumsal ada-
let, toplumsal dayanışma, saygı, özgürlük değerleri. Serbestiyeti pekiştirmek
için sorumluluk almalısınız. Bu temel öneme sahip. Dolayısıyla burada,
Fransa'da biz değerler için ve bunları pekiştirmek ve bu yönde etkileyebil-
mek için savaş veriyoruz. Bu yüzden değerler son derece önemli.

UDF 3: Bence, nasıl demeli, önemli bir sorun var; bu sorun Türkiye'nin
kendisinin de sorunu, tabii eğer insan hakları vb. konusunda bir siyasal
standarda, Avrupa Birliği'nin geri kalanının standardına ulaşmak istiyorsa.
Türkiye'nin bazı bölgelerinin nispeten çok yoksul olmasına rağmen bu
ekonomik bir sorun değil. Bu sorun, kültürel bir sorun; yani din ve ondan
sonra insan hakları, kadının yeri vb. Bütün bunlar var.

Yukarıdaki ilk alıntı Türkiye'deki siyaseti baskıcı öğelere sahip ve demokratik ol-
mayan bir ortam olarak inşa etmektedir. Bu olumsuz öteki temsili çeşitli gönderme/
isnat ve uslamlama stratejileriyle gerçekleştirilmektedir. Bunlardan biri, siyasi tutuk-
lulardan bahsederken geçen sayılar *topos*'udur; mutlak sayıların kullanımı yüzdelere
göre daha etkileyicidir. Bir diğer söylemsel stratejiyse hem abartılı bir gerçeklik
inşası hem de demokratik ilerlemeye dair alternatif ifadelerin anlatımdan dışlan-
masını sağlayan "zulüm gören milyonlar", "yapılan bir katliam" ve "Temel Haklar
Şartı ile her gün alay edilen" ifadeleriyle başvurulan "aceleci genelleştirme"tir.[11]
Türkiye'nin demokratik olmayan ve değişime dirençli bir ülke olarak inşasına
daha da inandırıcılık katmak için totolojik bir uslamlama şekli olarak gerçeklik
topos'unun kullanımıyla bu durum bir "siyasi gerçeklik" olarak sunulmaktadır. Bu
olumsuz Ötekine karşı açıkça olumlu olarak temsil edilen Benlik ise "insan hakları
ülkesi" olmanın atfedildiği "Fransa"dır.

Yukarıdaki ikinci alıntı, Fransa'nın insan haklarının bekçisi olarak, "zaman
içinde ve zamanla gerçekleşen" bir "zamansal süreç" şeklinde sunmakta kullanı-
lan ima yollu strateji kapsamında "proje" olarak bahsedilen Avrupa'nın merkezine
yerleştirilmesinin bir örneğidir (Wodak ve Weiss, 2004: 242). Fransa'nın bu pro-
jedeki merkezi konumu Fransız ve Avrupalı değerler arasında kurulan söylem-
sel denklikle gerçekleştirilmektedir. Bunu, burada sayılan Avrupa değerlerinin
("serbestiyet/özgürlük", "toplumsal adalet/saygı", "toplumsal dayanışma") Fransız
(devrim) ilkeleri olan *liberté, égalité, fraternité*"ye karşılık gelmesinde görmek
mümkündür.[12] Bu değerlerin "evrenselliği" ve Avrupa/Fransa'nın "medenileştirme
misyonu" çerçevesinde bunları yayma ihtiyacı, tümünün de "değişim"in kavramsal
alanına ait oldukları iddia edilebilecek "(değerler için) savaş verme" metaforu ile
"pekiştirme" ve "etkileme" fiilleriyle sağlanan aşırı sözcükleşmeyle vurgulanmak-
tadır. Böyle bir evrensellik ve değişim iddiası karşısında Türkiye'ye "demokratik
olmayan" niteliğini homojenleştiren ve özcüleştiren "bilinç" gibi insani bir nitelik

atfedilerek güçlü bir tezat yaratılmaktadır. Kültür *topos*'u ise Türkiye'nin özcü ve yekpare biçimde demokratik olmayan ve değişime direnç gösteren homojen bir ülke olarak inşasının güçlendirilmesine katkıda bulunmaktadır.

Yukarıdaki son alıntı da yine Türkiye'ye demokratik açıdan üstün bir Avrupa'dan bahsetmekte, demokratikleşmeyi esas olarak "din" ile eş tutulan "kültür"e dayandırarak ülkeyi sabit şekilde aşağı bir konuma yerleştirmektedir. Dine demokratik ilerlemeyi engelleyen kültürel bir mesele olarak yaklaşılması, İslam'ın Şark'taki toplumsal ve siyasi yaşamın tüm yönlerini kapsayan egemen bir üst yapı olarak abartılı bir şekilde temsil edildiği şarkiyatçı söylemden hareketle (Said, 1978) demokrasinin doğası gereği İslam ile uyumsuz olduğunun iddia edildiği yeni şarkiyatçı söylemleri çağrıştırmaktadır (Bottici ve Challand, 2011: 56-7).

Almanya

Analize dahil edilen tüm siyasi partiler Avrupa'yı Avrupa değerlerinin savunucusu olarak inşa eden isnat/gönderme stratejilerine başvurmaktadır.[13] Özellikle CDU/CSU grubunda, bu inşayla bağlantılı olarak Türkiye tüm analiz dönemlerinde değişime dirençli demokratik olmayan bir ülke olarak sunulmaktadır.[14] Bazı durumlarda bu, kültür, din ve tarih *topos*'larına göndermelerle demokrasinin özcüleştirilmesi aracılığıyla sağlanmaktadır. Bunlar kazanılamayacak özcü nitelikler olarak sunulduğundan, Türkiye'nin demokratik olmayan bir ülke olmasına dair değişmeyen statik resim de meşrulaştırılmış olmaktadır:

> Avrupa Birliği, değerleri Aydınlanma ve Hıristiyanlık tarafından biçimlendirilmiş bir kurumdur. İnsan hakları, kadın erkek eşitliği, hukukun üstünlüğüne dayanan demokrasi, basın özgürlüğü ve sosyal piyasa ekonomisi gibi değerlerin hepsi de bu köklerden gelir [...] İslam ülkelerini geçmişte Hıristiyanlıkla yönetilenlerle karşılaştırdığınızda demokrasi, insan hakları, basın özgürlüğü ve din özgürlüğü açısından derin farklılıklar bulursunuz. Bugüne kadar değerlerimizi paylaşan tek bir İslam ülkesi olmamıştır.
>
> (Hintze, CDU/CSU, 19 Aralık 2002)

> CDU/CSU 1: Kısa vadede bazı şeyleri başarmak zordur. Bir anlamda tarihi tekrarlayamazsınız. İşte bu yüzden nesiller boyunca gelişmesi gerektiğini, kısa vadeli bir mesele olmadığını söylüyorum [...] Söz konusu olan siyasi kültür meselesi. Yani politikaları nasıl uyguladığınız ki, kendisi de en geniş anlamıyla kültür çatısı altına giren dine kadar gider bunun ucu. Komşunuzla nasıl yaşayacağınız kültürü, yine siyasi kültür konusu olarak aynı inanç veya görüşten olmayan birisiyle nasıl baş edeceğiniz kültürü. Kuşkusuz kültür burada manastırlar, edebiyat vb. anlamında, kültürel miras anlamında değil, bu tabii ki söz konusu değil. Benim düşündüğüm daha çok siyasi kültür.

Yukarıdaki ilk alıntıda, demokrasi, insan hakları ve hukukun üstünlüğü gibi olumlu çağrışımları olan işaret sözcüklerin Avrupa değerleriyle bağdaştırılması Avrupalı Benliğinin olumlu temsiliyle sonuçlanmaktadır. Ne var ki bunlar Avrupa ülkelerinin kazanmış olduğu özellikler olarak sunulmamaktadır. Bu değerlerin özü dinde (Hıristiyanlık) ve tarihte (Aydınlanma) aranmakta, bu da onları sadece Avrupa'ya özgü kılmaktadır. Dünyanın dinsel ve tarihsel çizgilerle ayrıldığı medeniyetler çatışması savının ardındaki mantık burada da kendini göstermektedir. Hıristiyanlık ile İslam arasında kurulan ikili karşıtlıkta yeni şarkiyatçı söylemde tipik olduğu üzere İslam'a demokratik reformlara müsait olmama özelliği yakıştırılmakta ve İslam daha aşağı bir konuma yerleştirilmektedir. Bu, Avrupa/Batı'nın egemen dinin İslam olduğu ülkeler karşısındaki üstünlüklerini pekiştirmekte ve bu ülkelerin siyasi sistemleri arasındaki farklılıkları tümüyle dışlamaktadır.

Yukarıdaki ikinci alıntı "din" ile bir tutulan "kültür"ü demokratik bir sistemin öz temeli olarak ele alarak açıkça kültür *topos*'unu kullanmaktadır. Buna göre demokrasiye giden tek bir teleolojik yol vardır; onun kökleri de Avrupa'nın kültüründe/dinindedir. Katılımcının "kültürel miras" ile "siyasi kültür" arasında yaptığı ayrım Blommaert ve Verschueren'in (1998: 92) Batı'da kültür söylemlerinde gözlemlenen iki "kültürel özellik" biçimi arasında yaptığı ayrımı andırmaktadır. Bunlardan biri, inançlar ve din gibi "derin kültürel özellikler" veya "sözde yol gösterici toplumsal ilkeler" ile ilgiliyken, diğeri sanatsal biçimler ve yeme alışkanlıkları gibi "yüzey değerleri (kültürel özellikler)"den meydana gelir. "Siyasi kültür" ifadesinin Avrupa'yı pozitif ve üstün temsil etmek için gündeme getirilen bu son derece muğlak "derin özellikler" yerine kullanıldığı söylenebilir.

Türkiye'nin demokratikleşmesinin karşısındaki engeller olarak "kültür" ve "siyasi kültür"den bahsedilmesine CDU/CSU milletvekilleri arasında sıkça rastlanması Spohn'un savaş sonrası Almanya'da kültür ile ulusal kimlik arasındaki ilişki üzerine söylediklerini çağrıştırmaktadır. Spohn'a göre (2002: 305-6), Almanya'daki savaş sonrası seçkinlerin söylemlerinde (inşa edilmiş) Alman ulusal kimliği ile Avrupa'nın "senkronize" edilmesi, "Almanların mevcut Avrupa anlayışlarında bir can alıcı kültür katmanının" ortaya çıkmasına neden olmuştur. Bu katmanda kimlik (Alman ulusal kültürü yerine) Avrupa kültürüyle tanımlanır. Bununla birlikte, (inşa edilmiş) bu kültürel kimliğin muhafazakâr-liberal çeşidi her zaman için son derece dışlamacı olmuş ve Türkiye'yle arasına açık bir sınır çekmiştir (ayrıca bkz. Dördüncü Bölüm).

Alman siyasi söyleminde Türkiye'nin demokratik olmamasını değişmez bir durum olarak sunmak için kültür, din ve tarih dışında başka uslamlama stratejilerinden de yararlanılmaktadır:

> Türkiye bütün bu zaman zarfında değişmeden kalmıştır. Bence AB adaylığı açısından bu can alıcı bir noktadır. Türkiye katılım müzakerelerine başlamak için gerekli kıstaslardan siyasi olarak çok uzaktadır ve yakın gelecekte hazır olacağına da inanmıyorum.

(Glos, CDU/CSU, 17 Aralık 1999)

Yukarıdaki alıntı, konuşmanın yapıldığı dönemde ülkedeki demokratik reformlara dair alternatif anlatıları dışlayarak demokratik değişim nosyonuna meydan bırakmamaktadır. Türkiye'yi 1990'ların sonlarına değin statik kalmış bir ülke olarak sunmak için güçlü kiplikten ("kalmıştır") ve "aceleci genelleştirme" uslamlama stratejisinden yararlanarak 1980'ler ve 1990'larda ülkede değişen sosyopolitik dinamiklere dikkat çeken alternatif ifadeleri dışlamaktadır.[15] Buradaki mesele Türkiye'nin siyasi açıdan değişmeden kalıp kalmadığı yerine bu statik imgenin söylemde nasıl somutlaştırıldığıdır. Söyleme katılan kişi statiklik tablosunu güçlendirmek için geçmişte reform olmamasının yakın gelecekte de olmayacağının kanıtı olarak sunulduğu *non sequitur* [ilgisiz sonuç] uslamlama stratejisine başvurmaktadır. Gerçeklik *topos*'uyla birlikte "şu anda mevcut gerçekliğe" (demokratik açıdan ilerleme olmaması) dayanılarak, o "gerçekliğin" içeriğinin kendisi tartışmalı olmasına rağmen, o "gerçeklik" uyarınca belli bir eylemin (katılım müzakerelerinin başlaması) reddedildiği bir totolojik durum meydana getirilmektedir. Aslında söz konusu tartışmalı "gerçeklik" hem Türkiye'de demokrasinin durumu hem de AB'nin demokratik reformlara ve bunların üyelikle ilişkisine karşı duruşuyla ilgilidir. Diez'in (2007: 417) dikkati çektiği üzere, Türkiye'nin demokratik olmadığının iddia edilmesi halinde, "böyle bir savın geçmişte ulusal insan hakları rejiminin AB yasaları çerçevesine sokularak güçlendirilmesi amacıyla AB'ye üyelik "lehine" kullanılmış olduğu" ve bunun Yunanistan, İspanya, Portekiz ve daha sonra Orta ve Doğu Avrupa ülkelerinin Birliğe alınmasıyla sonuçlandığı da kabul edilmelidir.

Demokratikleşebilir Bir Türkiye

Analiz kapsamındaki tüm söylemsel alanlarda, Türkiye'nin demokratik olmayan ama değişmesi mümkün bir ülke olarak temsil edildiği de gözlemlenmektedir. Bu temsilin demokratik ilkelerin tecessümü olarak Avrupa inşasıyla ne şekillerde bağlantılı olduğuysa farklı analiz mekânları boyunca ve arasında çeşitlilikler göstermektedir.

Avrupa Parlamentosu

AP'de birtakım siyasi grupların, özellikle de EPP-ED/EPP'nin küçük bir kesimiyle (esas olarak İskandinav, Güneyli ve 2009 öncesi Britanyalı üyeler) sol ve liberal öğelerin Türkiye'yi demokratik olmayan ama ilişkisel olarak temel demokratik değerleri taşıyan Avrupa'nın yardımıyla[16] değişmesi mümkün bir ülke olarak temsil ettiği görülmektedir.[17] Türkiye'nin istikrara kavuşması Avrupa için büyük stratejik öneme sahip olduğundan Avrupa'nın bu konuda ona yardımcı olması gerektiğini savunan belli bir EPP-ED/EPP kesiminden Birinci Bölüm'de detaylıca bahsedilmişti. Bu kısım ise esas olarak sol ve liberal grupların Türkiye'de demokratikleşme ve demokratik değişime dair söylemleri üzerinde duracaktır. Türkiye, analize dahil tartışmaların ve 2008 boyunca yapılan mülakatların hiçbir aşamasında tam anlamıyla demokratik olarak tanımlanmazken, ülkede gelişmelerin anlatıya dahil edilme şekli, özellikle de 2002-2011 yılları arasında, tamamen antidemokratik olarak gösterilmesini önlemektedir:

> Yeşiller-EFA 2: Avrupalılık büyük ölçüde Avrupa'nın sorumlu olduğu kötü deneyimlerle ve savaşlarla bağlantılıdır. Bu tarihin üzerine, demokratik değerlere dayanan yeni bir Avrupa anlayışı, bir arada yaşam, açıklık yaratmak. Bu sabit bir şey değildir, bu bir Avrupalılaşma süreci ve benim Avrupalılaşma anlayışım budur; dolayısıyla benim için Türkiye'nin bir gün Avrupa'ya dahil olması ihtimal dışı değildir; ama bu şu anda olduklarından gerçekten daha demokratik olmaları anlamına gelir. Türkiye'nin geçmişte bir hiç olduğu, şu anda bir hiç olduğu ve asla bir şey olamayacağı yönünde bir izlenim yaratmak en son istediğim şeydir.
>
> Türkiye'de konuştuğum bütün o insanlar, Bay Eurlings'in de doğrulayacağı gibi, bütün o insan hakları ve kadın hakları kampanyası yapanlar, bütün demokratik örgütler, bütün demokrasi yanlısı dernekler, işveren örgütleri ve sendikalar, hepsi de bize Avrupa Birliği'ne katılma ihtimalinin ülkelerini değiştirdiğini, Birliğe üyelik ihtimalinin ülkelerinin normal bir parlamenter demokrasi olmasını sağlayacağını söylediler. Bunların hepsi hemen yarın sabah olmayacak […] ama eğer Türkiye'yi demokratik ve istikrarlı yapmayı başarırsak, Avrupa değerleri toplumda kök salarsa, Türklere olmak istediklerini olmaları için, yani insanların Avrupa değerlerini kendilerinin benimsemesi için bir şans verirsek, işte o zaman barış sürecini; demokrasi, insan hakları, toplumsal güvenlik ve barışa her zamankinden daha çok ihtiyacı olan bir bölgede barış ve demokratik istikrar potansiyelini gerçeğe dönüştüren bir Avrupa Birliği yaratmış olacağız.
>
> (Schulz, PES, 13 Aralık 2004)

Yukarıdaki ilk alıntı bu grupların söylemlerinde sıklıkla kullanılan ve Avrupa'nın kendi Ötekisi olarak milliyetçi ve militarist geçmişini tanımlandığı tarih *topos*'unu içermektedir.[18] Geçmişin aksine bugünkü Avrupa, kapsayıcılık ve çoğulculuğun kavramsal alanlarına ait olan "demokrasi," "açıklık" ve "birlikte yaşam" sözcük birimleriyle olumlu bir şekilde temsil edilmektedir. Avrupa'nın geçmişinin Ötekileştirilmesi hem Birliğin mevcut üyeleri arasındaki ilişkilerle hem de demokrasi eksikliğinin Avrupa karşısında Ötekileştirmenin konusu haline getirildiği Avrupa'nın yakın coğrafyasıyla ilişkilerinin düzenlenmesiyle bağlantılıdır. Dolayısıyla Türkiye'yi Avrupa'dan ayıran demokrasi eksikliğidir ve sadece kendi başına devam eden bir süreç olarak daha da demokratikleşme onun bir parçası olmasını sağlayabilir. Türkiye burada hâlâ Avrupa'nın kendisiyle kıyaslandığında demokratik açıdan geri olarak temsil edilmekle beraber, egemen EPP-ED/EDD söyleminin aksine kalıcı bir eksiklik hali kaçınılmaz değildir.

İkinci alıntıda tamamlayıcı bir başka uslamlama aracı görüyoruz. Burada Türkiye konulu anlatılarda demokratik değişime yer verilmektedir. Bu, ülke içinden bazı seslerin anlatıya katılmasıyla sağlanmakta, böylece merkez sağ ve aşırı sağ söylemlerde ağırlıklı olarak görüldüğü gibi olayların "tekil" versiyonuna dayalı dizisel ve statik bir tablonun tercih edilmesi yerine alternatif yorumlara da yer verilmektedir. Bu anlatı ayrıca Avrupa'yı Türkiye'nin demokratikleşmesi konusunda faal bir aktör olarak inşa etmekte ve bu nedenle Türkiye'ye üyelik kapısının açık tutulması gerektiğini savunmaktadır. Türkiye'ye üyelik hakkının tanınmasını meşrulaştırmak için Kienpointer ve Kindt (1997: 566) tarafından "pragmatik sav" adı verilen geleceğe yönelik nedensel bir sava başvurulmaktadır. Bu sav beraberinde demokratikleşmeye giden yolun Türkiye'nin Avrupa değerlerini benimsemesinden geçtiği düşüncesini de getirmektedir. Bugünkü Avrupa'nın kendi olumlu temsilini güçlendirmek için etiket sözcükler ("demokrasi," "barış," "toplumsal güvenlik," "insan hakları," "istikrar") aşırı sözcükleştirilmiş bir şekilde kullanılmaktadır. Avrupalılardan bahsetmek için "biz" adılının sürekli kullanımı Avrupa'ya Türkiye'ye bu değişim sürecinde yol gösterme gibi belli normatif bir görev yüklemektedir. Bu görev Avrupa'ya kendi geçmişiyle keskin bir tezat halinde inşa edilmiş olmasından kaynaklanan yükümlülüklerinin, yani "barış süreci"nin bir uzantısı olarak isnat edilmektedir. Ne var ki, Avrupa'nın Türkiye'ye yardımcı olma yükümlülüğü ülke içindeki güçlere pek az faal aktörlük yeri bırakacak bir şekilde inşa edilmektedir. Bunun en çok göze çarptığı yer, ülkedeki değişimin geleceği konusunun tartışıldığı mülakatlardır ve bu kadar sık olmamakla birlikte zaman zaman parlamento tartışmalarında da kendini göstermektedir:

> Avrupa Birliği'ndeki bizlerin Türkiye'ye Avrupalı gibi düşünmenin ve davranmanın ne demek olduğunu göstermemiz ve güven ve tutarlılıkla hareket etmemiz gerektiğine inanıyorum. Yoksa kısa süre sonra arka kapımızda artık diyaloğa açık olmayan İslami köktendinci bir ülkeyle karşı karşıya kalma riski söz konusu olacaktır.
>
> (Swoboda, PES, 28 Eylül 2005)

Parlamento konuşmalarından yapılan yukarıdaki alıntı Türkiye'nin demokratikleşmesi konulu merkez sol ve liberal söylemin iki taraf arasındaki ilişkileri birinin diğerine bağımlı olduğu bir ebeveyn/çocuk benzetiminin eksenine oturttuğu tipik bir örnektir. Ebeveyn/çocuk ikili karşıtlığı öznelerden birinin (Türkiye), Doty'nin sözleriyle, "aynı anda hem kaydedilen ilerleme sayesinde gurur, hem yetersizlikler yüzünden kaygı, sonunda başarısız olunacağı korkusu ve koruma ve yol gösterme arzusu kaynağı olabilecek" (1993: 310) bir çocuk olarak inşa edilmesine yol açmaktadır. Avrupalılara tutarlılık ve nispeten sabit bir kimlik kazandıran, Türklere ise öğretilmesi gereken belli bir Avrupa tarzı, Avrupa "düşünme" ve "eyleme" modeli vardır. Türkiye'nin Avrupa'nın yol göstericiliğinin olmadığı geleceğinden bahsederken abartılı aşırı vakalar dile getirilmektedir. Burada ana rakip sabit bir siyasi model olarak kavramsallaştırılan İslam'dır.[19] İç dinamikler asgariye indirilirken değişim getirecek alternatif esas olarak dışarıda aranmaktadır. Bu Avrupa adına ciddi bir üstünlük derecesi ifade etmekle beraber, aynı zamanda denetim altında ve "doğru" yolda tutulması gereken Türkiye'ye de son derece bağımlı bir rol yakıştırmaktadır.

Ebeveyn nesnenin (Avrupa) özne çocuğun (Türkiye) ilerlemesinden duyduğu gurur genellikle Avrupa'nın kendi çevresinde ahlaki bir güç olmasının sonucu olarak ifade edilmekte ve böylece Avrupa diğer uluslararası aktörlerden farklılaştırılmaktadır:[20]

> Nüfuzumuzla, Türk halkının iradesiyle tanklar, tüfekler ve silahlar olmadan Türkiye'de demokratik bir dönüşüm sağladık. Dediğimiz gibi, bu demokratik bir devrim olmuştur. Avrupa demokrasi modelini barışçıl yollarla yaymayı başardık. Bence, neredeyse, tamamen değil ama neredeyse, aşmış olduğumuz zorluk çok büyük bir zorluktu ve şunu demeliyim ki, o Avrupa'yla, yüreğinde korku hissetmeyen Avrupa'yla gurur duyuyorum.
>
> (De Keyser, PES, 13 Aralık 2004)

> Avrupalılar olarak, tam olarak nereye gitmek istediğimizi kendimize sormalıyız. Küresel bir oyuncu olarak, sadece ekonomik değil [...]aynı zamanda siyasi değerleri de yalnızca Avrupa'da değil Avrupa'nın sınırlarının ötesine de aktarmak istiyorsak, o zaman bu iş için nihayetinde Türkiye'ye ihtiyacımız var.
>
> (Ertug, S&D, 20 Ocak 2010)

AP tartışmalarından yapılan bu iki alıntıda, kendini olumlu sunma stratejisi kapsamında "nüfuz," "yayma," "aktarma" ve "barışçıl yollar" gibi nispeten yumuşak mekanizmalara işaret eden isnatlar, Avrupa'yı "Avrupa demokrasi modeli"nin yayılmasıyla başka ülkelerde demokratik değişim sağlama kabiliyetine sahip normatif bir güç olarak inşa etmektedir. Irak Savaşı esnasında yapılan bir konuşmadan elde edilen ilk alıntıdaki "tüfekler" ve "silahlar" göndermeleri normatif Avrupa modeli karşısındaki Amerikan dış politikasını ima yollu kınamaktadır. İkinci alıntıda, Avrupa'nın normatif gücü küresel stratejisinin bir parçası ve yakın çevresinin ötesine uzanır biçimde inşa edilmektedir.

Avrupa'nın "normatif güç" söylemi parametreleri kapsamında tanımlanması akademik tartışmalarda yeni bir olgu değildir. Aslında solun ve liberallerin AP'deki bu konuşmaları ile AB'nin dış rolünü tanımlamaya yönelik akademik çabalar arasında çok güçlü bir söylemlerarasılık vardır. Avrupa'yı askeri veya salt ekonomik yollar yerine düşünceler ve görüşlere başvuran bir dış politika aktörü olarak "normatif güç" kavramıyla ilk tanımlayan Ian Manners (2002) olmuştur. Buna göre, normalde askeri yollarla veya ekonomik teşviklerle yapılanları normlar kendi başlarına başarmaktadır.

İlk bakışta bu söylemin sorunlu olmadığı iddia edilebilir. Bu söylem Türkiye konulu tartışmalarda, özellikle de katılım müzakerelerinin açılıp açılmama kararının tartışıldığı 2004 ve 2005 yıllarında, genellikle ülkeden talep edilenler ve vaat edilenler açısından tutarlı olunması ve Avrupa'nın inandırıcılığının korunması çağrılarıyla birlikte görülür. Dolayısıyla bir "normatif güç olarak Avrupa" söyleminin Türkiye'ye yönelik ayrımcı uygulamalar veya çifte standartlar üzerinde dizginleyici bir etki göstermesi söz konusu olabilir. Bununla birlikte, Diez'in (2005a) de uyardığı gibi bir "normatif güç olarak Avrupa" söylemi içinde "kurtarıcılık taslayan" ve "tepeden bakan" Avrupa merkezli bir dünya görüşünün inşa edilmesine yol açabilecek potansiyel bir özdüşünümsellik eksikliği tehlikesini de barındırmaktadır. Bunun önlenmesi için, "sürekli olarak AB'nin anlatılarının kendi iç hedefleri ve […] eksikleri üzerine yansıtılıp yansıtılmadığının kontrol edilmesini gerektiren bir tutarlılığa" ihtiyaç duyulmaktadır (Nicolaidis ve Howse, 2002: 771). Analizimiz Türkiye üzerine tartışmalarda bu tür bir özdüşünümselliğin neredeyse hiç bulunmadığına işaret etmektedir. Avrupa izlenmesi gereken ideal bir model olarak inşa edilmekte, AP tartışmalarında üç konuşmacı hariç hiçbir parlamenter,[21] mülakatlardaysa hiçbir parlamenter Avrupa'nın normatif üstünlüğünü sorunsallaştırmamakta, demokratik değerlerin "Avrupalılığını" sorgulamamakta veya üye ülkelerin demokrasilerinde azınlık hakları gibi alanlarda demokratik normların çiğnenmesiyle ilgili sorunlardan bahsetmemektedir.

Özdüşünümsellik eksikliğine ek olarak evrensellik iddialarında da bulunulabilmesi "normatif güç" söylemini daha da sorunlu kılmaktadır.[22] AB'ye özgü olduğu iddia edilen demokratik değerlerin aynı zamanda evrensel oldukları da iddia edilebilmektedir. Chouliaraki (2005: 6) Avrupa/Batı değerlerinin evrensel değerlere eşit tutulmasını "Ötekinin/Ötekilerin kültürel ağırlığının yok edildiği" bir "şarklılaştırma *topos*'u" olarak görmektedir. Bu yolla üstün Avrupalı Benliğin kendi Ötekileriyle ilişki kurduğu Avrupa merkezli tarz da yeniden üretilmiş olmaktadır (Borg, 2011: 33).

Avrupa Komisyonu

Komisyon'da Türkiye'nin demokratikleşmesi tartışmalarında kullanılan isnat ve gönderme stratejileri Avrupa'yı ısrarla temel Avrupa değerleri/standartlarının koruyucusu olarak inşa ederken,[23] Türkiye ise "demokratik olmayan/tam demokratik olmayan" ama değişme kabiliyetine sahip bir ülke olarak temsil edilmektedir.[24] Değişim nosyonu özellikle Türkiye'de bir dizi anayasal reform paketinin onaylandığı ve belli başlı reformların hayata geçirildiği 2002-2010 yılları arasında ülkedeki gelişmelere ilişkin alternatif anlatıların tartışmalara dahil edilmesiyle vurgulanmaktadır:

> Avrupa Birliği her şeyden önce serbestiyet, demokrasi, insan hakları, temel özgürlükler ve hukukun üstünlüğü ilkelerine dayalı, paylaşılan değerler topluluğudur. Bu değerlerin tümü Avrupa Birliği'nin Temel Haklar Şartı'nda belirtilmiştir. Geçen yıl Kasım'da, Komisyon Türkiye'nin Kopenhag kriterleriyle uyumluluk sağlanmasına yönelik ciddi bir ilerleme anlamına gelen etkileyici çabalar sarf ettiğini bildirmiştir [...] Bu kriterler Türkiye için icat edilmemiş olup tüm adaylar için eşit derecede geçerlidir. Gelecek Ekim'deki raporumuzda, önceki yıllarda olduğu gibi, Komisyon Türkiye'ye diğer bütün aday ülkelere uygulanan ilkeleri uygulayacaktır. Raporun adil ve nesnel olacağından kimsenin kuşkusu olmasın.
>
> (KONUŞMA/04/16)
>
> Bizzat Birliğimizin varlığı aramızda paylaşılan demokrasi, hukukun üstünlüğü ve insan haklarının temel değerlerine dayanmaktadır [...] Bu değerler Müzakere Çerçevesi'nde belirtilmiştir ve bunları denetleme görevi de Komisyon'a aittir [...] Türkiye'nin Avrupa değerlerine saygı göstererek yoluna devam ettiğini görmek istiyoruz.
>
> (KONUŞMA/08/275)
>
> KOM 2: Esas olarak, ortak değerlerimiz var ve bu ortak değerler insan haklarıyla, bütün ülkelerin parçası oldukları ve kabul etmiş oldukları Avrupa Konseyi'nin çeşitli konvansiyonlarında belirtilmiş olan haklarla ilgili değerlerdir. Amerikalılar tamamen farklı bir dizi değere sahiptir. İfade özgürlüğü gibi bazı ortak değerler var, ama ABD'de farklı değerler de var. Örneğin insan hayatının değeri farklıdır [...] Helsinki kararından sonra Türkiye'de gerçekleşen evrimi görmek ilginç. Öcalan, Leyla Zana, hapisteki liderler. Bunlar katılım müzakerelerinin desteklenmesi gerektiğini söylediler. Ve bazı adımların atıldığını da görüyorlar, ama bu yeterli değil.

Yukarıdaki alıntıların tümü Avrupa'yı demokrasi, insan hakları ve hukukun üstünlüğünün Avrupa Benliğinin olumlu temsilinin bir parçası olarak sürekli tekrarlayan neredeyse mitsel bir öğretiye uygun bir dizi tartışılamaz Avrupa değerlerine dayanarak tanımlamaktadır. Bu değerler üzerine kurulu olan, var olduğu farz edilen bir Avrupa kimliğinin Avrupa'nın dış dünyayla ilişkilerini yönlendirmesi söz konusu olduğunda bu "değerlerin" tartışmalı doğası göz ardı edilmektedir (Diez, 2006: 244). Bu alıntıların tümünde söz konusu değerlere yasal zemin hazırlayan hukuk *topos*'una/hak *topos*'una ("Temel Haklar Şartı," "Müzakere Çerçevesi," "Avrupa Konseyi") başvurulmakta ve bu da, "Avrupa inşasına ilişkin sorunlara son derece rasyonel, bağlayıcı ve siyasi çözümler" sunan yasalcılığın, işinin önemli bir boyutunu teşkil ettiği Komisyon'da yaygın olarak göze çarpmaktadır (Shore, 1999: 134).

Avrupa'ya tartışmasız bir demokratik kimlik atfedilmesi, "iyilik adına bir güç" olan demokratik Avrupa ile Avrupa değerlerinin standartlarına sahip olmayan çeşitli Ötekiler arasına bir sınır çizme sürecini içermektedir (Diez, 2006: 245). Yukarıdaki son alıntıda görüldüğü gibi, Komisyon söyleminde bu ilişkisel Ötekiler kimi zaman aday ülkelerin yanı sıra Amerika Birleşik Devletleri gibi başka ülkeleri de içermektedir. Özellikle Amerika Birleşik Devletleri'nin koşulsuz neoliberalizmine karşıt bir "sosyal Avrupa" inşasında durum böyledir. Muntigl vd. (2000), Amerika Birleşik Devletleri'nin toplumsal değerlere dayanılarak Avrupa'nın başlıca Ötekisi olarak temsil edildiği bu tür bir Avrupalı kimliği inşasının Komisyon'un Avrupa üzerine söylemlerinde tipik bir durum olduğunu ortaya koymuştur.

Yukarıdaki alıntılar belirli değerler çevresinde belirli bir Avrupalı kimliğinin varlığını önceden varsayarken, bu değerlerin Türkiye gibi bir aday ülke tarafından benimsenmesini imkânsız olarak değerlendirmemektedir. Hatta ilk ve son alıntılarda mevcut siyasi ve sosyoekonomik reformlardan bahsedilmesi ülkenin demokratik durumu üzerine olan tartışmalara değişim anlatılarının nasıl dahil edilebileceğini göstermektedir. İlk alıntıda, Komisyon'un 2003 Türkiye İlerleme Raporu'na dayanılarak Kopenhag siyasi kriterlerinde ilerleme kaydedildiği kabul edilirken son alıntıda ise Türkiye'deki değişim sürecine dikkat çekmek için 1999 Helsinki Zirvesi'ne kadar uzanan daha da geniş bir süre tercih edilmekte, ancak genelde olduğu gibi burada da demokratikleşmenin henüz tamamlanmadığı eklenmektedir. Muhtelif komiser konuşma ve mülakatlarında, Avrupa değerlerinin benimsenmesiyle ulaşılan nihai hedef olarak "modernleşme" kavramının kullanılmasıyla "modern" Avrupa ile modernliğe Avrupa modelini taklit ederek ulaşabilecek "modernlik öncesi" Türkiye arasında bir ayrım yapılmaktadır.[25]

Komisyon'un kendisi bu değişimin sağlanmasında önemli bir fail olarak inşa edilmektedir. İlk alıntı "kıstaslar [...] eşit derecede geçerlidir," "diğer bütün aday ülkelere uygulanan ilkeleri uygulayacaktır," "adil" ve "nesnel" gibi tarafsızlık kümesine ait ifade ve sözcüklerin kullanımıyla sağlanan aşırı sözcükleştirme yoluyla Komisyon'a adil hakemlik yüklemekte, ikincisi ise sadece siyasi reformları "denetleme" görevinden söz etmektedir. Son alıntıdaki "daha çok işimiz var" ifadesiyle Komisyon'dan demokratik standartlar açısından eksiklikleri olan yeni üye ülkeleri ve adayları dönüştürme görevine sahip bir bütün olarak bahsedilmektedir. Komisyon yetkililerinin anlatılarında kurumsal kimliklerine sıkı sıkıya bağlı kaldıklarını savunan Wodak'ın (2005) öngördüğü gibi, Birlik içindeki hükümetlerin konumları karşısında tarafsız ve AB yasalarına uygun şekilde siyasi reformların yapılmasını denetlemekle sorumlu organ olarak Komisyon'un (inşa edilmiş) kurumsal kimliğine başvurulmaktadır. Kolaylıkla birbirinin yerine kullanılan "biz," "Komisyon" ve "Avrupa/Avrupa Birliği" gibi kavramlar Komisyon'daki Avrupa kimliği inşasının pek çok durumda Komisyon'un o kimliğin vicdanı, taşıyıcısı ve kapı bekçisi olarak inşa edilmiş kimliğinden ayrılamayacağı tezini destekler gibi görünmektedir. Buna rağmen, Türkiye'ye demokrasi ve insan hakları gibi Avrupa değerlerini benimseme sürecinde yardımcı olmak yalnızca kurum olarak Komisyon'un değil, AB'nin de görevi olarak resmedilmektedir:

> Gerçekte genişleme büyük bir başarı öyküsüdür. AB'nin bir sivil güç olarak özünü yansıtır; barış ve istikrarın, demokrasi ve hukukun üstünlüğünün alanını genişleterek AB bir sopa veya kılıçla yapabileceğinden çok daha fazlasını çekim gücüyle başarmıştır. Üyelik bakış açısı son derece güçlü bir reform teşviki işlevi görmektedir.

(KONUŞMA/05/362)

Yukarıdaki alıntı AB'nin genişlemesini, AB'nin kimliğini normatif bir güç olarak inşa etmesini sağlayan bir dış politika aracı olarak inşa etmektedir.[26] 1970 ve 1980'lerde çok popüler olan "sivil güç" söylemi korunurken, 1990'larda Soğuk Savaş'ın bitmesiyle AB'nin dış politika söyleminde öncelik kazanan normatif boyutlara (demokrasi, insan hakları ve hukukun üstünlüğü) özel bir vurgu yapılmaktadır (Manners, 2002). "[B]arış ve istikrarın, demokrasi ve hukukun üstünlüğünün alanını genişleterek" ve "(AB'nin) çekim gücü" gibi metafora dayalı ifadeler AB'nin "sopa" ve "kılıç" metaforlarıyla inşa edilen askeri aktöre karşı normatif bir dış politika aktörü olarak kendi olumlu temsiline yardımcı olmaktadır.

"Normatif güç" söylemi ile özdüşünümsellik eksikliği arasındaki sorunlu ilişkiye AP bağlamında zaten değinmiştik. Komisyon'daki konuşma ve mülakatlarda söz konusu normlara, içerisi ve dışarısıyla ilişkilerinde AB tarafından ne şekilde bağlı kalındığı konusunda özdüşünümselliğe dair pek bir emare olmadığı gözlemlenmiştir. Özdüşünümselliğin bulunduğu yerlerde bu, bugünkü Avrupa projesinin kuruluş miti ve Ötekisi olarak İkinci Dünya Savaşı'na göndermelerle sağlanmaktadır. Asad (2003: 162) bunu Avrupa'da "ahlaki yasal dayanışmanın kavramsal sınırları"nın sömürge Afrika'sındaki ve Ortadoğu'daki diğer kolektif şiddetleri dışlayan limiti olarak tarif etmektedir. Özdüşünümsellik eksikliği yalnızca tarih için değil aynı zamanda, hatta belki daha da önemlisi, bugün için de geçerlidir. Örneğin Diez (2006: 245), Birliğin "normatif bir güç" olarak kendi kimliğini Türkiye'den siyasi reformlar talep ederek inşa etmeye çalışırken, bir yandan da tam üyeliğe alternatif seçeneklerin yolunu hazırlayarak "normatif güç" söylemini baltaladığı görüşünü savunmuştur.[27] Benzer şekilde, Haziran 2005'te müzakere çerçevesi taslak belgesinin yayımlanmasından önceki ve sonraki komiser konuşmalarında böyle çelişkili bir davranış, sessizce görmezden gelinmek bir yana onaylanmıştır.[28]

Normatif güç söylemi genellikle demokratik değişimin sağlanması açısından Türkiye'nin AB'ye son derece bağımlı olduğu bir ilişkiden bahsedilmesini de beraberinde getirmektedir:

> KOM 1: Diğer ülkeler için işleyen süreç kuşkusuz Türkiye için de gayet etkili olacaktır, buna şüphe yok. AB'ye üyeliğin belirli koşullara bağlanması, reformların yapılması için güçlü bir mıknatıs gibi işliyor. Bu olmadan Türkiye'de reformlar çok zor yapılır. Ama bu da bizi süreç mi hedef mi sorusuna getiriyor. Hedefin büyük ölçüde bir soru işareti olduğunu biliyoruz. Ortak hedef tabii ki üyelik, ama onun da ucu açık bir süreç olduğunu biliyoruz. Ve bu yüzden resmi görüş sürecin de nihai hedef, yolculuğun da varılacak yer kadar önemli olduğudur. Komiser Verheugen, Avrupa bütünleşmesinin ve Türkiye'deki reform sürecinin geleceğinin doğaları gereği iç içe geçmiş olduklarını söylerdi. Bence Türkiye'yle ilgili sorun farklı zaman dilimlerinde olmamız [...] Türkiye arayı ne kadar kapatabilecek; bu kuşkusuz tarihi ne kadar hızlandırabileceğinize bağlıdır. Tamam, tarih hızlanıyor ama zihniyeti yirmi-otuz yılda değiştirebilir misiniz?

Yukarıdaki alıntı Doty'nin (1993: 310) ebeveyn/çocuk ikili karşıtlığını öznenin (Türkiye) demokratik ilerlemede yol göstermede Avrupa'ya bağımlı olduğu şeklinde inşa ederek Türkiye'deki demokratik reformları ülkenin AB'ye üyelik ihtimaline bağlamaktadır. Bazı komiser konuşmalarındaki, AB'nin Türkiye ile ilişkilerinde "sağlam ve adil" olması gerektiğine dair ifadeler de bu ikili karşıtlığı güçlendirmektedir.[29] Avrupa'nın "normatif gücü", mıknatıs metaforu ve daha önceki genişleme dalgalarındaki ülkelerin reform geçmişleriyle vurgulanırken Türkiye'nin üyelik perspektifinin sorgulanması bu "normatif" temelle çelişki yaratmaktadır. Komisyon yetkilileriyle yapılan mülakatlarda sıkça karşılaşıldığı üzere, Türkiye'de demokratik değişim yapmanın zorluğu ülkeye Avrupa karşısında geri kalmış bir zamansal kimlik inşa edilmesiyle ifade edilmektedir. Daha önce de ifade edildiği gibi, belli bir ülke veya halkı kendi "zamansal mekânının" dışına yerleştirmek "kendi durumları hakkında 'kendileri'[nin] bir şeyler yapma ihtimalini" ellerinden almaktadır. Zira "doğal olarak, yalnızca medeniyet merdiveninde daha yüksek bir basamağa ulaşmış insanlar bir zamansal gediğin farkına varabilir veya en azından, o konuda ne yapacağını bilebilir" (Blommaert ve Verschueren, 1998: 101). Bu da demokratik siyaset geliştirme konusunda Türkiye adına bir acizlik demektir ki, bu aynı zamanda Avrupa ile Türkiye arasında gerçek bir diyaloğun mümkün olmadığı anlamına da gelmektedir. Çoğu mülakatta iki taraf arasındaki zamansal mesafe her zaman bu alıntıda ifade edildiği kadar geniş olmamakla beraber, en az bir nesillik zamansal mesafeler öngörülmüş ve bunlar bazı vakalarda kültür, tarih ve gelenekle desteklenen "zihniyet" gibi etmenlere bağlanmıştır. Bu konu üzerinde Dördüncü Bölüm'de daha uzun duracağız.

Üye Ülkeler

Fransa

Fransız merkez sağında Türkiye'de demokratik değişim ihtimali üzerine yekpare bir söylem bulunmamaktadır. Daha önce değindiğimiz üzere, UMP ve UDF üyelerinin çoğu için Türk demokrasisi değişime karşı dirençlidir; ancak özellikle UMP'liler arasında daha ender olmakla beraber alternatif bir söylem mevcuttur. Bu söylemde Avrupa düzeyinde kopyalanarak üretilen Fransız evrenselciliği ile Türkiye'nin demokrasi eksikliğinin özcüleştirilmesi arasındaki tezata dikkat çekilmekte ve ülkede demokratik değişimin mümkün olduğu savunulmaktadır:[30]

> Türkiye'ye Avrupa'ya uyum sağlama şansını vermemek Türk halkının temel olarak *laïcité*, demokrasi ve insan haklarına uyumsuz olduğu hükmüne varmak demektir. Bu, cumhuriyetçi değerlerimizin evrenselliğine dair inancımızla çelişmektedir [...] Yumuşak davranmadan, çok sıkı üyelik kıstaslarıyla, bize bunu kanıtlamaları için onlara zaman verin.

> (Barnier, UMP, 14 Ekim 2004)

Yukarıdaki konuşma yine Fransız cumhuriyet değerlerini Avrupa değerleriyle eş tutmaktadır. Bu ikisi demokratik ilkeleri yaşatan ve olumlu olarak temsil edilmiş Fransız/Avrupalı Benliğini meydana getirmektedir. Hem "laiklik"in (*laïcité*) yanı sıra "insan hakları" ve "demokrasi"nin Avrupa'ya dayandırılmasında hem de bu değerlerin cumhuriyet değerleriyle birbirinin yerine kullanılabilmesinde bunu görmek mümkündür. Her ne kadar alıntı Fransız cumhuriyet değerlerinin evrenselliğine dayanarak demokratik niteliklerin özcüleştirilmesine açıkça karşı çıksa da, Türkiye'nin yine de bunlara uyum sağlayabileceğini "kanıtlaması" gerekmektedir. Dolayısıyla, ülkede reform olmadığına dair statik tabloyu çok daha esnek bir şekilde inşa etmesine rağmen, görünenin altında bu alıntı çeşitli toplumsal, siyasi ve ekonomik etmenlerin tarihsellikleri içindeki rollerini göz ardı edip, örtülü olarak demokratikleşmeyi bir doğal kabiliyet meselesi şeklinde sunmaktadır. Birinci Bölüm'de daha etraflıca ele alındığı üzere, Avrupa'yı bir güvenlik topluluğu olarak inşa ederken medeniyetler çatışması söylemine başvuran UMP üyeleri aynı zamanda Türkiye'yi demokratik değişim için potansiyeli olan bir ülke şeklinde inşa etmekte, ancak demokratik ilerlemesini AB'yle yakın ilişkilerine ve/veya (daha nadiren) sonunda AB'ye üye olmasına bağımlı kılarak Türkiye'ye daha aşağı bir kimlik yakıştırmaktadır.

PS milletvekillerinin Türkiye'nin AB'ye üyeliği çerçevesinde demokratikleşmesi hakkındaki ifadeleriyse demokratik niteliklerin açık veya örtülü olarak özcüleştirilmesinden kaçınmaktadır:

> PS 3: Avrupa belli sayıda değerlerdir, insan haklarıdır, *laïcité*'dir. Bunlar Avrupa değerlerindendir. Onun medenileştirme misyonunun bir parçasıdır [...] Türkiye konusunda, bence Avrupa Birliği'ne giriş için gerçek bir bakış açısı sağlamak Türk kamuoyunda dengeyi Avrupa Birliği'ne üyelik lehine çevirebilir. Bu Türkiye tarafından hakların durumu, insan haklarına saygı, kadın hakları konusunda devrim, dış dünyayla, özellikle de Yunanistan ve Kıbrıs'la ilişkilerde kıstasların karşılanması için çaba demektir. Dolayısıyla bence, inancım odur ki, ciddi, gerçek bir üyelik bakış açısının Türkiye'nin evriminde olumlu bir etkisi olacaktır. Bunun karşılığında, eğer engelleri, setleri çoğaltacak olursanız ülke Avrupa'ya sırtını döner.

Fransız sosyalistlerin Türk demokrasisi üzerine söylemlerine bir örnek teşkil eden yukarıdaki mülakattaki anlatıda Türkiye'nin demokratik ilerlemesine yer verilerek Türkiye'de Fransız/Avrupa değerlerine uygun bir değişimin mümkün olduğu kabul edilmektedir. Bu ilerleme kültür ve din gibi özcü niteliklere bağlı olmayıp bir irade meselesi olarak açıklanmaktadır. Fransa'nın "medenileştirme misyonu"nun Avrupa'ya atfedilmesiyle bu tür anlatılar çoğunlukla işin sonunda üyeliğin gerçekleşip gerçekleşmediğine bakmadan Avrupa'yı Türkiye'nin demokratikleşmesi konusunda faal bir aktör olarak inşa etmektedir. Ne var ki Avrupa'nın Türkiye'ye yardımcı olma yükümlülüğü ülke içi güçlere fazla faal aktörlük alanı bırakmayacak bir şekilde inşa edilmektedir. Zira demokratikleşmeye doğru "evrimi" tetikleyen, "Avrupa'ya" yönelimdir. Bu bir yandan Avrupa'ya ciddi derecede üstünlük atfederken, diğer yandan da yine çocuk/ebeveyn benzetimini çağrıştıracak biçimde, Türkiye'ye "Avrupa" tarafından yol gösterilmeye muhtaç bir özne rolü yakıştırmaktadır.[31]

Esas olarak PS üyeleriyle bazı UMP üyeleri tarafından Türkiye'de demokratik değişimin sağlanması konusunda gündeme getirilen Fransız/Avrupalı "medenileştirme misyonu," bu misyonun özdüşünümselliği konusunda bazı soruları akla getirmektedir. Türkiye'nin demokratikleşmesi üzerine yapılan tartışmalarda Fransız ve Avrupalı Benliğinin kendini son derece olumlu olarak temsil etmesi, Fransız Sosyalistleri arasında bile özdüşünümselliğe pek yer bırakılmadığını göstermektedir. Analize tabi tüm taraflarca Fransa'nın Avrupa'nın temelindeki demokratik değerlerin hamili olarak inşa edilmesi, Türk demokrasisinin Fransa'da en yoğun incelemeye maruz kaldığı dönemde (Le, 2002: 297) Fransa'nın Avrupa İnsan Hakları Mahkemesi tarafından en çok kınanan üç ülkeden (İtalya ve Türkiye ile birlikte) biri olduğu bilgisini ve sömürgeci geçmişiyle yüzleşme konusunda yaşadığı tartışmaları sistematik olarak dışlamaktadır.[32] Böylesi bir özdüşünümsellik eksikliği, Türkiye ve Türk demokrasisi konulu tartışmalar aracılığıyla yapılan mevcut Fransız ve Avrupa kimliği inşalarında tepeden bakan ve kendine kurtarıcılık yakıştıran Avrupa merkezli düşüncenin varlığına işaret etmektedir.

Almanya

Almanya'da SPD ve Yeşiller Türkiye'de demokrasinin güçlenmesi ihtimali üzerine görüşlerinde büyük ölçüde CDU/CSU ile karşı duruş sergilemekle beraber,[33] daha ayrıntılı bir analiz Alman siyasi yelpazesinin her iki kesiminin söylemleri arasında önemli benzerliklere işaret etmektedir. Aşağıdaki alıntı her iki grupta da rastlanan çeşitli söylemsel stratejilerin örneklerini içermektedir:

> SPD 4: [Türkler] önümüzdeki yirmi yılda bir karar vermeliler. Yüzümüz Doğu'ya dönük mü yaşayacağız yoksa Batı'ya mı; umarım, bizim için ve onlar için daha iyi olur, kararları bizden yana olur, yüzlerini Batı'ya dönerek, Batı değerleriyle yaşarlar. Bence insani kalkınma, küresel kalkınma için Müslüman ülkelere, İslam dünyasına bir ortak değerler topluluğunda, ortak bir hukuk toplumunda, bir hukuk toplumunda yaşamanın mümkün olduğunu göstermemiz çok önemlidir. Bu mümkündür, ayrıca bir de medeniyetler çatışması tehlikesi var. Samuel Huntington haklıydı. Bir medeniyetler çatışması ihtimali var ve biz de bu medeniyetler çatışmasının olmaması için elimizden geleni yapmalıyız. Eğer Türkiye'yi Avrupa'yla bütünleştirebilirsek, onları kendi değerlerimize çekebilirsek, bence medeniyetler çatışmasına karşı büyük bir adım atmış oluruz [...] Bu değişimi kendi başlarına gerçekleştiremezler, bu inandırıcı değil. O zaman başka bir yolu, yüzleri Arap ve Türk dünyasına dönük olarak yaşamayı seçecekler. O zaman yüzlerini Doğu'ya dönerek yaşayacaklar ki, bu ne Türkiye ne de bizim için iyi [...] Türkiye bütün sorularla ilgili olarak AB müktesebatını almalı; bir de Ermenistan'la soykırım sorusu var. Bugün Türk hükümetinin, Türk halkının bunu söylemesi, fark etmesi mümkün değil. Ama bence beş on yıla kadar bunun farkına varacaklar, çünkü aynı sorun bizim için de geçerli. Bizler de anlamalıyız ki biz de Yahudi soykırımını gerçekleştiren halktık ve ne zaman ki bunun hakkında, kendi tarihimizdeki bu sorular hakkında dünya

toplumunda açık ve doğru bir şekilde konuşabiliriz, işte o zaman Avrupa değer sisteminin bir parçası olabiliriz.

Yukarıdaki alıntı Avrupa'yı Avrupa/Batı değerlerinin hamili olarak inşa ederken buna karşın Türkiye'yi demokratik olmayan ama bu değerleri benimseme potansiyeline sahip bir ülke olarak ifade etmektedir. Bununla birlikte, bu demokratik değişim Avrupa yardımından bağımsız olarak kavramsallaştırılmamaktadır.

Bu uslamlamanın, öngördüğü bağımlılık ilişkisinin ve Türkiye için aşağı bir kimlik inşa edilmesinin ötesinde daha ayrıntılı olarak ele alınması gerekmektedir. Birincisi, (inşa edilmiş) Doğu ile Batı arasındaki ikili söylemsel çerçevenin SPD ve Yeşillerin Türkiye üzerine söylemlerinde nasıl baskın bir yere sahip olduğunu göstermesi açısından bir örnek teşkil etmektedir. Önceki bölümde daha ayrıntılı olarak ele aldığımız gibi, medeniyetler çatışması savıyla metinlerarasılık ve söylemlerarasılık olması, uluslararası ilişkilerin kültür ve din gibi özcü niteliklerden oluşan bir mercekten geçerek kavramsallaştırıldığını ima etmektedir. Demokratik olarak ve dinden bahsedilmeden temsil edilen yekpare ve homojen bir Batı/Avrupa burada yine dinsellik ("Müslüman ülkeler," "İslam dünyası") ve etnisite ile, yani "Arap" etnik kavramıyla tanımlanan, tekbiçimli ve demokratik olmayan bir Doğu ile karşılaştırılmaktadır. Hıristiyanlıkla beraber anılmayan Avrupa ise ilişkisel olarak dinsellik evresini geçmiş üstün bir topluluk olarak inşa edilmektedir. SPD ve Yeşiller, Türkiye'nin üyeliğini demokratikleşme yoluyla kültürel ve dini çatışmayı önlemek için savunurlarken, aslında bu iddia bu tür çatışmaların "gerçek" olduğunu varsayarak medeniyetler çatışması savının ana ilkelerinin tekrar üretilmesine katkıda bulunmaktadır.

Avrupa'nın demokrasinin güçlendirilmesinde odak noktası olarak inşa edilmesi "normatif güç olarak Avrupa" söylemiyle bir söylemlerarasılık vakası olarak kabul edilebilir. Özellikle de SPD ve Yeşillere ait mülakat verilerinde, demokrasi ve insan hakları üzerine özdüşünümsellik Almanya'nın İkinci Dünya Savaşı deneyimleriyle sınırlı kalmaktadır.[34] Bu bulgu Almanya'nın başlıca Ötekisinin kendi milliyetçi ve militarist geçmişi olduğu ve bunun panzehrinin de Avrupa'yla bütünleşme olduğunu işaret eden diğer çalışmalarla da uyumludur (Risse ve Engelmann-Martin, 2002). Bu sınırlı özdüşünümsellik iki açıdan sorun yaratabilir. Birincisi, yukarıda da değinildiği üzere, geçmişteki ve bugünkü diğer kolektif şiddetlerin göz ardı edilmesini sağlar. İkincisi, yukarıdaki alıntıda olduğu gibi, İkinci Dünya Savaşı'ndaki Almanya ile Türkiye arasında, ya ülkelerin geçmişte yaptıkları (Yahudi ve Ermeni soykırımları) ya da bu konudaki mevcut duruşları (soykırımın kamusal inkârı/kabulü) açısından paralellikler oluşturulmasına yol açabilir. Blommaert (2005: 134) bunu "gözlemlenen kalıp arasında yapay süreklilikler ve tutarlılıkların söylemsel olarak inşa edildiği" bir "senkronizasyon" eylemi olarak tarif eder. Bu aynı zamanda olayların karma-şıklığının "şimdiki zamanda, 'bizim' deneyimlediğimiz şimdiki zamanda sığ bir kıyaslamaya/kıyaslamalara" indirgenerek anakronistik sonuçlara varılmasına yol açan bir iktidar eylemi anlamına da gelmektedir (Blommaert, 2005: 136).

Farklı siyasi partilere mensup Alman milletvekillerinin Türkiye'de demokrasi tartışmalarını Almanya'da yaşayan Türk göçmenler meselesine bağladıkları da görülmektedir:[35]

> Kısa süre önce kabul edilen reform paketlerini görüyoruz. Değerlerin çatışması durumunda, Doğu ile Batı'nın birbirine barış eli uzatacağına inanıyoruz. Bu hepimiz için önemli bir kazanç olur. Pek çok olumlu de-neyime rağmen Almanya'da süren entegrasyon sorununa bakarak böyle bir gelişime ilişkin arzumuzla gerçekliği birbirine karıştırmamamız gerektiğini anlıyoruz. Sorumluluk sahibi bir politika bu tür sorunları dostane dilekler ardında gizlemek yerine ciddiye alır.
>
> (Hintze, CDU/CSU, 19 Aralık 2002)
>
> Almanya için geçerli olan kural Avrupa için de geçerlidir: Türkiye'deki Türk-lerin demokratik kabiliyetinden şüphe edenler Almanya'da yaşayan Türk kökenli vatandaşların da demokratik kabiliyetinden şüphe etmektedirler. Anayasamız ülkemizin farklı kültürel, dini ve etnik gruplara yaklaşımının hoşgörü, entegrasyon ve birlikte barış içinde yaşama iradesi olduğunu belirtir.
>
> (Schröder, SPD, 19 Aralık 2002)

Parlamentodaki CDU/CSU grubunun bir üyesinden yapılan yukarıdaki ilk alıntı farklı değerleriyle yan yana getirilen yekpare bir Doğu ile Batı inşa etmektedir. Bu alıntıyı medeniyetler çatışması söyleminin kullanıldığı diğerlerinden ayıran, bu değerlerin Almanya'daki Türk göçmenlere gönderme yoluyla etnikleştirilmesidir. Türkler, Alman toplumunun değerleriyle çatışan "özcü" değerleri yüzünden ev sahibi toplumla bütünleşememektedir. SPD'li konuşmacı bu görüşü eleştirmekle birlikte, öne surduğu savın ana ilkesi CDU/CSU'lu milletvekilininkinden çok farklı değildir. Konuşmacı "Türklerin" (Türkiye ve Almanya'dakiler) demokratikleşme "kabiliyetine" sahip olduklarını ileri sürerek, demokrasiyi, etnik bir kategori ola-rak Türklerin de sahip olduğu, bireysel ve içkin bir değer olarak inşa etmektedir. Dolayısıyla Almanya'daki Türk göçmenlere referansla demokrasiyi etnikleştirmiş olmaktadır.

Göçmen politikalarından bahsederken "entegrasyon" ve "hoşgörü" sözcük-lerinin kullanılması da ana siyasi partilerde göç üzerine görüşler hakkında bir fikir edinmemizi sağladıkları için ayrıntılı olarak ele alınmayı hak etmektedir (ayrıca bkz. Dördüncü Bölüm). "Entegrasyon" bir şeyin "dışarı"dan "içeri"ye sokulduğu, sınırları belli bir alanı belirten bir adlaştırmadır. Bu yüzden buradaki kullanımıyla Almanya'daki Türk göçmenler örtülü şekilde "topluma tek geçerli kabulleri" ev sahibi toplum tarafından düzenlenen "bir entegrasyon süreci yolu"yla olan dışarlıklılar şeklinde nitelenirken, ev sahibi toplum da "açıkça tanımlanmış, sorunsuz, sınırları açıkça çizilmiş olan bir birim" şeklinde inşa edilmektedir (Blommaert ve Verschueren, 1998: 112). İkinci alıntıda bu dışlama "hoşgörü" (göçmenlere karşı) kavramının kullanılmasıyla vurgulanmaktadır. Azınlık hakları konulu söylemlerde "hoşgörü" kavramının kullanılması bazı araştırmacılarca uzun süredir eleştirilmektedir.[36] Tıpkı "entegrasyon" gibi "hoşgörü" de "hoşgörülebilir" ile "hoşgörülemez" arasında sınırlar olduğunu ima eden sınır çizici bir kavramdır. "Hoşgörenin" neyin "hoş görülebileceği" veya görülemeyeceğinin sınırlarını çizen "değerlendirme yetkisine" sahip olduğu eşitsiz bir güç ilişkisi oluşturmaktadır (Brown, 2006: 29; Dobbernack ve Modood, 2011: 25). Dolayısıyla, Türk toplumunun bir mikro evreni olarak tasvir edilen Almanya'daki Türk göçmenlere yapılan göndermelerle Avrupa'nın Türkiye karşısındaki üstün demokratik kimliği yeniden inşa edilirken, bu kavramlar Türkleri ev sahibi durumundaki Avrupa ve/veya Almanya'nın kapsamı dışında ve güç bakımından ondan daha aşağı bir seviyede konumlandırmaktadır.

Britanya

Britanyalı iki ana siyasi parti Türkiye'yi çoğunlukla şu anda demokratik olmayan ama değişmeye meyilli bir ülke olarak inşa etmektedir.[37] Ancak iki partinin sözde "Avrupa" değerlerini kavramsallaştırmalarında önemli farklılıklar göze çarpmaktadır:

> MUH 1: Avrupalı olmayan ve zamanla Türkiye'nin de benimseyebileceği evrensel değerler vardır. Hukukun üstünlüğü, demokrasi gibi şeylerin Avrupa'ya özgü olduğu düşüncesi Avrupalıların kibrindendir; bunlar Avrupa'ya özgü değillerdir. Hatta daha da ileri gidebiliriz. Bence AB değerleri özyönetimden vazgeçmeyi de içeriyor ki, bu bence yanlış. [...] AB Temel Haklar Şartı adı verilen, Avrupa Anayasası'nın ikinci kısmını meydana getirmesi düşünülen ve Strasbourg yerine Lüksemburg'da Avrupa Adalet Mahkemesi'nin yetki alanına giren buyurucu bir insan hakları konvansiyonu var. Bu mahkeme de bunun [türban/peçe takmanın] kuşkusuz bir insan hakkı olduğu, insanların istediklerini giyebilecekleri görüşünü savunabilir. Dolayısıyla tek söylemek istediğim Türkiye'nin daha ağır bir bedel ödeyebileceği; Türkiye'nin başardıklarının pek çoğunu baltalayacak haklar temelli bir yasal gündemin ortasında kalabilirsiniz.

> Önemli olan, Türkiye'nin AB'nin geri kalanıyla aynı değer ve özlemleri paylaşıp paylaşmadığıdır. Baştakilerin paylaştığını düşünüyorum. AB üyesi

olmaya çalışma sorumluluğunun kabulüyle gelen AB norm ve değerlerini karşılama yükümlülüğüyle, Türk ulusu Atatürk'ten bu yana ikinci büyük modernleşme hamlesini başlatacaktır. Tabii ki, Türkiye de pazarlıkta kendi üzerine düşenleri yerine getirmelidir. Diğer aday ülkeler gibi, Türkiye de demokrasi, hukukun üstünlüğü, insan haklarına saygı ve azınlıkların korunması da dahil Kopenhag siyasi kriterlerini yerine getirmelidir. Saygıdeğer dostum Caerphilly Vekili'nin Mayıs'ta Ankara ziyaretinde gördüğü gibi bu hızla gerçekleşiyor. AKP iktidara geldiğinden beri Türk Parlamentosu yasalarını Avrupa normlarına uygun hale getirmek için bol miktarda yasa geçirmiş durumda.

(MacShane, İşçi Partisi, 23 Haziran 2004)

İlk alıntıdaki Muhafazakâr Partili vekil demokrasi ve hukukun üstünlüğüne "Avrupalılık" yerine "evrensellik" yüklemektedir. Aynı vekil, aynı zamanda söylemde "Avrupalılar"ı ayrı bir kategori (kibirli olarak ifade edilen) ve AB biçimindeki Avrupa'yı ülke içi meselelerde olumsuz etkileri olabilecek şekilde ulusal egemenliği engelleyen bir güç olarak alıp "Avrupa"yı Britanyalı Benliğin olumsuz bir Ötekisi olarak inşa etmektedir. Bu potansiyel olumsuz etkinin altında yatan varsayım, AB üyeliği ihtimaliyle gerçekleşecek demokratik ilerleme sonucunda kamusal özgürlüklerin artacak olması ve böylece kamusal alanda dinin ifadesine dair genişletilmiş hakların tanınmasıyla laikliğin baltanacak olmasıdır. Bu sav, İslami zorunluluklar ile seküler bir siyasi sistemin doğaları gereği birbiriyle uyumsuz olması inancından hareketle "türban/peçe" göndermesiyle sembolize edilen kamusal alandaki İslami ifadelerin asgaride tutulması gerektiği savına dayanmaktadır. "AB Temel Haklar Şartı"ndan "buyurucu bir insan hakları konvansiyonu" olarak bahsedilerek Avrupa bir kere daha olumsuz temsil edilmektedir. Temel Haklar Şartı AB'de yaşayan vatandaşların Avrupa İnsan Hakları Konvansiyonu veya mevcut AB yasalarıyla zaten sahip olduğu hakların dökümünü yaptığından, bunun yeni ve ayrıntılı bir dayatma olduğunu söylemek zordur.[38] Buna rağmen Şart'a söz konusu nitelemelerin isnat edilmesi yine AB'nin ulusal egemenliğe müdahale etmesi konusundaki rahatsızlığı yansıtmaktadır. AB standartları ulus-devletin kendine özgü niteliklerini (Türkiye konusunda özellikle de İslam diniyle alakalı olarak) inkâr eden ve bu nedenle istenmeyen sonuçlara yol açabilecek kısıtlar olarak görüldüğünden, Avrupa'nın demokratik etkisine dair tartışmalarda söz konusu etkilere bu şekilde olumsuzluk yüklenebilmektedir.

Yukarıdaki ikinci alıntıda görüldüğü üzere, Muhafazakâr söylemin aksine İşçi Partili vekiller genellikle AB'yi Kopenhag siyasi kriterlerinde belirtilmiş Avrupa demokratik normlarının bir tecessümü olarak ifade etmektedir.[39] Türk hükümetinin gerçekleştirdiği demokratik reformlara yapılan göndermeler aracılığıyla ilerleme anlatılarının söyleme sokulması, bu değerlerin Türkiye tarafından benimsenebileceği anlamına gelmektedir. Bu demokratik değişimle Türkiye "modernlik" yolunda ilerlemektedir. Bu, hem Türkiye'nin AB üyeliği ihtimali çerçevesinde reform gerçekleştirirken izlediği yola "ikinci büyük modernleşme" nitelemesinin yüklenmesi hem de Atatürk tarafından Cumhuriyet'in kurulmasının ardından gerçekleştirilen "Batı'ya" yönelik reformları ifade eden "ilk büyük modernleşme"ye yapılan örtülü göndermelerle vurgulanmaktadır. İşçi Partisi verilerinde sık sık karşımıza çıkan Avrupa "değerleri"/"normları" ile "modernlik" arasındaki söylemsel eşitlik, modern Avrupalı Benliğin olumlu temsiline ve demokratik olmayan Öteki/Ötekilere karşı (bu vakada Türkiye) bir üstünlük hissine işaret etmektedir:[40]

> İŞÇİ 1: Bence Avrupa değerleriyle ilgili bu sözler tamamen saçmalık. Beni çok rahatsız ediyor. Neden derseniz –ki bence Britanyalıların Kıta Avrupası'ndakilerden en farklı olduğu nokta bu– son yüz yıl boyunca Mars'tan gelip Avrupa'yı seyreden biri, bu büyük Avrupa değerlerinin birbirini katletmek olduğunu, Avrupalıların yirmi yılda bir birbirlerini katlettiklerini ve burunlarının dibinde eşi benzeri olmayan bir soykırım olduğunu görecektir. Beni çok hayrete düşüren bir kolektif unutkanlık söz konusu [...] Bence AB'de uymanız gereken kurallar var; burada bir sorun yok. Ama Avrupa değerleri dediklerine gelince, bence bunlar büyük ölçüde evrensel insani değerler ve bunların nesinin Avrupalı olduğunu ve Amerika veya Kanada değerlerinden ne farkları olduğunu anlamıyorum.

Yukarıdaki alıntıda, hem aşağılayıcı gönderme stratejileriyle (değerler konusunda söylenenlere "saçmalık" ve "rahatsız edici"lik atfedilmesi) ve Avrupa'nın kendi geçmişine yönelik düşünümsel bir duruşla "Avrupa değerleri" kavramı reddedilmektedir. İlk bakışta bu gözlem özeleştiriye açık ve çeşitli Ötekilerle ilişkilerde eşitliğe meyilli, özdüşünümsel ve normatif bir Avrupa inşasının ortaya çıktığını düşündürürken, daha yakından bakıldığında temkinli olunması gerektiği ortaya çıkmaktadır. Birincisi, söz konusu vekilin demokratik değerleri "evrensel insani değerler" olarak tanımlamasına rağmen, Avrupa'ya ek olarak "Amerika" ve "Kanada"nın adının geçmesi "evrenselliğin" kapsamının "Batı" ile sınırlı olduğunu ima etmektedir. "[T]üm evrenselliklerin telaffuzu, telaffuz edenleri uluslararası toplumun iyi vatandaşları olarak temsil eder" (Diez, 2006: 245); bu nedenle de evrensellik iddiası Batı'nın dünya karşısındaki üstünlüğünü pekiştirir ve aradaki sınırı tahkim eder. İkincisi, yüzeysel olarak var gibi görünen düşünümsellik yalnızca Britanyalı benliğin kapsamı dışında görülen Avrupa için geçerlidir; dolayısıyla bu üstünlük hissinin hafifletilmesine yardımcı olabilecek bir özdüşünümsellik eylemi olarak kavramsallaştırılamaz. Yukarıdaki alıntıda Britanya ile (Kıtasal) Avrupa arasında, bu ikincinin geçmişinin demokrasinin Ötekisi olarak inşa edildiği açık bir ikili inşa söz konusudur. Muhafazakâr söylemde ağırlıklı olarak görülen bu durum, Risse (2003: 500) tarafından (Kıtasal) Avrupa'nın "İngilizliğin karşıtı olan 'öteki' olarak algılandığı" Britanya ulusal kimlik inşasının temel bir öğesi olarak Avrupa'nın Kıta'yla özdeşleştirilmesi şeklinde ifade edilen haliyle bir söylemlerarasılık örneği olarak kabul edilebilir.

Demokratik değerlerin "Avrupalılığı"na itiraz edilmesine rağmen, her iki partiden vekillerin bu değerlerin Türkiye tarafından edinilmesinde Avrupa'nın önemli bir rol oynadığına dair hemfikir olduğu görülmektedir:

> AB değerlerini –demokrasisini, serbest piyasasını ve liberal geleneklerini– adeta osmoz ile ihraç eder. Bu odadaki herkesin yetişkinliği boyunca kısa süre önce çok farklı bir durumda bulunan pek çok Avrupa ülkesinde kayda değer ilerlemeler gördük [...] AB ile taahhüt ilişkisine girme eyleminin bizzat kendisi Türk toplumunun tamamı ve siyasi liderliği üzerine Avrupa'nın değerlerine uyum sağlamak için güçlü bir baskıdır.
>
> (MacShane, İşçi Partisi, 12 Ekim 2004)

> İŞÇİ 1: Bence eğer kapıyı kapatırsanız Türkiye'deki en yararsız güçlerin tümünün ekmeğine yağ sürmüş olursunuz. Bence bu çok kötü olur. Türkiye konusunda şahsi görüşüm kesinlikle açıktır. Şu andaki haliyle, Türkiye üyeliğe hazır değil. Muhtemelen hem Türkiye'nin kendisinin itiraf ettiğinden hem de AB'nin üye olabilmesi için Türkiye'yi ne kadar değiştirmesi gerektiği konusunda itiraf ettiklerinden daha uzun sürecektir. Ama en büyük hata, kapıyı kapatıp "asla" demek olur. Ben bunun çok hatalı olacağını düşünüyorum. Bunu düşünmek bile istemiyorum.

> Avrupa'daki bizlerin önünde basit bir tercih var: Ya AB üyeliği ümidini sürdürerek Türkiye'yi bize doğru ilerlemeye teşvik ederiz ya da Türkiye'dekiler ne değişiklik yaparlarsa yapsınlar asla AB'ye alınmayacaklarına inanmaya başladıklarında bir Türk tepkisi riskiyle karşı karşıya kalırız ve kendimizi Avrupa'nın sınırlarında seküler, modernleşen bir ülke yerine Yunanistan sınırında militan bir İslamcı ülkeyle baş başa buluruz.
>
> (Fox, Muhafazakâr, 22 Kasım 2006)

İşçi Partili eski Avrupa Bakanı'ndan yapılan ilk alıntı daha önceki kısımlarda değindiğimiz ve İşçi Partililer arasında daha yaygın olan "normatif bir güç olarak Avrupa" söylemiyle söylemlerarasılığa bir örnek teşkil etmektedir. "Normatif güç" savının da işaret ettiği gibi, "taahhüt ilişkisine girme" yoluyla "(değerleri) osmoz yoluyla [...] ihraç etmek" kavramı barışçı kurumsal etkileşimlerle demokratik değişimin zaman içinde yayılmasına yol açmaktadır. İşçi Partisi söyleminde bahsedilen Avrupa değerlerinin demokrasi, insan hakları ve hukukun üstünlüğüyle sınırlı kalmayıp "serbest piyasa" ve "liberal gelenekler" gibi kavramsal olarak neoliberal kapitalist modelin alanına giren gösterenleri de kapsadığını yukarıdaki de dahil olmak üzere çeşitli alıntılarda görmek mümkündür.[41] 1980'lerin Thatcher'cı neo-liberal iktisat söyleminin Blair'ın liderliği döneminde Yeni İşçi Partisi tarafından da benimsendiği düşünüldüğünde bu pek şaşırtıcı değildir (Good vd., 2001: xii).

İkinci ve üçüncü alıntılardaki gibi durumlarda ise Türkiye kendi başına ilerleme sağlaması imkânsız bir ülke olarak sunulmaktadır. Üyelik ihtimalinin ortadan kalkması halinde ülkede ortaya çıkacak genel durumu tarif etmek için ikinci alıntıda kullanılan abartılı "çok kötü" ifadesiyle felaket *topos*'u yaratılmaktadır. Muhafazakâr Partili bir vekilin parlamentodaki konuşmasından yapılan son alıntıda da benzer şekilde Türkiye demokratik ilerleme açısından AB'ye bağımlı olarak temsil edilmektedir. İkinci alıntıda, üyelik ihtimalinin ortadan kalkması durumunda ne olacağı ve nasıl olacağı dile getirilmezken, son alıntının üyelik perspektifine alternatif senaryosu "seküler" ve "modernleşen" bir ülke yerine "militan İslam"dır. Avrupa'nın "militan İslam"ın gücüne karşı sınırları olan bir varlık şeklinde nitelenmesinde tehdit *topos*'u ile ("Avrupa'nın") sınırları *topos*'u birleştirilmiştir. Böylece demokratik standartların yokluğunda ortaya çıkabilecek potansiyel tehdit, artan otoriterlik yerine köktendincilik olarak ifade edilmektedir. Bu savdaki örtülü varsayım, Avrupa'nın bağlayıcılığı mevcudiyetini yitirdiği anda İslam'ın uygulamaya konacak köktendinci bir siyasi güç olarak kavramsallaştırılmasıdır. Sekülarizm koşuluna bağlı modernlik yalnızca Avrupa'nın yardımıyla ve Avrupa modelinin izlenmesi yoluyla mümkündür. Bu uslamlamanın söylemsel açıdan iki ana sonucu vardır. Biri Doty'nin çocuk/ebeveyn benzetmesiyle Türkiye'nin, demokratikleşmek için Avrupa'nın yol göstermesine ihtiyaç duyan ülke olarak isnat edildiği versiyonuyla Avrupa'nın üstünlüğünün perçinlenmesidir. Diğeri ise pasif bir kamuoyu ve İslami köktendincilik tarafından ele geçirilmeyi bekleyen bir siyasi alan yorumuyla ülke içindeki siyasi reform taraftarı seslerin susturulmasıdır.[42]

Sonuç

Bu analizde Avrupa'yı demokratik değerlerin hamili olarak inşa eden başlıca iki önemli Türkiye'yi temsil şekli belirlenmiştir. Bunlardan biri Türkiye'nin demokratik değişime karşı dirençli bir ülke olarak temsilidir. AP'de ana merkez sağ grup ve aşırı sağın yanı sıra Fransa ve Almanya'daki merkez sağ gruplarda bunun yaygın olduğu görülmüştür. Bu temsil esas olarak demokrasinin kültürel, dini ve tarihsel bir değer olarak özcüleştirilmesi ile birlikte Türkiye'de belli dönemlerde demokratik ilerlemeye yer veren alternatif anlatıların susturulmasıyla sağlanmaktadır. Demokrasinin Avrupa ve Batı'nın doğal bir özelliği olarak kavramsallaştırılması, demokrasi ve insan haklarının Batı'nın kültürel, dini ve tarihsel olarak bağımlı sıfatları şeklinde yorumlandığı yeni şarkiyatçı söylemle çok güçlü bir söylemlerarasılık ima etmektedir (Bottici ve Challand, 2011: 56-7).

Avrupa'nın demokratik değerlerin savunucusu olarak inşa edildiği ikinci önemli Türkiye temsili ise, Türkiye'nin AB'nin yardımıyla Avrupa modelini izleyerek demokratik açıdan değişebilecek bir ülke olduğudur. Buna özellikle AP'deki sol ve liberal gruplar ile bazı ılımlı sağ vekiller, Komisyon, Fransız Sosyalistler, Alman Sosyal Demokratlar ve Yeşiller ile Britanya'da İşçi Partili ve Muhafazakâr Partili vekiller arasında rastlanmaktadır. Modernleşme paradigmasıyla kurulan söylemlerarasılık, Avrupa'nın Türkiye'nin riayet etmesi gereken demokratik standartlar için ölçüt belirleyen üstün bir varlık olarak inşasında belirgindir. Türkiye, belli başlı demokratik reformlar gerçekleştiğinde Avrupa değerlerine yaklaşmakta, demokratik gerileme anlatılarında ise Avrupa değerlerinden uzaklaşmaktadır. Avrupa'nın üstünlüğü, nesiller arası farklar ya da modernleşme savının klasik "geleneksel" ve "modern" ikililiği aracılığıyla geri olarak kavramsallaştırılan Türkiye için kullanılan aşağı bir konum atfeden zamansal bir kimliğe başvurularak güçlendirilmektedir. "Normatif bir güç olarak Avrupa" söylemiyle söylemlerarasılık arz eden bir şekilde, Avrupa'ya ayrıca bölgesindeki Türkiye gibi kendi başlarına demokratik değişim sağlamaktan aciz olarak tasavvur edilen ülkeleri dönüştürmeye yönelik bir "medenileştirme misyonu" yüklenmektedir. Sözde Avrupa değerleri konusundaki özdüşünümsellik eksikliği veya İkinci Dünya Savaşı'yla sınırlı bir özdüşünmle birlikte bu söylemler, modernleştirme projelerinin Avrupa merkezciliğinin söylemde tekrar üretilmesine katkıda bulunmaktadır.

Farklı kurumsal analiz alanları içinde ve arasında söylemsel stratejilerde görülen çeşitlilikler, bu söylem konusunun inşasına ulusal, uluslararası ve ideolojik temaların da sızmış olduğunu göstermektedir. Örneğin Almanya vakasında, CDU/CSU grubunda demokrasinin özcüleştirmesi Türk göçmenlere yapılan göndermelerle gerçekleştirilmektedir. Fransız verilerinde, söylemde Fransız ve Avrupa değerlerinin birbirine eş kılındığı ve Fransızlara ait *mission civilisatrice*'in [medenileştirme misyonu] Avrupa düzeyinde tekrarlandığı görülmektedir. Avrupa değerleri nosyonu Britanya'daki iki ana partinin bazı üyelerince sorgulanmaktadır. Komisyon, Türkiye'de demokrasi konulu tartışmalarda kendini Avrupa'nın demokratik kimliğinin bekçisi olarak inşa ederek kurumsal kimliğini ortaya atmaktadır. Avrupa demokrasisinin korunduğu bir Avrupa siyasi projesinin inşa edilme biçimi de bu hatları yansıtmakta olup, bir sonraki bölümde ele alınacaktır.

ÜÇÜNCÜ BÖLÜM

Siyasi Bir Proje Olarak Avrupa

Türkiye'nin AB üyeliğine dair söylem büyük çoğunlukla Avrupa'yı düzgün işleyen kurumlardan oluşan güçlü bir çekirdeğe, sağlam bir bütçeye ve toplu egemenliğe sahip bir siyasi proje olarak inşa etmektedir. Yalnızca Britanya'da bu inşaya pek rastlanmamakta, bunun yerine Avrupa "ulus-devletler"den oluşan bir siyasi proje olarak inşa edilmektedir. "Siyasi proje" inşasının telaffuzu Komisyon ve Parlamento'da 2004 öncesinde pek görülmezken Fransa ve Almanya'da bundan bir yıl öncesinden başlamakta, 2004 sonrasındaysa dört analiz mekânında da sıklaşmaktadır. Bununla birlikte 2006'dan sonra, Fransız ve Alman vekiller haricinde, önemli oranda azaldığı görülmektedir. 2009 yılındaki Avro krizini takiben özellikle AP'de bu temsilin yer yer arttığı da gözlenmiştir. Dolayısıyla bu söylemin varlığının 2004'teki Doğu genişlemesi, aynı yıl Anayasa Antlaşması'nın hazırlanması ve bu taslağın 2005'te Fransa ve Hollanda'daki ulusal referandumlarda reddedilmesiyle hararetlenen, 2009 sonrasında Avro kriziyle tekrar hız kazanan Avrupa'nın geleceği üzerine yapılan tartışmalarla yakından bağlantılı olduğu görülmektedir. Analizlerde Avrupa'yı kurumsal ve mali bir çekirdeğe sahip bir siyasi proje olarak inşa eden iki ana Türkiye temsili ortaya çıkmaktadır: Türkiye'nin Avrupa kurumları, maliyesi ve politikalarına potansiyel bir tehdit olarak temsili ile Avrupa kurumları, maliyesi ve politikalarına uyum sağlama kabiliyetine sahip bir ülke olarak temsili.

Avrupa Siyasi Projesine Potansiyel Bir Tehdit Olarak Türkiye

Türkiye'nin Avrupa kurumları, bütçe düzenlemeleri ve politikalarına potansiyel bir tehdit olarak temsiline Avrupa Parlamentosu'nun yanı sıra Türkiye'nin üyeliği konulu Fransız ve Alman siyasi söylemlerinde çok sık rastlanırken, Komisyon ve Britanya kaynaklı verilerde bu neredeyse hiç görülmemektedir.

Avrupa Parlamentosu

Bu temsil şeklinin AP'de en göze çarptığı kesim, ana merkez sağ grubu olan EPP-ED/EPP'dir.[1] Yine de bu temsilin gerçekleştiriliş şeklinde bu siyasi grup içinde ulusal ayrımlar olduğu görülmüştür. Bu bağlamda, Avrupa'yı siyasi bir proje olarak

inşa etme konusunda Alman ve Fransız üyelerin genelde daha faal olduğu tespit
edilmiştir:

> EPP-ED 12: Türkiye AB'ye ciddi ekonomik ve mali sorunlar getirecektir.
> Özellikle de Türkiye üye olursa AB'nin tüm yapısal politikasını ve tarım
> politikasını değiştirmesi gerekecektir, zira Türkiye birçok mali sorunu ve
> birçok bölgesel sorunu olan büyük bir ülke. Bunların çözüme kavuşturula-
> bileceğine inanmıyorum.

> Birliği genişlettikçe, etkisini daha da azaltacağız, siyasi Avrupa'dan daha fazla
> uzaklaşacağız ve ortak politikalar uygulama kabiliyetimiz azalacak. Türkiye
> 2015'te AB'ye üye olacak olsa 80 milyon nüfusuyla en kalabalık ülke ola-
> caktır; bu da ona bu Parlamento'da en çok üye sayısı ve Konsey'de ciddi bir
> ağırlık kazandıracaktır.

> (De Veyrac, EPP/ED, 13 Aralık 2004)

Yukarıdaki ilk alıntı Türkiye'nin üyeliğinin AB için olumsuz sonuçları tartışılırken
maliye *topos*'unun tehdit ve yük *topos*'larıyla beraber kullanımının tipik bir örneğini
teşkil etmektedir. Ekonomik bütünleşmenin üyelikten önce tamamen gerçekleş-
meyecek olmasına rağmen −ki bu siyasi ve ekonomik reformlar içeren katılım
müzakerelerinin sonucunda gerçekleşmektedir− tehdide bir aciliyet atfedilmektedir.
Türkiye'nin üyeliğinin Birliğe kaldırılamaz bir mali yük getireceğinin kesin olma-
dığını savunan alternatif akademik ve siyasi anlatıları sistematik olarak dışlamaları
bu alıntıların ortak noktasıdır. Burada amaç, anlatımlardan birinin diğerinden
daha çok "hakikat değeri" taşıdığını kanıtlamak değil, benzer sayılara dayanan iki
farklı anlatıyı yan yana koyarak birinin diğeri aleyhine nasıl marjinalleştirilebile-
ceğini veya dışlanabileceğini göstermektir. Ekonomiye dair aynı sayılarla tam tersi
iddialarda da bulunmak mümkünken, bunun EPP-ED/EPP'nin ağırlıklı olarak bu
konudaki söyleminde yer almaması dikkat çekicidir. Bazı alternatif açıklamalar
üye devletlerin katkıları için hâlihazırda geçerli olan katkı tavanlarıyla Türkiye'nin
üyeliğinin AB bütçesine maliyetinin (AB'nin GSMH'sinin en fazla %0,20'si civa-
rında olacağı tahmin edilmektedir) baş edilebilir boyutta olacağını ifade etmiştir.[2]
Karşılaştırmalı yaklaşımlar Türkiye'nin ekonomik konumunun Polonya, Slovenya,
Romanya ve Bulgaristan'ın üyelik süreçlerinin başındaki durumlarından temelde
farklı olmadığını ifade eden benzer iddialarda bulunmuştur.[3]

Yukarıdaki ikinci alıntıda görüldüğü üzere, tehdit, yük ve maliye *topos*'ları
genellikle Türkiye'nin Avrupa'nın siyasi birliğine potansiyel bir tehdit olarak
temsiliyle birlikte yer alır. Bu alıntı geniş nüfusuyla Türkiye'nin Avrupa'nın siyasi
birliğine darbe vuracak şekilde kurumsal dengelere zarar verme potansiyeline sa-
hip bir ülke olarak yaygın temsil şekline bir örnek teşkil etmektedir. Bu alıntıda

da görüldüğü gibi, dikkat gerektiren bir kurumsal tehdit durumunun dozunu artırmak için Parlamento verilerinde Türkiye'nin nüfusundan bahsederken sayılar *topos*'una sıklıkla başvurulmaktadır. Türkiye'nin üye olmasının AB kurumları ve karar alma süreçlerine olası etkilerine dair alternatif anlatılar EPP-EDD'nin Türkiye söyleminden sistematik olarak dışlanmaktadır. Söz konusu Parlamento tartışması döneminden benzer nüfus verilerine dayanan alternatif açıklamalar ise Türkiye'nin AB içinde kendi başına karar başlatma veya durdurma açısından çok az güce sahip olacağı ve mevcut koalisyonlara katılmak durumunda kalacağı için kurumsal dengeleri doğrudan değiştiremeyeceğini savunmuştur (Aleskerov vd., 2004; Mütfüler-Baç, 2004). Dahası, çıplak rakamlara bakıldığında Türkiye'nin AB kurumlarındaki muhtemel oy ağırlığı ve koltuk sayısı Almanya'nınkine eşit veya çok yakın gibi görünürken, ülkenin Birliğe uyumsuz veya istikrarsızlaştırıcı gündemler getirerek zaten tartışma konusu olan "mutabakatçı" politika yapım tarzını sekteye uğratacağına işaret eden herhangi bir "*a priori*" neden veya "kanıt" da bulunmamaktadır. Diez'in (207: 418) ifadesiyle, "Türk siyasi söyleminde 'Avrupa'nın inşa edilme şeklinin itiraza açık yanları olsa da Türkiye'nin mevcut üye devletlerden daha yıkıcı mı yoksa tam tersine daha yapıcı mı davranacağı pek de belli değildir." Ne var ki, böylesi bir siyasi/kurumsal tehdit şeklinde inşa edilmesi *a priori* olarak Türkiye'yi "farklı" bir ülke şeklinde inşa etmektedir. Yoksa AP'deki nüfus ağırlığına dayalı eşit temsil ilkesinin Almanya, Birleşik Krallık, İtalya ve İspanya gibi büyük ve orta boy ülkeler için kabul edilebilirken (ve bir üye ülkeden gelebilecek vekil sayısı zaten sınırlıyken)[4] niye Türkiye için kabul edilebilir olmadığını veya niye gelecekte seçilebilecek Türk AP üyelerinden aralarında siyasi farklılıklar olmayan yekpare bir ulusal blok oluştururlarmış gibi bahsedildiğini anlamak kolay değildir.

Bununla birlikte, mülakat verileri, Türkiye'nin üyeliğinin AB karar alma süreçlerine etkisiyle ilgili inşa edilmiş korkuya ilişkin daha fazla bilgi sunmaktadır:

> EPP-ED 8: Edindiğim izlenime göre, Türkiye çok güçlü bir ulusal kimliğe sahip ve ben de bu sorunun nasıl çözülebileceğini bilmiyorum. AB'de başka bir yöne, adım adım ulusal ideolojiden uzağa doğru ilerliyoruz. Türkiye'de böyle bir gelişme göremiyorum. Güçlü, yekpare bir ulusal kimlik var. Bu durum Avrupa'nın gelişimine tamamen ters. Avrupa modelinin özelliği zayıflamış ulusal kimliktir, ki bu da Türkiye'deki genel düşünceye tamamen aykırı. Bu düşüncelerin Avrupa'ya ithal edilmesi bildiğimiz Avrupa'nın sonu demek olabilir.

> EPP-ED 6: Türkiye AB'ye tam üye olursa, bu nihai Avrupa'nın bugünün Avrupa'sından çok farklı olacağı veya Türkiye'nin ulusal kimliğini bir kenara fırlatacağı anlamına gelir. Avrupa'nın gelecekte sadece bir pazar veya serbest ticaret bölgesi olmasını kabul edemem; zira Türkiye, Avrupa standartların-

dan çok uzak ve ikisi arasındaki bu mesafe aşılabilecek gibi değil. Türkiye'nin bütünlüğü yalnızca Türk milliyetçiliği ve Türk kimliği tarafından sağlanıyor.

Yukarıdaki alıntılarda da görüldüğü gibi, EPP-ED/EPP grubuna ait parlamento üyelerinin birçoğuyla yapılan mülakatlarda Avrupa, ulusal kimliğin gitgide azalan bir konu olduğu siyasi bir proje olarak inşa edilmektedir. İlk alıntıda bu, belirli bir "Avrupa gelişimi" ve "Avrupa modeli"ne referansla Avrupa'ya ait benzersiz bir özellik olarak ortaya konmaktadır. İkinci alıntı Türk ulusal kimliğini ülkeyi bir arada tutan belirli, statik bir nitelik olarak kabul etmektedir. Ülkeyi Avrupa'dan özcü açıdan farklı kılan ve değişme kapasitesinden yoksun olarak resmeden de bu kimliktir. Bu yüzden muhatapların ikisi de ulusal kimliklerin önemini kaybedeceği bir gelişmeye karşı Türkiye'nin kendi "ulusal" gündemini dayatma "riski" açısından Türkiye'yi, uluslarüstü bir proje olan Avrupa siyasi sistemine tehdit olarak sunmaktadır. Bu tür bir akıl yürütme gücünü hem Türkiye'de ulusal kimlik inşası alanında devam eden mücadeleler hem de Avrupa'da benzer mücadelelerde ulusal kimlik inşalarının hâlâ büyük ölçüde egemen olduğunun inkârından almaktadır.[5] Her iki metindeki akıl yürütme Türkiye'nin üyeliğini Avrupa için varoluşsal bir tehdit olarak yansıtmaktadır. Kiewe'nin deyişiyle (1998: 81), siyasi krizlerin söylemlerde varoluşsal bir tehdit olarak inşası "bir aciliyet ifade eder ve sıra dışı karar ve eylem ihtiyacı belirtir." Bu vakada, Türkiye'yi AB'nin dışında tutma kararına, ülkenin "çok farklı" olması yüzünden Birlik üzerinde siyasi açıdan zayıflatıcı bir etkisi olacağı gerekçe gösterilmektedir.

İlginç bir şekilde AP'deki aşırı sağ ve Avrupa muhalifi grupların da Avrupa'nın Türkiye'nin üyeliği ihtimalince tehdit edilen bir siyasi proje olarak inşasını paylaştıkları görülmüştür. Bu grupların genelde AB yoluyla uluslarüstüleşmeye muhalif ifadeler kullandıkları bilinmektedir. Ancak konu Türkiye'nin üyeliğine geldiğinde tahayyül ettikleri Avrupa, Türkiye tarafından kurumsal, mali ve demografik açılardan tehdit edilen tutarlı bir proje halini almaktadır:[6]

> NI 3: Türkiye Almanya'dan daha çok nüfusa sahip olacak. Büyük bir sorun olacak, çünkü aynı zamanda ekonomik düzeyde bütünleşmek zor olacak. Bence hem Asya'da olan hem de İKÖ [İslam Konferansı Örgütü] üyesi olan, Huntington'ın iki arada kalmış dediği bir ülkenin bütünleşmesi zor olur. Avrupa'nın dağılmasına yol açabilir.

Bu grupların Avrupa'yı bir siyasi proje olarak yorumlama şekilleri bazı açılardan EPP-ED/EPP'deki çoğunluk söylemiyle önemli benzerlikler göstermektedir. Bunun en belirgin olduğu nokta, Türkiye'nin üyeliğinin etkileri tartışılırken maliye *topos*'u ve yük *topos*'unun kullanımıdır. Ne var ki burada egemenliğe dair korkular yerine Avrupa projesine zarar verebilecek etmenler olarak kültür ve din gibi açıkça özcü niteliklerden bahsedilmektedir. Örneğin yukarıdaki alıntıda, Türkiye'nin AB ile bütünleşmesinin karşısında medeniyetle ilgili farklılıkların engel oluşturduğu iddiasını ikna edici kılmak için Samuel Huntinton'a göndermeyle otorite *topos*'una başvurulmaktadır. Huntington'a göre (1998) Türkiye, dini, kültürü, gelenekleri ve kurumları İslam'a dayanırken iktidardaki seçkinlerin ülkeyi Batılılaştırmayı arzulamaları açısından "iki arada kalmış bir ülke"dir. "İslam" medeniyetinde önder konumu kazanmak için Batılılaşma sevdasından vazgeçmeli ve İslami mirasına bağlı kalmalıdır. Bu alıntıda Türkiye'ye "Asyalılık" ve "İKÖ üyeliği" atfedilmesiyle Huntington'ın Türkiye'nin özü itibarıyla Batı'ya ait olmadığı iddiasına güç kazandırılmakta ve bu ülkenin farklılığına Avrupa'yı "dağıtma" potansiyeli yakıştırılmaktadır.

Üye Ülkeler

Fransa

Avrupa'nın, kurumsal ve mali boyutları Türkiye'nin potansiyel üyeliği tarafından tehdit edilen bir siyasi proje olarak inşası Fransa'da özellikle merkez sağ içinde yaygın olan bir genel söylem konusudur:[7]

> Çok şeyin kaderi buna bağlı: On veya on beş yılda nüfusu neredeyse 100 milyona ulaşacak bu ülke tüm toplulukla bütünleştiğinde ve Avrupa Parlamentosu'nda en çok vekil sayısına sahip olduğunda ne olacak? AB Türk İslam'ına uyum sağlayacak mı? Avrupa'nın siyasi ve coğrafi sınırları nedir? Türkiye'nin üyeliği doğası gereği bütçe sorunları yaratacak mı? [...] Bunu tartışmak istedik, tartıştık ve bu konuyu başka vesilelerle de tartışacağız. O zamana kadar hükümete güveniniz. Kuşkusuz, kurumlara bağlı olanlar ve dolayısıyla Fransa'nın sesinin çıkmasını isteyenler ile onların zayıflamasını isteyenler arasında bir sınır vardır.
>
> (Baroin, UMP, 14 Ekim 2004)

> Fransa, Türkiye'nin Avrupa Birliği'ne üye olmasına taraftar değildir. Sorun Türkiye'nin kendisi değil [...], mesele yarının dünyasında ağırlık sahibi olacak şekilde siyasi kimliğini kullanabilecek bir Avrupa Birliği kuruyor olmamız [...] Önceliğimiz 500 milyon Avrupa vatandaşına arzuladıkları barış, refah ve güvenliği sağlamak için Avrupa'nın kurumlarını güçlendirmek, ortak bir ekonomi politikası belirlemek ve Avrupa'nın dünyadaki ağırlığını artırmaktır.
>
> (Le Maire, UMP, 8 Nisan 2009)

> Avrupa artık diplomasinin, dış politikanın konusu değildir: Avrupa artık iç siyaset sorunları için başka bir sahnedir; ulusun siyasetidir, ulusun en mahrem yanı tehlikededir! [...] Doğrusu iki model arasında bir tercih söz konusu:

> Birleşik Avrupa veya dağınık Avrupa [...] Büyük ve mağrur uluslarımız çok savaştılar, kendilerini birbirlerine karşı tükettiler; boyutlarının, bölünmüşlüklerinin ve dağınıklıklarının birbirlerine karşı harekete geçmelerini men ettiğini keşfettiler; bundan böyle dilleri, yaşam tarzları, etik anlayışları, toplum sözleşmeleri için birlikte hareket etmeleri gerektiğine karar verdiler. Çözülmemek, bir araya gelmek. Federal düşünce budur: Kayıp hafızamızı beraber bulmaya giriştik. Parasal, askeri meselelerde, araştırma alanında [...] Avrupa ne kadar dağılırsa, o kadar güçsüzleşir. Ve işte o zaman insan Amerikan yönetiminin Türkiye'nin üyeliğini bize dayatma konusundaki aşırı ısrarını anlamaya başlar!
>
> (Bayrou, UDF, 14 Ekim 2004)

Yukarıdaki ilk alıntıda Türkiye, bir siyasi proje olarak Avrupa'nın uyumluluğuna tehdit olarak temsil edilmektedir. Türkiye'nin bütçe üzerindeki muhtemel etkilerine göndermelerle kurulan maliye ve yük *topos*'ları projenin ekonomik boyutuna vurgu yapan tehdit *topos*'una eşlik etmektedir. UMP söyleminde bu kadar egemen olan bir temsil biçimi hem Türkiye'ye statik bir ekonomik gerilik hali yakıştırmakta hem de, daha önce de savunulduğu gibi, üye devletlerin bütçeye katkılarına getirilmiş tavanlar ve Türk ekonomisinin dinamizmi göz önünde bulundurulduğunda Türkiye'nin üyeliğinin Birliğe fazla bir mali yük getirmeyeceğini savunan iktisadi çalışmaları sistematik olarak dışlamaktadır. Türkiye'nin Birlik içindeki kurumsal dengelere verebileceği zararlardan bahsedilirken de tehdit *topos*'una başvurulmaktadır. Savın etkisini artırmak için yüzdeler yerine mutlak sayıların kullanıldığı sayılar *topos*'undan da yararlanılmaktadır. Türkiye'nin AB'nin kurumsal düzeni üzerindeki etkilerinin değerlendirilmesinde nüfus verilerinden yararlanan alternatif anlatılar, ülkenin Birliğe farklı duruşlar getirerek AB'nin eylemde bulmasını zorlaştıracağı yönündeki aynı örtülü varsayım aracılığıyla UMP söyleminden dışlanmaktadır.

Bu varsayımın altında yatan etmenler için homojen bir Avrupa inşasında yararlanılan başka özcü etmenlere göz atmak gerekmektedir. Bu alıntıda Avrupa'nın baş etmesi gerekecek yabancı bir öğe olarak "Türk İslamı"na gönderme yapılırken kültür/ din *topos*'undan yararlanılmaktadır. Böyle bir varsayım ve özcü farklılıklara yapılan bu vurgu genelde "farklı bir ulusal kolektif olarak kabul edilen bir dış gruba karşı olumsuz, aşağılayıcı bir sınırlama getirme işlevi görmektedir" (Reisigl ve Wodak, 2001: 67). (Coğrafi/siyasi) Sınırlara gönderme yapılması yoluyla kullanılan sınırlar *topos*'u da bu tahdidin daha da somutlaşmasını sağlamaktadır.

Avrupa İşlerinden Sorumlu Devlet Bakanı'na ait ikinci alıntıda olduğu gibi daha yakın tarihli Parlamento tartışmalarında da benzer görüşler dile getirilmiştir. Burada Türkiye'nin üyeliği Birliğin küresel sahnede güçlü bir dış kimlik inşası için gerekli olan Birlik içi güçlü siyasi kimliğe tehdit oluşturması nedeniyle sorunsal laştırılmaktadır. Bir önceki alıntıdan farklı olarak, bu değerlendirmenin dayandığı varsayımlara değinilmemektedir. Buna rağmen, Türkiye'yi Avrupa'ya bağlayan ama Avrupa Benliğinin bir parçası yapmayan "dost" metaforunun kullanılması ve üyeliğinin AB'deki kurumlar ve politika yapımı üzerine etkileri hakkındaki alternatif anlatıların dışlanması Türkiye'nin gerçekten de siyasi birliğin dayandığı homojenliğe yaşamsal bir tehdit olarak kavramsallaştırılabileceğine işaret etmektedir. Devlet Bakanı, Avro krizinin ortaya çıktığı 2009 yılındaki peş peşe üç tartışma oturumunda bu uslamlamaya başvurmakta ve bu vesileyle özellikle daha entegre bir ortak ekonomi politikasının gerekliliğine dikkat çekmektedir.

Avrupa'yı siyasi bir proje olarak inşa etmesi açısından büyük ölçüde UMP söylemine benzeyen UDF söylemine örnek olarak son alıntı, siyaseti ve ulusal kimliği bağlamında Avrupa'yı, Fransa'nın bir iç meselesi olarak ifade etmektedir, ki burada her iki tarafın kaderi birbirine bağlıdır. Yine UMP söyleminde olduğu gibi gerçeklik *topos*'u aracılığıyla birleşik ve dağınık bir Avrupa kaçınılmaz bir ikili karşıtlık olarak yan yana getirilmektedir. Burada birleşme esas olarak Avrupa uluslarınca paylaşıldığı iddia edilen özcüleştirilmiş ve homojenleştirilmiş "dil," yaşam tarzları," "etik anlayışı," tek tip bir "toplum sözleşmesi" ile ima edilen "tarih" ve "toplumsal model" gibi (ulus-devlet inşalarına ait) niteliklere dayandırılmaktadır. Çatışmalı geçmişlerine rağmen bu homojenlik, Avrupa uluslarının "özcü" niteliklerini korumak için birleşmelerini gerektirmektedir.

Avrupa'yı küresel olarak güçlü bir aktör yapmak için ortak para birimi, savunma ve araştırma gibi daha elle tutulur politika alanlarında egemenliğin birleştirilmesiyle büyüyen federal siyasi proje, bu homojen Avrupa temeline dayanmaktadır. Türkiye'nin bu federal ve Avrupa'nın homojenliğini bozacak olmasının "kanıtı" olarak AB üyeliğini destekleyen geleneksel ABD dış politika söylemine vurgu yapılmaktadır. Bu sav iki örtülü varsayıma dayanmaktadır. Bunlardan birincisi, küresel güç rekabetinde ABD'nin Avrupa'nın rekabet içinde olduğu Ötekilerden biri olduğudur. Bu, tüm büyük Fransız siyasi partilerinin Avrupa dış politikasına dair egemen siyasi söyleminde Avrupa'nın ABD'den gittikçe bağımsızlaşan güçlü bir uluslararası aktör olarak inşasıyla bir söylemlerarasılık durumu olarak görülebilir.[8] İkinci örtülü varsayım ise Türkiye'nin doğası gereği ortak "biz" grubunun dışında kaldığıdır. UMP söyleminden farklı olarak UDF'nin Türkiye söyleminde, Türkiye'nin üyeliğinin kurumsal ve mali etkileri, bu ülkenin proje üzerindeki seyreltici etkilerine yönelik iddiaları rasyonalize etmek için açıkça kullanılmamaktadır. Bunun yerine, fazla ayrıntıya girilmeden, "tartışmalı ve sorgulanmakta olanın, dolayısıyla kanıtlanması gerekenin akıl yürütmenin başlama noktası olarak önden kabul edildiği" (Reisigl ve Wodak, 2001: 73) *petitio principii* stratejisiyle, yalın bir olgu biçiminde, Türkiye federal projeye bir tehdit olarak inşa edilmektedir. Bununla birlikte, Türkiye'nin dışarıda bırakılmasından önce projenin temelinin özcü bir zemine oturtulması, bozulma/dağılmanın ardındaki ana varsayımın Türkiye'nin farklı "doğasıyla" projenin homojenliğini seyrelteceği olduğu düşüncesini akla getirmektedir.

Genel olarak Fransız merkez sağında Avrupa işleyen kurumlar ve sağlam bir bütçenin ötesinde, kendisini Türkiye gibi başka bir ulusal kolektiften ayırmaya yarayan kolektifleştirilmiş ve yekpare kimlik inşalarına dayandırılarak tahayyül edilen modern bir ulus-devletle daha çok uyuşan bir siyasi proje şekilde yorumlanmaktadır. Dahası, Fransa'nın Avrupa'daki rolü/gücü bu tarz devlet benzeri niteliklere sahip bir Avrupa'nın varlığına bağlı kılınmaktadır. Dolayısıyla, bu siyasi proje ne kadar güçlü ve birleşikse, Fransa da orada o kadar güce sahip olacaktır.

Almanya

Türkiye'nin AB üyeliğinin Avrupa siyasi projesine bir tehdit olarak sunulduğu CDU/CSU söyleminde sıklıkla aşağıdaki uslamlama ve isnat/gönderme stratejilerine rastlanmaktadır:[9]

> Herkesin tek başına hareket ettiği bir kurumdan bir siyasi birliğe doğru ilerliyoruz. İşte bu yüzden kendimize sormalıyız: Türkiye'nin üyeliği siyasi birlik açısından ne anlama gelir? Tam da bu nedenden Kopenhag kriterleri sadece aday ülkeyi değil, aynı zamanda AB'nin hazmetme kapasitesini de ilgilendirir. Bu noktada sizlere Türkiye ile bir siyasi birlik sürecinin hayal ettiğimiz gibi devam edemeyeceğini söylemek isterim. Bu çok önemli bir konudur. Eski Anayasa Mahkemesi yargıcı Böckenförde'nin sözlerini hatırlatmak istiyorum: "Coğrafi konumu, nüfusu, ulusal ve kültürel kimliği, ekonomik ve siyasi yapısı açısından Türkiye, Avrupa'nın siyasi birliğinin önünde bir engeldir."

(Merkel, CDU/CSU, 16 Aralık 2004)

Yukarıdaki alıntı Türkiye'yi birleşik bir Avrupa siyasi projesine tehdit olarak ifade etmektedir. Bunu yaparken, CDU/CSU'nun Türkiye üzerinde söylemlerinde yaygın olarak kullanılan metaforik "hazmetme kapasitesi" kavramına başvurmaktadır. İhtiva edici bir metafor olarak "hazmetme" kavramı, sınırları belli ulusal kimliklerin söylemsel inşasında oynadığı role paralel olarak AB için sabit ve net sınırlara sahip, içeride homojen bir alanın inşasında kullanılmaktadır. Genelde "hazmetme" kavramına başvuran göç üzerine asimilasyoncu söylemlerde olduğu gibi (Blommaert ve Verschueren, 1998), burada da bir varlığı, yani Avrupa'yı bir başkasını homojenleştirme ve ihtiva etme kapasitesine sahip, ancak Türkiye'nin üyeliğiyle sınırlarına ulaşır şekilde inşa etmekte kullanılmaktadır.

Türkiye'nin üyeliğini sorunlu hale getiren homojenlik iddiasına inandırıcılık kazandırmak için ülkedeki en saygın kurumlardan biri olan Alman Anayasa Mahkemesi'nin yargıçlarından birine yapılan göndermeyle otorite *topos*'una baş-vurulmaktadır.[10] Türkiye'nin üyeliğinin siyasi, ekonomik ve kurumsal etkilerinin sorunsallaştırılmasında tehdit ve yük *topos*'ları birlikte kullanılmaktadır. Bu etkiler hakkındaki alternatif anlatıların dışlanması AP ve Fransız söylemlerinde olduğu gibi burada da söz konusudur; dolayısıyla bunların ayrıntılarına burada tekrar girilmeyecektir.

Alıntıda "ulusal ve kültürel kimlik"ten bahsedilmesi, Türkiye'yi siyasi pro-jeye potansiyel bir tehdit kılan "farklılığın" temelinin bu ülkeyi homojen bir Avrupa'dan ayıran özcü niteliklerde aranabileceğine işaret etmektedir. Aynı alıntıda "coğrafi konum"dan bahsederken sınırlar *topos*'unun kullanılması bu ayrımı daha da somutlaştırmaktadır. Kültür/din *topos*'u ve sınırlar *topos*'unun sık sık kullanımı ile mülakat verilerinde işlevsel bir siyasi projenin önündeki engeller olarak Türk "zihniyeti," "alışkanlıkları" ve "bilinci" gibi kolektifleştirici metaforlara göndermeler yapılması, Türkiye ile Avrupa arasında öze göndermeler yapan setler çekerek bu iddiayı güçlendirmektedir. Buradan hareketle, CDU/CSU imgelemindeki hâkim Avrupa inşasının, özcü ve yekpare kimlik inşalarına işlevsel bir siyasi ve ekonomik sistemin eşlik ettiği (inşa edilmiş) modern ulus-devlet inşasına çok benzediği söylenebilir. Tıpkı modern ulus-devlet inşalarında olduğu gibi Avrupa'nın sınırlarla çevrili "iç kimliği" güçlü bir "dış kimlik" için gerekli kabul edilmektedir. Alman siyasi söylemindeki bu tema daha önce Birinci Bölüm'de de tespit edilmişti.

CDU/CSU söyleminde, homojen Avrupa siyasi projesinin özcü temelleri Türk göçmenlere yapılan göndermelerle de inşa edilebilmektedir:[11]

> Ülkemizde Türk kökenli vatandaşlarımızla birlikte hepimiz barış içinde yaşıyoruz ve bunun böyle sürüp gitmesini istiyoruz. Bu CDU ve CSU için olduğu kadar SPD ve Yeşiller için de geçerlidir. Sorun bu değil. Sorun bu vatandaşlar arasında entegrasyonun yalnızca sınırlı bir ölçüde gerçekleşmiş olmasıdır. Önümüzdeki yıllarda bizi bekleyen en büyük görev bu soruna çare bulmaktır. Türkiye'nin tam üye olarak katılacağı bir Avrupa Birliği'nde kişilerin serbest dolaşımının önemli bir sorun teşkil edeceğini ifade eden Helmut Schmidt haklıdır. Bu konunun üstünü örtenler halkı yanıltmaktadır.
>
> (Merkel, CDU/CSU, 19 Aralık 2002)

Yukarıdaki alıntı Türkiye'nin muhtemel AB üyeliğini Türk vatandaşlarının AB'de serbest dolaşımını mümkün kılarak "entegrasyon sorunu"nu daha da derinleştire-ceği iddiasıyla sorunsallaştırmakta ve bunu yaparken iddiaya ikna edicilik katmak için eski Sosyal Demokrat Şansölye Helmut Schmidt'e gönderme yaparak otorite *topos*'una başvurmaktadır. Bu ifade iki ana varsayıma dayanmaktadır. Bunlardan ilki, üyeliğinin gerçekleşmesi durumunda Türkiye'den AB'ye ciddi miktarda insan girişi olacağıdır. Bu varsayım kişilerin serbest dolaşımı açısından Türkiye'nin üyeliğinin sonuçlarından bahsederken tehdit *topos*'una da başvuran CDU/CSU milletvekilleri tarafından yaygın olarak paylaşılmaktadır. Kıyaslamacı bir bakış açısından bakıldığında bu açıklamalar Yunanistan, İspanya ve Portekiz'in üyeliklerinde yüksek büyüme ve etkili reformlarla geçen başarılı bir üyelik döneminin göç baskısını azalttığı ve sonunda ortadan kaldırdığına vurgu yapan veya AB ülkelerinde bu konuşmaların yapıldığı yıllardaki net göç oranlarının sıfıra yakın olduğuna dikkat çeken anlatıları sistematik olarak dışlamaktadır.[12]

Muhtemel bir göçü AB için bir "sorun" olarak inşa eden, Türkiye'nin üyeliğinin entegrasyon sorunlarını artıracağı yönündeki ikinci varsayımdır. Daha önce de ifade edildiği üzere "entegrasyon" kavramı, Türk göçmenleri ev sahibinin belirlediği kurallara tabi olarak açık şekilde tanımlanmış, homojen bir topluma girmek durumunda olan "dışarlıklılar" olarak nitelemektedir. "Biz" (biz Almanlar) ile "Türk kökenli vatandaşlar" arasındaki ikili ayrım bile bu ikisinin birbirinden ayrı olduğu eşitsiz bir ilişki inşa edilmesine katkıda bulunmaktadır. Üstelik, "entegrasyon sorunu"nun daha çok Türk göçmen gelmesiyle derinleşeceği iddiası otomatik olarak "entegrasyon" yükümlülüğünü göçmen gruba yükleyerek eşitsizlik ilişkisini yeniden üretmektedir. Bu tür akıl yürütmeler, etnik ve dini azınlıkların inşasında ev sahibi toplumun rolünü göz ardı etmesi açısından tek taraflıdır. Örneğin Kaya (2001: 58-72), Almanya'nın "dışlayıcı kaynaştırma rejimleri"nin Türk göçmenlerin toplumsal ve siyasi yaşamda etnik çizgiler doğrultusunda örgütlenmelerinde ve Alman toplumunun uçlarında statik ve homojen kültürel ve etnik kimlikleri (yeniden) inşa etmelerinde can alıcı bir rol oynadığına vurgu yapmaktadır.

Avrupa Siyasi Projesine Uyum Sağlama Kabiliyetine Sahip Bir Ülke Olarak Türkiye

Avrupa'nın bir siyasi proje olarak inşası aynı zamanda Türkiye'nin Avrupa'ya uyum sağlayabilecek bir aday ülke şeklinde temsiliyle de gerçekleştirilmektedir. Bu temsil AP, Komisyon, Fransa ve Almanya'da yaygın olarak gözlemlenmektedir. Britanya ve AP'deki EPP-ED/EPP grubunun küçük bir kesimi söz konusu olduğunda ise Avrupa'ya Türkiye'yi kurumsal ve mali olarak sindirme yetisine sahip, ancak birleşik bir siyasi sistem yerine "ulus-devlet"lerden oluşan bir siyasi proje gözüyle bakılmaktadır.

Avrupa Parlamentosu

AP'deki Sosyalistler, Liberaller ve Yeşiller de Avrupa'yı kurumsal, mali ve kamusal boyutlara sahip bir siyasi proje olarak inşa etmektedir. Fransa ve Almanya'dan bazı Sosyalist ve Liberal üyeler haricinde,[13] bu gruplar arasında yaygın olan söylem ile AP'deki merkez sağda yaygın olan söylem arasındaki ana farklılık, söz konusu siyasi projenin daha fazla genişleme durumunda kendini tekrar biçimlendirebilme kabiliyeti hakkındadır. Bu inşaya Parlamento tartışmalarında rastlamak mümkün olsa da[14] daha sık olarak mülakatlarda gözlemlenmektedir:

> PES 9: Bana göre önemli olan, siyasi olarak beraber harekete geçebilecek siyasi iradeye sahip olup olmadığınızdır. Bu yalnızca bir serbest ticaret bölgesi değil [...] Türkiye'nin bunu başarabileceğine inanmama ve buna inanmadan asla elimi kaldırıp Türkiye'nin üyeliği lehine oy kullanmayacak olmama rağmen, Avrupa için esas sorun o zaman hâlâ açık ara en yoksul olacak ve [o zaman] nüfus olarak en büyük [olacak] üyesini sindirip sindiremeyeceği ve bunun Avrupa için nasıl sorunlar yaratacağıdır. Beni endişelendiren budur. Bu Türkiye'nin üyeliğinden önce çözüme kavuşturulabilir, ama kolay olmayacak. Yapılacak çok şey var ve bir de gurur sorunu var. Türkler çok gururlu. Gerçekten şu anda mevcut olmayan türde zihniyet değişimlerine ihtiyaç var.

> Yeşiller-EFA 1: Daha fazla genişlemeye meydan vermemek isteyenlerde sindirme kapasitesinin kullanıldığını, ortaya atıldığını görüyorum. Ben bunların bazılarının konuşmayarak veya derinine inmeyerek Türkiye'yi dışarıda tutacak yeni bir iddia bulabileceklerine inandıklarını düşünüyorum. Düşündüğünüzde, sindirme kapasitesinin birkaç öğesi vardır. Kurumsal açıdan Birliğin şu anki halinde reformlara ihtiyaç olduğuna katılıyorum; fakat bunun Türkiye üzerinde kötü bir etkisi olmaz. Bunun Türkiye katılmadan önce yapılması gerekiyor. Onun dışında mali açıdan sorun nedir? Türkiye katılsa bile iflas etmeyiz.

PES'li ilk konuşmacı Avrupa'yı egemenlik kaygılarından arınmış bir ortamda kararlar alabilecek siyasi bir birlik olarak inşa ederken, bir "serbest ticaret bölgesi"nden daha fazlası olduğu yönündeki yaygın bir isnat stratejisine başvurmaktadır. Alıntıda ana sorun olarak AB'nin Türkiye'yi kurumsal ("nüfus"tan bahsederek) ve mali (mali durum *topos*'u yoluyla) açıdan sindirme kapasitesi gösterilmekte ve böylece Avrupa etkin yönetim ve tutarlı karar alma gerektiren bir siyasi kurum olarak inşa edilmekte, ancak bu çözümsüz bir sorun olarak görülmemektedir. Ana engel olarak, birlik içinde ve ortak uluslarüstü hedeflere sahip bir Avrupa'ya karşı Türkiye'de öncelik verildiği savunulan "egemenlik" ve "ulusal çıkar" algıları görülmektedir. 18. yüzyıldaki Osmanlı İmparatorluğu inşalarına kadar uzanan yaygın ve özcüleştirici bir stereotip (Çırakman, 2005: 105-64) olan "Türkler gururlu insanlar" ifadesi bu tartışmanın merkezinde "egemenlik" kavramının yer aldığı savını desteklemektedir.

Bu siyasi grupların büyük bir kesimi için, bu alıntıda olduğu gibi siyasi Avrupa hakkındaki söylemin ilkeleri merkez sağdakilerle benzeşmektedir. Farklı olan, bu sorunların aşılabileceğine yönelik inançtır, ancak bunun nasıl olacağı belirsiz kalmaktadır.

Yeşiller üyesi olan ikinci konuşmacı "sindirme kapasitesi" kavramının Türkiye konulu AB söylemlerine sağda olduğu kadar solda da ne kadar nüfuz etmiş olduğunu gözler önüne sermektedir.[15] Alıntı bu kavramın sağ kanadın söyleminde Türkiye'nin üyeliğinin aleyhine bir sav olarak kullanılmasına yöneltilmiş eleştirilere bir örnek teşkil etmektedir. Bunu yaparken genişlemenin kurumsal ve mali sorunları hakkında alternatif anlatılara yer verilmekte ve bu anlatıların dışlanmasına dayalı tek taraflı yorumlar reddedilmektedir. Etkin karar alma Türkiye'nin üyeliğinden bağımsız olarak burada mevcut AB'nin tümüne genelleştirilen bir sorun olarak inşa edildiğinden, karar alma dengelerini bozma derecesi açısından Türkiye diğer ülkelerden farklı görülmemektedir.

Britanyalı (2009 öncesi), İtalyan, İspanyol ve İsveçli üyeler gibi EPP-ED/EPP grubunun azınlıkta kalan bir kesimi için Türkiye, Avrupa siyasi projesine uyum sağlayabilir; zira bu ülkenin üyeliği bu grupların "ulus-devletler"den kurulu bir siyasi proje olarak Avrupa görülerine bir katkı gibi kabul edilmektedir:[16]

> EPP-ED 2: Çok derin bir Avrupa bütünleşmesinden yana değilim. Aslında AB'nin şu anda gitmekte olduğundan çok daha farklı bir yönde geliştiğini görmek isterim. AB'nin tek pazara odaklanmış ve açık karşılıklı yarar ve açık katma değer olan alanlarda yakın işbirliği içindeki egemen uluslardan oluşan güçlü bir topluluk olduğunu görmek isterim. Brüksel'in ülkemizi bizim adımıza yönetmesini istemediğimden eminim. Türkiye'nin üyelik ihtimalinin de Avrupa Birliği'nde değişim için bir katalizör olduğunu söylemeliyim. Türkiye ile Avrupa'nın büyük bölümü arasındaki kayda değer farklılıklar; kültür, boyut, ekonomik durum ve pek çok başka farklılıklar nedeniyle; işte bu yüzden, Türkiye'nin de parçası olması durumunda bu sıkı sıkıya bütünleşmiş Avrupa devleti mümkün olamaz.

Yukarıdaki alıntı EPP-ED/EPP grubu içindeki belirli kesimlerin Türkiye'nin üyeliği etrafında cereyan eden tartışma üzerinden Avrupa'yı egemenliklerinin büyük kısmını koruyan ulus-devletlerden oluşan gevşek bir proje olarak nasıl konumlandırdığına güzel bir örnek teşkil etmektedir. Birinci alıntıda, "egemen uluslardan oluşan güçlü bir topluluk," üye ülkeler arasında "işbirliği" ve "karşılıklı yarar" gibi geleneksel denge metaforları kullanılarak, "sürekli olarak karşılıklı mübadele arayışı içindeki sabit birimler arasında etkileşim" halinde bir Avrupa anlayışı inşa edilmektedir (Drulak, 2006: 512). Bu anlayış, Türkiye'nin söz konusu görüde bir Avrupa ülkesi olarak inşa edildiği anlamına gelmemektedir. Örneğin yukarıdaki alıntıda, kültür, boyut ve ekonomi temelli ikili karşıtlığı Türkiye'yi açıkça Avrupa'dan ayırmaktadır. Başka bir ifadeyle, Türkiye'nin uymadığı bu imgelemde Avrupalılık hâlâ geçerli bir inşadır. Ne var ki, Türkiye'nin "Avrupalı olmayan" özünün ulusüstü bir devleti andırmayan bir ulus-devletler projesinin meydana getirilmesine katkıda bulunacağı bir Avrupa Birliği, ulusal aidiyetlerin geri planda kaldığı bir Avrupa Birliği'ne tercih edilmektedir.

Avrupa Komisyonu

Ulusüstülüğün hem bireysel hem de kurumsal düzeyde Avrupa Komisyonu'nun inşa edilmiş kurumsal kimliğinin bir parçası olduğu, daha önce yapılmış çalışmalarda iddia edilmiştir.[17] Türkiye konulu tartışmalar da bu bulgulara ters düşmemektedir:

> Bugün sunduğumuz etki araştırma çalışması mütevazı iddialarda bulunacaktır. Türkiye'de ve Birlikte ekonomik büyüme gibi temel parametreler belirsizliğini korurken kesinlik iddiasında bulunmayı veya geleceği öngörmeyi amaçlamamaktadır. Bununla birlikte, Türkiye'nin politikalarında, özellikle de kırsal politika ve tarım politikasında uzun hazırlık ve uyum dönemleri gerektirecek çeşitli sektörlere dikkat çekmektedir. Uzun geçiş dönemlerine ihtiyaç duyulabilir ve kişilerin serbest dolaşımı gibi bazı alanlarda kalıcı tedbirler gerekli olabilir [...] Özgüvenli ve bir anayasaya, güçlü kurumlara ve yerleşmiş politikalara sahip, tekrar ekonomik büyüme sağlama sürecinde olan ve barış, refah ve dayanışma modeli temeli üzerinde hareket eden bir Avrupa'nın Türkiye'nin üyeliğinden korkmaması gerekir.
>
> (KONUŞMA/04/440)
>
> KOM 3: Avrupa bir inşadır. Avrupa tamamlanmış bir Birlik değildir [...] Sindirme kapasitesinden bahsettiğinizde, bu AB'deki mevcut politikalara fazla bir değişim olmasını öngörmüyorsunuz demektir; bu bir statükonuz var ve genişlemeyi sürdürüp bu politikalara devam ediyorsunuz demektir. Geçmişteki politikalarla aynı şekilde devam edemezsiniz. Ben X Genel Müdürlüğü'nde çalışıyorum ve birkaç yıl içinde X politikasını sürdürmek zorlaşacak; genişlemesek de bunu zaten değiştirmemiz gerekecek.

Komiserlerin konuşmaları ve mülakatların çok büyük bir çoğunluğu, orta ve uzun vadede, Türkiye'nin yanı sıra Hırvatistan ve Batı Balkan ülkeleri gibi diğer resmi genişleme adaylarının üyeliğini kaldırabilecek kurumsal, mali ve politik reformları yapabilir bir Avrupa inşa etmektedir. Hatta ekonomik krizi takiben Türkiye'yi AB ekonomik büyümesine katkıda bulunabilecek bir ülke olarak temsil eden ya da 'çok katmanlı' bir Avrupa vizyonunun parçası olarak resmeden komisyoner konuşmaları da mevcuttur.[18]

Yukarıdaki ilk alıntıda Avrupa Parlamentosu'nun 2002'deki Kopenhag Zirvesi sonrasında Avrupa Komisyonu'ndan talep ettiği, "Türkiye'nin üyeliği ihtimaliyle ortaya çıkan, özellikle de AB politikaları ve Topluluk bütçesiyle bağlantılı ana meseleler" içerikli "etki değerlendirme çalışması"ndan bahsedilmektedir (KONUŞMA/04/40). O dönemde Komisyon başkanı olan Romano Prodi etki değerlendirme çalışmasını anlatırken raporun epistemik durumunu ihtiyat payı bırakarak belirleyen bir hafifletme stratejisine ("mütevazı," "kesinlik iddiasında bulunmayı [...] amaçlamamak," "belirsiz" gibi sözcük ve ifadelerle) başvurmaktadır (Reisigl ve Wodak, 2001: 81). Dolayısıyla Türkiye'nin AB bütçesi ve politikaları üzerindeki muhtemel etkileri "duyulabilir/olabilir" ifadeleriyle ve geleceğe yönelim ima eden "tahmin" gibi yüklemlerle biraz muğlak ve geleceğe açık bırakılmaktadır. Türkiye'nin üyeliği durumunda gelecekteki AB mali ve kurumsal uyum çabaları açısından böyle bir belirsizlik Avrupa'nın açıkça belirlenmiş ve düzgün işleyen politikalar ve kurumlara sahip bir siyasi proje olarak inşa edilmediği anlamına gelmemektedir. Bu inşa esas olarak ulus-devletlerle bağdaştırılan "Anayasa," "güçlü kurumlar," "yerleşmiş politikalar," "ekonomik büyüme" gibi isnatlarda bulunulan bir stratejiyle gerçekleştirilmektedir.

İkinci alıntı da ilki gibi "inşa" metaforuyla inşa süreci asla bitmeyen bir Avrupa tahayyül etmektedir.[19] Shore (1999: 207), "Avrupa'nın inşası" metaforunu "Aydınlanma'nın büyük anlatılarının sonuncusu ve belki de en yücesi" olarak kabul etmekte ve bu metaforun, "ilerleme konusunda aynı pozitivist, rasyonalist ve Avrupa merkezli varsayımların çoğunun" yanı sıra bunlara bağlı uyum ve konsensüse dair eleştiriden yoksun varsayımları paylaştığını ifade etmektedir. Genişlemenin getirdiği kurumsal ve mali sorunlardan bahsetmek için kullanılan bir metaforik ifade olan "sindirme kapasitesi", Komisyon'da da gündeme gelmekte, ancak inşa halindeki Avrupa'nın sürekli değişen doğası nedeniyle geçerli olmadığı söylenerek reddedilmektedir.

Daha geniş bir perspektiften bakıldığında, bu iki alıntı Abélès'in (2000) Komisyon üzerine yapmış olduğu antropolojik çalışmanın bulgularının Türkiye'nin üyeliği konusunda da geçerli olduğunu göstermektedir. Abélès'e göre (2000: 50), Komisyon görevlileri için Avrupa, ana mimarları olarak her gün inşasına katkıda bulundukları, "tamamlanması sürekli ertelenen" bir proje olarak baskın bir şekilde bir belirsizlik söylemi çerçevesinde ele alınmaktadır. Abélès'e göre (2004) bu Jacques Delors'un Avrupa'yı *un objet politique non identifié* [kimliği belirsiz siyasi cisim –çn.] olarak inşasından da görülebilir. Bu araştırma kapsamında gerçekleştirilen mülakatlarda, kendilerini açıkça "federalist" veya "ulusüstü bir Avrupa projesi"ne inananlar olarak tanımlayan görevliler bile Avrupa'yı genişlemenin getirebileceği kurumsal, mali ve politik zorluklar karşısında uyum sağlayabilir olarak tanımlamış, ancak bu zorlukların nasıl aşılacağı ve Avrupa projesinin son halinin neye benzeyeceği hakkında çok net cevaplar verememişlerdir.

Ne var ki, bir siyasi proje olarak Avrupa'nın geleceği hakkında böyle belirsizliklerle dolu bir söylemsel alanda bile, Birliğin siyasi geleceğine dair en yaygın isnatlar arasında, modern ulus-devlet inşalarının belli kilit öğelerine karşılık gelen, karar alma ve uygulanabilir bütçe düzenlemelerini gerçekleştirebilen "düzgün işleyen kurumlar"a sahip "güçlü bir Avrupa" (özellikle bir adlandırma olarak "küreselleşme"ye karşılık) yer almaktadır. Bu Avrupa'nın bağlayıcı öğesi olarak ise Komisyon tarafından savunulan "ortak/bileşik egemenlik," "dayanışma" ve "Avrupa'nın ortak çıkarı/yararı" öne sürülmektedir:[20]

> KOM 10: Artık kimsenin tek başına erişemeyeceği ortak hedefler için birlikte çalışmalıyız. Benim için Avrupalı olmak, aynı zamanda sınırlarımız bağlamında kendi küçüklüğümüzün farkına varmak demektir. Avrupalı demek birlikte çalışmayı denemeliyiz, gerekli olduğu yerlerde küçüklüğümüzün üstesinden gelmeye çalışmalıyız demektir. Türkiye'nin bu topluluğa katılmasının etkisi ne olur? Türkiye'de birlikte bir şeyler inşa etme arzusunun kuvvetli olup olmadığını bilmiyorum. Eğer AB'ye katılmakla egemenliğinden feragat edeceğine ikna olmamışsa hazırlık evresinde büyük sorunlara yol açabilir. AB'ye katılmak egemenlikten feragat etmek demektir. Kendi ticaret politikanızı belirleme hakkınız yoktur. Üye ülkeler hep birlikte, hangisi olduğunu bilmediğim bir ülkeye yaptırımlar getirilmesine karar verirse, ona uymak durumundasınız.

Yukarıdaki alıntı Avrupalıları sınırları belirli bir grup olarak inşa eden "biz" zamiri ile birlikte söylemsel olarak Avrupa içinde bir "ortak aidiyet bilinci"ne önayak olan "ortak hedefler için birlikte çalışmak," "birlikte çalışmak," "birlikte inşa etmek" ve "küçüklüğümüzün üstesinden gelmek" gibi yüklemleri kullanmaktadır. Abélès'in (2004: 11) de vurguladığı üzere, Komisyon söylemlerinde ortak yarar/ortak çıkar/ortak Avrupa düşüncesine göndermelerle teşvik edilen bu tür bir bilinç, Komisyon'da "başkalık (Topluluğa karşı ulus-devletler) ve tikellikler (modernliğe karşı ulusal tarihçeler) olarak yerleşmiş olana karşı" bir doğrulama şeklinde düşünülebilir. Dolayısıyla Komisyon söylemlerinde bu kavramların kullanılması hem etkin politika yapımına zemin hazırlamak anlamında pratik amaçlara hizmet etmekte hem de AB üyesi ülkeler nezdinde Avrupa'nın tanımlanmasına katkıda bulunmaktadır (Abélès, 2004: 11). Yukarıdaki alıntıda, Topluluğun kuruluşundan önce AB ulus-devletlerini tanımlayan "eski sınırlar"a yapılan gönderme ve bundan önceki soyutlanmış varlıklarının bir küçüklük durumu olarak nitelenmesi böyle bir tanıma ortak hedef ve çıkarlar nosyonuyla birlikte nasıl başvurulabileceğini göstermektedir. Bu ise yine beraberinde Komisyon söyleminde bir siyasi proje olarak Avrupa'nın sürekli inşa ve yeniden inşa halinde olarak kavramsallaştırılmasını sağlayan "birlikte inşa etmek" ifadesindeki baskın metaforla pekiştirilmiş olan bir gelecek vurgusunu getirmektedir.

Komisyon görevlilerinin Türkiye konulu tartışmalarda "ortak hedefler için birlikte çalışma"ya yaptıkları bu güçlü vurgu, Türkiye'nin ulus-devlet egemenliğine bakış biçimi hakkındaki kaygılarıyla da bağlantılıdır. Komisyon bürokratları Avrupa'ya ilişkin görüleri ve bu tahayyüllerde Türkiye'nin konumu hakkındaki sorularla karşı karşıya kaldıklarında sık sık Türkiye'nin AB'ye üyeliğindeki sorunlu konulardan biri olarak "egemenlik" meselesine vurgu yapmaktadır. Özellikle de müktesebatın ulusal politikaları belirlemedeki etkili bölümlerini oluşturan siyasi alanlardan sorumlu genel müdürlüklerde (Çevre, Adalet ve İçişleri, Tarım, Bölgesel Politika, İç Pazar) çalışan muhataplar, Türkiye'nin "devlet egemenliği"ne olan yaklaşımıyla ilgili "sorunlar"ı öne çıkarmaktadır:

> KOM 15: Türkiye ile bütünleşme zor olacak. Bence egemenlik ve yaklaşımlar bunda etkili. Türk yetkililerle siyasiden ziyade teknik olan meseleleri tartıştığınızda, bu egemenlik meselesinin su yüzüne çıkmaya çok yakın olduğunu hissediyorsunuz. Doğal olarak, 70 milyonluk bir ülkeyseniz, ne yapmanız gerektiğinin söylenmesine pek alışık değilsinizdir. Dolayısıyla anladığım kadarıyla Türkiye'de hâlâ çok güçlü ve komşular göz önünde bulundurulduğunda gerekli olan bir tür hayatta kalma içgüdüsü mevcut.

> KOM 8: Birincisi, Avrupalılar kendilerini ülkelerine göre farklı görmezler. Tabii ki Kuzey-Güney-Doğu-Batı gibi kendilerine has yanları var ama bu bir artıdır. Türkiye'nin Avrupa karşısında Türkiye gibi bir duruşu olduğunu düşünüyorum. Bu diğer ülkelerde söz konusu değil. Tabii ki, ulusal çıkar ve ilkelerini savunurlar, ama insan derin, çok daha farklı bir şeye sahip olduklarını hissediyor. Avrupa bir ailedir ve hâlihazırda Türkiye bilinçli olarak kendini Avrupa'nın karşısındaki Türkiye olarak görüyor; bilmem anlatabildim mi? Düşündüklerinin, inandıklarının vb. eleştirilemez olduğunu düşünüyorlar. Doğrusunu onlar biliyor; onların düşünceleri doğru.

Yukardaki alıntıların ikisinde de Türkiye'ye egemenliğini AB'ye tabi kılmaya isteksiz, "gururlu", "milliyetçi" ve "kibirli" bir ülke olma hali yüklenmektedir. İlk alıntıda, bu "gururluluk" Türkiye'nin komşularından bahsedilerek meşru kılınan ve böylece farklı bir bağlamda onları da güvenlikleştiren "hayatta kalma içgüdüsü" biyolojik metaforuyla daha da özcüleştirilmektedir. Yukarıdaki ikinci alıntı Türkler ile Avrupalılar arasında net bir ikili ayrım inşa ederken tarafları homojenleştirmekte, birbirine karşıt şekilde konumlandırmakta ve iki taraf için de stereotipik nitelemelerde bulunmaktadır. Avrupalılık farklılık yerine benzerlikle tanımlanmakta ve "aile" metaforunun ima ettiği doğal niteliklerle sınırlanmaktadır.

Ayrıca alıntı, Türkiye'yi kendi iradesiyle Avrupa'ya karşı konumlanmış olarak inşa ederken, bir yandan da bu "irade"yi ülkenin ve halkının içkin doğasına bağlayarak özcüleştirmektedir.

18. yüzyılda Avrupalıların Osmanlı İmparatorluğu'ndan bahsederken kullandığı "Türkler gururlu insanlardır" biçimindeki yaygın stereotipin Komisyon seçkinlerinin Türkiye'ye ilişkin söylemlerinde hâlâ mevcut olması dikkat çekicidir.[21] Mülakatların çoğunda, Türkiye'nin devlet egemenliğine yaklaşımı "gururlu" bir zihniyet ve kültüre bağlanmaktadır. Yukarıdaki iki alıntıyı birbirine bağlayan bir diğer nokta da her ikisinin de "Avrupa bütünleşmesinin taleplerinin ulusal 'gurur' ile uzlaştırılması sorunlarının [...] sadece Türkiye'ye has olmadığını" (Diez, 2005b: 171-2) ifade eden ve mevcut üye ülkelerin bile bundan mustarip olduğuna vurgu yapan (bkz. Checkel, 2007) alternatif anlatılara yer vermemesidir. Burada mesele ulusların "gururlu" olup olmadıklarına dair tartışmalara çekilmek ve dolayısıyla böyle genelleştirici inşaları meşru kılmak değil, AB'ye karşı konumlandığı varsayılan bir Türk milliyetçiliği karşısında kusursuzca homojen bir Avrupa kimliği inşa etmenin tehlikelerine dikkat çekmektir.

Veriler Komisyon görevlilerinin ulusüstülüğe vurgu yaptığına ve Türk milliyetçiliğinin tezahürü olarak gördükleri davranışları eleştirdiklerine işaret etmektedir. Ne var ki, Türkiye'nin üyeliğinin stratejik sonuçları söz konusu olduğunda veya AB üyesi ülkelerin hâlâ ulusal egemenliklerine bağlı oldukları güvenlik, sınır denetimi ve göç gibi hassas konulara gelindiğinde, Komisyon görevlilerinin söylemleri de başka bir çalışmada "Avrupa milliyetçiliği" olarak tanımladığımız bir hal almaktadır (bkz. Aydın-Düzgit ve Suvarierol, 2011). Komisyon yetkilileri Türkiye söz konusu olduğunda egemenlik ve milliyetçiliğe eleştirel yaklaşmakla beraber, kendi söylemlerinde Avrupa'nın egemenliğini ve çıkarlarını milliyetçilik eleştirisinde bulunmadan savunabilmektedir.

Üye Ülkeler

Fransa

PS'lilerin Türkiye söylemlerinde Avrupa bir siyasi proje olarak inşa edilirken, UMP ve UDF söyleminden farklı biçimde özcüleştirici ve homojenleştirici sıfatlara açık gönderme yapılmasından kaçınılmaktadır:

> Türkiye ile müzakereler üzerine herhangi bir tartışmadan önce, ilk sırada olması gereken, en azından Birliğin bir kesimi için, siyasi Avrupa'nın güçlendirilmesi, federal seçeneğe doğru büyük bir adım atılmasıdır. Bunu bu yeni genişlemeye katılacak tüm taraflar için bağlayıcı olacak bir bütçe düzenlemesi takip etmelidir. Birlik içinde maaşlar, sosyal güvenlik ve

kamu hizmetlerini aşağı çekecek unsurları anayasada önlemek adına mali
ve toplumsal alanda uyum sağlama konusunda net hedeflerimiz olmalı.
Bizim için temel soru Avrupa inşasının yönünün ne olması gerektiğidir. Bu,
anayasa projesinin ötesinde kurumlarda reform yapılmasıyla bağlantılıdır
[...] Dolayısıyla Türkiye'nin üyeliği, eğer o aşamaya gelebilirsek, yalnızca
Avrupa girişiminin yönünün temelden başlayarak yeniden belirlenmesiyle
mümkündür.

(Paul, PS, 14 Ekim 2004)

PS 1: On-on beş yıl içinde Avrupa Birliği'nin yeni gururlu bir ülkenin
bütünleşmesine, üyeliğine izin verecek yeni bir işleme tarzı benimseyip
benimsemeyeceğini bilmiyorum. O zaman geldiğinde bunu desteklerim;
ama çok fazla "eğer" söz konusu ve bu soruların cevabını bilemiyorum [...]
Avrupa inşasının Avrupa'nın ötesine doğru genişlemesi pekâlâ da mümkün-
dür diyebiliriz, ama bunun bir yolunun bulunması şartıyla.

Yukarıdaki ilk alıntı Türkiye konulu PS söylemlerinin oldukça tipik bir örneği-
ni teşkil etmektedir. Bu söylemde, en azından belli kilit üye devletler arasında
oluşturulmuş, federal tarzda, işlevsel, devlet benzeri bir siyasi Avrupa projesinden
Türkiye'nin üyeliğinin bir önkoşulu olarak behsedilmektedir. Projenin kurumsal
ve mali boyutlarına vurgu yapılmakta ve "mali ve toplumsal uyum sağlama" ve
"maaşlar," "sosyal güvenlik" ve "hizmetler" konusunda aşağı gidişe yapılan gön-
dermelerle Avrupa siyasi projesinin bir unsuru olarak bir "sosyal Avrupa" inşa
edilmektedir. UMP/UDF üyeleriyle yapılan bazı tartışmalarda ve mülakatlarda
da projenin sosyal boyutu gündeme getirilmekle beraber, bunun PS'lilerin Avrupa
üzerine söylemlerinde kayda değer derecede daha yaygın olduğu görünmektedir.
Bunu, Fransız solunun AB'nin sosyal politikalara olumsuz etkisi olabileceği yö-
nündeki söylemiyle bir söylemlerarasılık vakası olarak yorumlamak mümkündür
(bkz. Schmidt, 2007: 1002-3).[22]

Bir mülakattan yapılan ikinci alıntı Türkiye'nin Avrupa ile bütünleşmesini
zorlaştırabilecek farazi farklı çıkarların altında "egemenlik" kavramının yattığını
ima ederken 18. yüzyıldan kalma "gururlu" Türkler stereotipine başvurmaktadır.
Bu bağlamda, siyasi proje kültür ve kimlik bağlamında homojen olarak nitelen-
mese de PS'lilerin Türkiye üzerine söylemlerinde egemenliğe yaklaşım konusunda,
özellikle de Türkiye'nin üyeliğinin algılanan potansiyel sonuçlarının irdelendiği
mülakat verilerinde, örtülü bir özcüleştirme tespit edilebilmektedir. Bununla birlikte,
her iki alıntı da PS'lilerin söylemlerinde Avrupa'nın genişlemenin devam etmesi
durumunda yine de reform yapma "kabiliyeti"ne sahip olabileceği, ancak bu ihti-
malin çok küçük olduğu ve bunun nasıl yapılacağı konusunda çok fazla belirsizlik
bulunduğu savının varlığını göstermektedir. Dolayısıyla UMP ve UDF'lilerin bir

siyasi proje olarak Avrupa inşalarında büyük ölçüde eksik olan değişim öğesinin PS söyleminde mevcut olduğu görülmektedir.[23]

PS'lilerin söylemi de UMP/UDF'lilerin söylemlerine benzer şekilde, siyasi açıdan bütünleşmiş bir Avrupa'da Fransa'ya önemli bir rol biçmekte ve Fransa'nın gücünü Avrupa projesinin etkili işleyişine bağlamaktadır:

> Fransa tarihin gidişatında, Avrupa'nın gidişatında söz sahibi olma yetisinden feragat etmiştir [...] Güçlü bir Avrupa'nın Türkiye'nin geri çevrilmesiyle veya resmi kararlarla inşa edileceği inancından vazgeçin. O, ortaklarımızı ve halklarımızı bir projeler Avrupa'sına dahil etme yetimizden doğacaktır: ekonomik yönetim, sosyal uyum, ortak savunma, araştırma ve yenilik.
>
> (Ayrault, PS, 21 Aralık 2004)

Yukarıdaki alıntı Fransa'yı uluslararası arenada ve Avrupa'da nüfuzunu ve gücünü kaybetmekte olan bir ülke olarak anlatmaktadır. Türkiye üye olsa da olmasa da güçlü bir Avrupa inşa etme ihtiyacının öne gelmesi, güçlü bir Fransa için güçlü bir Avrupa'ya gerek olduğuna, Fransa'nın ise siyasi Avrupa'nın başını çeken güç sıfatıyla ortaklarına ve halklara sosyal uyum gibi Fransız solunda yaygın kaygı kaynağı olan sosyal meselelerle paralel biçimde daha da sıkı bütünleşme projelerine öncelik edeceğine işaret etmektedir.

Bu bölümün Fransa üzerine olan ilk kısmını da dikkate alırsak, Avrupa'nın devlet benzeri niteliklere sahip bir siyasi aktör olduğu ve Fransa'nın kilit oyunculardan biri olduğu bu yaygın Avrupa inşasının Fransız ulusal kimlik inşaları çerçevesinde kavramsallaştırılması gerektiği anlaşılmaktadır. Giriş bölümünde de dikkat çekildiği üzere Larsen (1997:100), Avrupa'nın devlet benzeri bir aktör olduğu bu tür bir inşanın 1980'lerde, Avrupa'nın "Fransa için bir sahne veya bir araç"tan daha fazlası olmaya başlayıp ülkenin ekonomik ve siyasi düşüşü karşısında varoluşsal bir gereklilik haline dönüşmesiyle Fransa ile Avrupa arasında oluşturulmuş olan denklikle doğrudan bağlantılı olduğunu ortaya çıkarmıştır.

Bu denklik Fransa'nın Avrupa tarafından "bertaraf edileceği" değil, önceki bölümde de gözlemlendiği üzere, Fransız renklerinin, özellikle de Fransız "değerler"inin damgasını vuracağı bir Avrupa'nın söz konusu olacağı anlamına gelmektedir. Buna göre, "Fransa fazla küçük hale gelmiştir ve görevini Avrupa'nın devralması gerekir" (Wæver, 1998b: 120) anlayışına dayanan egemen söylem iki tarafın kaderini birbirine bağlamaktadır. Bunun en güzel örneklerinden biri, Mitterrand'ın (1986) şu ünlü sözüdür: *"La réussite de l'Europe suppose la réussite de la France"* ["Avrupa'nın başarısı Fransa'nın başarısı anlamına gelir" –çn]. Larsen (1997: 87-111), bu söylemin aynı zamanda Fransız devletinin özelliklerinin Avrupa düzeyine taşınmasına yol açtığını söylemiştir. Jakoben devlet anlayışının Avrupa düzeyinde uygulanması da Fransız siyasi söyleminde Avrupa'nın eyleme geçmeye kadir ve güçlü dış kimliği ve açık şekilde belirlenmiş sınırlarıyla kendi içinde de birlik halinde olan bir siyasi aktör olarak (yeniden) inşa edilmesiyle sonuçlanmıştır.

Yaygın federal Avrupa inşası siyasi partilerin içinde veya aralarında siyasi projenin nihai kurumsal biçimi hakkında bir mutabakat olduğu anlamına gelmemektedir. Le'nin (2002: 301-2) de altını çizdiği gibi, Sosyalistler ve UMP'nin çoğunluğu için bir Avrupa federasyonu, Alman veya ABD federal modellerinin aksine, ulusal çıkarların hâlâ varlığını koruduğu bir "Ulus-Devletler Federasyonu" anlamına gelmektedir. Buna karşın, UDF söylemi ise biraz daha fazla egemenlik kaybı anlamına gelecek olan bir "Avrupa federasyonu"na daha yakındır. Yukarıda, federal düşüncenin açıkça ve/veya örtülü olarak telaffuz edildiği alıntılarda bu kavramsallaştırmalardan bazılarının izlerine rastlamak mümkündür. PS'ye ait ilk alıntıda AB'deki bir grup ulus-devlet arasında daha sıkı bir bütünleşmeyi kasteden çok viteşli Avrupa'ya yapılan dolaylı göndermeler, böyle bir ifadeye UMP üyeleri arasında da rastlandığı yönündeki bulgularla birlikte ele alındığında, bütünleşme konusunda ilerlemeye istekli ulus-devletlerin bir araya geldiği esnek federasyon modellerinin UMP ve PS üyeleri arasında taraftarlarının olduğuna işaret etmektedir.[24] Ne var ki, bu tarz ifadelere UDF söyleminde rastlanmaması, yukarıda da değindiğimiz üzere, söz konusu parti üyelerinin AB düzeyinde çok daha kapsayıcı bir Avrupa federasyonundan yana oldukları bulgularıyla örtüşmektedir.

Almanya

Alman siyasi söyleminde, Avrupa'yı Türkiye'nin üyeliği durumunda kurumsal, mali ve politik reformlar gerçekleştirmeye devam edebilecek bir siyasi proje olarak inşa edenler çoğunlukla SPD ve Yeşiller partilerinden gelen parlamenterlerdir:[25]

> Baylar bayanlar, genişlemelerin AB'nin derinleşmesine ağır bir yük bindirdiği doğrudur. Genişlemenin hareket kapasitesini kısıtlamaması için AB'nin kurumlarını 2004'e kadar değiştirmesi gereklidir [...] Küreselleşme ulus-devlet kavramını aşındırmıştır. Bu yüzden, AB'nin derinleşmesi egemenlik kaybı değil, entegrasyon politikasının değiştirilmesiyle egemenliğin tekrar kazanılması anlamına gelecektir.
>
> (Schwall-Düren, SPD, 19 Aralık 2002)

> Yeşiller 1: Hazmetme kapasitesi önemli bir etmen. AB'nin harekete geçebilecek siyasi kapasiteye sahip olması gerekir. Ama bu üyelerden daha çok AB'nin ev ödevi sayılır. AB kendisini yeni üyeleri kaldırabilecek kadar güçlendirmelidir.

Her iki alıntıda da AB'ye "harekete geçme kapasitesi" verilmesi Birliği "(insan) bedenine ait kavramlar"ın izdüşümünün yansıtıldığı "bir siyasi topluluk" olarak inşa etmektedir. Musolff'un (2004: 83-5) vurguladığı gibi, "siyasi topluluk" izdüşümlerinin geleneksel hedef iması ulus-devlet ve sosyoekonomik sistemdir. Buna AB bağlamında, özellikle de Avrupa'nın bütünleşmesine dair federalci görüşlere sahip olanlar arasında yaygın şekilde rastlanmaktadır. Musolff'un AB'deki "siyasi topluluk" izdüşümlerinin genellikle kuvvet ve sağlamlık kavramsal alanlarından beslenen metaforlarla birlikte varolduğu yönündeki bulgularına uygun şekilde, ilk alıntıdaki konuşmacı AB'nin kuvvetlendirilmesi ihtiyacından söz etmektedir.

İkinci alıntıda "hazmetme kapasitesi" kavramının kullanılması bu kavramın aynı zamanda Alman solunun söylemlerine de sızdığını göstermektedir. Bu kavramın 2005-2009 döneminde CDU/CSU ile SPD'nin meydana getirdiği koalisyon anlaşması metninde de bulunması, Alman siyasi söyleminde Avrupa'nın sınırları belli bir siyasi topluluk olarak inşa edilmesinde bu kavramın egemen kullanımının kanıtı olarak görülebilir. 2009 yılını takip eden tartışmalarda dahi söz konusu kavramın kullanıldığını görmek mümkündür.[26] Bununla birlikte, yukarıdaki alıntılarda da görüldüğü üzere, hem Yeşillerin hem de SPD'nin söyleminde Avrupa'ya genişleme için reformlar yapma görevi yüklemek ve bunun mümkün olduğunu savunmak adına sorumluluk *topos*'undan yararlanılmaktadır. Türkiye reforma ihtiyaç duyan tek aday ülke olarak sunulmamaktadır. Gelecekteki tüm genişlemeler için reform gerekli görülmektedir. Daha yukarıda CDU/CSU'lu üyelerin çok büyük çoğunluğunun kültür gibi açıkça özcü niteliklerde de siyasi projenin gücünü aradıkları ortaya çıkmıştır. Ne var ki bu durumun SPD ve Yeşiller milletvekilleri için geçerli olmadığı görülmektedir. Bununla birlikte, Birinci Bölüm'de de değinildiği üzere, bu siyasi gruplarda Türkiye tarihine bağlı olarak "egemenlik" nosyonunun güçlü bir iç/dış kimliğe sahip ve uyumlu bir Avrupa'nın inşa edilmesinin önünde muhtemel bir engel olarak inşa edildiği vakalara da rastlanmaktadır.

Yukarıdaki ilk altıntı "küreselleşme"den bahsederek siyasi açıdan bütünleşmiş bir Avrupa'yı gerekçelendirmektedir. Daha önce Rosamond (1999: 661), "Avrupa entegrasyonunun değişen dış bağlamı"nı tanımlarken kullanılan "küreselleşme" veya "küresel rekabet" gibi gösterenlere AB konulu tartışmalarda sıkça rastlandığını bulmuştur. Almanya örneğinde, bunların hem CDU/CSU hem de SPD ve Yeşiller söylemlerinde iç uyuma sahip bir Avrupa projesinin gerekçelendirmesinde kullanıldığı görülmüştür.[27] Bu gösterenler Avrupa'yı "öyle ya da böyle rekabetçi ve bu yüzden de çeşitli aktörlerin sadakatine sahip olması ve beklentilerini yönlendirmesi gereken […] dış zorlukların ışığında muteber bir alan" olarak inşa etmektedir (Rosamond, 1999: 662). Bu tür gösterenler belirli eylem yollarını söylemsel olarak meşrulaştıran çeşitli şekillerde kavramsallaştırılabilir.[28] Örneğin Hay ve Rosamond (2002: 160), anaakım Alman siyasi söylemindeki egemen küreselleşme kavrayışının "karşı konamaz olan ve zorunluluklarının hem ülke içinde hem de Avrupa düzeyinde içselleştirilmesi gereken" kaçınılmaz dış kısıtlamalar biçiminde olduğunu göstermektedir. Dahası, Almanya'daki tartışmalarda küreselleşme söylemlerinin Alman ekonomisinden daha çok Avrupa entegrasyonunun niteliği üzerinde durduğunu savunurlar (Hay ve Rosamond, 2002: 161). Dolayısıyla, CDU/CSU, SPD ve Yeşillerin Türkiye aracılığıyla Avrupa'yı bu (inşa edilmiş) dış ortama başarıyla uyum sağlamak için güçlü bir iç/dış kimliğe ihtiyacı olan bir siyasi/ekonomik alan olarak inşa ederken küreselleşme ve küresel rekabete göndermeler yapmaları şaşırtıcı değildir. CDU/CSU'lu milletvekillerinin Türkiye'nin üyeliğini böyle bir kimliğin inşasına engel olarak görmeleri ve SPD/Yeşiller milletvekillerinin üyeliği bu açıdan sorunlu ama üstesinden gelinebilir saymaları açısından polika tercihleri arasında fark olmakla beraber, partilerin Türkiye'nin üyeliği bağlamında sarf ettikleri küreselleşme söylemlerinin ana ilkelerinin benzeştiği görülmektedir.

Almanya'daki başlıca siyasi gruplar arasında Avrupa'nın sıkı sıkıya örülmüş bir siyasi proje olarak inşasının baskın olması, savaş sonrasında yeniden inşa edilen Alman ulusal kimliğinde "'iyi bir Alman' olmanın 'iyi bir Avrupalı' olmak" ve "Avrupa entegrasyonunu gönülden desteklemek" anlamına gelmesiyle bir söylemlerarasılık olarak kabul edilebilir (Risse, 2003: 498). Anaakım Alman siyasi partilerinde federalci Avrupa görüşünün ardındaki kilit etmenin yeniden inşa edilmiş bu ulusal kimlik olduğu ileri sürülmüştür (bkz. Risse, 2010: 65-9). Araştırmalar bu söylemin Soğuk Savaş'ın sonu, Almanya'nın birleşmesi gibi önemli gelişmelere rağmen nispeten değişmeden kaldığını ve eski Dışişleri Bakanı Joschka Fischer'in 2000'de konuk olduğu Humboldt Üniversitesi'ndeki ünlü konuşmasında kendi parlamentosu, hükümeti ve anayasasına sahip bir AB federal devleti kurulması çağrısında bulunmasıyla zirve yaptığını göstermiştir.[29]

Britanya

Buraya kadar incelenen söylemsel alanlarda, Türkiye'nin üyeliğinin Birliğin kurumlarına, maliyesine ve meşruiyetine yapacağı etkiler üzerine sürdürülen tartışmalar aracılığıyla Avrupa'nın ağırlıklı olarak iç uyuma sahip bir siyasi proje şeklinde inşa edildiği görülmüştür. Avrupa Parlementosu'nda bu inşaya itirazlar bulunmakla birlikte, söz konusu Avrupa tahayyülünün Türkiye/Avrupa konulu Fransız ve Alman söylemleri ile Avrupa Komisyonu'nda yaygın olduğu gözlenmiştir. Britanya'da ise daha farklı bir tablo önümüze çıkmaktadır. Buradaki söylem uyarınca, merkezi siyasi birim esas olarak AB yerine ulus-devlet düzeyinde kalmalıdır; dolayısıyla

Avrupa büyük ölçüde Türkiye'nin üyeliğiyle baş edebilecek "ulus-devletler"den kurulu bir siyasi proje olarak inşa edilmektedir.[30] Bu makro söylemin İşçi Partililer ve Muhafazakâr Partililer tarafından genel hatlarıyla paylaşılıyor olduğu görünmektedir:

> Türkiye'nin üyeliğine yaklaşımımız, her şeyden önce nasıl bir Avrupa yaratmak istediğimizle ilgilidir. Geri kalmış ekonomiler için bir Hıristiyan kulübü mü istiyoruz, yoksa o ülkelerin ekonomik performansını geliştirmeye, güvenliği sağlamaya ve terörizmden arınmış bir ortam sağlamaya odaklanmış ulus-devletlerden oluşan dinamik bir birlik mi? Bu bağlamda, eski Cumhurbaşkanı Giscard'Estaing'in Türkiye'nin AB'ye katılmasıyla ilgili üzüntü verici yorumlarından bahsediyorum. Türkiye'nin üyeliğini destekleyenlerin Avrupa'nın düşmanları olduğunu söyledi. Türkiye'nin farklı bir yaklaşıma ve farklı bir tarza sahip farklı bir kültür olduğunu, Avrupa'ya yakın ama Avrupalı olmayan bir ülke olduğunu söyledi. Bunlar ciddi iddialardır; zira Giscard d'Estaing Avrupa Birliği'ni ulus-devletlerin halkları için çalışan etkili bir tek pazar yerine bir kulüp olarak görmeyi tercih eden, çoğunluk olmasa da büyük bir grup adına konuşmaktadır.
>
> (Woodward, İşçi Partisi, 11 Aralık 2002)
>
> MUH 1: Bana göre Avrupa, ortak amaç ve çıkarlar için bir araya gelebilen eski ve çeşitli ve değişik ulus-devletlerden oluşan bir topluluktur […] Siz de Brüksel'dekiler gibi Avrupa'nın güçlü ve birlik içinde bir siyasi varlık olduğuna inanıyorsanız, o zaman tabii ki kabul edilmiş bir sınırınızın olması gerekir ki, maalesef Türkiye bu sınırın dışındadır. Ama eğer benim Avrupa görüşümü kabul ederseniz, Türkiye eğilimleri ve Avrupa'daki pek çok ülkeyle tarihi bağlantıları ve benim gördüğüm bu seküler gelenek nedeniyle benim [Avrupalı] tanımım kapsamına girer ki, bu da Türkiye'nin [Birliğe] dahil edilmesini mümkün ve arzu edilebilir kılar. Ne yazık ki benim Avrupa'ya bakışım Brüksel'de pek paylaşılmıyor; bu yüzden maalesef Türkiye trajik biçimde dışarıda kalacak.

İlk alıntı iki ayrı Avrupa görüşünden meydana gelen bir ikili karşıtlık inşa etmektedir. Bunlardan biri "Hıristiyan kulübü" olarak nitelenen "Avrupa"dır. "Kulüp" Avrupa'yı sınırlı bir varlık, katılımın belli kurallara bağlı olduğu sabit bir birim olarak tanımlayan bir konteynir metaforudur. "Kulüp"ün "Hıristiyan" olarak beyan edilmesi, kulübe katılımın ve kulüpten dışlanmanın dini homojenliğe bağlı olduğu özcü temellerine işaret etmektedir. Fransa eski cumhurbaşkanı ve Avrupa'nın Geleceği Konvansiyonu'nun başkanı Valery Giscard d'Estaing tarafından temsil edilen federalci ideale bir tutulan bu Avrupa görüşü, "geri kalmış ekonomilere" hizmet edecek biçimde olumsuz temsil edilmekte ve ekonomik ve güvenlik çıkarları için birlikte hareket etmek üzere bir araya gelen "ulus-devletler birliği"nin oluşturduğu, olumlu temsil edilen dinamik bir "Avrupa" görüsüne karşı konumlandırılmaktadır. "Ulus-devletler birliği" ifadesi, Avrupa'nın çıkarlarını azamileştirme peşindeki sabit birimler olan ulus-devletler arasındaki hükümetler arası bir etkileşim alanı şeklinde yorumlandığı kavramsal bir "konteynır dengesi" metaforu olarak kabul edilebilir (Drulak, 2006: 512).

Britanyalıların söylemlerinde "güvenlik çıkarları" ifadesinin kullanılmasının üzerinde Birinci Bölüm'de ayrıntılı şekilde durulmuştu. Ne var ki yukarıdaki ilk alıntıda da görülebileceği gibi, Türkiye-AB ilişkileri üzerine yapılan tartışmalarda, özellikle de İşçi Partisi söylemlerinde, "ekonomik çıkarlar"a sık sık gönderme yapılmaktadır.[31] Yukarıdaki ilk alıntıda tek pazardan bahsedilmesinin işlevi Avrupa projesinin ekonomik niteliğine vurgu yapmaktır. İşçi Partililer arasında Türkiye'nin üyeliğinin ekonomik sonuçlarına sıklıkla göndermeler yapılmasının nedeni de bu olabilir. Avrupa'nın "geri kalmış ekonomiler"e sahip bir "Hıristiyan kulübü" olarak ifade edilmesi, ulus-devleti andıran dışlayıcı bir Birliğin Türkiye'nin üyeliğinin getireceği ekonomik değişimlerden yarar görmeyeceği yönündeki örtülü bir varsayımın varlığını ima etmektedir. Bu, İşçi Partisi söylemlerinde "80 milyon nüfuslu Türk pazarı"nın Birlik için bir ekonomik artı olduğuna yapılan sık göndermelerle birlikte ele alındığında, Avrupa'nın doğrudan dış yatırım ve sermaye ihracının toprakların genişlemesiyle birlikte ilerlediği, neoliberal ekonomik politikaların egemen olduğu bir alan olarak inşa edildiğine işaret etmektedir.

Muhafazakâr bir parlamenterden yapılan ikinci alıntı da, yine bir kavramsal "konteynır dengesi" metaforu aracılığıyla, Avrupa'yı çıkarlarının takibindeki bir "ulus-devletler topluluğu" olarak inşa etmektedir. Bununla birlikte, bir (ulus-devletler) "topluluğu", üye ülkeler arasında bir (ulus-devletler) birliğinden daha gevşek bir bağ tasvir etmektedir. Benzer şekilde, "topluluğun" parçalarını meydana getiren ulus-devletlerden bahsederken "çeşitli" ve "değişik" kelimelerinin kullanılmasıyla elde edilen aşırı sözcükleştirme de bu topluluğun gevşekliğini vurgulamaktadır. Bu gevşek ulus-devletler birlikteliği, sınırlar gerektiren, dolayısıyla da güçlü bir iç ve dış kimlik ile ulus-devlete benzeyen "güçlü" ve "birleşik" bir Avrupa ile karşılaştırılmaktadır. Türkiye, Avrupa'ya biçilen homojen ulus-devlet kimliğinin sınırlarına dahil olmadığı gerekçesiyle bu ikinci Avrupa inşasına dahil edilmemektedir. Atfedilen hiçbir özellik onu "Avrupalı" olarak inşa etmemektedir. Türkiye, "Avrupa"ya "yönelimli"dir ("eğilimlere" gönderme), "Avrupa"yla "bağlantılı"dır ("tarihi bağlantılar") ve "Avrupa"yla paylaştığı ortak bir siyasi özellik vardır ("sekülarizm"). Bütün bunlardan çıkan sonuç, özcü açıdan Avrupa için bir dışarlıklı olduğundan Türkiye'nin federal modele uymadığı, Avrupa anlatısına gevşek, devletlerarası bir Birlik söz konusu olduğunda dahil edildiğidir.

Burada, ilk alıntıda D'Estaing'in Türkiye'nin üyeliği hakkındaki düşüncelerine gönderme yapılarak ortaya atılan örtülü savla belli bir benzerlik dahi söz konusudur. Kasım 2002'de D'Estaing'in Türkiye'nin "bir Avrupa ülkesi olmadığı," "başka bir kültürün, başka bir yaşam tarzı"nın parçası olduğu ve üyeliğinin "Avrupa'nın sonu anlamına" geleceği ifadeleri basında yer almıştır.[32] İlk alıntıda Giscard d'Estaing'e yapılan metinlerarası gönderme Türkiye'nin özcü nedenlerle Ötekileştirilmesini sorgulamamaktadır. D'Estaing'in savlarını "ciddi" ve nüfusun federal Avrupa görüsünü paylaşan belli bir kesimini temsil edici olarak niteleyen konuşmacı, aslında Avrupa federal bir siyasi varlık olarak tasavvur edildiği sürece Türkiye'nin dışlanmasını meşrulaştırmaktadır. Federalci görü ile üye devletlerin ekonomik (ve güvenlik) alanındaki çıkarlarına dayanan daha devletlerarası bir düzen yan yana getirilmekte, konuşmacının Avrupa tahayyülüne Türkiye'nin dahil edilmesi bu ikinci düzen çerçevesinde mümkün olmaktadır.

Yukarıdaki alıntıların Risse'nin (2003: 500) Avro konulu Britanyalı siyasi söylemler hakkındaki çalışmasının bulgularıyla paralel olduğu söylenebilir. Risse'nin vardığı sonuca göre, yıllar içinde gerçekleşen politika değişikliklerine rağmen, Britanya'daki iki ana parti üyeleri arasında Avrupa'daki düzene dair egemen siyasi görülerde hâlâ "egemenliğin ulus-devlette kaldığı devletlerarası bir düzen"den bahsedilmektedir. Risse, Britanya verilerinde "ortak bir Avrupa kültür ve tarih mirası"na yapılan göndermelerle "mitsel" bir Avrupa inşasına da rastlamakla birlikte, "Britanya siyasi söylemlerinde Avrupa'nın nadiren 'mukadderatın sonucu bir siyasi topluluk' olarak inşa edildiği" gözleminde bulunmaktadır.

Ne var ki tasavvur edilen bu Avrupa modeli konusunda İşçi Partisi ve Muhafazakâr Parti söylemlerinin bire bir aynı olduğu söylenemez. Yukarıdaki alıntılar AB üyesi ulus-devletlerin arasındaki bağların ne kadar sıkı olması gerektiği konusunda iki parti söylemi arasında belli bir farklılık olduğuna işaret etmektedir. Eski Başbakan Tony Blair ve o dönemki Muhafazakâr lider Michael Howard'ın konuşmalarından aktarılan aşağıdaki pasajlar bu makro inşadaki farklı eğilimlere örnek teşkil etmektedir:

> Avrupa'nın geleceği açısından bunun anlamı çok büyüktür. Zamanla bu yeni ülkelerin hepsi Avrupa ekonomisinin, parasal birliğin, Avrupa savunmasının, Avrupa siyasi sisteminin parçası olacaklardır. Biz Britanyalılar için de bunun anlamı aynı derecede büyüktür. Gelişmekte olan yeni Avrupa'nın parçası olmak, onun içinde lider güç olmak ve ulusal çıkarlarımızın ne kadar Avrupa'ya bağlı olduğunu anlamak bizim görevimizdir. Bu yeni dünyada Avrupa'dan soyutlanıp kalmak tam anlamıyla aptallıktır. İşte bu yüzden çıkarlarımız için mücadele etmeye devam edeceğiz, ama bu iş için en iyi yerin Avrupa Birliği'nin sınırları değil içi olduğunu da kabul edeceğiz.

(Blair, İşçi Partisi, 16 Aralık 2002)

[Başbakan] ...Britanya'nın AB genişlemesini, Romanya ve Bulgaristan'ın katılımı ve Türkiye'nin gelecekteki üyeliği için müzakerelere başlanması konusunda takvime bağlı kalmak da dahil olmak üzere desteklemeye devam edeceğini doğrulayabilir mi? "Britanya'nın görüşünün modern, esnek, yenilenmiş bir Avrupa; 21. yüzyılın zorluklarına hazır bir Avrupa; gerçekten özgür, zorlamaya değil işbirliğine bağlı bir Avrupa; iktidarı Brüksel'den ulus-devlete iade edecek bir Avrupa olması gerektiği" konusunda hemfikir midir? Bir yıl önce Başbakan'a durumu bu sözlerle ifade ettiğimde, beni "önyargılı" ve "savunduğunu söylediği ulusal çıkara ihanet eden geçici bir popülizm" içinde olmakla suçlamıştı" [*Resmi Rapor*, 21 Haziran 2004; cilt 422; böl. 1085-6].

(Howard, Muhafazakâr Parti, 20 Haziran 2005)

Yukarıdaki ilk pasaj, on ülkeyle katılım müzakerelerinin sonuca bağlandığı ve Komisyon'un Kopenhag siyasi kriterlerine uyduğu kararı üzerine Türkiye ile katılım müzakerelerinin başlatılması kararının alındığı 2002 Kopenhag Zirvesi sonrasında Blair'in Avam Kamarası'nda yaptığı bir konuşmadan alınmıştır. Blair'in bu kararların sonuçlarını ele alış biçimi İşçi Partisi'nde büyük ölçüde paylaşılan Avrupa siyasi düzenine dair ayrıntılı bir bakış imkânı sağlaması açısından dikkat çekicidir. (Genişlemiş bir Avrupa'da) Britanya'ya (lider) güç olma halinin atfedilmesi, (Britanya'nın) "ulusal çıkarları"ndan bahsedilmesi ve Britanya'nın Avrupa'da kendi çıkarlarının takipçisi olma şekli tarif edilirken "mücadele" metaforunun kullanılması, uluslararası siyasetin kendi çıkarlarını azamileştirmeye çabalayan, kendi çıkarları olan, rasyonel ve üniter devletlerin etkileşimi olarak kavramsallaştırıldığı "realist" perspektiften bir Avrupa görüsü inşa etmektedir. Genişleme konulu tartışmalarda böylesi "realist" bir Avrupa inşası, genel anlamda Britanya'nın uluslararası ilişkiler konulu siyasi söylemlerinde egemen olan realist paradigma ile bir söylemlerarasılık oluşturmaktadır (Larsen, 1997: 73-7). Muhafazakâr Partililer de Türkiye/Avrupa üzerine tartışmalarda Birleşik Krallık'ın ulusal çıkarlarını sık sık gündeme getirdikleri için bunun İşçi Partililerin söylemleriyle sınırlı olmadığı da söylenebilir.

Ne var ki ikinci alıntı, paylaşılan bu realist görü içindeki bir ayrımı da ortaya sermektedir. Her iki söylemin ortak noktası Avrupa'ya "modernlik," "esneklik" ve "reform" isnat edilmesidir. İlk alıntıda Blair, Britanya'nın AB ile ilişkilerini ülkenin çıkarlarının azamileştirilmesi için bir araç olarak ifade eder ve Britanya'nın Avrupa'ya önderlik edebileceğini ve etmesi gerektiğini ima ederken ikinci alıntı bu savın Muhafazakârlara ait verilerle uyuşmadığını göstermektedir. İkinci alıntıda, arzu edilen "Avrupa"nın "özgür" olarak isnat edilmesi AB'nin müdahalesinden bağımsız ulusal egemenliğin önemine vurgu yapmaktadır. Zira Teubert'in (2001: 68-9) bulgularına göre, Muhafazakâr Parti'nin Avrupa söylemlerinde "özgürlük" ve "bağımsızlık" kavramları, sıklıkla "egemenlik" kavramıyla birlikte kullanılmaktadır. Benzer şekilde, zorlamaya yapılan göndermeler örtülü olarak ulusal egemenliğe sekte vuran, istenmeyen ve dikta edici bir merkezi otoritenin (düzdeğişmeceli şekilde "Brüksel" olarak bahsedilen) varlığını varsaymaktadır. Muhafazakârların söylemlerinde sıklıkla "egemenlik" nosyonuyla birlikte yer bulan "iktidarı[n] ulus-devlete iade[si]" ifadesi (Teubert, 2001: 71), ulusal egemenliğe verilen önemi daha da pekiştirmektedir.

Britanya örneği, Türkiye'nin üyeliği üzerine tartışmalarda "ulus-devletler"den kurulu bir siyasi proje olarak Avrupa makro söylem konu başlığı içinde birbirine rakip iki söylemin varlığını ortaya sermektedir. İşçi Partililerin söylemi, Larsen'in ifadesiyle, egemenliğin mutlak görülmediği ve "Avrupa ile yakın ve işbirliğine dayalı bir ilişkinin Britanya'nın çıkarları açısından yaşamsal" olduğu bir "elzem işbirliği" (1997: 63-6) olarak tanımlanabilir. Öte yandan Muhafazakârlar arasındaki baskın söylem, "Avrupa karşısında parlamenter egemenliğin sıfır toplamlı bir oyun olarak sunulduğu" katı bir "devletlerarası işbirliği" biçimindedir. Partiler içinde bu söylemlere bağlılık konusunda istisnalar bulunmakla birlikte, bu istisnalar söz konusu partilerin Avrupa'ya bakışlarında bu iki yaklaşımın merkeziliğine meydan okumaya yetecek güçte değildir.[33]

Sonuç

Analizlerimiz Avrupa'nın bir siyasi proje olarak inşasında esas olarak iki Türkiye temsilinin varlığını ortaya çıkarmıştır. Bunlardan ilki, Türkiye'nin düzgün işleyen kurumlara sahip, sağlam bir bütçesi olan ve ortak egemenliğe sahip bir Avrupa için potansiyel bir tehdit olarak temsilidir. Bu temsil biçimine AP'de merkez sağda ve belli bir dereceye kadar aşırı sağda, Fransa ve Almanya'daysa merkez sağda yaygın olarak rastlanmaktadır. Bu temsil esas olarak Avrupa projesine dahil olma konusunda Türkiye'nin ve Türk seçkinlerinin özüne farklılık ve doğasına istikrarsızlaştırıcılık atfedilmesinin yanı sıra, Türkiye'nin AB'ye üyeliğinin kurumsal ve mali etkileri hakkındaki alternatif anlatıların sistematik şekilde dışlanmasıyla sağlanmaktadır. İkinci temsil biçiminde ise Türkiye, iç birliğini sağlamış bir Avrupa ile zaman içinde ve ciddi reformlar sonrasında bütünleşebilecek bir ülke olarak resmedilmiştir. Bu temsil, AP'deki sol ve liberal gruplar ile Almanya'da SPD ve Yeşiller, Fransa'da PS ve Avrupa Komisyonu'nda yaygındır. Avrupa'ya Türkiye'nin üyeliğini kaldırabilmek için iç reformlar yapma sorumluluğu yükleyerek veya, daha nadiren, Türkiye'nin üyeliğinin beklenen kurumsal ve mali etkileri hakkında daha adil bir tablo sunan yorumlara başvurarak sağlanmaktadır.

Bu söylem topluluklarının neredeyse tümünde, kültür ve tarih gibi özcü değişmecelere bağlı olarak nitelendirilen egemenlik kavramı projenin geleceği için bir "sorun" olarak öne sürülmektedir. Buradaki örtülü varsayım, Türk ulusal kimliğinde ulusal egemenliğe olan kültürel ve tarihsel bağlılığın projenin iç birliği açısından parçalayıcı bir etkisi olabileceği yönündedir. Bu nedenle sağlam bir siyasi proje için belli derecede homojenlik ve tekillik arzulanmaktadır. Bu da iç homojenlik ile bunu garantiye alacak kurumsal önlemlerin dayatılması açısından modern ulus-devlet söylemiyle bir söylemlerarasılık vakası meydana getirmektedir. Komisyon'un da bu bağlamda modern ulus-devlet söylemini paylaştığı iddia edilebilir. Bunu Komisyon'un Türkiye hakkındaki ikili söyleminde görmek mümkündür: Türkiye'nin bir üye ülke gibi davranarak egemenlikle ilgili konularda milliyetçiliğini bastırması beklenmekte, ancak Türkiye, Avrupa'nın (veya üye ülkelerin) egemenliğiyle ilgili konularda bir dışarlıklı olarak sunulmaktadır.

Bu analiz aynı zamanda, AP'deki EPP-ED grubunun belli kesimlerinde ve Britanya'daki iki büyük siyasi parti mensupları arasında Avrupa'yı "ulus-devletler"den oluşan bir siyasi proje olarak inşa eden bir azınlık söylemini de ortaya çıkarmıştır. Bu söylem yukarıda değinilen baskın söylemle Avrupa'yı sınırları belli bir yapı olarak tanımlaması açısından örtüşmekte, ancak bu Avrupa görüsü siyasi çekirdeğinin ulus-devlet olduğu bir kurum olarak tahayyül edilen AB'ye yansıtılmamaktadır. Dolayısıyla iddiaların ana ilkeleri halen ulus-devletin belirleyici özelliklerine dayanmaktadır. Siyasi projenin referans noktası kurumsal bir topluluk olarak AB değil, ulusal düzeydir. Bu durum, Birleşik Krallık Parlamentosu'nun egemenliğinin esas olduğu Britanya ulusal kimlik inşası örneği üzerinden, ulusal kimlik inşalarının Avrupa inşasında ne şekilde öne çıkmakta olduğunu göstermektedir. Benzer şekilde, Fransa ve Almanya'da Avrupa'ya yaygın olarak federal çizgileri olan tutarlı bir siyasi proje olarak yaklaşılması, bu ülkelerin ulusal kimlik anlatılarında Avrupa kavramının sahip olduğu merkezi konumla yakından ilgilidir.

Söylemlerde ulusal çizgilerin yanı sıra ideolojik ve kurumsal izlere de rastlamak mümkündür. Örneğin Almanya'da CDU/CSU, Türkiye'nin üyeliğinin siyasi projenin gerektirdiği iç homojenlik üzerindeki potansiyel seyreltici etkilerinin ek bir kanıtı olarak Almanya'daki Türk göçmenlerin "kaynaşamama"larını öne sürmekte ve bunu yaparken genellikle Türk göçmenler konusunun dahil edildiği çağdaş Alman ulusal kimlik repertuarlarından yararlanmaktadır. Avrupa'nın "geçerli bir ekonomik alan" olarak inşasında da ulusal ve ideolojik çatlaklara rastlamak mümkündür. Türkiye'nin üyeliğinin Avrupa ekonomisine maliyeti ve yararları üzerine ifadeler AP ve Komisyon'da da gözlemlenmekle beraber, Türkiye'nin üyeliğinin ekonomik yönlerine en çok göndermenin ulusal bağlamlarda yapıldığı görülmüştür. Bu ekonomik alanın gösterenleri farklı ulusal ortamlar ve siyasi gruplar arasında farklılık arz etmektedir. Fransız ve Alman solu için başlıca kaygı, küreselleşme karşısında "sosyal Avrupa"nın muhafazası gibi görünürken, Britanyalıların −özellikle de İşçi Partililerin− söyleminin daha çok Avrupa'nın bir neoliberal ekonomik alan olarak yorumlanmasına odaklandığı gözlenmiştir. Kurumsal kimlik söylemlerinin Avrupa inşalarına nüfuz etmesi konusunda ise, Avrupa Komisyonu bariz bir örnek teşkil etmektedir. (İnşa edilmiş) kurumsal kimliği çerçevesinde "Avrupa projesi"nin imarına yardımcı olma görevi verilmiş olan Komisyon'un hareket ettiği gelecek odaklı belirsizliğe uygun bir şekilde, Avrupa'nın gelecekteki biçiminin ucu açık bırakılmaktadır.

Analiz kapsamına alınan söylemsel alanlarda Avrupa'nın ortak bir siyasi sistem olarak inşası genellikle ortak bir kültür ve tarihe ve belirgin coğrafi sınırlara bağlanmaktadır. Son bölümde de bunun üzerinde durulacaktır.

DÖRDÜNCÜ BÖLÜM

Kültürel Bir Alan Olarak Avrupa

Türkiye'nin AB'ye katılımına dair muhtemelen en fazla ihtilafa neden olan konu, bu durumun kültürel sonuçlarıdır. Bu çalışmada da, Türk kültürel kimliğinin ne derece Avrupalı olduğuna dair bir tartışmanın, analiz kapsamındaki söylem katılımcıları tarafından yoğun bir şekilde yürütüldüğü görülmektedir. Türkiye'nin AB üyeliği tartışmalarında kullanılan kültür kavramının Avrupa tarihinin ve coğrafyasının söylemsel ifadesiyle yakından ilintili olduğu da gözden kaçmamaktadır. Türkiye'nin üyeliğinin kültürel boyutlarına ilişkin tartışmaların, Türkiye ile katılım müzakerelerinin başlatılmasının ardından da sürdüğü görülmektedir. Avrupa'nın kültürel bir alan olarak söylemsel inşası Türkiye'nin iki temel temsil biçimi vasıtasıyla gerçekleşmektedir: Avrupa'nın kültürel homojenliğini seyrelten bir ülke olarak Türkiye ve Avrupa'nın kültürel çeşitliliğine katkıda bulunan bir ülke olarak Türkiye.

Avrupa'nın Kültürel Homojenliğini Seyrelten Bir Ülke Olarak Türkiye

AP'nin yanı sıra Fransa ve Almanya'da da Türkiye yaygın bir şekilde ülkenin "Avrupalı olmayan kültürel özü"ne dayanılarak Avrupa'nın kültürel homojenliğine bir tehdit olarak temsil edilmektedir. Bu temsille Avrupa, özcü temellere dayanan homojen bir kültürel alan olarak inşa edilmektedir. Bu kültürel alanın inşası belirli bir Avrupa tarihinin ve katı sınırlarla çevrili bir Avrupa coğrafyasının inşasıyla yakından ilintilidir.

Avrupa Parlamentosu

Türkiye tartışmalarında Avrupa'nın kültürel açıdan sınırları belirgin ve münhasır bir varlık olarak inşasına en çok ana merkez sağ grupta (EPP-ED/EPP) ve AP içerisindeki AB muhalifi aşırısağ gruplarda rastlanmaktadır.[1] Kültür ve tarih *topos*'ları, Avrupa'ya dair özcü bir kimlik inşa etmede sıklıkla birlikte kullanılmakta ve coğrafi olarak katı sınırlara sahip Avrupa vizyonuyla uyum göstermektedir:

> AB'nin geleceğine dair farklı görüşlere sahibiz; bu Avrupa'nın, yani Avrupa Birliği'mizin sınırları olmalı, bu nedenle yakın komşularımızla özel

anlaşmalara varıyoruz. Aklımın bir kenarında bu varken tarihi, coğrafi ya da kültürel nedenlerden dolayı Türkiye'nin AB'ye tam üye olarak uygun olduğunu düşündüğümü söyleyemem.

(Ebner, EPP-ED, 1 Nisan 2004)

EPP-ED 7: Belirli bir kültürel sistem olan Avrupa, üç farklı kaynağın sentezidir: Yunan felsefesi, Roma örgüt ve kanunları ve Hıristiyanlık. Tarih boyunca Avrupa kültürünü özel kılan bu üç unsurun karışımıdır. 18. yüzyılda tamamen yeni bir olgu olan Aydınlanma'yı, yani dinle devletin ayrılması ve demokrasinin köklerini görürüz. Bence bu dört özelliğin bir karışımını barındıran bir toplum, bir devlet Avrupalıdır. Avrupa kültürünün belirliliği burada yatar. Bu sadece bir toprak meselesi değil, bence temelde bir kültür meselesi. Bana göre, Türkiye benim tanımladığım biçimiyle Avrupa kültürüne uymuyor.

Yukarıdaki ilk alıntıda Avrupa öncelikle dışlayıcı sınırlarla coğrafi anlamda inşa edilmektedir. Avrupa'nın doğudaki sınırlarının yeri, coğrafi sınırlandırmalarda Türkiye'nin dışarıda bırakılmasıyla iletilmektedir. İkinci alıntı da coğrafi inşaya girişmekte ("Bu 'sadece' bir toprak meselesi değil"), ancak sınırlara açık atıfta bulunmamaktadır. Herhangi bir sınır gibi "Avrupa" sınırları da, burada tarih boyunca değişik anlamlar verilmiş, üzerinde tartışılan toplumsal inşalar olarak ele alınmaktadır.[2] Benzer biçimde "kıtalar" da haklarında konuşulanlardan bağımsız olarak varlığını sürdüren sabit coğrafi varlıklar değil, söylemsel inşalar olarak kavramsallaştırılmaktadır. Dolayısıyla Türkiye'nin Avrupa sınırlarının ötesinde gösterilmesiyle Avrupa, söylemsel düzeyde coğrafi olarak sınırları belli, kimin içeride kimin dışarıda olduğuna dair katı kurallara sahip bir yer olarak inşa edilmektedir.

Söylemsel düzeyde sınırları özcü bir biçimde çizilmiş bir "Avrupa" coğrafyasının inşasına ilaveten, her iki alıntıda da Avrupa, kültür ve tarih *topos*'ları aracılığıyla Türkiye'yi dışarıda bırakan bir kültürel ve tarihsel varlık olarak inşa edilmektedir. "Toprakla (kültürel) kimlik arasındaki [...] belirli bir tarih anlatımıyla desteklenen bu uyum" (Campbell, 1998: 80), Derrida'nın ifadesiyle, "mevcut varlığın durumuna kıyasla, bir mevkiin, yani genel olarak beden anlamında, toprak, anavatan, kent olarak, sabit ve sunulabilir olarak belirlenmesi için ontolojik değeri" diye tanımlanan ontopolojik bir eylemdir (aktaran Campbell, 1998: 80). İlk alıntı Türkiye'yi örtmeceli bir biçimde Avrupa'nın tarih ve kültürüne "uygunsuz" bir ülke olarak ifade etmektedir. İkinci alıntı ise, Avrupa kültürünü belirli tarihsel gelişmelere bağlı olarak kavramsallaştırmakla Avrupa kültürü ve tarihi arasındaki ilişkiye daha da açıklık getirmektedir. Bunu yaparken başvurduğu yordam, ulusal kimliklerin inşasında yaygın olarak kullanılan, tarihi olayların (inşa edilmiş) ulusal kimliklerin özünü oluşturmak üzere aradan seçildiği "ayrıştırma" stratejisidir (Alonso, 1988).

Asad (2003: 166), bu gibi tarihsel anlatılara Müslüman gruplara ilişkin tartışmalarda sözde Avrupa siyasi ve kültürel ilkeleri bağlamında başvurulmasının, bu tarihi olaylar Müslümanların deneyimlerini etkilemediğinden bu grupların Avrupa'ya ait olarak kabul edilemeyeceklerini ima ettiğini belirtir. "Avrupa tarihi"nin böyle bir versiyonu, "çoğu kişinin 'Avrupa (ya da Batı) medeniyeti'nde kaynağını bulduğu bir kimlik anlatısı, homojen bir mekân ve doğrusal bir zaman sunma peşinde bir anlatı" olarak görülebilir (Asad, 2003: 167). Asad'a göre (2003, s. 167) bu anlatı "evrensel olarak tekil bir gelişme," "bir insan grubunun veya dönemin diğerlerinden farklı ve onlarınkiyle kıyaslanamayacak kolektif özellikleri" ve "belirli bir grubun, diğerlerinden üstün ya da aşağı olarak sıralanabilecek olan kültürü" varsayımlarıyla hareket etmektedir. Bu olgu, Barker'in araştırmasında (1981) "kültürel ırkçılık" veya "meta-ırkçılık" olarak tanımlanmaktadır. Bu, üstünlüğün varsayılan biyolojik-genetik farklılıklardan değil homojen varlıklar olarak temsil edilen kültürler arasındaki farklılıklardan kaynaklandığının varsayılması anlamına gelmektedir.

Aşırı sağ AP vekilleri, bağımsız bir İtalyan vekilin aşağıda yer alan ifadesinde görüleceği üzere, kültürel üstünlüğü daha açıkça ifade etmektedir:

> Din unsurunu göz ardı etmemeliyiz: Milyonlarca Türkün Avrupa'ya gelmesi, binlerce ve binlerce caminin açılması anlamına gelir; bu da Avrupa'da Hıristiyanlıkta ve medeni kimlikte bir azalma anlamına gelmektedir. Unutmamamız gereken bir şey daha var; camiler özgürlük karşıtı, kadın karşıtı ve Avrupa halkı karşıtı düşüncelerin girişine izin veren istekli yandaşlarıdır.
>
> (Fiore, NI, 5 Mayıs 2009)

AP'deki Türkiye hakkındaki aşırı sağ söylemde tipik olduğu üzere, bu AB vekili de parlamentodaki konuşmasında "uç vaka" uslamlama stratejisinden faydalanarak Türkiye'nin AB'ye alınması sonucunda AB ülkelerine gelecek Türk göçmen sayısının sonuçlarına atıfta bulunmaktadır. Bu uslamlama stratejisi, politikaları veya eylemleri abartılı rakamlar gibi "tamamen aşırı ifadeler"le (Van Dijk, 2000: 219) kötülemeyi içermekte ve yukarıdaki alıntıda olduğu üzere, tehdit *topos*'uyla birlikte kullanılmaktadır. Burada bu *topos*, etnikleştirilmiş Türklerin Avrupa'ya girmesiyle Avrupa'nın kültürel kimliğinin zayıflaması biçiminde bir karşı olgusal savla beraber kullanılmıştır. Bu sav, camilerin ve İslam dininin herkesçe bilinen, stereotipik, "serbestlik karşıtı," "kadın karşıtı" ve "Avrupa kamuoyu karşıtı" tasvirinden güç almaktadır. Bu da Avrupalı kültürel Benliğin olumsuz gösterilen İslami Ötekisine karşı olumlu bir temsiliyle sonuçlanmaktadır.

Mülakat verileri sayesinde "Avrupa kültürü"nün AP sağının Türkiye ve Avrupa'ya dair söylemsel düzleminde nasıl inşa edildiğine odaklanmak mümkün olmaktadır. AB'deki Türk göçmenler konusu bu inşaların bazılarının incelenmesi için olanak sunmaktadır:

> EPP-ED 7: Topraklarımızdaki İslami azınlıklarla uğraşmak konusunda tüm Avrupa ülkelerinde, mesela Hollanda'da, Almanya'da, Belçika'da, Fransa'da büyük zorluklar çekiyoruz. Bu topluluklarla uğraşmak bizim için en büyük zorluğu teşkil ediyor, çünkü kendi kültürleri ile sınırlıyorlar kendilerini. İfade edemiyorum ama hissiyatım bizim yaşam biçimimizi kabul etmedikleri yönünde. Ayrıca sadece kendi yaşam biçimlerini dayatmak değil –"dayatmak" fazla güçlü, o değil de– bunların tanınmasını istiyorlar, ancak toplumumuzda değişimi de tahrik ediyorlar. Benim derdim, şimdi Avrupa topraklarında olan toplulukların Türk üyelerinin davranışlarıyla.

> UEN 1: [...] İslami halklar Avrupa'yı fethetmeye ve tıpkı ülkemde yaptıkları gibi, Avrupa'nın dinini ve kültürünü değiştirmeye geliyorlar. Çoğu çok ilkel insanlar ve çok ilkelce davranıyorlar [...] Katılımda bulunmayan ama ekonomiye yük olan çok büyük bir grup varsa, insanlar size tepki gösterir ve düşmanlık hisleri doğar.

Bu iki alıntı, sırasıyla, biri merkez sağ EPP-ED grubundan biri de milliyetçi ve AB'ye muhalif UEN grubundan olan iki kişiyle yapılmış iki ayrı görüşmeden alınmıştır. İlk alıntıda "topraklarımız," "biz" ve "onlar" kelimelerinin dışlayıcı kullanımlarıyla göçmenler Avrupa topraklarında yaşayan "dışarlıklı"lar olarak ifade edilmektedir. "Alışkanlıklar," "yaşam biçimleri" ve "davranışlar" olarak da ifade edilen özcü nitelikler atfedilen kültürel farklılıklar, ev sahibi toplumlarla azınlık nüfuslar arasındaki uyumsuzluğun temeli olarak inşa edilmektedir. Azınlıkların bir bütün şeklinde "İslami" diye adlandırılması, İslam'a atfedilen özellikler hakkında fikir vermektedir. Bu tanımda İslam, uyumsuzluğun temel nedenini oluşturan tamamen kapsayıcı bir "kültürel" özelliktir. Ardından gelen tehdit *topos*'u, azınlıklara homojen Avrupa kültürünü seyreltme potansiyeli atfetmek için kullanılmaktadır. Her ne kadar "dayatmak" yerine "tahrik etmek" fiilinin seçimi, konuşan kişinin olumsuz bir ifadenin "edimsel gücünü azaltma"ya yönelik söylemsel bir hafifletme stratejisi (Reisigl ve Wodak, 2001: 81) olarak görülebilse de, aktarılan anlamda pek bir değişikliğe yol açmamaktadır. Sağın göç karşıtı retoriğinin tipik bir öğesi olan "kültürel tehdit" unsuru, söylemlerarası bir biçimde Türkiye'ye kültürel olarak Öteki rolünün verildiği uluslararası ilişkiler alanında ortaya çıkmaktadır.

Türkiye'nin göç konusu aracılığıyla kültürel anlamda Öteki olarak temsil edilmesi, siyasi yelpazenin aşırı sağında yer alan siyasi grupların söylemlerinde daha da belirginleşmektedir. Daha evvel de anıldığı üzere, ikinci alıntı sağ söylemin ortak özelliği olan, Türkiye'nin AB'ye alınmasının ardından AB'ye kitlesel göç vereceği korkusunun inşasına katkıda bulunmaktadır. Bu, esas olarak savaş metaforu ("fetih") ve tehdit *topos*'uyla yapılmaktadır. Savaşın kavramsal alanına giren metaforlarla Türkiye, dini ve kültürel anlamda "yabancı ve tehditkâr bir varlık" olarak (Tekin, 2010: 198) temsil edilmektedir. Bu da Avrupa açısından abartılı bir kültürel tehdit inşasına neden olmaktadır. Burada konuşan kişi, aşırı sağın Türkiye ve göç üzerine söyleminin tipik özelliği olan aşağılayıcı ırksal terimleri ("ilkel insanlar") açıktan açığa kullanmaktadır. Olumlu öz temsil (ekonomik avantajlar sağlayan ev sahibi ülke) suistimal *topos*'u yoluyla Ötekinin olumsuz temsiliyle (sistemi kötüye kullanan göçmenler) birlikte kullanılmaktadır. Bu uslamlama stratejisi ekonomik sistemin güya göçmenlerce sömürülmesine dayalı çok sık kullanılan bir yöntemdir ve ev sahibi ülkenin halkında görülen göçmen karşıtı ırkçı hissiyatı gerekçelendirmektedir. Kimi EEP-ED/EPP üyeleri için göç konusu Avrupalılarla Türkler arasındaki sözde kültürel uyumsuzluğu göstermek için ortaya atılırken, aşırı sağda yer alan üyeler bunun üzerine meselenin kültürel/ırksal yanlarına dayanarak kitlesel göç riskinin Avrupa'daki göçmen sorununu artıracağını da eklemektedir.

Bu gruplar arasında gözlemlenen kültürel uyumsuzluk varsayımı, birey ya da grup düzeyinin ötesine geçerek siyasi sistemi de sarmalamaktadır:

> EPP-ED 7: Avrupa kültürü öncelikle insan haklarını, demokrasiyi, güçler ayrılığını, kadın-erkek eşitliğini vurgulayan bir kültürdür. Toplumsal dayanışma ve ifade özgürlüğünü içerdiğini de söyleyebilirim. Ayrıca daha çok bir Avrupa ülkesine özgü olan bir şey daha ekleyebilirim: Avrupa tarihinin patolojilerine ilişkin bir suçluluk duygusu [...] Kültürel olarak hiçbir Avrupa ülkesinde devletle toplum arasındaki ilişki Türkiye'deki gibi değildir. Bence silahlı kuvvetler olmasa Türkiye'de laikliği sağlamak olanaksız olur. Bu, Avrupa ülkeleriyle çok büyük bir fark. İslam, dini değil kültürel bir sorun. Bu bir devlet anlayışı, tarihi algılama şekli, başkaları hakkında düşünüşünüzü etkileyen, çocuklarınıza davranışınızı belirleyen bir şey, ama en önemli farklılık kadınlara karşı davranışlarda yatıyor.

İkinci Bölüm'de ele alınan AB'deki Türk demokrasisinin durumu üzerine tartışmalarda (özellikle sağda) Türkiye'nin demokratik eksikliklerinin esas olarak İslam'dan kaynaklanan kültürel bir mesele olarak yorumlanmasıyla yeni şarkiyatçılığın su yüzüne çıktığı görülmüştü. Yukarıdaki alıntı, kültür üzerine yapılan tartışmaların yeni şarkiyatçılık ile aynı söylemlerarasılığa yol açtığına bir örnek teşkil etmektedir. Demokrasi, insan hakları, laiklik, toplumsal dayanışma, özdüşünümsellik ve cinsiyet eşitliğinin esasen ve eşsiz biçimde Avrupa'ya ait özellikler olduğuna ilişkin söylemsel inşanın açık bir tezahürüdür. Dolayısıyla, Türkiye hakkındaki AB söyleminde, demokrasi gibi sözümona "edinilmiş" üyelik kriterleri (Rumelili,

2004) ile özcü bir kültür anlayışı gibi kimlikle ilişkili "içsel kıstaslar" arasında belirgin ayrımlar olmadığına da işaret etmektedir. Bir başka deyişle, demokrasi ve insan hakları gibi görünüşte "edinilmiş" olan özellikler, bu belirli Avrupa kültür modeline uymayan Türkiye ya da herhangi başka ülkeyi dışarıda tutmak için içsel özellikler olarak da inşa edilebilir.

Yeni şarkiyatçı söylemin gücü, şarkiyatçılığın dini hayatın hemen her alanında sonuçları olan bir "kültürel mesele" olarak ele almasından kaynaklanmaktadır. Said (1978: 278-9), İslam'ın şarkiyatçılar tarafından bölgedeki toplumsal ve siyasi yaşamı bir bütün halinde açıklayan bir üstyapı olarak, Doğu'da nasıl "nihai öncelik ve tahakküm" sahibi şeklinde ele alındığını göstermiştir. Dolayısıyla İslam abartılı bir biçimde, "aynı anda hem bir toplumu, dini, prototipi hem de bir gerçekliği gösterecek şekilde" (Said, 1978: 299) temsil edilmektedir. Bu söylem Doğu'yla aşılması olanaksız farklar inşa etmekle kalmamakta, aynı zamanda Doğu'ya karşı bir üstünlük ilişkisi de kurmaktadır. Buradaki durumda, bir sorun olarak ifade edilen İslam; devlet yapılarında, tarihte ve toplumsal ve aile içi ilişkilerde belirleyici olarak olumsuz bir şekilde temsil edilmektedir. Bu da geri kalmış ve demokratik olmayan bir Türkiye karşısında ilerici, özdüşünümsel ve demokratik bir Avrupa inşasını kolaylaştırmaktadır.

Yeni şarkiyatçı söylem Türkiye'de sekülarizm konulu tartışmalarda özellikle kendini göstermektedir. Türkiye'de sekülarizm üzerine yapılan çalışmalar, Cumhuriyetin kurulmasından bu yana sekülarizmin iki söylemsel eksende inşa edildiğini göstermektedir: devletle dinin ayrılığı ve dinin devlet tarafından kontrolü.[3] Öyle ki, toplumsal ve siyasi yaşamın büyük bir kısmına egemen olmuş olan din üzerindeki ileri derecede kontrol, Türkiye'deki sekülarizmin akademik literatürde "zorlayıcı sekülarizm" (Kuru, 2009) veya devletin dini kamusal alandan sürerek sadece özel hayatla sınırlamayı hedeflediği belirli bir "laiklik" türü (Shakman Hurd, 2007) olarak yorumlanmasına yol açmıştır. Yukarıdaki alıntıda görüldüğü üzere, AP'deki merkez sağ ve aşırı sağ grupların büyük kısmı için Türkiye'deki devlet ve din ayrımı, "kontrol" unsuru olmaksızın sürdürülemez. Bu da Türk ordusuna laikliğin geleneksel bekçisi olarak siyasi bir rol biçmektedir. Bu görüş, İslam'ın doğası gereği "siyasi" bir din olduğu, demokrasiye aykırı önlemler alınmadığı takdirde ülkenin siyasi hayatında her yanı işgal edecek potansiyeli taşıdığı anlayışına dayanmaktadır. Bu da bir kısır döngüye yol açmaktadır: Türkiye Avrupai anlamda "seküler" olamaz, çünkü egemen dinin doğası, dinle devletin ayrımından öte etkili bir devlet kontrolü gerektirmektedir. Ancak Türkiye Avrupa tarzı bir "demokrasi" de olamaz, çünkü bahsedilen kontrol mekanizması ancak demokratik ölçütlerden feragatle, örneğin askeriyeye bekçi rolü verilerek sürdürülebilir. Türkiye'de sekülarizmin ve demokrasinin yetersizliği kalıcı addedilmektedir, çünkü "Avrupa tipi sekülarizm ve bunun uzantısı olan Avrupa tarzı demokrasinin barınmasını sağlayan ortak kültürel ve dini temelleri paylaşmamaktadır"(Shakman Hurd, 2006: 409).[4]

EPP-ED/EPP üyelerinin küçük bir kısmı için, Türkiye, Avrupa'nın kültürel homojenliğini seyreltme potansiyeline sahip olsa da bu durum AB'den dışlanmasını gerektirmemektedir:

> EPP-ED 2: Bence biz bir düşünce, değerler, tarih topluluğuyuz ve bunu da ifade etmem lazım, bir derece de kültür topluluğuyuz. Tabii buralara girince Türklerin katılımına ilişkin zorlukları görmeye başlıyoruz. Avrupa'da elbette bir kültürel homojenlik yok. Bir sürü farklılık var, ama yine de bazı ortak temalar var. Bence asıl önemli olan AB'nin demokratik ilkelere, özgürlüğe, piyasa ekonomisine, bu tip şeylere bağlılığa dair değerlerden müteşekkil bir topluluk olarak görülmesidir. Yani buradan bakarsak bu AB ile ilgili olarak teorik bir sınır yok, ama yine de bütünleşmiş bir Avrupa'nın varlığından ziyade egemen uluslardan oluşan bir topluluğa varıyoruz.

Yukarıda yer alan, AB'ye –katılımın demokrasiye ve işleyen bir piyasa ekonomisine sahip olma kriterlerinden oluştuğu– bir değerler birliği olarak yaklaşan görüş, EPP-ED/EP'nin 2009 öncesi Britanyalı veya Güney ülkeleri ve İskandinav ülkeleri gibi belli ulusal fraksiyonlarıyla yapılan mülakatlarda sıklıkla görülmektedir. Yine de görüşme yapılan kişi "(kültürel) ortak temalar" metaforuyla Avrupa'yı birbirine bağlayan bazı temel özelliklerin altını çizerken Türklerin katılımının yol açabileceği "zorluklar"a örtmeceli biçimde atıfta bulunmaktadır. Türkiye'nin kendisini Avrupa'dan farklı kılan kültürel özelliklerine rağmen AB'ye katılımını olası kılan, AB'ye klasik eşitlik metaforu olan "egemen uluslar topluluğu" yoluyla hükümetlerarası bir örgüt olarak yaklaşılmasıdır. Başka bir deyişle, Türkiye'nin temel farklılıkları, özdeşleşmenin ulus-devlete yönelmesi ve doğası gereği Türkiye'yi dışlayacak olan sınırları belirli bir "Avrupa"ya yönelik olmaması koşuluyla, hükümetlerarası bir AB için sorun oluşturmamaktadır.

Üye Ülkeler

Fransa

UMP ve UDF üyelerinin büyük bir çoğunluğu Avrupa'yı sabit, özcü ve dışlayıcı bir kültürel varlık olarak inşa etmektedir. Onlara göre Türkiye'nin AB'ye katılımı bu varlığın kültürel homojenliğini tehdit etmektedir.[5] Bu temsil çeşitli söylemsel yollarla gerçekleştirilmektedir; bunlardan biri, modern ulus-devletteki "ulus"a denk gelen uyumlu bir Avrupa oluşturmaktır:

> Egemenlik cephesinde birlikte hareket etmek için demokratik kurumlara sahip olmak gerekir! Bu, topluluğun veya federal yaklaşımın ikinci yönüdür.[6] Güç olan yerde demokrasi de olmalıdır [...] Ve demokrasinin işleyebilmesi için Avrupa vatandaşları yeterli ortak referans noktalarına, aynı dünya ve insanlık görüşüne sahip olmalılar. Kültürel birlik olmaksızın siyasi birlik olamaz!

> (Bayrou, UDF, 14 Ekim 2004)

UDF lideri Bayrou'nun Türkiye'nin AB'ye katılımına itirazlarını sıraladığı bir konuşmadan alınmış olan yukarıdaki sözlerde, önceden beri var olan bir topluluğa ve onun egemenliğine dayalı olan özcü bir demokrasi anlayışı ulus-devletten Avrupa'ya aktarılmaktadır. Avrupa'nın siyasi bir proje olarak inşası ile var olan söylemlerarasılık çok belirgindir. Siyasi bir birlikle kültürel homojenlik arasında söylem düzeyinde bir denklik kurulmuştur. Bu, Derrida'nın terimlerini kullanarak bir "ontopoloji" eylemi olarak tanımlanabilir, çünkü toprak ile homojen, özcü bir aidiyet arasında, yani devletle ulus arasında bir uyuma gönderme yapılmaktadır.

Başka durumlarda Avrupa'nın kültürel homojenliği, "Avrupa halkı"na açık bir şekilde atıfta bulunmayan söylemsel stratejilerle desteklenmektedir:

> Avrupa kültürümüz sadece Hıristiyan değildir; aldığı Yahudi-Hıristiyan miras, laiklik [*laïcité*] kavramının icadına, dolayısıyla dinle devlet arasında kesin bir ayrımın garantilenmesine yol açmıştır. Bu durum Türkiye için geçerli değildir; Türkiye halen bir İslam ülkesidir. Evet, tüm ülkeler gibi o da komşularının etkisine maruz kalmıştır. Laiklik de bunlardan biridir. İyi de laikliği korumak için kaç kere daha güç kullanmak gerekecek? Tıpkı dün gibi yarın da, demokratikleşme olsun olmasın, bu ülke Asyalı ve Müslüman olacak [...] Türkiye üye yapılınca onunla sınır komşusu olan İran, Irak veya Suriye'nin de mi [Birliğe] alınması gerekecek?

> (Riviere, UMP, 14 Ekim 2004)

Yukarıdaki alıntıda sınırları belirli bir Avrupa kurgusu için kültür ve tarih *topos*'ları kullanılmıştır. Avrupa'yı güneyinde kalan "komşular"ını dışarıda bırakacak biçimde coğrafi açıdan sınırlı bir bütünlük olarak inşa etmede sınır *topos*'undan da yararlanılmıştır. Alıntı ayrıca Avrupa'nın sıklıkla birlikte kullanılan, inşa edilmiş kültürel ve tarihsel kimliğinin içeriğine de ışık tutmaktadır. Hıristiyanlıkla temellendirilen kültür, laikliğin yolunu açan "Yahudi-Hıristiyanlık mirası" atfıyla tarihi bir çerçeveye oturtulmaktadır. Burada üç noktanın altının çizilmesi gerekmektedir.

Birincisi, Fransızların tüm siyasi gruplarının söylemlerinde Türkiye'nin katılımı bağlamında laiklik ilkesinin sürekli zikredilmesidir. Fransız Cumhuriyeti'nin laiklik modelinde din ve devletin birbirinden kesin hatlarla ayrılması ve bunun Avrupa'ya da yansıtılması Avrupa düzeyinde Fransız Cumhuriyeti ilkelerinin tekrarlanmasıyla söylemlerarasılığın bir başka örneğidir. Ancak bu inşa, AB ülkelerinde görülen farklı sekülarizm anlayışlarının altını çizen anlatımları bütünüyle dışlamaktadır.[7]

İkinci nokta, sözde Yahudi-Hıristiyan mirasının laiklik ilkesinin tarihi bir gerekçesi olarak zikredilmesidir. Bottici ve Challand (2011: 67-8)'a göre, Batı medeniyeti ve onun temel düzenleyici ilkelerinin ardında yatan Yahudi-Hıristiyan geleneği, "1945 sonrasında icat edilmiş bir gelenek" olarak iç farklılıkları silmek suretiyle Batı'da/ Avrupa'da homojenlik elde edilmesini sağlamaktadır. Dolayısıyla Yahudi-Hıristiyan mirasının laikliğin[*laïcité*] temeli olarak görülmesi, sadece AB-Türkiye ilişkilerine dair konularda ortaya çıkmamaktadır. Örneğin, Fransız Parlamentosu'nda Stasi Komisyonu olarak bilinen ve Fransız okullarında açık dini sembollerin yasaklanmasını getiren kanun teklifini 2004 yılında sunan komite, laiklik ilkesinin ülkede uygulanmasına dair raporunda Yahudi-Hıristiyan mirasının laiklik ilkesine olan "dolaylı katkı"sından bahsetmiştir (Bottici ve Challand, 2011: 68).[8]

İkinci noktadan devam eden üçüncü nokta ise, özcü bir özellik olarak Avrupa ve Hıristiyanlığa özgü olan bir laiklik[*laïcité*] ilkesi inşasının, sekülarizmin nüfusu ağırlıklı olarak Müslüman olan ülkelerde ancak kuvvet kullanımıyla (üstü kapalı olarak Türk ordusuna gönderme yapılarak) sağlanabileceğini ima etmesidir. Daha önce belirtildiği gibi, bu iddia İslam'ın doğası gereği siyasi bir din olarak kavramsallaştırılmasına dayanmaktadır. Bu söylem uyarınca siyaset kültürden ayrılamaz, dolayısıyla dinle devletin ayrılmasını yalnızca Batı'ya özgü bir özellik olarak gören yeni şarkiyatçı söylemle de paralellik içermektedir. Bu özellik, önemli bir bileşen olarak ortak bir Hıristiyan mirasa dayanmaktadır.[9] Bu, Müslüman toplumlara ilişkin, "din ile devlet arasındaki ilişkinin baştan belirlendiği, zaman ve mekân içinde değişkenlik gösteren daha sonraki tarihsel gelişmelerin sonucu olmadığı" biçimindeki tarihdışı görüşün uzantısı olarak görülebilir (Sabra, 2003).

"Kültür" kavramının özellikle göç konusundaki farklı kullanım biçimlerini daha iyi anlamak için mülakat verilerinden yararlanmak mümkündür:

> UMP 5: Türkiye büyük bir ülke, nüfusu da Almanya'nınkinden de fazla, ki Almanya'nın nüfusu ikinci en önemli nüfus. Avrupa'ya geliyorlar ve aynı dile, kültüre, dine sahip değiller. Başlarda çok zor olacak. Peki, biz onları yaşam biçimimize dahil edebiliyor muyuz? Çünkü yaşam biçimi Portekiz'de de aynı Finlandiya'da da. Tam olarak aynı. Dil, yemekler filan değişebilir ama yaşam biçimi aynıdır, çünkü Avrupa tarzı yaşam biçimi aynı dine dayanır. Büyük farklılıklar yoktur. Ortaçağdan gelen bir ülkeyle bunu yakalayabilir miyiz?

Yukarıdaki alıntıda "onları (Türkleri)" temel, sabit ve genel bir kültürel/dini özellik olarak "Avrupa tarzı yaşam biçimi"ne "dahil etme"ye yapılan göndermenin, AB'deki

Müslüman göçmenler hakkındaki "kültürel tehdit" retoriğini içeren, milliyetçi, göç karşıtı söylemle bir söylemlerarasılık vakası oluşturduğu düşünülebilir.[10] Bu Ötekileştirmenin sadece mekânla değil (tartışmalı kültürel farklılıklar bağlamında) zamanla da ilgili olduğunun altı çizilmelidir. Bu durum, Türkiye'ye atfedilen, onu ortaçağa ait bir ülke olarak gösteren aşağılayıcı zamansal kimlikte görülebilir. Dolayısıyla, tıpkı çoğunlukla "anavatan"larının geçmişinden "göç ettikleri" ülkenin "şimdiki zaman"ına diyakronik olarak geçmeleri beklenen göçmenler gibi, Türkiye de Avrupa kültürel modelinin temel ilkelerini kabul etmediği sürece "ilkel bir geçmiş"e saplanıp kalmaya mahkûmdur (Blommaert ve Verschueren, 1998: 101-2). Blommaert ve Verschueren (1998: 99)'de belirtildiği üzere, zamansal ve mekânsal olarak bu tarzda bir kültürel Ötekileştirme, farklılıkların kıyıda köşede kaldığı, "norm olarak homojen bir topluluk görüntüsü" üretmektedir. Dolayısıyla Fransız Cumhuriyeti'nin göçmenlere yönelik "asimilasyoncu bütünleşme" modeli Avrupa düzeyinde yeniden üretilmektedir. Avrupa, Türkiye'nin katılımı karşısında, tıpkı Fransız toplumunun ve Fransa Cumhuriyeti'nin göç karşısında olduğu gibi, tek, bölünmez ve homojen olarak kurgulanmaktadır.[11]

Jacques Chirac'ın 2002-2007 yıllarındaki ikinci cumhurbaşkanlığı döneminde, Fransa'da Türkiye hakkında yoğun tartışmalar yaşanmış olduğu görülmüştür. Dışişleri Bakanı gibi mecliste hükümet adına konuşan bazı UMP üyeleri, kültürel olarak homojen bir Avrupa'nın aleni inşasından uzak dursa da, tamamen karşısında da durmamıştır. Bunun nedenini, o dönemki Fransa Cumhurbaşkanı Chirac (ve hükümeti) ile partisi (UMP) arasındaki Türkiye'nin katılımına dair politikalara ilişkin ayrımda aramak yanlış olmayacaktır. Schmid (2007: 20-7), Cumhurbaşkanı'nın Türkiye'nin katılımını tamamen desteklemese de tümüyle reddetmeyen, partisinin ise Türkiye'nin üyeliğini açıkça reddeden resmi yaklaşımı arasındaki güçlü ikiliği ortaya sermiştir.[12] Ancak bu yorumun dikkatle ele alınması gerekmektedir; zira buradan UMP üyesi olan hükümet temsilcilerinin de bu tarz özcü inşalardan uzak durdukları anlamı çıkarılmamalıdır. Zira o dönemki Fransa Başbakanı Raffarin, sıklıkla hem kendi partisi içinden hem de diğer partilerden gelen muhalif soruları yanıtladığı meclisteki tartışmalarda bu gibi inşalardan uzak dursa da, *Wall Street Journal*'daki röportajında Türkiye'nin katılımına dair bir soruya "İslam nehrinin sekülarizmin nehir yatağına girmesini istiyor muyuz?" cevabıyla karşılık vermiştir.[13] Bu, söylemde belirgin dışlamalara yol açan, kültürel dayanakları olan bir homojenlik inşasının, Chirac hükümetinin belirli üyeleri için Türkiye'nin katılımına dair kararsız olmalarını açıklamaları ve gerekçelendirmeleri konusunda gerek kendi partilerinin gerekse muhalefet partilerinin üyelerinin sorularını yanıtladıkları meclis görüşmelerinin söylemsel bağlamıyla kısıtlanmış olabileceğini göstermektedir. Bir başka deyişle, özcü temellere dayanan açık bir Ötekileştirme, hükümetin muhalifler nezdinde Türkiye'nin katılımı konusundaki müphemlik söyleminin sağlamlığını zedeleyebilirdi. Bu nedenle bu tarz söylemler gayet nadiren ve ulusal meclis dışındaki söylemsel alanlarda dile getirilmiştir. Raffarin'in beyanından hemen sonra *Le Monde*'a bir röportaj veren Dışişleri Bakanı, Başbakan'ın sözlerinin çarpıtıldığını ve "liderlerin ve halkların dininin Avrupa Birliği'ne giriş ölçütü olmadığını" söylemiştir.[14] Türkiye'nin katılım talebine açıkça dini ve kültürel temelli bir tavırla karşı çıkan Cumhurbaşkanı Nicolas Sarkozy döneminde ise böyle bir belirsizliğin olmadığı görülmektedir.[15]

Almanya

CDU/CSU grubundaki tartışmalar, sıklıkla Avrupa'nın sınırları belli, özcü ve dışlayıcı bir topluluk olarak inşa edilmesine yol açmaktadır. Kültür ve tarih *topos*'ları birlikte kullanılarak coğrafi açıdan sınırları belli olan, dışlayıcı ve homojen bir Avrupa inşa edilmektedir:[16]

> Avrupa kimliği, kültürel ve tarihsel bir mirasla birlikte küreselleşmiş bir dünyada ortak sorumluluk anlamına gelir. Bunu görmeyenler tam siyasi birliği ve siyasi harekete geçme kapasitesi olan bir Avrupa'yı riske atarlar [...] Avrupa'nın sınırları İran ve Irak'a uzanamaz. Hiçbirimiz oralarda kendimizi Avrupa'da hissetmeyiz. O bölgelerde yaşayan Türkiyeli insanlar da Avrupa'da olduklarını hissetmezler.
>
> (Schaeuble, CDU/CSU, 29 Ekim 2004)

Yukarıda yer alan alıntıda, Avrupa homojen bir kültür ve tarihe sahip ve bu öze dayanarak Türkiye'yi dışlayan bir topluluk şeklinde inşa edilmektedir. Avrupa'nın coğrafi açıdan sınırları belli olan, tarihi ve kültürel açıdan birleşik bir topluluk olarak inşasında kültür *topos*'u ve tarih *topos*'u sınır *topos*'uyla birlikte kullanılmaktadır. Türkiye'nin güney sınırlarına ve bu sınırlara yakın bölgelerine yapılan atıflar, Avrupa ile Avrupa dışı arasında kesin coğrafi sınırlar çizmeye yaramaktadır. Ancak bu resim, sırf kıtasal bir şekillendirmeden ibaret değildir. Eleştirel coğrafyacıların altını çizdiği üzere, dünyanın coğrafi bölünmesi "nesnel" ya da "tarafsız" değil, merkez(ler) ile çevre(ler) arasındaki güç ilişkisini oluşturacak biçimde sosyal ve siyasi açıdan inşa edilmiş olarak görülmelidir (Henrikson, 1994). Bu sav, paralelinde, "kendini Avrupa'da hissetmek" ifadesi, kendisini çevreleyen Ötekilerden, yani bölgelerine bağlı olarak tam da Avrupalı olmayan Türkiye ve tamamen dışarıda kalan güney komşuları İran ve Irak'tan, kültürel ve tarihi temelde farklı bir Avrupa oluşturmaktadır. Siyasi bir Avrupa Birliği için homojen bir kültür, tarih ve açıkça tanımlı sınırlar gereksinimi, sınırlı toprak ve homojen kimlik arasında yakın uyuma sahip ulus-devlet ontopolojisinin Avrupa düzeyinde yeniden inşa edildiği bir başka örneği oluşturmaktadır. Bu siyasi birliğin işleyeceği ortam "küreselleşmiş bir dünya"dır. Bu da güçlü bir iç/dış kimlik gerektirdiği iddia edilen "küreselleşme" kavramının Alman siyasi söylemindeki önemini tekrar göstermektedir.

Aşağıda yer alan alıntı "ayrıştırma"ya bir örnek teşkil etmektedir. Ayrıştırma, CDU/CSU verilerinde homojen bir Avrupa tarihinin ve kültürünün oluşturulmasına yönelik kullanılan birleştirici ve teleolojik tarihsel söylemlerin inşasında tarihi olayların keyfi seçimi anlamına gelmektedir:

> CDU/CSU 1: Avrupa'ya dair olan birkaç şey var bence. Öncelikle ortak bir tarih var, bu da şimdiki toplumların ve devletlerin fiili haline tekabül ediyor ve birkaç şeyi bir araya getiriyor. Yani Batı geleneği dediğimiz, elbette Roma etkisiyle başlıyor [...] Sonra Hıristiyanlık var, ister inanın ister inanmayın, ortak geleneğimizi şekillendirmiştir; buna düşünmeyi etkileyen Reform sürecindeki bölünme de dahildir. Sonra fikirlere bireysel açıdan yaklaşma var, bu bir şekilde zaten Roma hukukunda vardır. Ama skolastik dönem ve bireyi öne çıkaran Rönesans da var. İşte bunlar o unsurlardır. Elbette Aydınlanma [...] Türkiye'ye dair bazı unsurlar var ki, bu anlattığım şekliyle Avrupa kültürünün kesinlikle bir parçası; bir de başka unsurlar var ki, o kadar değil. Bazıları seçim meselesidir, bir de seçmenin söz konusu olmadığı, değerleri ve tecrübeleri benimsemenin seçime tabi olmadığı durumlar vardır. Balkanlar'daki bazı bölgeler için de bu durum geçerlidir.

Yukarıda başvurulan ayrıştırmada, konuşmacı "Roma İmparatorluğu"nu, "Reform"u, "Rönesans"ı, "skolastik dönem"i ve "Aydınlanma"yı tarihi açıdan birleşik Avrupa'nın kökleri sıfatıyla aradan seçmektedir. Tarihsel modelin oluşturulması, Avrupa'nın ortak bir kültürel alan olarak inşasıyla sıkı sıkıya ilişkilidir; çünkü bu tarihsel özgüllükler, pozitif olarak temsil edilen Avrupa kültürel modelinin temeli olmakla isnat edilmektedir. Bu determinist tarih kavrayışı Avrupa'da "son derece kaynaşmış ve idrak edilmiş sabit bir bütün" (Kaya, 2001: 33) olarak, klasik modernitenin temel paradigmasında olduğu üzere bütüncül bir kültürel alan inşasını sağlamaktadır. Bu bütüncül doğa da Türkiye ve Balkan ülkeleri gibi Avrupa kültürel modelinin tarih söylem(ler)inin sınırlarının dışında kalan Ötekilerin dışlanmasına yol açmaktadır.

CDU/CSU milletvekillerinin Avrupa'yı Türkiye karşısında demokratik değerlerin asli taşıyıcısı şeklinde kurgularken bütünlüklü bir Avrupa kültürü anlatısını kullanmaları ikinci bölümde ayrıntılı olarak ele alınmıştı. Burada CDU/CSU'nun Türkiye/Avrupa söyleminde "kültür"ün hangi farklı yollardan tanımlandığı örneklenmektedir:

> CDU/CSU 6: Türkiye nereye gideceğine karar vermeli. Bir yandan, dini özgürlükleri garanti ederek kendini Birliğe entegre edebilir ve Müslüman örgütlerin bugün olduğundan daha köktenci hale gelmesi riskini alabilir. Diğer taraftan dini toplulukların denetleyicisi rolünü vurgulayabilir, ama o

zaman da AB ile bütünleşmenin gerekliliklerini yerine getiremez [...] Tabii, Türkiye'de din özgürlüğünün olmaması da, Türkiye'de askerin rolünün büyük olması da kültürel meselelerdir.

Yukarıdaki alıntıda din özgürlüğü ve askerin sivil denetime tabi olması söylemsel açıdan kültürel özellikler olarak inşa edilmekte ve Türkiye özü gereği bunları sağlayamamaktadır. Daha önce AP ve Fransız siyasi söylemi bağlamında görüldüğü üzere bu iddiadaki içkin varsayım, İslam'ın doğası gereği siyasi bir din olduğu, Türk ordusunun denetimi altına alınmadığı takdirde siyasi yaşama egemen olacağı yönündedir. Salvatore'nin sözleriyle (1999: xx; aktaran Shakman Hurd, 2007: 117) ifade edersek, "İslam'a doğası gereği siyasi bir boyut yüklenmesi, bu dinin varsayılan normallikten ve 'İslami' idarenin normal bir siyaset kavramından ve uygulamasından ne derece saptığını gösterir." Dolayısıyla iki belirgin siyasi düzen kurgulanmaktadır: Biri modern, üstün ve normal, (Avrupa'da somutlaşan) Avrupa/Batı seküler ilkelerine dayanan siyasi düzendir, diğeri ise bunun Türkiye'de uygulanmakta olan uyumsuz taklididir.

Göçün ve göçle ilgili sorunların kültürel temellere dayandırılması yoluyla kültürelleştirilmesi, mülakat verilerinde sıklıkla görülen bir yaklaşım olup, CDU/CSU'nun Türkiye söyleminde kültürel olarak homojen bir Avrupa'nın inşa edilme şekillerinden birini daha teşkil etmektedir:

> CDU/CSU 2: En büyük Türk topluluğun bulunduğu ülke Almanya'dır. Bugünlerde eğitim sektörünün durumunda ve göçmen aileler ile onların entegrasyonuna veya entegrasyonun yokluğuna dair diğer meselelerde sorunlar söz konusudur. Elbette, Almanya'da göçmenlerden bahsedilmesi, konunun hemen Türkiye'ye gelmesi demektir. Bir de elbette işin kültürel kısmı var; sözümona namus cinayetleri, okullarda şiddet meselesi var.

Yukarıda yer alan alıntıda Almanya'daki Türk göçmenlerin "uyum sorunları"nı açıklamada kültür *topos*'u kullanılmaktadır. Bu yolla, göçmenlerin ev sahibi toplumlarda karşılaştıkları sorunları açıklamada sosyoekonomik unsurları, güç ilişkilerini ve ayrımcılığı hesaba katan alternatif yorumlar söylem harici tutulmaktadır. Almanya özelinde, bu kültürel uyumsuzluk varsayımında kullanılan ortak bir referans noktası, Almanya'daki Türk göçmenler arasında yaşanan namus cinayetleri/suçlarıdır. Muhafazakâr siyasi seçkinler bu cinayetleri İslam'ın önemli bir bileşeni olarak görseler de sözde Yahudi-Hıristiyan dünyada da cinayetlere rastlanmıştır (Kaya, 2010: 55). Bu cinayetlerin varlığını İslam'ın getirdiği sabit bir kültüre dayandırmak, hane içi şiddet ve namus suçlarını açıklamada "eğitimsiz, alt sınıftan göçmenlerin yaşadıkları göç, dışlanma ve yoksulluk gibi travmatik olaylar"ı vurgulayan alternatif açıklamaların susturulması anlamına gelmektedir (Kaya, 2010: 55).

"Entegrasyon yokluğu"nu "kültür"le açıklamak aslında Türk göçmenlerin Alman toplumunun kabul edilebilir üyeleri olmaya uygun olmadıklarını ima etmekte, bu da onların "homojen" ev sahibi toplum tarafından dışlanmalarına yol açmaktadır. Altı çizilmesi gereken bir başka konu, Almanya'daki Türk göçmen topluluğuyla Türkiye'de yaşayan Türk nüfus arasındaki ayrımın söylemsel düzeyde belirsizleşmesidir. Türkiye'den gelen göçmenlerin Almanya'da elli yılı aşkın bir süredir yaşamalarına rağmen, göçmenlerle anavatanlarını birbirine bağlayan sabit ve iptidai bir kültürün inşa edildiği göç tartışmalarında "kültür dinamiği" kavramına neredeyse hiç rastlanmamaktadır.

Britanya

Önceki bölümde, Britanya söyleminde Türkiye'nin aslen Avrupalı olarak inşa edilmediği, ancak AB'nin bireysel çıkarlarının peşinde ulus-devletlerden oluşan bir siyasi proje şeklinde temsil edildiği söylemlerde müstakbel bir AB üyesi olarak yer bulduğuna çeşitli örneklerle değinilmişti. Mülakatlar, Britanya siyasi söyleminde Avrupa'nın Türkiye'yi dışarıda bırakan kültürel bir mekân ama bu ülkeyi içeren bir siyasi proje olarak inşa edildiğini daha net bir biçimde göstermektedir:

> İŞÇİ 1: Bence gerçek bir sorunumuz var, Avrupa'dan coğrafi ve tarihi bir varlık olarak bahsediyoruz. Ben çocukken Avrupa doğuda Ural Dağları'na, İstanbul veya Konstantinopolis'e kadar uzanıyordu. Bir yanda coğrafi bir şey var, şimdi de siyasi bir şey var: Norveçliler Avrupalı ama Birliğe dahil değiller. Karıştırıyoruz yani. Ama bence bu çok tehlikeli bir şey. Ve bence, tek para biriminin bir parçası olan ülkeler, şimdikinden çok daha derin bir siyasi birlik isteyecekler ve olmayanlar yakın gelecekte [Birliğe] giremeyecek ve güçler yeniden tanımlanmaya başlanacak. Türkiye bunu hızlandıracak ama çok ciddi anlamda değil. Bence Avrupa Hıristiyan, büyük ölçüde beyaz bir kültürel birim, ama siyaseti, siyasi yapısı bu yönde değil.

> MUH 1: Evet, eğer Avrupa'nın bir ülke olduğu veya olması gerektiği düşünülüyorsa, ki ben buna katılmıyorum, kültürel uyumsuzluk bu düşüncenin önemli bir parçası. AB'nin bir ülke olduğunu inkâr ediyorlar, ama meclis, mahkeme, kanunlar, bayrak ve marş gibi bir ülkenin birçok özelliğini barındırıyor. AB'nin daha aşırı taraftarları gibi düşünürsek Türkiye kültürel açıdan uyumsuzdur. Ama ben Türkiye'nin gerçek bir dostu olarak bunu reddediyorum. Türkiye'nin düşmanları engelleri yükselterek bizim Avrupa görüşümüze uymak zorundasınız diyorlar. Bundan kasıtları AB. AB ile Avrupa'yı denk tutuyorlar.

İşçi Partili bir vekilin sözlerini içeren ilk alıntıda coğrafi, tarihi, kültürel, dini hatta ırksal olarak ("'beyaz' bir kültürel birim") sınırları belirli bir Avrupa ile ulus-devletlerin kendi iradeleriyle katıldıkları siyasi bir proje olarak Avrupa arasında inşa edilmiş bir farklılık görülmektedir. Türkiye ilkinden dışta tutulmakta, çünkü hem coğrafi hem de tarihi olarak Avrupa'nın güneydoğu sınırı İstanbul'dan öteye uzanmamaktadır. Hıristiyan dinine atıf yapılarak ülke özcü olarak dışlanmaktadır. Ancak buna rağmen ikinci Avrupa vizyonuna dahil edilmektedir, çünkü katılımcının siyasi bir proje olarak Avrupa inşası, akademik literatürde *à la carte Avrupa* (Dahrendorf, 1979, aktaran Warleigh, 2002: xi) başlığıyla ya da eski Komisyon Başkanı Jacques Delors gibi ileri gelen AB görevlilerince "değişken geometri" ve/veya "eşmerkezli daire" Avrupası (Usher, 1997) olarak ifade edilen görüşlerle uyumludur. Bu görüşler akademik literatürde de yerini bulmuştur; AB'yi "kural ve politikaların [...] herkes için değil sadece devletlerin kabul ettiği kadarıyla geçerli olduğu" (Beck ve Grande, 2007: 75) şeklinde tanımlamaktadırlar. Bu tanım, eski Dışişleri Bakanı İşçi Partili Jack Straw'ın sözleriyle, Avrupa için daha homojen bir kültürel kimlik öngören "daha dar bir AB görüsü"ne aykırı düşmektedir.[17] Bir diğer ifadeyle, devletler arasında, iradelerine ve belli alanlarda bütünleşme becerilerine bağlı olarak farklı katılım düzeyleri olabilir, bu da mitik bir Avrupa görüsünde kabul edilemeyecek bir kültürel çeşitliliğin kabulü anlamına gelmektedir.

Görüşleri yukarıda yer alan Muhafazakâr Partili ikinci katılımcı, söylemsel olarak araya mesafe konan "onlar"ın olumsuz temsili yoluyla benzer bir inşada bulunmaktadır. Bu şekilde, ulus-devlet modelinin yansıdığı, siyasi olarak birleşik bir Avrupa görüşünü destekleyen federalistlere atıfta bulunmaktadır. Türkiye, (inşa edilmiş olan) kültürel uyumsuzluğu nedeniyle bu tasavvurun sınırlarının dışında kalmış görünmektedir. Buradaki için varsayım, Türkiye'nin ait olmadığı, Türkiye'nin katılımının homojenliğini tehdit ettiği vazgeçilemez, homojen bir Avrupa kültürünün var olduğu, Avrupa'nın da bir ulus-devlet olarak yapılandırıldığıdır. Mitik bir Avrupa ile ulus-devletlerden müteşekkil AB biçiminde siyasi bir proje olarak Avrupa arasında inşa edilen fark, Türkiye'nin ikincisine dahil edilmesine yol açmaktadır. Konuşmacı, kendini "Türkiye'nin gerçek dostu" olarak gösterip "AB'nin aşırı yandaşları"yla yani federal bir Avrupa yanlılarıyla denk görülen "Türkiye'nin düşmanları"na karşı kendi olumlu temsilini yapmaktadır. Ancak Türkiye'nin katılımı konusundaki pozitif duruşun, dışlamanın özcü temellerini reddetmenin değil gevşek bir Birlik yönündeki siyasi tercihin göstergesi olduğu akıldan çıkarılmamalıdır. Türkiye'nin dışında olduğu (inşa edilmiş) bir kültürel Avrupa kimliği olsa da bu AB'ye yansıtılmamaktadır. Bu da Türkiye'nin kültürel açıdan Avrupalı olmadığı, ancak Birliğe katılmaya uygun bulunduğu anlamına gelmektedir.

Avrupa'da Kültürel Çeşitliliğe Katkı Yapan Bir Ülke Olarak Türkiye

İncelemeye tabi olan söylemsel alanların tamamında sıklıkla karşılaşılan bir başka temel temsil, Türkiye'nin Avrupa'daki kültürel çeşitliliğe katkıda bulunacak bir ülke olduğu yönündedir. Bu temsil yoluyla Avrupa, çeşitliliğe saygı duyan, kapsayıcı, çokkültürlü bir birim olarak kurgulanmaktadır.

Avrupa Parlamentosu

Bu temsil daha ziyade AP'deki sol ve liberal gruplarda görülmektedir. Bu grupların üyeleri büyük çoğunlukla Avrupa'ya kültürel çeşitlilik özelliği atfetmekte, Türkiye'yi dışarıda bırakan kültürel savların gerekçeli olmadığını ileri sürmektedir:[18]

> ALDE 3: Benim için Avrupalı olmak, Türkiye aleyhine kullanıldığı gibi tek bir kültür demek değildir. Avrupalı olmak elbette ki coğrafya ve değerlerin bir karışımıdır ve bu değerleri açıklamak için iki teorim var: Birincisi Avrupalılık değerlerinin dayandığı üç şehir var. Bunlardan ilki tek tanrılı dinlerin ilk çıktığı yer olan Kudüs [...] İkincisi, insanlığa demokrasiyi getiren Atina. Üçüncüsü de hukukun üstünlüğünü getiren Roma. Üç temel değer bunlar işte: tek tanrılık, demokrasi ve hukukun üstünlüğü. Türkiye de bu üç şehrin yoğun etkisi altındadır. Diğer yandan, bu değerlere dayanarak bir tür Avrupa modeli yarattık. Avrupalılığın sembolü de olan bu modelle dünya çapında yüksek demokrasi, sosyal güvenlik, etik ve çevre standartları ve zenginliğimiz var [...] Avrupa modelimizi korumayı becerirsek biliyorum ki birçok başka bölge ve blok bizi taklit etmeye çalışacak.

> Avrupa Halkları Partisi (European People's Party) adına Bay Poettering'in Türkiye ile ilişkilerimize bir de sözde kültürel kıstaslar eklediğini duyunca endişelendim. Neye atıfta bulunuyordu? Avrupalılarla Türkler arasında Ankara'nın elinden ülkesinin Avrupa Birliği'ne girme şansını alacak, önüne geçilmez kültürel farklılıklar olduğuna mı? Bu kabul edilemez görüşe tamamen karşıyım. Avrupa'da kültürel farklılığa kucak açarız. Siyasi ilkeler, demokrasi, insan haklarına saygı ve azınlıklara ve Kürt halkına adil davranılması ve uluslararası hukuka uyulmasını isteyebiliriz. Ama başka bir ölçüt eklemek kelimenin tam anlamıyla Avrupa'ya yakışmaz.

> (Carnero Gonzalez, PES, 6 Ekim 1999)

Yukarıda yer alan ilk alıntı Avrupa'yı öncelikle coğrafi bir mekân olarak kurmaktadır. Sol ve liberal gruplar da Avrupa'yı coğrafi anlamda dışlayıcı olarak sınırlamak istemekte, sağ grupların inşa ettiği sınırlara kıyasla daha esnek inşa edilen bu sınırlar hemen her zaman AB'nin güney/Akdeniz komşularını dışarıda bırakmaktadır.[19] İkinci Bölümde ele alındığı üzere coğrafyayla beraber "Avrupa değerleri" de projenin merkezinde yer alacak şekilde kavramsallaştırılmaktadır. Sol ve liberal söylemde dikkat çekici olan, bu değerlerin genelde Yahudi-Hıristiyan mirasını, demokrasinin

KÜLTÜREL BİR ALAN OLARAK AVRUPA | 145

Yunan geçmişini ve Roma mirasını içeren belli ve teleolojik bir tarihsel anlatıya dayanması ve bu bakımdan sağ grupların Avrupa'ya dair ortaya koyduğu tarihi söylemlerden pek de farklı olmadığıdır. Eski Yunan'ı "Avrupa" demokrasisinin beşiği (Bernal, 1987) olarak nitelemenin inşa edilmiş olmasına, sözde Yahudi-Hıristiyan geleneğinin sadece İkinci Dünya Savaşı ertesinde Yahudilerin Avrupa'ya yeniden kaynaşmasını göstermek için ortaya çıktığına (Asad, 2003: 168) ve bazı üye devletlerin Roma yönetimine hiç tabi olmamış olmalarına veya Hıristiyanlık başta olmak üzere tek tanrılı dinler içi bölünmelere atıfla bu kökenler sorgulanabilir. Burada amaç, bir grup tarihi söylemle başka bir grubu ikame etmek değil, (Aydınlanma'nın da bazen dahil edildiği) bu imaların çeşitli gruplarda belirli bir Avrupa tarihi söyleminin inşasına katkıda bulunduğunu göstermektir. Burada sağ ve sol/liberal kanatlar arasındaki söylemsel fark, sol ve liberal grupların bu tarihi anlatının sınırları dışında kalan bir ülkenin, her ne kadar kendi tarihinde bir aşamada "etkilenmiş" olması gerekse de, bu ilkeleri benimsemesini büyük oranda mümkün görmelerinde yatar. Başkalarının belirli tarihi tekilliklere dayanan bu değerleri benimseyebilme olasılıklarına dair söylem yüksek düzeyde bir pozitif öz temsil içermektedir. Modernliğe belirli bir Avrupa/Batı yolu izlenerek ulaşılmasını içeren modernleşme paradigmasını hatırlatır biçimde, Avrupa'ya "modellik" ve bu modelin "kopyalanması"nı yükleyen bir üstünlük atfedilmektedir.

İkinci alıntı, genel oturumlarda özellikle sol ve liberallerin, sağ kanadın Türkiye'nin AB'den dışlanmasını gerekçelendirmek için kullandıkları kültürün özcü ve bütüncül bir kavram olmasına dayanan kültürcü savlarının kabul edilemez olması üzerine mükerrer ifadelerinin tipik bir örneğidir. Demokrasi, insan hakları, hukukun üstünlüğü gibi siyasi değerlerde "birlik" sağlanması koşuluyla kültürel çeşitlilik hoşgörülmektedir. "Kültürel çeşitlilik" vurgusu birlik sağlayan siyasi ilkelerle birlikte ele alındığında, ulusal ülkelerin çokkültürlülük ideolojileri ile bir söylemlerarasılık teşkil ettiği düşünülebilir. John Rex (Rex, 1986: 65) bunu, kamusal alanda ortak kanunlar ve ilkeler biçiminde "ortaklığın beslenmesi," özel alanda ise etnik azınlıkların geleneklerinin sürdürülmesini getiren "özgürlüğün garantilenmesi" olarak tanımlamaktadır. Bu çokkültürlülük üstanlatısı literatürde yoğun eleştirilere maruz kalmıştır. En belirgini ise, kültürlerin kendi özel alanlarına çekilmesini teşvik etmesi, dolayısıyla kültürlerin "etnik gruplara bağlı, kendi içlerinde tutarlı, bileşik ve yapılandırılmış bütünler" olarak somutlaştırılmasına yol açmasıdır (Kaya ve Kentel, 2005: 65). Benzer biçimde etimolojik düzeyde "çeşitlilik" kavramı, "örtüşen ve içiçe geçmiş kimliklerin çokluğuyla belirsiz bir ilişkisi olan […] aralarından seçim yapılması gereken birkaç kimlik" ima ettiği için sorunsallaştırılmıştır (Delanty ve Rumford, 2005: 65).

Mülakat verileri, bu endişelerin Türkiye'ye dair tartışmalardaki çokkültürlülük anlatısı için geçerli olup olmadığına ışık tutmaktadır:

> Yeşiller-EFA 2: Bence farklı kültürel yaklaşımlar, davranışlar, görüşler, gelenekler, değerler ve dinler vardır, ama taraflar ortak siyasi değerler olduğuna dair hemfikirse Avrupa'da kültürel çeşitlilik kavramı içinde hepsi bir araya gelebilir. Bu temel değerleri kabul etmeye hazır mısınız? Bu temel değerler kabul edilirse kültürel farklılıklara yer var demektir. Ama diğer yandan da kültürel farklılıkların özel bir yaşam alanıyla sınırlanması gerekir. Aksi takdirde kültürel çatışmalar veya savaşlar olur. Bu yüzden bu farklılaşmış çokkültürlü toplumlarda soru her zaman şudur: Ortak bir anlayış var mı, yok mu?

Yukarıdaki alıntı çokkültürlülük söylemini tekrar üretirken bunu sadece "kültürel çeşitlilik" ve ortak "değerler" vasıtasıyla değil, sınırlı kültürel ortamlara işaret eden, günümüzün yaygın çokkültürlü "farklılaşmış kültürel toplumlar" repertuarını da kullanarak yapmaktadır. Çokkültürlülük söyleminin eleştirileri bize, "kültürel farklılıklar"ın sergilenebilme ölçütü uyarınca yapılan kamusal ve özel alan ayrımının (alıntıda bu, "özel bir yaşam alanı" kavramı ve ayrımın olmaması durumunda "kültürel çatışma/savaş" tehdidi *topos*'uyla yapılmaktadır), egemen grubun madun gruplar üzerindeki hegemonyasını güçlendirebileceğini, böylelikle de eşitsiz güç ilişkilerinin devamına katkıda bulunacağını hatırlatır (Russon, 1995). Dolayısıyla, her ne kadar genel sağ kanadın çeşitliliğe duyulan asimilasyoncu karşıtlığını veya değişmesi olanaksız olarak düşünülen kültürlere dair özcü, kapsayıcı ve belirleyici bakışını paylaşmasa da sol ve liberal grupların Türkiye'nin katılımına ilişkin çokkültürlülük söylemlerinin siyasi sonuçları bağlamında sorunsallaştırılması gerektiği ileri sürülebilir.

Bu durum özellikle Türk siyasetinde ve toplumunda dinin tahayyül edilen rolü için geçerlidir. Bu siyasi gruplarda da kültürle siyaset arasında kavramsal bir örtüşme oluştuğundan, kültürel çeşitliliğin ifadesinin sınırları konusundaki yaygın endişe, solun ve liberallerin Türkiye'de dinin yerine ilişkin görüşleri hakkında önemli sonuçlar taşımaktadır. İslam'ın Türk toplumu ve siyasetindeki rolü ve bunun Avrupa için sonuçları hakkında fikir farklılıkları vardır, ancak tartışmalar genellikle dinin ifadesinde kamusal alanla özel alan ayrımı üzerine yoğunlaşmaktadır. Mülakatlar ve parlamento tartışmaları, özellikle Fransız solundaki hâkim laisist görüşün bu sınırların konuşulduğu çerçevelerden birini oluşturduğunu göstermektedir:

> PES 6: Kemal Atatürk sözde İslami geleneğin ağırlığını azaltmayı becerememiştir. Atatürk'ün bunun sona ermesini istediği, Türkiye'yi modern bir ülke yapmak istediği besbellidir. Örtünmeyi yasaklamıştır, hatta adalette, verasette vb. kadınla erkek arasında eşit haklara karar vermiştir [...] Tüm bunlar Türk toplumuna derinden nüfuz etmemiştir.

Yeşiller-EFA 2: Benim için en önemlisi, din ile devlet arasında bir ayrım olduğunu kabul etmeye hazır olup olmadıklarına karar vermektir. Diğer ülkelerde olduğu gibi, Aydınlanma çağından sonra dinin az veya çok özel alanda olduğunu kabul etmiyorlar [...] Bence Türkiye Cumhuriyeti'nin resmi görüşü ile İslam dininin etkisi arasında bir fark var. İslam'ın büyük bir etkisi var ve ülkenin birçok yerinde bu etki artıyor. Her gün daha fazla sayıda kadın başörtüsü takıyor; kültürel çatışmayı orada görebilirsiniz. Nereye gitmek istiyoruz? Sanırım esas soru bu. Türkiye bu Avrupa türü modernleşmiş gelişme yolunu mu seçecek? Din için elbette yer var ama bu yer, şu veya bu şekilde özel alanla sınırlı.

Yukarıda yer alan her iki alıntının dinin Türk siyaseti ve toplumundaki rolüne laisist ideolojinin gözlükleriyle bakılarak yapılmış değerlendirmeler olduğu düşünülebilir. Laisizmde "din, dünyevi düzeni belirleyen daha önemli unsurlar lehine ikinci plana itilmiştir" ve "din ile devletin ayrılması moderniteye katkılarından dolayı yüceltilir" (Shakman Hurd, 2004: 241 ve 244). Dolayısıyla din rasyonalite ve ilerlemeye engel olarak kavramsallaştırılır. İlk alıntıda laikliği kurmaya yönelik Kemalist reformların "modern devlet"in oluşturulmasıyla ilişkilendirilmesi ve ikinci alıntıda "Avrupa tarzı bir modernlik" ve "aydınlanma" için dinin kamusal alandan tamamen kaldırılması bize şunu göstermektedir: Modernleşme kuramı akademik çevrelerde büyük oranda sorgulanıp gözden düşmüş olsa da bu kuramın laisizme dair unsurları Avrupa'daki siyasi seçkinlerin bazılarının Avrupa imgelemlerinde yerini korumaktadır. Her iki alıntıda da dinin kamusal alandan tamamen kaldırılması modernlik yolunda zorunlu bir adım olarak görülmektedir. Bu bağlamda Müslümanlar henüz "Batılı değerlerle bezenmiş bir ulusun seküler vatandaşı olma yolunda tarihi değişimini" geçirmemiş toplumlar olarak görülmektedir (Göle, 2006a: 12-13). Bu her şeyden çok peçe/başörtüsüyle temsil edilen kadın haklarının ülkedeki durumuyla gösterilmektedir. Bu laisist bakışta başörtüsü, "modernliğin" sınırlarının ötesinde, normdan bir sapma olarak temsil edilmektedir. Bu temsil, örtünmeyi Müslüman kadınların geleneksel rollerin ötesine geçerek "yüksek eğitime, kentli yaşama ve kamu idarelerine erişim"lerinde bir araç olarak tanımlayan ve böylelikle örtünen kadınların kendilerini önceki nesillerin erkek egemenliğindeki eve kapalı kadınlarından farklılaştırdığını ifade eden alternatif yorumlarla taban tabana zıttır (Göle, 2006a: 18). "Çoklu modernlikler" (Eisenstadt, 2000) olarak da bilinen bu yaklaşıma göre, Batı modernliği dünyanın farklı bölgelerinde sürekli yeniden yorumlanmakta ve yeniden inşa edilmekte, bunun uzantısı olarak da başörtüsü Müslüman kadınların kamusal hayata katılmalarını sağlayan "modern" bir araç olarak görülmektedir (Göle, 2003, 2009). Bu gibi ifadeler laisist söylemlerde yer almamaktadır.

Bu fraksiyonlardaki AP üyeleri arasında laisist görüşleri paylaşmayanlar da bulunmaktadır. Kimileri (özellikle Liberaller ve Yeşiller arasında), Türk devletinin dinin kamusal alanda sergilenmesine aşırı müdahalesini eleştirmektedir:

> Yeşiller-EFA 1: Atatürk'ün yapmaya çalıştığı şey, İslam'ı özel hayatla sınırlamaktı. Camileriniz olabilir, hiç sorun değil, ama kamusal alanda bununla hiçbir şekilde uğraşmak istemiyoruz [...] Bu açıdan eski seküler sistemle biraz mesafeli olmayı destekliyorum. Aynı zamanda dini yönelimde ne kadar ileri gidebileceğinizin sınırı da net olmalı. Yine başörtüsü konusunda, kadınların üniversiteye başları örtülü gidebilmelerini destekliyorum, ama bence orada durmalı. Demem o ki, evet, sistem açılsın, ama yeni sistemin sınırlarının nerede olduğu da açıkça belirtilsin. İnanmayanlara hoşgörü gösterebilecekler mi, asıl soru bu. Birçok inançlı kişi bu konuda çok iyi değil, çünkü onlar başlarını örtmek istiyorsa senin de örtmen gerektiğini düşünüyorlar.

Yukarıda yer verilen alıntıda Türk laisizminde kamusal ve özel alan arasında kesin sınırlar çizilmesine eleştirel yaklaşılmaktadır. Buna rağmen başörtüsü yasağı karşısında alınan konum, inançların ifadesinde ülkedeki kamusal ve özel alan arasında net sınırlar çizilmesi hususunda duyulan endişeyi göstermektedir. Din ve devlet arasındaki ilişki konusunda laisist bakış açısını paylaşmayan AP üyeleri arasında bile, başörtüsünün nerede giyilebileceği tartışmalarının gösterdiği üzere, kamusal ile özel arasındaki sınırı katı olarak tanımlama eğilimi yoğundur. Bu eğilim, Müslümanların, nüfusunun çoğunluğu Müslüman olan bir toplumda inançsız olanlara hoşgörülü davranmayacakları yönünde kavramsallaştırılması ve stereotipleştirilmesi ile Müslümanlarda yeni öznellikere yol açabilecek olan "İslami zorunluluklarla seküler yaşam uygulamaları arasında melez uygulamalar ve müzakereler" ihtimalinin dışlanmasından kaynaklanmaktadır (Göle, 2006a: 28).

Türkiye'nin adaylığının siyasetle din arasındaki ilişkiye dair birçok eski varsayımın sorgulanmasına yol açtığı görülmektedir. Eşzamanlı olarak AB'deki göçmen toplulukların da bu sorgulamayı gündeme getirdiği bilinmektedir. Bir başka deyişle, Türkiye'nin katılımı konusu "Avrupa'nın seküler toplum imgelemini istikrarsızlaştırmaktadır" (Göle, 2002: 183). Sol ve liberal üyeler, EPP-ED/EPP üyelerinin çoğunluğunun aksine, "Avrupalı" anlamında seküler olma olasılığını kültürel ve tarihi nedenlerle reddeden Yahudi-Hıristiyan sekülarizm anlayışını benimsememektedir. Bununla birlikte, sekülarizmin kendisi olumsal ve tartışmaya açık bir toplumsal inşayken, sol ve liberallerin söyleminde, tıpkı EPP-ED/EPP'de olduğu gibi, dinin ifadesi bağlamında kamusal ve özel sınırların birbirinden net bir biçimde ayrılması yönündeki seküler anlatımın egemen olduğu görülmektedir.

Avrupa Komisyonu

Türkiye'nin zengin "kültürel miras"ına yapılan nadir göndermeler dışında,[20] Genişlemeden sorumlu komiserlerin ve komisyon başkanlarının Türkiye hakkındaki konuşmalarında kültür kavramına hiçbir atıf yapılmadığı görülmektedir. Yapılan görüşmelerde Avrupa Komisyonu söyleminde Avrupa'nın kültürel bir alan olarak kurgulanmasının, Avrupa'nın coğrafi veya tarihi bir varlık olarak sınırlanmasından daha çok kültürel çeşitlilik vurgusunun tekrarıyla gerçekleştiği gözlemlenmektedir:

> KOM 17: AB'nin siyasetinin kültürel çeşitliliği artırmak, ortak mirası vurgulamak ve AB'yi zenginleştirenin kültürel çeşitlilik olduğu bilincini taşımak olduğuna inanıyorum. Dolayısıyla Türkiye'nin katılımına bu anlamda olumlu yaklaşıyorum. Aslında Türkiye'nin dini yüzünden dışlanmasının olumsuz bir sav olacağı kanaatindeyim.

> KOM 19: Kültürde çeşitlilik esastır ama bunu nasıl ifade ettiğiniz önemlidir. Kültür sorun değil zenginliktir; din gibi bir sorun değildir. Kültür farklılıkları, çeşitlilik, dil farklılıkları var. Düşünme tarzları, algılama biçimleri dışında bir sorun yoktur. İşte orada sorunlar başlar. Türk kültürü işte bu çeşitlilikte Birliğin bir parçası olarak görülmelidir ama bir yandan da nüfusun % 80'i farklı bir yaşam ve inanma biçimi uyguluyor, durum bu. AB'nin neredeyse % 15'i bu inançta ve bu rakam artabilir. Bu gerçek bir sorun. Bununla nasıl başedebiliriz? Bununla nasıl çeşitlilikte birlik sağlayabiliriz?

Yukarıda yer verilen alıntıların her ikisi de, Türkiye'nin katılımının kültürel sonuçlarının Komisyon söyleminde AB'nin resmi kültür repertuarıyla ne kadar yakın bir ilişkide olduğuna örnek teşkil etmektedir. "Çeşitlilikte birlik" düsturu olarak da bilinen Avrupa Birliği'nin İşleyişi Hakkında Antlaşma'nın 167. maddesine göre (eski ATA, madde 151), AB "ulusal ve bölgesel çeşitliliğe saygı gösterir ve aynı zamanda ortak kültürel mirası öne çıkartırken üye ülkelerin kültürlerinin gelişmesine katkıda bulunur". Bir metinlerarasılık eylemiyle, ilk alıntı bu yasal temelden alıntı yapmakta, ikinci alıntı ise yasal tanımın ima ettiği şekliyle "çeşitlilikte birlik" ibaresine göndermede bulunmaktadır.

"Çeşitlilikte birlik" kavramının içerdiği (inşa edilmiş) anlam, büyük ölçüde "birlik"in (inşa edilmiş) içeriğine ve "çeşitlilik" konusunda desteklediği sınırlara dayanmaktadır. Bu, "çoğulluğun kutlanması" anlamına gelebileceği gibi "iktidara merkez" çağrısı da olabilir (Shore, 1999: 54). Komisyon'daki saha çalışmasında Shore (1999: 54), kurumda ulusal çeşitliliğe yapılan övgünün çoğu zaman ulusal özgüllüklerin nasıl genel "Avrupa resmi"ne uyduğuna yapılan vurguyla eşleştiğini söyler. Avrupa kültürünün "süperorganik ve *sui generis* bir nesne: kendi olgu sınıflandırmaları olan ahlaki bir bütün ve bir gerçeklik düzeyi" olarak inşa edilmesi Durkheim'ın toplum kavramını çağrıştırmaktadır. Türkiye'nin katılımına dair ayrıntılı tartışmalarda bu "birlik"in içerdiği özgüllüklerin, özellikle de din ve yaşam biçimine dair meselelerde sınırlı olduğu anlaşılmaktadır. Her iki mesele de Komisyon'un Türkiye söyleminde sıklıkla eşdizimlilikler olarak kendilerini göstermektedir.

İkinci alıntı, çeşitliliğe getirilen sınırlamaların sıklıkla gözlemlenen içeriğini örneklemektedir. Katılımcı, Türkiye'nin katılımını bir "kültürel zenginlik" unsuru olarak görmektedir; ancak burada kullanılan kültür kavramı, Blommaert ve Verschueren (1998: 92) tarafından tanımlandığı biçimde dil gibi bölümlere ayrılabilen ve farklılaştırılabilen, "yüzey değeri" olan kültürel unsurlardan oluşmaktadır. "Din" ve "yaşam biçimi"ne "sorunsallık" yüklenmesi ancak yine de kültürün makro söylemi kapsamında kabul edilmesi değerler, inançlar ve din gibi "temel kültürel özellikler"in, çeşitliliğin istendiği unsurlar arasında yerlerini sorunsuz biçimde almadıklarını göstermektedir. "Din" ile "yaşam biçimi" arasında kurulan söylemsel denklik, dini "yaşam tarzı" üzerinde belirleyici bir unsur olarak ele almaktadır. Sorgulanması gereken bu denkliğin kendisi, tehdit *topos*'unun (*petition principii*[21] tartışma stratejisini kullanmak suretiyle) temeli olarak görülmekte ve inanılırlığın artırılması amacıyla sayı *topos*'u kullanılarak daha da güçlendirilmektedir."Müsl ümanların günlük yaşamında bu kadar belirleyici olan 'Müslüman kültürü' gerçekliği ciddi olarak sorgulanabilir" (Blommaert ve Verschueren, 1998: 96) olsa da dinle kültür arasındaki kavramsal örtüşme sorgulanmamaktadır. Tehdit *topos*'u da Türklerle AB'deki göçmenler arasında kurulan, sırf dini bağlılıkla açıklanan ve bağlantılandırılan, herhangi bir çeşitliliği inkâr eden söylemsel denklik vasıtasıyla iç ve dış alanları birleştirmektedir.

"Din" ve "yaşam tarzı"nın[22] çeşitliliğine getirilen sınırlar, sıklıkla dini inancın ifadesi bağlamında özel/kamusal alan sınırlamaları hakkındaki tartışmalar kapsamında ele alınmaktadır:

> KOM 4: Fransa'ya veya Almanya'ya baktığınızda bu başörtüsü tartışmasını uzun zaman yaşadık, Türkiye'ye gittiğinizde başörtüsü takamamak bence çok komik. Kendi kendinize soruyorsunuz, bu mantıklı mı, gerçekten önemli mi? Ama önemli ve Türkiye bunda ısrarcı olursa önümüzdeki yıllarda iyi olur çünkü biliyorsunuz işte, geçmişten gelen iyi bir şey bu. Yani şahsen benim için başörtüsü sorun teşkil etmiyor, sadece bir dini inanç sembolü, ama onu ele aldığımız bağlamda başka bir şey oluyor. Burada olmasıyla Türkiye'de olması farklı şeyler. Bunun çok baskı yaratacağını düşünüyorum.

Yukarıda yer verilen alıntıda, Türkiye'de uzun yıllar boyunca uygulanan, dinin kamusal hayatın tüm yanlarından elenmeye çalışıldığı katı laiklik anlayışı olumlu olarak değerlendirilmektedir. İnanç ifadesi bağlamında kamusal/özel sınırlaması doğrudan başörtüsü kullanımıyla bağlantırılmaktadır. Burada İslam'ın çoğunluk dini olarak varlığını sürdürmesi başörtüsünü başkalarının uyması için bir baskı aracı olarak kurgulamaktadır. Kullanılan tehdit *topos*'u, İslam'ın kontrol dışı uygulamalarının nüfusun çoğunluğunun Müslüman olduğu bir bağlamda hoşgörüsüzlüğe neden olacağı varsayımına dayanmaktadır. Tüm Komisyon üyeleri katı bir laiklik anlayışını desteklememektedir. Katılımcıların az bir kısmı bunu eleştirse de, dini inancın ifadesi bağlamında kamusal alanla özel alan arasındaki net ve sabit sınırlar sorgulanmamaktadır. Türkiye'de uygulandığı haliyle laikliğin yeterince esnek olmadığı gerekçesiyle sorgulandığı durumlarda bile, İslam'ın kamusal yaşamın tüm yönlerine egemen olma potansiyeli taşıdığı ve son kertede temel hak ve hürriyetleri kısıtlayacağı çekincesi arka planda yerini korumaktadır. Özellikle başörtüsü bağlamında olmak üzere kadın hakları konusu İslam'ın temel baskı vesilesi olarak görülmektedir.[23]

Komisyon tarafından desteklenen kültürel çeşitliliğin sınırları, Komisyon görevlilerinin Türk muhataplarla Türk nüfusunun geri kalanı arasında çizdiği net ayrımlar tartışma konusu olunca daha belirginleşmektedir:[24]

> KOM 4: Türkiye'de bakanlıklarla çalıştığımda belirtmem gerek ki çalıştığım birçok ülkedenkinden daha ileriler. Eğitim anlamında çok daha Avrupalılar, daha modernler. Bundan bahsederken daha kültürel diye tanımlarsınız [...] Sonra diğer yanına, yani nüfusun geri kalanına bakarsınız. Orada kocaman bir yarık var [...] Nüfusun bu kısmından gerisine bu hissiyat geçmeli. Değer farklılığı var ve bence bu her şeyle ilgili. Demek istediğim, kadın hakları kesinlikle önemli, eğitim de öyle; bu anlamda dinin de önemli payı var, böyle görülüyor.

> KOM 6: Her düzeyden kadınlarla ve erkeklerle görüşüyorum. Üst düzeyde toplumsal cinsiyet gayet iyi yerleşmiş durumda ve çok açık bir toplum, ama elbette sadece üst tabakayı görüyoruz. Dolayısıyla şu an itibariyle Türkiye'de hâlâ ikili bir toplum olduğu kanısındayım. Zengin ve yoksul ayrımı değil bence, ama birarada gidiyor; eğitimli ve eğitimsiz, inançlı ve inançsız, ki bence bu önceye göre daha belirgin.

Yukarıda yer verilen alıntılarda, Komisyon görevlilerinin profesyonel anlamda ilişkide oldukları seçkinlerle farklı bir kategori olan "halk" arasında açık ikili farklılıklar inşa ettikleri görülmektedir. "İkili karakter" ve "yarık" gibi terimler yoluyla ulaşılan ima yollu stratejiler, ülkeyi modern/modern öncesi, eğitimli/eğitimsiz, ileri/geri kalmış, zengin/yoksul ve inanan/az inanan veya inançsız gibi, Avrupa yönelimli kültürel değerler çerçevesinde tanımlanmış ikili karşıtlıklara bölmektedir. Başka mülakatlarda kentli/köylü gibi başka ikili karşıtlıklar, bir bölümü Avrupalı olup diğer kısmı olmayan ikili bir Türkiye inşasını desteklemektedir. "Cinsiyet" ve/veya "kadın hakları" bu ikiliklerin kurulduğu kilit konulardır. Bu, Türk toplumunu kitlesel olarak çeşitliliğe az yer veren homojen bir varlık olarak görmeyi beraberinde getirmektedir. Tek bir tarihsel Avrupa anlatısına işaret edilirken (Baban ve Keyman, 2008: 110-11) açık olarak belirlenmiş kategorilerin pek uymadığı çoklu modernliklerin Türkiye'de görüldüğüne dair anlatılara yer vermemektedir (Göle, 2002). Daha da önemli olarak, yukarıda yer verilen isnatlar Komisyon görevlileri tarafından tasavvur edilen modern, ilerici, açık ve aydınlanmış, dinin rolünün en aza indirgenmiş olduğu bir Avrupa kültürel alanının inşa edildiğini göstermektedir.

Üye Ülkeler

Fransa

Fransa'da, Türkiye hakkındaki söylem üzerinden özcü temellere dayanan bir AB kavramsallaştırmasını reddeden analiz kapsamındaki tek partinin PS olduğu görülmektedir.[25] Buna rağmen mülakat verileri, Avrupa'nın kültürel bir alan olarak inşasının PS söyleminde de mevcut olduğunu ortaya çıkarmaktadır:

> PS 1: Avrupa'nın öncelikle coğrafya demek olduğu doğrudur. Avrupa coğrafyadır, tarih ve kültürdür, değerlerdir, birçok şeydir. Fakat buradan bakarsak, Türkiye Avrupa'yla güçlü tarihi ilişkileri olan bir ülkedir. Ayrıca coğrafi bağları da var çünkü ülke topraklarının bir kısmı Avrupa'da, bu inkâr edilemez.

> PS 5: Bence kökenlerden başlanmalı, tarihi kökenlerden. Türkiye, büyük Yunanistan'dı. Bizans kiliseleri var, orada bir kök var. Avrupa'ya aidiyetin gerekçesi işin tarihi kısmıdır, Anadolu'ya baktığınızda coğrafi olmayan bir aidiyet vardır. Haçlı Seferleri düşünüldüğünde, Haçlıların Konstantinopolis'i alması düşünüldüğünde, Fatih Sultan Mehmet'e kadar orası dini açıdan Avrupa'ya yakın olarak bilinen bir yerdi derim. Yani bence bu kökler var. 15. yüzyıldan sonra Türkiye'ye farklı bir kültür ve din dayatılmış olsa bile bu köklerin varlığı inkâr edilemez.

Anaakım Fransız sağ söyleminde de gözlemlendiği üzere, yukarıda yer verilen her iki alıntıda Avrupa coğrafi olarak sınırlı, Avrupa'yla sadece coğrafi bir bağlantısı olan Türkiye'yi dışarıda bırakan bir varlık olarak inşa edilmiştir. Her iki alıntıda yer verilen tarih *topos*'uyla Türkiye bazı koşullara tabi olmak koşuluyla birleştirici, homojen bir Avrupa tarihi söylemine dahil edilmektedir. İlk alıntıda Türkiye, tıpkı Osmanlı İmparatorluğu'nun 17. yüzyıldan bu zamana Avrupa devletler sisteminin bir parçası ama tam anlamıyla "Avrupalı" olmayan (Neumann, 1999: 49-60) inşasına benzer biçimde, Avrupa'yla "güçlü tarihi ilişkiler"e sahip ancak Avrupalı Benliğinin parçası olmayan bir ülke olarak ifade edilmektedir. İkinci alıntıda ise Türkiye vasıtasıyla Antik Yunan'ı, Bizans İmparatorluğu'nu ve Haçlı Seferleri'ni

KÜLTÜREL BİR ALAN OLARAK AVRUPA | 153

içeren doğrusal bir Avrupa tarihi anlatısı kurulmakla kalınmamakta, bu tarihsel kimliğin dini kökenleri de vurgulanmaktadır. Türkiye'nin Avrupa'yla tarihsel bağları İstanbul'un Osmanlılar tarafından alınması ve Bizans İmparatorluğu'nun sona ermesi öncesinde Hıristiyanlık üzerinden kurulmaktadır. Bu dönemden sonra gelen yabancı bir kültür ve din (yani İslam dini) bu bağı koparmıştır. Dolayısıyla Türkiye'nin tarihsel anlatıya dahil edilme derecesindeki farklılıklar bir yana, teleolojik ve homojen bir Avrupa tarihi kurulmasına ilişkin olarak Türkiye'nin tarih anlatılarına dahil edilmesi konusunda PS'nin söylemiyle UMP ve UDF'ninkiler arasında benzerlikler görülmektedir.

UMP ve UDF söylemleri ile PS üyelerinin söylemleri arasındaki temel fark, Avrupa'nın PS söylemlerinde büyük çoğunlukla "kültürel çeşitlilik" diyarı olarak nitelenmesinde ortaya çıkmaktadır:

> PS 1: Bence Avrupa'da kültürel çeşitlilik hâlihazırda zaten var, bu iyi bir şey. Latin kültürü, Alman kültürü, bunlar hep farklı kültürler. Farklı dinler var, Katoliklik, Protestanlık; kültür ve din açısından bunlar önemli kökenler. Ama İslam Avrupa'da zaten var, çünkü Müslüman inancından olan milyonlarca Avrupalı var. Ve tarih boyunca Avrupa'ya Müslüman kültürü aşılamak etkili olmuştur, yüzyıllardır Avrupa'da bulunmuş olan Türkiye sayesinde veya onun yüzünden.

Yukarıda yer verilen alıntı, çokkültürlülük ideolojinin yüceltilmesi olarak yorumlanabilir. Burada, desteklenen "kültürel çeşitlilik," kültürlerin kendi ayrı ortamlarında ayrı bölmelerde durdukları varsayımına dayanmaktadır. İlaveten, bu "kültürler" "din" gibi "temel nitelikler" ima etmektedir. Bu, "din" ve "kültür" arasında oluşan kavramsal örtüşmede de belirgindir. Çokkültürlülük söyleminde çeşitliliğe getirilen sınırların sorgulanmasına bu örtüşme neden olmaktadır, çünkü kültürel ve dinsel kimliğin kökenleri olarak görülen Hıristiyanlık ile "aşılama" metaforu vasıtasıyla hâlihazırda sınırları belli olan bir bedene göçmenler veya Türk etkisi yoluyla giren yabancı unsur olarak görülen İslam arasında söylem düzeyinde bir hiyerarşi inşa edilmektedir.

Buna benzer bir hiyerarşinin, Türk göçmeler üzerine yapılan tartışmalarda da yeniden üretilebildiği görülmektedir:

> PS 5: Türkiye bir zıtlıklar ülkesi. Bir yanda devasa, Avrupalı bir şehri var, İstanbul. İstanbul çok modern ve zengin. Anadolu, Türkiye'nin Asya'daki bölümü de aynı şekilde tezatlarla dolu. Bunun insani bir tezatlık olduğunu düşünüyorum. İstanbul'daki toplumu gözlemledim, tamamen Batılı; buna karşıt olarak Sarıkaya'dan gelen Türklerin hâlâ aşırı derecede geri gelenekleri, kültürel pratikleri, toplumsal pratikleri var. Ankara'dan gelen birkaç kişi de var, onlar çok daha açık ve Sarıkaya'dan gelen nüfustan çok daha

> kolay entegre olabilir [...] Türklerle Avrupalılar arasında dine ilişkin birçok kültürel farklılık olduğu inkâr edilemez. Yaşadığım şehirdeki Türk nüfusta bu gözlemlenebiliyor. Dine bağlılık olduğu için onları entegre etmek zor oluyor, ama geleneğe de bağlılar.

Yukarıda yer alan alıntıda birbiriyle bağlantılı iki düzeyde ikili bir zıtlık kurulmaktadır; birincisi Türkiye ve Avrupa'daki göçmen nüfus arasındaki "Avrupalı" ve "Asyalı" ayrımıdır, ikincisi de (yine kendi aralarında kültürel değerlere bağlı olarak daha az ve daha çok Avrupalı olarak ayrışan) etnikleştirilmiş Türklerle Avrupalılar arasındaki ayrımdır. Avrupalı/Avrupalı olmayan ikiliğini hem Türkiye hem de Avrupa içinde yorumlarken modern/modern öncesi, zengin/yoksul, Batılılaşmış/Doğulu(Asyalı), inançlı/inançsız, ileri/geri kalmış gibi düğüm noktalarında ikili inşalar kurulmaktadır. "Gelenek"/"kültür"/"kültürel-sosyal pratikler"/"dinsellik" ve "geri kalmışlık" arasında oluşturulan bağlantılar ilerici, aydınlanmış ve dinden arınmış bir Avrupa kültürel alanının karşısına Avrupalı olmayan, daha aşağı bir kültürel alanı yerleştirmektedir.

Kültürel alanların ayrışması göçmelerin "entegre olma" isteklerinin ardında yatan unsur olarak da vurgulanmaktadır. Bu yorum söylemde Fransa'da göçmen nüfusun maruz kaldığı ayrımcılığa işaret eden anlatıların tamamen dışlanmasıyla doğallaştırılmaktadır.[26] Daha önce "dışarıdaki bir şeyi içeri getirme" anlamını içerdiği belirtilmiş olan "entegrasyon" kavramı, azınlığın kabul edilmesinin kültürel koşullarının belirlenmesine işaret etmektedir. Burada çoğunluk, "sürecin nasıl ve ne zaman gerçekleşeceğini" belirlerken azınlıkla arasında eşitsiz güç ilişkileri kurmakta ve somutlaştırmaktadır (Blommaert ve Verschueren, 1998: 111-16). Bir başka deyişle, "'entegrasyon' yoluyla elde edilecek olan açık bir eşitlik (veya en azından benzerlik) arayışı, çelişkili bir biçimde eşitsizliği (veya farklılığı) vurgulamaktadır" (Blommaert ve Verschueren, 1998: 113).

Yukarıda yer verilen alıntı, çeşitliliğe övgü yapan çokkültürlü söylemine rağmen anaakım Fransız solunun "asimilasyoncu entegrasyon"u destekleyebileceğini, ama UMP ve UDF'den farklı söylemsel stratejiler kullanacağını ima etmektedir. Dolayısıyla "çokkültürlülük" ve "çeşitlilik" göndermeleri, PS tarafından varsayılan örtülü homojen Avrupa kültürel alanıyla karşılaştırıldığına görüntüyü kurtarma girişimi olarak görülebilir. Ancak İslam'ın bir sorun teşkil ettiği bir Avrupa kültürel alanını ileri sürmenin Türklerin göçü konusyla sınırlı olmadığı belirtilmelidir. Mülakat yapılan kişilerden, biri PS'den ikisi UMP'den olmak üzere sadece üçü Türklerin göçü konusunu gündeme getirmiştir. Bu kişiler yüksek sayıda Türk göçmen nüfusu olan bölgelerden seçilmiştir. Türk göçmenlerin Fransa'daki toplam göçmen nüfusun sadece % 4'ünü oluşturduğu düşünüldüğünde bu şaşırtıcı değildir

(Schmid, 2007: 50). Avrupa kültürel alanı, daha çok *laïcité* ilkesi ve İslam'ın bu ilke açısından yaratacağı sorunlar aracılığıyla inşa edilmektedir:

> PS 2: Atatürk'ün yaptıklarını anlamaya çalışıyorum; ülkenin laikliğinde önemi adımlar atmış. Bizim 1905 tarihli dinle devletin ayrılmasına ilişkin kanunumuz, dinin özel yaşamın unsuru haline geldiği ve Fransız devletinin dinleri finanse etmediği fakat aynı azamanda tümüne saygı duyduğu anlamına gelmektedir. Kadınların başörtüsü meselesini Türkiye'de görüyoruz, hatta Fransa'da bazı İslamcılar başörtüsü, örtünme zorunluluğu konularında provokasyon yapıyor. Laik cumhuriyet okullarda buna izin vermez, burada provokasyon var.

Laïcité ilkesi UMP ve UDF'nin söylemine benzer biçimde PS'nin Türkiye söyleminde de sıklıkla yer almaktadır. UMP ve UDF'nin kavrama yaptıkları göndermelerde genellikle İslam'a içkin özellikler nedeniyle Türkiye'nin Fransız/Avrupa *laïcité* modelini benimseyemeyeceği ileri sürülmekte, konu daha ayrıntılı olarak ele alınmamaktadır. Anaakım Fransız solu ise kavramı bu şekilde kullanmamaktadır. Hatta PS üyeleri, Kemal Atatürk'le bağdaştırılan Fransa'dan ilham alan Türk laisizmini sık sık övmektedir. *Laïcité*'ye esas meydan okumanın, kamusal alanla özel alanın ayrışmasından, özellikle de başörtüsünün bir inanç ifadesi olarak giyilmesinden geldiği ifade edilmektedir. Bu çatışmanın gerçekleştiği esas alanın "okullar" olarak belirtilmesinin nedenini Fransız siyasi söyleminde aramak mümkündür. Bu söylemde devlet okulları, "Fransız cumhuriyetçiliği bağlamında vatandaşlığın oluşmasında temel"dir, çünkü "okul, kişinin yerel bağlardan, sınıf kökenlerinden, bölgesel aksanlardan, etnik farklılıklardan ve dini inançlardan sıyrılarak evrensel bilgiyi kucaklayıp Fransız yurttaşı haline geldiği yerdir" (Göle, 2006b: 253).[27] Dolayısıyla devlet okullarında (ve mülakat yapılan kişilerden bazılarının belirttiği üzere, genelde "kent yaşamı"nda) Müslümanların varlığı, farklılığın görmezden gelinmesi gereken mekânlara bile "istenmeyen farklılıklar"ı taşırken Fransız solunun dahi "çeşitlilik" sınırları olduğunu ortaya çıkarmaktadır. Dahası, yukarıdaki alıntıda olduğu gibi, başörtüsünün "zorunluluk" ifade eden doğasının altının çizilmesiyle bu sembolü giymeyi özgür iradeleriyle seçenlere eylemlilik tanınmamaktadır.

İnanç ifadesi bağlamında kamusal alanla özel alanın ayrışmasına ilişkin olarak başörtüsü tartışmaları Fransız siyasi söyleminde 1980'lerin ortalarından itibaren yaygınlaşarak 2004 yılının Mart ayında Fransız Meclisi'nde büyük siyasi konsensüsle geçen bir kanunla devlet okullarında başörtüsünün yasaklanmasıyla doruğa ulaşmıştır (Amiraux, 2007: 127).[28] Bu iç tartışmalarla Türkiye/Avrupa üzerine olan tartışmalar arasındaki söylemlerarasılık, Fransız normunun Türkiye'nin katılımı tartışmalarında bir kez daha evrensel hale getirildiğini göstermektedir. Bu hem

Fransa'da hem de Türkiye'de, (inşa edilmiş) seküler ve Müslüman kimliklerin yeni öz-tanım ve demokrasi alanları açacak biçimde (tekrar) müzakere edildiği karmaşık kamusal alan kavramını dışlamaktadır.

Almanya

SPD ve Yeşiller milletvekillerinin Avrupa'nın Türkiye'yi dışlayacak biçimde kültürel hatlar boyunca kurgulanmasına sıklıkla itiraz ettikleri görülmektedir.[29] Yeşiller milletvekillerinin bu itirazda SPD milletvekillerinden daha ısrarcı olduğu anlaşılmaktadır. Yeşiller'den parlamento tartışmalarına katılan milletvekillerinin neredeyse tümü, özcü bir kültür anlayışı gerekçesiyle Türkiye'nin AB'den dışlanamayacağı iddiasını açıkça ileri sürmektedir:

> Bay Stoiber, Aydınlanma'yı yaşamadığı için Avrupa Birliği'nde yeri olmadığı iddiasıyla Türkiye'yi Batı dünyasından dışlamaya çalışmaktadır. Bu tarz bir kültürel savaşa karşıyız ve bunun olmasına izin vermeyeceğiz [...] Modernleşme ve demokratikleşmeyi kültürel çeşitlilikle birlikte görmek istiyoruz. Avrupa'nın yerine getirmesi gereken hedef budur. Bize göre Avrupa Birliği Hıristiyan bağlara dayanan bir gelecek projesi olmadığı gibi kültürel bir blok da değildir.
>
> (Steenblock, Yeşiller, 19 Aralık 2002)

Yukarıdaki alıntı Alman solu temsilcilerinin, sağın tekleştiren ve homojen bir kültür ve tarih kavramına dayalı savlarının kabul edilemez olduğunu belirttikleri ifadelerinin tipik bir örneğidir. "Modernleşme" ve "demokratikleşme" yanında "kültürel çeşitlilik" de istenmektedir. Bu ilk başta solda Alman siyasi yelpazesinin sağ kanadında yaygın olan özcü görüden farklı bir Avrupa inşasının mevcut olduğu izlenimini vermektedir. Ancak mülakatlar, soldaki bu egemen söylemin, CDU/CSU milletvekillerinin büyük bir çoğunluğunun desteklediği özcü Avrupa görüşünden ne derece farklı olduğunun sorunsallaştırılması gerektiğini göstermektedir:

> SPD 3: Aslında Avrupa'da da Avrupa geleneği var. Sırf değerler değil. Tarihte birçok an var, bir de son zamanlarda insanların sorunları çözme yaklaşımları var. Bence Türkiye bazı zamanlar Batı Avrupa ülkeleriyle aynı yöne bakan ülkeler arasında yer alıyor. Bizim 50'ler ve 60'larda yaşadığımız modernleşme sürecinin aynısından şimdi geçiyorlar.
>
> Yeşiller 1: Avrupalılık elbette belli bir kültürel ve tarihi miras demektir. Doğudakiler özgüllüklerini beraberlerinde getirirler ama müktesebatı ve o tarihçenin bir kısmı olan değerleri kabul ederler. Türkiye gibi bir ülke Avrupalı ve modern olabilir, bu mümkündür.

Yukarıdaki alıntıların ikisinde de Avrupa'da tek ve ortak bir geçmiş kurmada tarih *topos*'u kullanılmaktadır. Türkiye'nin bu tarihsel anlatılarda yer alması bazı koşullara bağlıdır. Her iki alıntıda kıyaslama *topos*'u suretiyle Türkiye tarihselliğiyle Avrupalı

Benliğinin bir parçası olmayan, ama Avrupa'nın tarihsel (ve ikinci alıntı özelinde, kültürel) özgüllüklerine dayanan modelini paylaşan bir ülke olarak ifade edilmektedir. Burada modernleşme paradigmasının baskınlığı belirgindir. Modernleşme kuramındaki yayılmacı yaklaşıma göre dünya iki temel bölüme ayrılır. Bölümlerden biri ("Büyük Avrupa, İçerisi") icatlar yapıp ilerleme kaydederken diğeri ("Avrupa olmayan, Dışarısı") bu gelişmeleri ilkinden yayılma yoluyla alır (Blaut, 1993: 14). Bu anlayış paralelinde, yukarıdaki alıntılarda modernliğe giden tek, belirli bir teleolojik ve gelişimsel yol çizilmekte ve burada Avrupa, Türkiye'nin taklit edebileceği örnek olarak sunulmaktadır. Kökenleri ulus-devletin yorumlayıcı bir çerçeve olarak kullanımında yatan modernleşme miti, Avrupa'nın üstünlüğünün söylemsel olarak inşasına katkıda bulunmaktadır. Geri kalmışlığı belirli bir modernlik modelinin bulunmamasına bağlamak, devletler arasındaki farklı gelişme düzey ve tarzlarının ardında yatan dinamiği de perdelemektedir.[30]

Modernleşme kuramının söylemsel uygulaması, devletlerarası ilişkilerin yorumlanmasıyla sınırlı olmayıp devletlerin içindeki eşitsiz gelişmeleri açıklamada da kullanılabilir (Huysseune, 2006: 17). SPD ve Yeşiller milletvekillerinin Türkiye içindeki farklılıklar konulu bazı konuşmalarında bunu gözlemlemek mümkündür:

> SPD 1: Türkiye'deki fiili durum şu; belki de iki farklı yüzyılda yaşıyorlar. Ankara veya İstanbul'a bakınca çok fazla başörtülü kadın göremezsiniz. Ama bir sürü köy var, 19.yüzyıl sonu gibi, ama Ankara ve İstanbul'da 21. yüzyılın başında yaşıyorsunuz. Bu bir sorun, yani Türkiye'de iki farklı dünya var belki de, bu daha karmaşıklaştırıyor işi. Bir de arka planda İslami bir cumhuriyetten yana olan insanlarla bir kültürel çatışma var [...] Kültürel farklılıklar vardır, olmadığını iddia edemezsiniz, başınızı öbür yana çeviremezsiniz [...] Öncelikle kadınların durumu, ama İstanbul ya da Ankara'da değil, sadece Türkiye'nin bir kısmında durum böyle.

> Yeşiller 2: İslam dini Türkiye'de kamusal yaşamda gitgide daha çok öne çıkıyor. Daha modern laiklerle dindar kişiler arasında belirgin bir ayrım bu, Türk toplumunda geleneksel bir fay hattı, kültürel bir sorun, artık daha da güçleniyor. Bunun laiklik için bir tehdit oluşturup oluşturmadığı benim için ucu açık bir soru. Başörtüsü tartışmasına bakın. İnsanlar inançlarını ifade etmede özgür olmalı, ama yarın tüm sınırlamaları kaldırırsanız bu hiç de sağlıklı bir gelişme olmaz. Kadın sorunu aynı zamanda zihniyet sorunudur. Belirli bölgelerde büyüdüğünüz belirli bir kültür var. Yasayla değiştirmek zor bunu, zamanla olacak bir şey.

Yukarıda yer verilen ilk alıntıda modernleşme paradigmasının özelliklerini görmek mümkündür. İstanbul ve Ankara'ya daha üstün, dindışı bir kimlik atfeden zamansal bir ayrımla ülkenin geri kalanı kültürel/dini özelliklere göndermeyle inşa edilmektedir. Benzer biçimde ikinci alıntıda ülkedeki kültürel unsurlara dayanarak modern/modern öncesi ve seküler/dindar ikilikler inşa edilmektedir. Böylece ülke söylemsel olarak iki homojen, yekpare bloka ayrılmaktadır. Bu iki blok, modern/ modern öncesi, seküler/dindar ve ileri/geri kalmış ikilikleri ekseninde bölünmüştür. Genelde kadınların durumu ve özelde örtünme, bu ikili ayrımların oluşturulmasında en sık kullanılan göndermeler olarak göze çarpmaktadır.

Bu anlatı Türkiye'de kadın hakları sorunlarını çeşitli etmenlerle açıklayan sömürgeci feminist, yerli şarkiyatçı-Kemalist ve siyasal İslamcı gibi farklı anlatıları dışarıda bırakmaktadır (Kadıoğlu, 2003: 71). Bununla birlikte, Türkiye'de ve AB'deki Türk göçmenleri arasında inşa edilen ulusal kimliklerin giderek melez ve düşünümsel olan yapısını ele alan, daha önce de bahsettiğimiz anlatıları göz ardı etmektedir. Bu anlatılarda dindarlık ve/veya başörtüsü seküler yaşam pratiklerinin mutlak inkârı anlamına gelmemekte, onun yerine yeni öznelliklerin (tekrar) oluşturulduğu çoklu modernliklerin ortaya çıkmasına yol açmaktadır.[31] Bu anlatı nihai olarak SPD ve Yeşillerin Avrupa/Türkiye söylemlerinde defaatle sahip çıktıkları kültürel çeşitliliğin sınırlarını da göstermektedir. Bunu başörtüsüyle sembolleştirilen kamusal alanda inanç ifadesinin, modern normdan bir kopuş oluşturarak (ilk alıntı özelinde) ve/veya nerede giyilebileceğine dair kamusal/özel alan arasında net bir ayrım gerektirerek, bu söylemlerde modern seküler toplumsal imge için bir sorun teşkil ettiğini göstererek yapmaktadır.

Britanya

Daha önce ileri sürüldüğü üzere, Britanya siyasi söyleminde her iki partinin üyeleri arasında, Türkiye'yi dışarıda bırakan kültürel bir Avrupa ile üye ülkelerin gevşek birliğinden meydana gelen ve Türkiye'nin de dahil olduğu siyasi bir Avrupa arasında bir farklılaşma görülmektedir. Bazı durumlarda bu farklılaşma, AB'ye Türkiye'nin de dahil olmasına neden olan, belli bir kültürel kimlik yakıştırılmasıyla ortadan kalkmaktadır:[32]

> Bazı kişiler Türkiye'nin tarihi, coğrafi ve kültürel anlamda Avrupalı olmadığını ileri sürüyorlar. Bence onlar tarihlerini de kültürlerini de coğrafyalarını da bilmiyorlar. Türkiye'nin tarihi Avrupa'nın tarihidir. Efes'ten Bizans'a, mesela Aziz Georgius, bir sürü kişi Anadolulu olduğunu söylüyor, başkaları ise Dalmaçyalı olduğunu. Bunlardan ve UEFA futbolunun keyfinden Eurovision şarkı yarışmasına, ortak bir tarihimiz ve kültürel mirasımız var. Avrupa ismi bile güzel genç kız Europa'dan gelir. Europa, o zamanlar Anadolu kıyıları, şimdi de Türkiye olan yere kaçırılmış ve sanırım teknik terim bu, saldırıya uğramıştır.
>
> (MacShane, İşçi Partisi, 23 Haziran 2004)

Herhangi bir saygıdeğer meclis üyesinin Türkiye'nin en nihayetinde gerçekleşecek AB üyeliğine itiraz edecek kadar düşüncesiz olduğunu sanmıyorum. Böyle düşünen varsa sormak isterim: Europa boğa tarafından tecavüze uğradığında neredeydi? Neredeydi? [...] Nerede olduğunu Meclis'e söyleyeyim: Anadolu kıyılarında. Türk sahilindeydi, bu da Türkiye'nin nihai olarak Avrupa perspektifine sahip olmasının birçok nedeninden biridir.

(Johnson, Muhafazakâr Parti, 21 Mayıs 2003)

Yukarıdaki her iki alıntıda, Avrupa'nın kuruluşuna dair bilinen bir efsane olan Europa'nın tecavüze uğramasının tekrar inşası için tarih *topos*'u kullanılmaktadır.[33] Ülkenin coğrafi muğlaklığını rasyonalize etmek için bu kuruluş efsanesinden yararlanılmaktadır. Türkiye, coğrafi olarak Anadolu'da yer alan ama Avrupa'nın doğuşunun anlatıldığı kuruluş efsanesinin çıkış yerine ev sahibi olması nedeniyle Avrupa'ya dahil bir ülke olarak ifade edilmektedir. Türkiye'nin katılımını gerekçelendirmeye yarayan efsane, Avrupa kültürel kimliğinin inşa edilmiş yapısını gizlemeye söylemsel düzeyde katkıda bulunmaktadır. İlk alıntıda, Avrupa'nın tarihi ve kültürel bir alan olarak inşa edilmesinde Avrupa'nın çeşitli sözde birleştirici kökenleri arasından uygun olanlarının seçilmesini içeren dilsel ayrıştırma stratejisine başvurulmaktadır. "Efes," "Bizans" ve "Aziz Georgius" gibi burada anılan tüm ifadeler, Avrupa'nın kültürel ve tarihi temellerinin Roma İmparatorluğu ve sözde Yahudi-Hıristiyan mirasına dayandığına ilişkin anlatının kapladığı kavramsal alana aittir. Ayrıca ilk alıntıda Avrupa futbol şampiyonaları ve Eurovision şarkı yarışması gibi daha çağdaş, "Avrupa çapında" olaylara da vurgu yapılmaktadır.

Mülakatlar, Britanya siyasi söyleminde Avrupa kültürünün tuttuğu yere dair ayrıntılı bir bakış sunmaktadır:

İŞÇİ 7: İstanbul'a bakılırsa Türkiye'nin modern bir Avrupa ülkesi olduğuna şüphe yok. Türkiye'nin güneydoğusundaki duruma bakılırsa, sadece coğrafi olarak değil kültür bakımından da bu daha az belirgin [...] Kadın hakları önemli konulardan biri olmaya devam ediyor. Doğrusu bence kültürel farklılıklar burada yatıyor, yani geleneksel tarzda bir Müslüman yaklaşımı uzlaştırmaya çalışmak. Bunu gerçekleştirmek daha zorlu yanlardan biri.

MUH 2: Türkiye'ye iki veya üç kere gittim. Genelde hükümetten veya iş dünyasından insanlarla bira raya gelirim. Hepsi İngilizce konuşuyor, hepsi Batılılaşmış [...] Cumaları tatil yapmıyorlar, kadınlar kapanmıyor, din –tıpkı bizim toplumumuzda olduğu gibi– özel bir mesele [...] Bence böyle olan, sadece seçkinleri değil. Orta-üst sınıfları da böyle, çok Batılılar.

Daha önceki söylemsel alanlarda gözlemlendiği üzere, Türkiye içinde kültür temelli bir ikili ayrıma gidilmektedir. İlk alıntıda, "modern" ve "Avrupalı" İstanbul, doğası gereği ve her yerde aynı olacak şekilde, kültürel unsurlar açısından "modernlik öncesi" ve "Avrupalı olmayan" varsayılan Güneydoğu ile karşı karşıya konarak bu ayrım açıktan açığa işlenmektedir. Yani Avrupa ve Batı'yı genelde kültürel özelliklere dayalı modernliğin ideal hamilleri olarak yücelten modernleşme paradigması burada kendini göstermektedir. Bu paradigma kadın haklarının kavramsallaştırılmasını da etkilemektedir; kadın haklarının var olmaması ("geleneksel" göndermesi yoluyla) dinle iç içe geçmiş olan modernlik öncesi kültürel niteliklere bağlanmaktadır.

Görüşme yapılan ikinci kişi, görüşmeye konu olan kültürel çerçeveye verdiği karşılıkta ülkenin belirli bir kısmının "Batılı" oluşuna dair olumlu temsil yoluyla ikili bir ayrım oluşturmaktadır. Burada Batılılık esas olarak sekülarizm, dinin kamusal alanda sınırlı ifadesi ve İngilizce yeterliliği ile bağdaştırılmıştır. Ülkenin modern/ modern öncesi ve inançlı/inançsız eksenleri uyarınca bölünmüş olmasının söylemsel düzeyde iki temel etkisi olmaktadır. Bunlardan birincisi, Avrupa ve Batı'nın üstün ve dinden ari, kültürel olarak homojen bir alan olarak inşasıdır. Diğeri ise, Türkiye'nin çeşitli bölgeleri içindeki ve arasındaki eşitsiz gelişmenin ardında yatan karmaşık toplumsal, siyasi ve ekonomik dinamiklerin aşırı basite indirgenmesidir.

Sonuç

Bu analizde Avrupa'nın kültürel bir alan olarak kurulmasına aracılık eden başlıca iki Türkiye temsili ortaya çıkarılmıştır. Birisinde özcü temellere dayanan bir kültürel Avrupa'nın söylemsel olarak inşasına yol açacak biçimde Türkiye, kültürel açıdan homojen olan Avrupa'yı seyrelten bir unsur olarak görülmektedir. Bu yaklaşım AP'nin merkez sağ ve aşırı sağ kesimlerinde, Fransa'da UMP ve UDF'de, Almanya'da CDU/CSU ile Britanya'da İşçi Partisi ve Muhafazakâr Parti'nin bazı üyelerinde görülmektedir. Bu esas olarak (Avrupa'nın) içi ve dışı arasında coğrafi, tarihi ve kültürel unsurlara dayanarak ve Türkiye'yi dışarıda bırakacak şekilde katı sınırlar inşa edilmesiyle gerçekleşmektedir. Verili bir coğrafi alanla ve insanlarla ilişkilendirilen bu özcü kültürel kimlik, (söylemsel olarak inşa edilen) tutarlı bir iç ve dış kimlik gereksinimiyle klasik ulus-devlet modelini Avrupa düzeyinde tekrarlamaktadır. Ayrıca modernlik öncesi, aşağı ve geri olan kültürel, tarihi ve coğrafi Ötekilere karşı modern, üstün ve ilerici Avrupa'yı içeren Aydınlama söylemlerini de andırmaktadır.

İkinci temsil, Türkiye'yi Avrupa'da kültürel çeşitliliğe katkıda bulunan, dolayısıyla söylemsel düzeyde çokkültürlü bir Avrupa inşasına yol açan bir unsur olarak görmektedir. Bu bakış açısı, AP'deki liberal gruplarla Almanya'da SPD ve Yeşiller'de, Fransa'da PS'de, Avrupa Komisyonu'nda ve Britanya'da İşçi Partisi'nin ve Muhafazakâr Parti'nin bazı üyelerinde yaygındır. Kültürel çeşitlilik ve çokkültürlülüğe yapılan mükerrer vurgu ile özcülüğün reddi birleşince, ilk bakışta bu grupların söylemlerinin kültürel Avrupa'ya dair yaygın sağ söylemlerden farklı olduğu izlenimi oluşmaktadır. Ancak analizde, hem modernleşme paradigmasından dayanak alma konusunda hem de siyasi topluluk tahayyülünde ulus-devlete biçtiği hayati rol bakımından bu yaklaşımın sağın söylemiyle örtüştüğü ortaya çıkmaktadır. Özcü niteliklere dayanan iç/dış sınırların sağın söylemlerindeki kadar katı olarak inşa edilmediği ileri sürülebilir. Avrupa söylemsel düzeyde uyumlu bir kültürel varlık olarak inşa edilmediği gibi kültürel çeşitliliğe de değer verilmektedir. Bununla birlikte, din gibi "mühim" kültürel kavramların toplum içinde ifadesi kapsamında bir birlik yine de aranmaktadır. Bu ise, radikal bir demokraside olması gereken, çoğulculuk ve demokrasinin desteklenmesine yönelik olarak din ve siyaset arasındaki müzakerede yeni yaklaşımların dikkate alınmaması riskini beraberinde getirmektedir (Shakman Hurd, 2004: 239–240).

Avrupa kültürel alanının varsayılan sınırlarında ideolojik, ulusal ve kurumsal ayrımları görmek de mümkündür. Bu alanın siyasi yelpazenin sağı boyunca, aşırı sağ retoriğe özgün biçimde daha açıkça ve aşağılayıcı terimlerle ifade edilen dahil olma/hariç olmaya dair kısıtlarla tam anlamıyla sınırlandırılmış olması şaşırtıcı değildir. Ulusal bölünmelere bir örnek olarak Alman siyasi söyleminde, Avrupa kültürel alanının belirlenmesinde özcü kültürel sınırların inşasının nesnelerinin genelde Türk göçmenler olduğu görülmektedir. Britanya ve EPP-ED/EPP'deki kimi ulusal gruplarda ise üyelerin bazılarında ortak kültüre dayalı mitik bir Avrupa ile kendi çıkarlarını koruma amacıyla bir araya gelmiş ulus-devletlerden oluşan, dolayısıyla "AB"nin kültürel sınırlarını genişleten ama "Avrupa"nınkileri genişletmeyen bir siyasi proje olarak Avrupa arasında net bir farklılık vardır. Sol ve liberal gruplarda bu kültürel mekânın sınırları ve esneklikleri genellikle daha genişken, ulusal kimlik anlatılarını da yansıttıkları görülmüştür. Örneğin, burada incelenen Fransız siyasi parti söylemlerinde ortaya çıkan dinle devlet arasındaki ilişkilere dair laisist bakış açısı, İslam'ın kamusal alanda ifadesinin sınırlarının aktarıldığı egemen anlatıdır. Kurumsal söylemler açısından bakıldığında, literatürde Komisyon'un kozmopolit bir aktör olarak algılanmasına yol açmış olan "çeşitlilikte birlik" (bkz. Suvarierol ve Aydın-Düzgit, 2011) düsturunun Komisyon görevlileriyle yapılan görüşmelerde sıklıkla karşımıza çıktığı görülmektedir. Buna rağmen Türkiye'nin "Avrupalı" Türk muhataplara karşılık ağırlıklı olarak geri kalmış ve geleneksel bir toplum olarak stereotipik bir biçimde tasvir edilmesi, Komisyon seçkinleri açısından kozmopolit Avrupa'nın sınırlarının Türkiye sınırında sonlandığı anlamına gelebilir.

Sonuç

Bu çalışmada Avrupa Parlamentosu, Komisyon ve AB üyesi ülkelerden üçünde (Fransa, Almanya ve Britanya) Türkiye'nin AB üyeliği üzerine tartışmalardaki Türkiye temsilleri yoluyla Avrupa'nın nasıl söylemsel olarak inşa edildiği incelenmiştir. Kimliklerin ilişkisel, parçalı ve temsiller yoluyla söylemsel olarak inşa edildikleri yönündeki kuramsal varsayımdan hareket edilerek, Türkiye'nin üyeliği hakkındaki konuşmalarda inşa edilen çeşitli Avrupaların var olduğu; bunların araştırmaya dahil edilen farklı ideolojik, ulusal ve kurumsal ortamlar içinde ve arasında farklılıklar gösterdiği bulunmuştur. Bu Avrupaların inşa edildiği dört ana söylem konusu tespit edilmiştir. Bunlar Avrupa'nın "bir güvenlik topluluğu, demokratik değerlerin savunucusu, bir siyasi proje" ve "bir kültürel alan" olarak kavramsallaştırılmasına karşılık gelmektedir.

Türkiye konusundaki konuşmalar söylemde farklı "Avrupa" versiyonlarının inşasına zemin hazırlamıştır; dolayısıyla da Avrupa kimliğine dair farklı söylemsel inşaların incelenmesinde Türkiye'nin kilit bir vaka olduğu ortaya çıkmıştır. Bu aynı zamanda Avrupa'nın sınırlarının çizilmesinde oynadığı rol nedeniyle AB genişleme politikasının özel tür bir dış politika olduğu yönündeki iddiayı da güçlendirmektedir. Söylemlerde birden fazla Avrupa'nın inşasına yol açan sınırların çizilmesinin zeminini hazırlayan, Türkiye'nin üyeliğinin lehine ve/veya aleyhine yapılan gerekçelendirmelerdir. Türkiye'nin üyeliği üzerine söylemler, Avrupa örneğinde kimlik inşasının ilişkisel yönünün sadece Türkiye ile sınırlı olmadığını ve Avrupa'nın kendi geçmişi, Balkanlar, Akdeniz, Ortadoğu ve ABD gibi çeşitli Ötekileri de kapsadığını ortaya sermiştir. Bu aynı zamanda bu Ötekileştirmelerin mutlaka tehlike veya tehdit algısı ima etmediği biçimindeki kuramsal iddiayı da desteklemektedir. Bu durum, analizi yapılan AB söylemlerinde Ötekilerin temsillerinin altında tehlike veya tehdit kavramları yatmadığı anlamına gelmemektedir. AB'nin güney komşuluk bölgesinin güvenlik konusu yapılması ile Türk göçmenler ve ülkenin üye olmasından sonra gerçekleşebilecek potansiyel bir Türk göçü üzerinden inşa edilen korkular Türk Ötekinin Avrupalı Benliğin kimliğine açık bir tehdit olarak kavramsallaştırılmasına önemli örnekler teşkil etmektedir. Bunula birlikte, özellikle üye ülkelerdeki sol partilerin söylemlerinde ve Komisyon'da gözlemlendiği kadarıyla, Türkiye'nin sadece Avrupa'nın yol göstermesiyle demokratik ilerleme sağlayabilecek demokratik olmayan bir ülke olarak nitelenmesiyle oluşan ebeveyn/çocuk ikili karşıtlığı, Ötekileştirmenin tehdit veya tehlike belirtenlerden başka ikili karşıtlıklarda da tezahür edebileceğine bir örnektir.

Bu çalışma ayrıca Avrupa kimliklerinin söylemsel inşasında "metinlerarasılık" ve "söylemlerarasılık" kavramlarının önemini de ortaya sermektedir. Bu çalışmanın kapsamında karşımıza çıkan metinlerarasılık ile ilgili ana örnekte, güvenlik, demokrasi ve kültür gibi çeşitli söylem konularında Samuel Huntington ve medeniyetler çatışması tezine sıklıkla göndermeler yapılmaktadır. Giscard d'Estaing'in Türkiye'nin üyeliği hakkındaki kültürelci görüşleri ve Avrupa'ya belirli bir güvenlik kimliği atfederken Robert Cooper'ın liberal emperyalizm üzerine görüşlerine yapılan açık göndermelerde de başka metinlerarasılık vakaları tespit edilmiştir.

Söylemlerarasılık kavramının önemi çeşitli düzeylerde kendini göstermektedir. Buradaki kilit vakalardan biri yine medeniyetler çatışması teziyle ilgilidir. Huntington veya medeniyetler çatışmasına açık göndermeler yapılmayan yerlerde bile iddiaların altında yatan "bilgi ve yapı kalıpları", İslam ve/veya Müslüman dünyasının Avrupa ve Batı ile yan yana getirilmesinde, Doğu'daki siyasi ve toplumsal yaşamı belirleme konusunda İslam'a yakıştırılan aşırı kapsayıcı rolde veya Türkiye ve üyelik ihtimali üzerine tartışmaların altında yatan İslam ile demokrasi arasındaki uyuşmazlık varsayımında karşımıza çıkmaktadır. Bu tez ile yapılan metinlerarasılık ve söylemlerarasılık Bottici ve Challand'ın (2006: 316) "fazla basit ve bilimsel açıdan yetersiz olarak şiddetle eleştirilen medeniyetler çatışması anlatısı [...] başarılı bir siyasi mit haline gelmiştir" iddiasını destekleyecek denli yaygındır. Türkiye'nin AB üyeliği gibi farklı bağlamlarda medeniyetler çatışması anlatısının sürekli yeniden üretilmesi söylemlerde doğallaştırılmasına neden olmaktadır. Diğer söylemlerarasılık vakalarını Avrupa'ya daha müdahaleci bir küresel güç rolünün yakıştırıldığı Cooper'ın liberal emperyalizminin altında yatan savlarda, Avrupa'nın norm ve değerlerinin yayılmasıyla işleyen bir dış politika aktörü olarak nitelendiği "normatif güç olarak Avrupa" söyleminde veya "entegrasyon" tartışmalarının söylemlerde çerçeveye oturtulmasında ülke içindeki göçmen retoriklerinden yararlanılmasında görmek mümkündür.

Daha geniş bir düzeyde, ulusal kimlik inşalarıyla yapılan söylemlerarasılık en net şekilde Fransız, Alman ve Britanyalıların Avrupa inşalarının analizinde karşımıza çıkmaktadır. Britanya söyleminde, Britanya ulusal kimliğinin söylemsel olarak inşasında dostane bir Öteki olarak temsil edilen Avrupa'nın izlerini görmek mümkündür. Bunun tersine, mevcut egemen Fransız ve Alman ulusal kimlik inşalarında Avrupa'nın sahip olduğu merkezi rol, Türkiye'nin üyeliğinin zora sokacağı siyasi ve kültürel açıdan daha birleşik bir Avrupa arzusunda kendisini göstermektedir. Benzer şekilde Avrupa Komisyonu örneğinde, temel olarak güvenlik, demokrasi ve siyasi bütünleşme üzerine söylemler aracılığıyla inşa edilmiş kurumsal kimliklerle söylemlerarasılık göze çarpmaktadır. Avrupa Komisyonu, Avrupa'nın dış dünya ile ilişkilerinin idaresinde kilit oyuncu, demokratik kimliğinin öncüsü ve geleceği belirsiz siyasi bütünleşmesinin ardındaki kilit inşacı olarak rollerini yeniden üretmektedir.

Dört söylem konusunun tümünde gözlemlenen diğer iki tür söylemlerarasılık ise modernleşme paradigması söylemi ve (hayali) modern ulus-devlet söylemiyle ilgilidir. Modernleşme paradigması esas olarak gelenek ve modernlik arasındaki ayrımda, kültüre/dine dayalı ilerleme nosyonlarında, dünyanın geri kalanının öykünmesi beklenen üstün ve iyicil (modern, rasyonel, dinin etkisinden kurtulmuş) bir kültür modeli olarak Avrupa inşasında, ayrı kültürler/medeniyetler arasında inşa edilen eşitsiz güç ilişkileri ve Avrupa üzerine tartışmalardaki sınırlı özdüşünümsellik seviyesinde karşımıza çıkmaktadır. Medeniyetler çatışması söylemiyle kurulan mevcut söylemlerarasılık ile birlikte alındığında, Türkiye aracılığıyla yapılan Avrupa tartışmalarında yeni şarkiyatçı söylemlerin dikkate değer bir varlığa sahip olduğu söylenebilir.

(Hayali) modern ulus-devlet ile söylemlerarasılığın en çok göze çarptığı yer bir (Avrupa) ulusu, egemen ve işlevsel bir siyasi sistem ile esneklikleri söylemlerde ideolojik, ulusal ve kurumsal aidiyetlere göre değişiklik gösteren, (Avrupa'nın) içerisi ile dışarısı arasında yerleşmiş kültürel, tarihsel ve coğrafi sınırlara sahip belli bir toprak parçası arasında eşleşme kurulmasıyla demokratik ulus-devlet mitinin Avrupa düzeyinde yaygın şekilde yeniden üretimidir. Buradan hareketle, çalışmamız Avrupa'nın "dilsel açıdan disipline edici" kimlik ve siyasi topluluk kavramları (Van Ham, 2001: 94) ile tahayyülünde modern ulus-devletin "mülkilik," "sınırlar" ve "egemenlik" gibi kilit düzenleyici nosyonlarının hâlâ faal bir rol oynadığını göstermiştir. Bu bulgu, Avrupa'nın modern ulus-devleti aşarak katı toprak ayrımlarına ve tek tip kimlik dayatmasına dayanmayan bir postmodern düzeni andırmaya başladığını iddia eden anlatıları sorunsallaştırmaktadır. Bu bağlamda, "son yıllarda AB'de ulaşılmaya çalışılan Avrupa inşası büyük ölçüde ulusal topluluk inşası sürecinin bir uzantısıdır" (Busch ve Krzyzanonowski, 2007: 115) yönündeki gözlemlere daha yakın durmaktadır.

(İnşa edilmiş) ulus-devletle söylemlerarasılık burada sona ermeyip aynı zamanda bir devletin yurt içinde ve uluslararası sistemde belli bir kimliği hegemonyalaştırma çabaları arasında muğlaklaşan ayrımın Avrupa düzeyinde paralelleşmesinde de kendini göstermektedir. Türkiye aracılığıyla inşa edilen Avrupa'da, modern ulus-devlete benzer şekilde, içeride sağlam bir kimliğe direnen öğelerin genellikle dışarıda da kimliği istikrarsızlaştıran etmenlerle bağlantılandırıldığı bulunmuştur. Buna özellikle dinin kamusal ifadesi ve bunu sembolize eden peçe/türban takılması hakkında tartışmalar, dışarıdan gelen göçmenlere özcüleştirilmiş (ve Türkiye'nin dışlanmasının gerekçesi olarak gösterilen) kimlikler atfedilmesi ve Türkiye'nin üyeliğinin kültürel etkileri bağlamında başvurulan sınırlı (ve ulusal ortamlarda teşvik edilen) çokkültürlülük kavramında rastlanmaktadır.

Bu çalışmadaki analizler Avrupa hakkındaki çeşitli tarihsel öğelerle de söylemlerarasılık olduğunu iddia etmektedir. Tıpkı ulusal kimliklerin inşasında olduğu gibi, tarihsel öğelerin de mevcut Avrupalı kimliklerin söylemsel inşasında kilit bir rol oynayabileceği gösterilmiştir. Tarihsel öğelerin Türkiye üzerine Avrupa söylemlerinde birbirine bağlı iki yoldan kendilerini gösterdikleri bulunmuştur. Bunlardan ilki, Türkiye'nin dahil edildiği veya dışlandığı teleolojik bir Avrupa tarihi inşa etmek için seçilmiş tarihsel kaynaklara başvurulmasıdır. İkincisi ise geçmişte birden çok Avrupaların inşasında kullanılan belli başlı bazı tarihsel öğelerin daha çağdaş Avrupa söylemlerinde tekrar kullanılmasıdır. Örneğin, demokrasi ve insan haklarının Avrupalı olmayan ülkeler tarafından edinilemeyecek bir kültür meselesi olarak inşasında, "doğulu despotluk" hakkındaki tarihsel söylemin belli kilit yönlerinin özellikle sağcı siyasal partiler ve parti gruplarının söylemlerinde kullanılmasında bunu görmek mümkündür. Öyle ki, Doğulu despotluk anlatısında Türklere "gururlu insanlar" olma halinin yüklenmesinin, analize tabi tüm söylemsel alanlarda Türkler/Türkiye hakkında en sık kullanılan stereotiplerden biri olduğu görülmüştür.

Özellikle sol siyasi gruplar arasında ve Komisyon'da, 19. yüzyıl "medeniyet standartları" (Gong, 1984) söylemiyle tarihsel bir söylemlerarasılığın yaratıldığı da ortaya konmuştur.[1] Bu söylem uyarınca, devletlerin temel insan haklarına saygı gibi bazı nitelikleri hangi "Avrupalı olmayan" ulusların "Avrupalı" uluslarla etkileşime girebileceğine karar verilmesinde kilit rol oynuyordu. Bu söylemin dayanaklarından biri de Avrupa'da tecessüm etmiş olan "modernleşme"nin nihai hedef olarak görüldüğü güçlü bir ilerleme inancıydı. Modernleşme yolundaki ölçütler belirli bir Avrupa modelinden geliyordu. Dahası, bu ülkelerin modernleşmesinde Avrupa'ya bir "medenileştirme misyonu" yüklenmişti. Levin'in (2011: 198) ifadesiyle, 19. yüzyılda Türkiye'nin "Avrupa'nın hasta adamı" olarak ve Avrupa'nın *mission civilisatrice*'ine tabi olduğuna dair temsilinin Türkiye'nin AB üyeliği üzerine mevcut tartışmalardaki yansımaları "güçsüzü savunmak, Türkleri kendilerinden kurtarmak ve medeniyetin dünyanın karanlık köşelerine yayılmasını sağlamak olan aydınlanmış bir AB ütopyası (*EUtopia*)" tablosu çizmektedir.

Bu çalışma genel hatlarıyla Türkiye'nin AB'ye üyeliğiyle ilgili konularda, AB genelinde "Avrupalı" olarak nitelenebilecek bir ortak söylemsel alan olduğuna işaret etmektedir. Bu esas olarak AB içinde benzer meselelerin benzer zamanlarda benzer yoğunlukta tartışılması ve benzer "anlam yapıları" ile bir çerçeveye oturtulmasında kendisini göstermektedir (Risse, 2010: 125). Bu çalışma aynı zamanda siyasi ve idari (Komisyon) seçkinlerin söylemlerinde, biri Türkiye'nin AB üyeliğinden yana olan modern, kozmopolit, diğeriyse Türkiye'nin üyeliğine karşı olan daha bölgesel, kültürelci iki ayrı Avrupa görüsünün kendini belli ettiği yönündeki uzlaşımsal düşünceyi de sorunsallaştırmaktadır. Analiz, AB içinde Türkiye'nin üyeliğinin lehine ve aleyhine olan savlar arasında ciddi söylemsel benzerliklere yol açan, Stuart Hall'un deyimiyle, modern ulus-devlet ve modernleşme söyleminin kilit ilkelerine odaklanan, yüksek derecede ideolojik kapalılığa işaret ettiği için, bu iki görü arasında kesin bir ayrımın yapılmasının yanıltıcı olabileceğini ifade etmektedir. Çoğunlukla Türkiye'nin AB üyeliğinden yana olan kozmopolit Avrupa görüsüyle bağdaştırılan sol siyasi partilerin/parti gruplarının veya Komisyon'un Avrupa üzerine söylemlerinin analize dahil edilen merkez sağ partilerin söylemleriyle, özellikle de aşırı sağ partilerin söylemleriyle önemli farklılıklar gösterdiğinin altı çizilmelidir. Bu söylemler açıkça kültürel özcülüğü reddetmekte, çokkültürlülüğü savunmakta ve AB üyeliği için en temel kıstasın demokratik değerlerin benimsenmesi olması gerektiğini savunmaktadır. Ne var ki, Avrupa'da kültürel çeşitliliğin öğeleri üzerine olan söylemleri büyük ölçüde AB'deki ulus-devletlerin İslam'ın kamusal ifadesini kısıtlamaya yönelik güçlü bir güdü içeren alışılagelmiş çokkültürcü anlatının kapsamı içinde kalmaktadır. Bu grupların söylemleri, demokratik değerlerin tecessümü olan ama sınırlı özdüşünümselliğe sahip ve Avrupa tarihinin eleştirel bir okumasının yapılmadığı bir Avrupa'ya vurgu yaparak üstünlük ima eden Avrupa merkezli bir Avrupa ifadesinin yeniden üretilmesine de katkıda bulunabilir. Bu gruplar, Britanya vakası hariç olmak üzere, Türkiye'deki kültüre/tarihe bağlı egemenlik kavramının zorluk çıkaracağı düşünülen güçlü bir siyasi projenin inşasında homojenlik ve tekillik taraftarı olabilirler.

Bu çalışma aynı zamanda, bu söylemlerin istikrarının ve tutarlılığının farklı şekillerde sorgulanabileceğini göstermiş ve aynı söylemleri değişime açık kılan tartışmalı niteliklerini de ortaya çıkarmıştır. Örneğin, Avrupa kültür ve tarihinin alternatif okumalarına veya toplumda dinin ifadesine ilişkin alternatif yorumlara burada yer verilmesinin amacı bir anlatının yerine diğerini koymaktan ziyade, tartışmaya açık olan söylemlerin iç istikrarsızlığını ve tutarsızlığını ortaya sermektir. Ancak analiz aynı zamanda, Avrupa'nın söylemlerde kavramsallaştırılma biçimlerini kökten değiştirme potansiyeline sahip olan alternatif inşaların mevcut Avrupa inşaları arasında son derece marjinal kaldığını da tespit etmiştir. Örneğin, özellikle sol siyasi partilerin ve Komisyon'un söylemlerinde Avrupa'nın coğrafi sınırlarının sürekli bir değişim içinde inşa edildiği veya İkinci Dünya Savaşı deneyimlerinin ötesinde özdüşünümsellik sergilendiği veya ortak kültür(ler) kavramının reddedildiği nadir sözcelere rastlanmıştır. Bunlar Avrupa'ya dair temelde farklı söylemsel ifadeler aracılığıyla değişimin her zaman mümkün olduğunun ampirik tezahürleridir. Ancak bu alternatif kümelenmelerin mevcut halde son derece marjinal kaldıkları ve bu yüzden egemen söylemlere temel bir meydan okumayı temsil edemedikleri görülmüştür.

Son olarak, söylem ve siyasi eylem arasındaki ilişkiye gelecek olursak, bu çalışma söylemlerin dile getirilen politikalara belli sınırlar getirerek politikalar üzerine etkinleştirici veya etkisizleştirici etkileri olabileceğini iddia etmiştir. Bu kitapta söylem ile siyasi eylem arasındaki bu ilişkinin AB'nin Türkiye'ye yönelik politikalarında nasıl tezahür ettiği üzerinde durulmamış olmakla beraber, Türkiye'nin üyeliği konusundaki söylemsel alan dikkate alındığında, verili söylemsel alanda Türkiye'ye yönelik AB politikalarının nasıl anlaşılabilir kılınabileceğini anlama yönünde bir adım atılmıştır. Bununla ilgili bir örnek, Türkiye'nin Müzakere Çerçeve Belgesi'nde kişilerin serbest dolaşımı (ayrıca, yapısal politikalar ve tarım) konusunda bir üye ülkeye ilk defa kalıcı istisnalar uygulanmasını mümkün kılan hükümdür.[2] Bu hüküm, genişleme politikasında eşit muamele ilkesinin çiğnenmesi açısından normatif ve etik olarak sorunsallaştırılabilir; ancak AB söyleminde bu politikaya itiraz eden neredeyse yok gibidir. Türkiye'nin üyeliği konulu tartışmalarda Avrupa'nın sınırları belli (ama sınırlarda değişken bir esneklik arz eden) bir siyasi ve kültürel proje olarak telaffuzunun ne kadar baskın olduğu düşünüldüğünde bu durum şaşırtıcı görülmeyebilir. Bununla birlikte bu durum, Türkiye'ye yönelik AB politikalarının AB söyleminde büyük ölçüde tartışmasız kabul edilmesini veya tartışma konusu olarak kalmasını sağlayan söylemsel alanlara dair daha fazla araştırmanın sürdürülmesinin yararlı olabileceğine de işaret etmektedir.

Ekler

A.1 Avrupa Parlamentosu Tartışmaları

Tartışmaların Tarih ve Başlıkları

6 Ekim 1999 Türkiye–AB ilişkilerinin durumu

1 Aralık 1999 Türkiye

11 Nisan 2000 Türkiye'deki durum

5 Eylül 2000 Türkiye'nin ekonomik ve toplumsal gelişimi

14 Kasım 2000 Türkiye

14 Şubat 2001 Türkiye ile katılım ortaklığı

24 Ekim 2001 Türkiye

7 Şubat 2002 Türkiye'deki deprem

27 Şubat 2002 Türkiye'de demokratik haklar, özellikle de HADEP'in durumu

13 Mayıs 2003 İnsan Hakları Derneği'nin Ankara bürosunda arama

4 Haziran 2003 Türkiye'nin AB üyelik başvurusu

1 Nisan 2004 Türkiye'nin üyelik yolunda ilerleyişi

13 Aralık 2004 Türkiye'nin üyelik yolunda ilerleyişi

5 ve 6 Temmuz 2005 Türkiye'de kadının rolü

28 Eylül 2005 Türkiye ile müzakerelerin başlatılması–AET-Türkiye Ortaklık Anlaşması'na ek protokol

6 Nisan 2006 Güneydoğu Türkiye'de durum

26 Eylül 2006 Türkiye'nin üyelik yolunda ilerleyişi

12 Şubat 2007 Türkiye'de kadınlar

24 Ekim 2007 AB–Türkiye ilişkileri

21 Mayıs 2008 Türkiye'nin 2007 İlerleme Raporu

11 Mart 2009 Hırvatistan: İlerleme Raporu 2008–Türkiye: İlerleme Raporu 2008– Makedonya Eski Yugoslav Cumhuriyeti (MEYC): İlerleme Raporu 2008

5 Mayıs 2009 Türkiye'de demokratik süreç

25 Kasım 2009 Genişleme Stratejisi 2009: Batı Balkanlar, İzlanda ve Türkiye

20 Ocak 2010 Türkiye'de demokratikleşme

10 Şubat 2010 Hırvatistan 2009 İlerleme Raporu–MEYC 2009 İlerleme Raporu
Türkiye 2009 İlerleme Raporu

27 Eylül 2011 Türkiye ve Kıbrıs Cumhuriyeti Arasındaki Gerilim

28 Mart 2012 Türkiye Genişleme Raporu

21 Mayıs 2012 Türkiye'deki Kadınlar İçin 2020 Perspektifi

6 Şubat 2013 Kürt Sorununa Barışçıl Çözüm İçin Diyalog

18 Nisan 2013 2012 Türkiye İlerleme Raporu

12–13 Haziran 2013 Türkiye'deki durum

26 Şubat 2014 AB–Türkiye Geri Kabul Anlaşması

11–12 Mart 2014 2013 Türkiye İlerleme Raporu

17 Aralık 2014 Türkiye'de ifade özgürlüğü

15 Ocak 2015 Türkiye'de ifade özgürlüğü

20 Mayıs 2015 2014 Türkiye İlerleme Raporu

10 Haziran 2015 2014 Türkiye İlerleme Raporu

A.2 Avrupa Komisyonu'ndaki Konuşmalar

Konuşma Numaraları,[1] Konuşmacılar ve Konuşmaların Başlıkları

KONUŞMA/99/151 Günter Verheugen: "Genişleme: Hız ve Kalite"

KONUŞMA/99/168 Romano Prodi, OSCE Zirvesi, İstanbul

9 Mart 2000 Günter Verheugen: "Genişleme Süreci ve Türkiye'nin Bu Süreçteki Yeri"

KONUŞMA/00/419 Günter Verheugen: "Strateji Bildirisi, Türkiye ile Katılım Ortaklığı ve İlerleme Raporları"

KONUŞMA /01/469 Günter Verheugen, AB–Türkiye Vakfı Kuruluş Toplantısı, Brüksel

KONUŞMA/01/487 Günter Verheugen, Avrupa Parlamentosu, Strasbourg

KONUŞMA/02/425 Günter Verheugen, Fransız Ulusal Meclisi, Paris

KONUŞMA/02/576 Romano Prodi, Avrupa Parlamentosu, Strasbourg

KONUŞMA/03/423 Günter Verheugen: "Türkiye'de Reform Yapılması Belirleyici bir Etmendir"

KONUŞMA/03/519 Günter Verheugen, Avrupa Parlamentosu, Brüksel

KONUŞMA/04/16 Romano Prodi, TBMM, Ankara

4 Mart 2004 Günter Verheugen: "AB'nin Genişlemesi: Beklentiler, Başarılanlar ve Gelecek"

KONUŞMA/04/141 Günter Verheugen: "Avrupa Çevre Politikası"

KONUŞMA/04/309 Günter Verheugen: "Aralık 2004'e Doğru Türkiye ve AB"

KONUŞMA/04/437 Olli Rehn, Avrupa Parlamentosu, Brüksel

KONUŞMA/04/440 Romano Prodi: "Komisyon'un Türkiye'nin Başvurusu Üzerine Rapor ve Tavsiyesi"

KONUŞMA/04/466 Olli Rehn: "Türkiye ve AB: Ortak Bir Gelecek?"

KONUŞMA/04/534 Olli Rehn: "EU ve Türkiye: Tarihi Bir Karar Öncesinde"

KONUŞMA/04/538 Olli Rehn: "Yeni Bir Aşamanın Eşiğinde AB ve Türkiye"

KONUŞMA/04/545 Jose Manuel Barosso, Avrupa Konseyi, Brüksel

KONUŞMA/05/20 Olli Rehn: "Oyunun Durumu: Genişleme Süreci"

KONUŞMA/05/32 Olli Rehn: "Avrupa'yı Sınırlar Değil Değerler Belirler"

KONUŞMA/05/142 Olli Rehn: "AB ile Türkiye'nin Ortak Geleceği: Reform ve Müzakereler İçin Yol Haritası"

KONUŞMA/05/271 Olli Rehn: "Öncelikler: Türkiye Enerjisini Nereye Yöneltmeli?"

KONUŞMA/05/362 Olli Rehn: "AB'nin Genişlemesinin Geleceği Tehlikede mi"

5 Temmuz 2005 Olli Rehn, Avrupa Parlamentosu, Strazburg

KONUŞMA/05/465 Olli Rehn: "Küresel Bir Aktör olarak AB?"

KONUŞMA/05/556 Olli Rehn: "Türkiye ile Katılım Müzakereleri"

KONUŞMA/05/587 Olli Rehn: "AB ve Türkiye Birlikte Aynı Seyirdeler"

KONUŞMA/05/716 Olli Rehn: "Türkiye ile Katılım Müzakereleri: Kutlama Zamanı Bitti, Şimdi Sonuç Zamanı"

KONUŞMA/05/733 Olli Rehn: "Türkiye ile Katılım Müzakereleri: Kıstasların Yerine Getirilmesi"

KONUŞMA/06/392 Olli Rehn: "Türkiye: Üyelik Sürecinde Oyunun Durumu"

KONUŞMA/06/536 Olli Rehn: "Türkiye'de Reformlar–Türk Vatandaşlarının Çıkarı Önceliklidir"

KONUŞMA/06/559 Olli Rehn: "Türkiye'nin En İyi Cevabı Reformlara Sıkı Sıkıya Bağlı Kalmaktır"

KONUŞMA/06/747 Olli Rehn: "Türkiye'nin AB'ye Üyelik Süreci"

KONUŞMA/07/362 Olli Rehn: "Türkiye ile AB'nin Neden Birbirlerine İhtiyaçları Var: Enerji ve Diğer Stratejik Meselelerde İşbirliği"

KONUŞMA/07/370 Olli Rehn: "Türkiye'nin Üyeliğinde Finlandiya'nın Rolü"

KONUŞMA/07/651 Olli Rehn: "Reform Yolunda Türkiye"

KONUŞMA/08/121 Olli Rehn: "Açık ve Kendine Güvenen Bir Toplum: Türkiye'de Temel Özgürlükler, Anayasa Reformu ve Demokratikleşme"

KONUŞMA/08/188 José Manuel Durão Barroso: "Türkiye: Boğazların Hâkimi, Kaderinin Hâkimi"

KONUŞMA/08/191 José Manuel Durão Barroso: "Kalpleri ve Akılları Kazanmak: AB/ Türkiye Ortaklığı"

KONUŞMA/08/257 Olli Rehn: "Türkiye Tekrar AB Reformlarına Odaklanacak"

KONUŞMA/08/275 Olli Rehn: "Üyelik Sürecinde Yapıcı Diyalog ve Uzlaşma Ruhu Kilit Rol Oynayacak"

KONUŞMA/08/520 Olli Rehn: "Türkiye ve AB: Kazan-Kazan Oyunu"

KONUŞMA/08/581 Olli Rehn: "Ankara Anlaşması'ndan Bu Yana 45 Yıl: AB-Türkiye İşbirliği Sürüyor"

KONUŞMA/09/89 Olli Rehn: "Avrupa İçin Bir Enerji Merkezi Olarak Türkiye: Gelecek ve Zorluklar"

KONUŞMA/09/104 Olli Rehn: "Türkiye, Hırvatistan ve Makedonya Eski Yugoslav Cumhuriyeti'nin Üyelik Süreçleri–Zorlu Koşullarda İlerleme Kaydetmek"

KONUŞMA/09/128 Olli Rehn: "Türkiye'nin AB Üyeliğinde Kadın Hakları"

KONUŞMA/09/148 Olli Rehn: "AB ve Türkiye–Ekonomik Krizi Ortaklıkla Aşmak"

KONUŞMA/09/214 Olli Rehn: "Türkiye'deki Demokratik Süreç"

KONUŞMA/09/162 Olli Rehn: "Türkiye'nin AB Yolculuğu–Reformlarla İlerleme"

KONUŞMA/09/565 Olli Rehn: "Türkiye ve Avrupa–Bir Örnek"

KONUŞMA/09/318 Olli Rehn: "Türkiye'nin Avrupalı Geleceği"

KONUŞMA/10/191 Stefan Füle: "Türkiye'de Kadın Hakları"

KONUŞMA/10/531 Maria Damanaki: "AB ve Türkiye: Denizlerimizdeki Ortak Sorunlarla Mücadelede Beraber Çalışmak"

KONUŞMA/10/644 Stefan Füle, Avrupa Parlamentosu, Brüksel

KONUŞMA/11/158 Stefan Füle, Avrupa Parlamentosu, Strazburg

KONUŞMA/11/292 Stefan Füle, 49. AB-Türkiye Ortaklık Konseyi, Brüksel

KONUŞMA/11/352 Stefan Füle: "Türkiye: Refah İçin Köprüler İnşa Etmek"

KONUŞMA/11/610 Stefan Füle, Avrupa Parlamentosu, Strazburg

KONUŞMA/11/773 Stefan Füle: "Türkiye-AB: Ortak Çıkarlara Tekrar Bakış"

KONUŞMA/11/823 Stefan Füle: "Türkiye-AB İlişkileri: Katılım Müzakerelerinde Durum"

KONUŞMA/12/242 Stefan Füle, Avrupa Parlamentosu, Brüksel

KONUŞMA/12/360 Stefan Füle: "AB-Türkiye İlişkileri"

KONUŞMA/12/368 Stefan Füle, 23. Müzakere Başlığının Açılma Toplantısı, Ankara

KONUŞMA/12/450 Stefan Füle, Avrupa Parlamentosu, Strazburg

KONUŞMA/13/103 Stefan Füle: "Kürt Sorununa Barışçıl Çözüm İçin Diyalog"

KONUŞMA/13/334 Stefan Füle: "Türkiye İlerleme Raporu Üzerine Yorumlar"

KONUŞMA/13/517 Stefan Füle: "Birbirine Bağlı AB-Türkiye"

KONUŞMA/13/525 Catherine Ashton, Avrupa Parlamentosu, Strazburg

KONUŞMA/13/526 Stefan Füle: "AB-Türkiye İlişkilerinde Kritik An"

KONUŞMA/13/558 Stefan Füle: "Batı Balkanlar ve Türkiye'de Medya Özgürlüklerinin İyileştirilmesi İçin Yüksek Sesli Uyanış Çağrısı"

KONUŞMA/13/891 Stefan Füle: "AB-Türkiye: Kadın Haklarında İlerleme"

KONUŞMA/14/43 José Manuel Durão Barroso , Başbakan Erdoğan'la Yapılan Görüşmeyi Takiben Yapılan Açıklama, Brüksel

KONUŞMA/14/210 Stefan Füle: "2013 Türkiye İlerleme Raporu"

KONUŞMA 14/313 Stefan Füle: "AB-Türkiye İlişkilerinde Durum: Kazanımlar ve Hayal Kırıklıkları"

KONUŞMA 14/317 Stefan Füle: "AB-Türkiye Gümrük Birliği'nin Karşılıklı Faydaları"

KONUŞMA 14/473 Stefan Füle, AB-Türkiye 23. Müzakere Başlığı Çalışma Grubu Toplantısı, Ankara

KONUŞMA 14/1621 Johannes Hahn: "AB-Türkiye: Yeni Fırsatlara Yol Açan Önemli Dönüm Noktaları"

A.3 Ulusal Parlamentolardaki Tartışmalar

Fransa

Tartışma Oturumlarının Tarih ve Başlıkları

14 Aralık 1999 Türkiye'nin Avrupa Birliği üyeliğine adaylığı

20 Aralık 2000 Avrupa Birliği Başkanlığı ve Türkiye'nin adaylığı

18 Ocak 2001 Ermeni soykırımının kabulü

12 Kasım 2002 Türkiye'nin Avrupa Birliği'ne adaylığı

10 Aralık 2002 Türkiye'nin Avrupa Birliği'ne adaylığı

25 Kasım 2003 Avrupa Birliği'nin genişlemesi

7 Nisan 2004 Türkiye'nin Avrupa Birliği'ne adaylığı

22 Haziran 2004 Türkiye'nin Avrupa Birliğiüyeliğine adaylığı

5 Ekim 2004 Türkiye'nin Avrupa Birliği'ne girişi

6 Ekim 2004 Avrupa Birliği ve Türkiye

14 Ekim 2004 Türkiye'nin Avrupa Birliği'ne adaylığı üzerine hükümetin bildirisi ve bu bildiri üzerine tartışma

14 Aralık 2004 Türkiye'nin Avrupa Birliği'ne üyeliği

21 Aralık 2004 Hükümete sorular

8 Kasım 2006 Türkiye

21 Mayıs 2008 5. Cumhuriyet'in kurumlarının modernleştirilmesi

29 Mayıs 2008 Madde 33

7 Nisan 2009 Türkiye'nin Avrupa Birliği'ne üyeliği konusunda Fransa'nın konumu

2 Haziran 2009 Türkiye'nin Avrupa Birliği'ne girişi

9 Haziran 2009 Hükümet'in Avrupa Konseyi üzerine bildirisi ve bu bildiri üzerine tartışma

7 Nisan 2010 Fransa–Türkiye İlişkileri

26 Haziran 2013 Türkiye'nin Avrupa'ya katılımı

23 Ekim 2013 Avrupa Birliği'nin genişlemesi

29 Ocak 2014 Türkiye'nin Avrupa'ya girişi

Almanya

Tartışma Oturumlarının Tarih ve Başlıkları

3 Aralık 1999 Şansölye Parlamento'yu bilgilendiriyor

17 Aralık 1999 Şansölye Parlamento'yu bilgilendiriyor

4 Aralık 2002 AB'nin Türkiye'ye teklifi hakkında Şansölye Parlamento'yu bilgilendiriyor

26 Haziran 2003 10/11 Haziran Selanik Avrupa Konseyi

8 Eylül 2004 Şansölye'nin yetkileri üzerine

29 Ekim 2004 "AB'nin Türkiye'ye Teklifi" hakkında teklife dair rapor

AB'nin Türkiye ile ilişkilerinin sürdürülebilir şekilde devam ettirilmesi ve katılım müzakerelerinin açılması hakkında teklif

AB ile Türkiye arasındaki katılım müzakereleri hakkında teklif

16 Aralık 2004 "AB'nin Türkiye'ye Teklifi" hakkında teklife dair rapor

AB'nin Türkiye ile ilişkilerinin sürdürülebilir şekilde devam ettirilmesi ve katılım müzakerelerinin açılması hakkında teklif

AB ile Türkiye arasındaki katılım müzakereleri hakkında teklif

21 Ocak 2005 Türkiye ile sorunlar göz ardı edilmemelidir

16 Haziran 2005 Türkiye ile sorunlar göz ardı edilmemelidir

27 Kasım 2006 Dışişleri

30 Kasım 2006 Dışişleri Bakanı Parlamento'yu bilgilendiriyor

14 Aralık 2006 Şansölye Parlamento'yu bilgilendiriyor

Doğu'ya doğru genişlemenin AB'nin gelişme yardımı için yarattığı fırsatlar ve sorunlar hakkında teklif

24 Mayıs 2007 Kıbrıs meselesinde atılması gereken adımlar–Almanya'nın başkanlığına düşen ödevler

14 Şubat 2008 Avrupa Birliği İnsan Hakları Raporu 2007

19 Haziran 2008 Şansölye Parlamento'yu bilgilendiriyor

23 Nisan 2009 Türkiye'deki sendikaların güçlendirilmesi hakkında teklif

10 Kasım 2009 Avrupa Dış Politikası ve Güvenlik Politikası, Genişleme Politikası ve İnsan Hakları

9 Şubat 2011 17. Dönem 89. Oturum

17 Mart 2011 Türkiye ile katılım müzakerelerinin yeniden canlandırılması hakkında teklif

7 Eylül 2011 17. Dönem 123. Oturum

27 Haziran 2013 17. Dönem 250. Oturum

Britanya

Tartışma Oturumlarının Tarih ve Başlıkları

13 Aralık 1999 Helsinki Avrupa Konseyi

18 Ocak 2000 Türkiye

23 Ocak 2001 Türkiye

10 Temmuz 2001 Kıbrıs

10–11 Aralık 2002 Avrupa Birliği'nin Genişlemesi

16 Aralık 2002 Avrupa Konseyi (Kopenhag)

21 Mayıs 2003 Avrupa Birliği (Üyelikler) Teklifi

20 Kasım 2003 Terör Saldırıları (İstanbul)

10 Aralık 2003 Avrupa İşleri

15 Haziran 2004 Türkiye

23 Haziran 2004 Türkiye (AB Üyeliği)

12 Ekim 2004 Türkiye

24 Kasım 2004 Dışişleri ve Savunma

15 Aralık 2004 Avrupa İşleri

20 Aralık 2004 Brüksel Avrupa Konseyi

25 Ocak 2005 Türkiye

1 Mart 2005 Türkiye

18 Mayıs 2005 Dışişleri ve Savunma

8 Haziran 2005 AB Anayasası

15 Haziran 2005 Avrupa İşleri

20 Haziran 2005 Avrupa Konseyi

30 Haziran 2005 Avrupa Birliği

19 Temmuz 2005 Türklerin Ziyareti

11 Ekim 2005 AB Üyeliği (Türkiye ve Hırvatistan)

14 Aralık 2005 Avrupa İşleri

15 Kasım 2005 Orhan Pamuk

31 Ocak 2006 AB için 2006 Yılına Bakış

22 Kasım 2006 Dışişleri ve Savunma

6 Aralık 2006 Avrupa İşleri

18 Aralık 2006 Avrupa Konseyi

9 Ekim 2007 Türkiye

12 Kasım 2007 Dışişleri ve Savunma

9 Aralık 2008 Avrupa İşleri

4 Temmuz 2012 Britanya-Türkiye İlişkileri

Notlar

GİRİŞ

1. Ağustos 2015 itibarıyla, müktesebatın 35 faslından ve Türkiye'nin müzakere etmekte olduğu 14 fasıldan sadece biri kapatılmıştır. Aralık 2006'da Konsey, AB ile gümrük birliği uyarınca Türkiye limanlarını ve hava sahasını Kıbrıs Rum Kesimi'ne açana kadar müktesebatın sekiz faslı üzerine müzakereleri başlatmama ve fasıllardan herhangi birini de geçici olarak kapatmama kararı aldı.

2. Shore (1999) ve Risse (2004a, 2010) Avrupa Birliği için yaygın olarak Avrupa kavramının kullanımının aslında Birliğin Kıta üzerindeki hegemonlaştırıcı ve güçlü etkisini gösterdiğini ileri sürmüşlerdir. Hülsse (2000) özellikle Türkiye'nin üyeliği hakkındaki Alman söylemlerine odaklanır ve Avrupa'nın yaygın şekilde AB ile bir görülmesinin Almanya bağlamında Avrupa projesinin kültürel boyutlarının algılanan önemine vurgu yaptığına dikkat çeker. Tekin (2010) de Türkiye'nin üyeliği hakkındaki Fransız söylemleriyle ilgili benzer bulgulara ulaşmıştır. Krzyzanowski ve Oberhuber (2007) bu denkliğin kendini gösterme şekillerini, hem kendilerinin "Avrupa'ya dair spekülatif konuşmalar" adını verdikleri Avrupa'nın geleceğine dair resmi konuşmalarda hem de çeşitli AB belgelerinde ampirik olarak ortaya koymuşlardır. Bununla birlikte, üye devletlerin siyasi seçkinleri arasında, esas olarak ulus-devlet kimlikleri hakkındaki görüşleri nedeniyle, AB'nin çoğunlukla kurumsal bağlamda kavramlaştırılıp AB ile Avrupa arasında bir ayrımın dile getirildiği belli bir söylemin varlığına da dikkat çekerler.

3. Özellikle bkz. Ruggie (1993), Wæver (1998a), Buzan ve Diez (1999),Cederman (2001), Van Ham (2001), Zielonka (2006).

4. Örneğin, bkz. Rehn (2009).

5. Bu bağlamda Fas'ın AB'ye üyelik başvurusunun 1987'de Fas'ın bir Avrupa ülkesi olmaması nedeniyle reddedilmesi akla gelmektedir.

6. 21–22 Haziran 2003'te Kopenhag'da yapılan Avrupa Konseyi toplantısında üç Kopenhag kriteri belirlenmiştir: "Üyelik için aday ülkenin demokrasiyi, hukukun üstünlüğünü, insan haklarını ve azınlıklara saygıyı ve korunmasını güvence altına alan kurumların istikrarını sağlamış olması; işleyen bir piyasa ekonomisine sahip olması ve Birlik içindeki rekabetçi baskılar ve piyasa güçleriyle baş edebilecek kapasiteye sahip olması gerekir." Başkanlık Kararları da "Avrupa bütünleşmesinin ivmesi korunurken bir yandan da Birliğin yeni üyeleri sindirme kapasitesinin hem Birlik hem de aday devletlerin genel çıkarı için göz önünde bulundurulması gereken bir husus" olduğunun altını çizmiştir. Ne var ki, "Birliğin yeni üyeleri sindirme kapasitesinin" Kopenhag kriterlerinin dördüncü bir sütunu olup olmadığı konusunda ciddi tartışmalar mevcuttur. Bkz. European Council in Copenhagen, 21–22 June 1993, *Conclusions of the Presidency*, SN 180/1/93.

7. Bu tür bir yaklaşım Birliğin kimliklerini yalnızca genişleme yoluyla inşa ettiği anlamına gelmez. Örneğin ABD ve Rusya üzerine AB söylemlerinin de çeşitli kimlik inşaları oluşturması beklenebilir.

8. Ayrıca, bkz. Jørgensen ve LaGro (2007), Müftüler-Baç ve Stivachtis (2008), Çakır (2010), Usul (2010), Avcı ve Çarkoglu (2011).

9. Bu, kamusal söylemlerin önemsiz kabul edildiği anlamına gelmemektedir. Aslında seçkinlerin söylemleri yaygın dilde "kamuoyu" olarak niteleneni etkilemenin yanı sıra, Van Dijk (1993) tarafından ileri sürüldüğü gibi seçkinlerin "manipülatif" güçlerine fazla vurgu yapan savların tersine, kamudaki farklı toplumsal gruplar arasında değişen söylemlere de tepki verdikleri için bu ikisi arasında net bir sınır çizmek imkânsızdır.

10. Kitabın İngilizce orjinalinde Haziran 2010 itibarıyla sonlanan veri analizi, Türkçe versiyon için Ağustos 2015'e kadar olan konuşma ve tartışmaları içerecek şekilde genişletilmiştir.

11. Yönetimsellik yoluyla iktidar için, bkz. Foucault (1979).

12. Komisyon'un Türkiye İlerleme Raporu 2009–2011 yılları arasında AP'de Hırvatistan ve Makedonya Eski Yugoslav Cumhuriyeti İlerleme Raporları ile birlikte tartışılmıştır.

13. Saha çalışması sırasında, delegasyondaki AP üyelerinin onu EPP-ED, altısı PES, üçü ALDE, ikisi Yeşiller/EFA, biri IND/DEM, ikisi GUE/NGL ve üçü bağımsız idi (biri daha sonra UEN'e katıldı). Dolayısıyla bu çalışma için delegasyonun tüm üyeleriyle görüşülmüştür.

14. Avrupa Parlamentosu tartışmalarına AP arşiv sitesinden erişilmiştir (1999-2004 arası tartışmalar için, bkz. http://www.europarl.europa.eu/activities/plenary/cre/search.do?language=EN; 2004–2015 arası için, bkz. http://www.europarl.europa.eu/activities/archives/cre.do?language=EN). Analizler dört parlamento dönemini kapsar: beşinci dönem (1999-2004), altıncı dönem (2004-9), yedinci dönem (2009-14) ve sekizinci dönem (2014-9). Analize katılan siyasi parti grupları şunlardır: (1999-2004 arası) Avrupalı Demokratlar ve Hıristiyan Demokratlar Grubu (EPP-ED), Avrupalı Sosyalistler Partisi Grubu (PES), Avrupa Liberal, Demokratik ve Reform Partisi (ELDR), Yeşiller/Avrupa Özgür İttifak Grubu (Yeşiller/EFA), Avrupa Solu/Kuzey Yeşil Solu Konfederatif Grubu (GUE/NGL), Avrupa Demokrasi ve Çeşitlilik Grubu (EDD) ve Ulusların Avrupası İçin Birlik Grubu (UEN); (2004-2009 arası) Avrupalı Demokratlar ve Hıristiyan Demokratlar Grubu (EPP-ED), Avrupalı Sosyalistler Partisi Grubu (PES), Avrupa İçin Liberal ve Demokratlar İttifakı Grubu (ALDE), Yeşiller/Avrupa Özgür İttifak Grubu (Yeşiller/EFA), Avrupa Solu/Kuzey Yeşil Solu Konfederatif Grubu (GUE/NGL), Uluslar Avrupa'sı İçin Birlik Grubu (UEN), Bağımsızlık ve Demokrasi Grubu (IND/DEM) ve Kimlik, Gelenek, Egemenlik (ITS) Grubu; (2009–14 arası) Avrupa Halk Partisi Grubu (EPP), AP'de Sosyalist ve Demokratlar İlerici İttifak Grubu (S&D), Avrupalı Muhafazakârlar ve Reformistler Grubu (ECR), Avrupa İçin Liberal ve Demokratlar İttifakı Grubu (ALDE), Yeşiller/Avrupa Özgür İttifak Grubu (Yeşiller/EFA), Avrupa Solu/Kuzey Yeşil Solu Konfederatif Grubu (GUE/NGL) ve Özgürlük ve Demokrasinin Avrupa'sı Grubu (EFD); (2014 sonrası) Avrupa Halk Partisi Grubu (EPP), AP'de Sosyalist ve Demokratlar İlerici İttifak Grubu (S&D), Avrupalı Muhafazakârlar ve Reformistler Grubu (ECR), Avrupa İçin Liberal ve Demokratlar İttifakı Grubu (ALDE), Yeşiller/Avrupa Özgür İttifak Grubu (Yeşiller/EFA), Avrupa Solu/Kuzey Yeşil Solu Konfederatif Grubu (GUE/NGL), Özgürlük ve Demokrasinin Avrupa'sı Grubu (EFD)

ve Avrupa Milletler ve Özgürlük Grubu (EFN). Aynı zamanda her dört dönemde de herhangi bir gruba dahil olmayan bağlantısız AP üyeleri vardır (NI).

15. Komiserlerin konuşmalarına AB basın açıklamaları arama motorundan (RAPID): http://europa.eu/rapid/setLanguage.do?language =en ve genişlemeye dair siteden: http://ec.europa.eu/comm/enlargement/speeches erişilmiştir.

16. Fransız, Alman ve Britanya parlamento tartışmalarına sırasıyla şu arşivlerden erişilmiştir: http://recherche.assemblee-nationale.fr/, http://suche.bundestag.de/bundestagSuche/ volltextsuche.jsp, http://www.publications.parliament.uk/cgi-bin/semaphoreserver?D B=semukparl&FILE =search.

17. Fransa'da Avrupa Birliği Delegasyonu'nun üyeleriyle mülakatlar gerçekleştirilmiştir (9 UMP milletvekili, 5 PS, 1 UDF). Almanya'da Avrupa Birliği İşleri Komitesi üyeleriyle görüşülmüştür (5 SPD milletvekili, 5 CDU/CSU, 1 Bündnis 90/Die Grünen). Britanya'da Dışişleri Komitesi üyeleriyle görüşülmüştür (5 İşçi Partili milletvekili, Muhafazakâr Parti'den 4).

18. UMP'nin adı 1977–2002 arasında RPR idi (*Rassemblement pour la République*).

19. 2007'de UDF François Bayrou liderliğinde "Demokratik Hareket"e dönüşürken (*Mouvement démocrate*) fikir ayrılığına düşen üyeler parlamentoda "Yeni Merkez" (*Nouveau centre*) adı verilen bir grup kurdular.

20. Analizde CDU ve CSU'nun söylemleri birlikte ele alınmıştır.

21. Gözlemlenen dönem itibarıyla Alman Yeşillerin merkez soldaki başlıca partilerden biri olduğu söylenemez, ancak 1998–2002 ve 2002–2005 hükümetlerinde koalisyon ortağı rolü ve o dönemde Türkiye'nin AB üyeliği konusunda sesini çok duyurması yüzünden analize dahil edilmiştir.

22. Analizin zaman çizelgesi Fransa'da dört parlamento dönemine denk gelmiştir: 1997-2002, 2002-7, 2007-12, 2012-17. 1997-2002'de, parlamentoda çoğunluk 255 koltuk ile PS'ye aitken, RPR ve UDF sırasıyla 139 ve 112 koltuğa sahiptir. 2002-7'de parlamentoda çoğunluk 357 ve 29 koltuk kazanan UMP ve UDF'ye geçti; PS'nin 140 koltuğu vardı. Merkez sağın zaferi 2007-2012'de devam etti; UMP ve Yeni Merkez sırasıyla 313 ve 22 koltuk kazanırken PS'nin 186 koltuğu vardı. 2012 seçimleri sonrasındaysa PS 280 koltuk kazanırken, UMP ve Yeni Merkez sırasıyla 185 ve 11 koltuk sahibi olmuştur. Almanya'da beş yasama dönemi kapsama girmiştir: 1998-2002, 2002-5, 2005-9, 2009-13 ve 2013-17. 1998-2002 yasama döneminde SPD–Yeşiller koalisyon hükümeti iktidardaydı. SPD 298, CDU 198, CSU 90, Bündnis 90/Yeşiller ise 47 koltuğa sahipti. 2002-5'te, SPD/Yeşiller koalisyonu sırasında SPD 251, CDU 190, CSU 58, Bündnis 90/Yeşiller ise 55 koltuğa sahipti. 2005-9'da, SPD ve CDU/CSU büyük koalisyonu döneminde, SPD'nin 222, CDU'nun 180, Yeşillerin 51, CSU'nun 46 koltuğu vardı. 2009-13 CDU/CSU ve FDP koalisyonu döneminde, CDU 194, SPD 146, FDP 93, Yeşiller 68 ve CSU 45 koltuğa sahiptir. 2013 seçimleri sonrasında oluşan CDU/CSU ve SPD büyük koalisyon hükümetindeyse CDU 255, CSU 56, SPD 193, Yeşiller ise 63 koltuğa sahip olmuştur. Britanya'da ise İşçi Partisi'nin iktidarda, Muhafazakârların ana muhalefet partisi konumunda olduğu üç yasama dönemi, Mufazakar Parti ve Liberal Demokrat Parti koalisyonunun olduğu bir yasama dönemi ve Muhafazakâr Parti'nin iktidarda olduğu son dönemin başları analiz kapsamına alınmıştır: 1997-2001, 2001-5, 2005-10, 2010-15 ve 2015-20. 1997-2001'de, İşçi Partisi'nin 418 Muhafazakârların ise 165 koltuğu vardı. 2001-5 yasama döneminde,

İşçi Partisi 413, Muhafazakâr Parti ise 166 koltuğa sahipti. 2005-10 döneminde İşçi Partisi 356, Muhafazakârlar 198 koltuğa sahipti. 2010-15 döneminde Muhafazakâr Parti 306, İşçi Partisi ise 258 koltuk kazanmıştı. 2015 seçimleri sonrasında çıkan tabloda ise Muhafazakâr Parti'nin 330, İşçi Partisi'nin ise 232 koltuğu vardır.

23. Ulusal parlamento tartışmaları ile AP'deki tartışmalar arasındaki farkların da göz önünde tutulması gereklidir. Ulusal parlamentoların aksine, konuşmaların anında tercüme edilmeleri ve savların belli zaman sınırlamaları içinde sunulması açısından AP tartışmalarında kendiliğindenlik pek yoktur (Abélès, 2000).

24. Seçimleri ve kamu desteğine duyarlılıkları açısından komiserler ulusal siyasetçilerden ayrılsalar da, komiserler de Komisyon'un eylemleri ve AB kurumlarının politikaları için AB kurumlarından, AB kamuoyundan ve genişleme söz konusu olduğunda aday devletlerden destek sağlamak için tutarlı savlar ileri sürmek durumundadırlar.

25. Görüşmeler (muhatapların rızasıyla) sesli olarak kaydedilmiş ve yazıya dökülmüştür. Mülakat randevusu talep etme aşamasında, muhatapların herbirine mülakatların özel kalacağı ve son metinde izi bireylere kadar sürülebilecek herhangi bir bilgi olmayacağı konusunda güvence verilmiştir.

26. Söylemsel-tarihsel yaklaşımın kapsamlı bir tartışması için, bkz. Titscher vd. (2000).

27. Van Dijk (1984: 56) bir söylem konusunu, "bir cümleler dizisinin altında yatan en 'önemli' veya 'özetleyici' düşünce" olarak tanımlamaktadır.

28. Tablo 1'de olmayan dilsel aygıtlar da vardır; ancak buradakiler analizde en çok gözlemlenenlerdir.

29. Wodak'ın orijinal tablosunda (2001) örtülü ön varsayımlar dahil edilmemiştir, ancak kimlik söylemlerindeki çok çeşitli kullanımları nedeniyle onları buraya ekliyorum. Örneğin, bkz. De Fina (2006).

30. Benzer bir yaklaşım için, bkz. Van Dijk (1993).

31. Aydın-Düzgit'te (2008) metodoloji ayrıntılarıyla açıklanmıştır.

32. Bkz. "Cameron 'Anger' at Slow Pace of Turkish EU Negotiations" (27 Temmuz 2010), http://www.bbc.co.uk/news/uk-politics-10767768.

33. Yakınsama üzerine yakın tarihli bir yazı için bkz. Müftüler-Baç ve Gürsoy (2010). Iraksama hakkında, bkz. "EU Enlargement Commissioner Warns of Divergence with Turkey and Ukraine" (1 Temmuz 2010): http://www.europeanforum.net/news/913/ eu_enlargement_commissioner_warns_of_divergence_with_turkey_and_ukraine. Arap Baharı sonrasında iki tür anlatıyı da içeren bir durum değerlendirmesi için, bkz. Kirişçi (2012).

BİRİNCİ BÖLÜM: BİR GÜVENLİK TOPLULUĞU OLARAK AVRUPA

1. Örneğin bkz. 6 Ekim 1999 tarihli tartışmada Tajani; Cushnahan, Sacredeus, 24 Ekim 2001; Gutierrez-Cortines, 1 Nisan 2004; Gawronski, Seeberg, Salafranca-Sanchez Neyra, Brok, Sonik, 13 Aralık 2004; Poettering, 28 Eylül 2005; Tajani, Sonik, 26 Eylül 2006; Preda, 10 Şubat 2010.

2. Gerçekliğin söylemsel inşasında metaforların rolü üzerine, bkz. Lakoff ve Johnson (1980).

3. Örneğin bkz. 6 Ekim 1999 tarihli tartışmada Martinez (PES); Schulz (PES), 14 Kasım 2000; Van den Bos (ALDE), Nordmann(ALDE), 4 Haziran 2003; Leinen (PES), Ollson (ALDE), 1 Nisan 2004; Schulz (PES), Rocard (PES), De Keyser (PES), Hansch (PES), Oger (PES), Malmström (ALDE), Ludford (ALDE), Lagendijk(Yeşiller/EFA), Özdemir (Yeşiller/EFA), 13 Aralık 2004;Rocard (PES), Zingaretti (PES), Corbett (PES), Cohn-Bendit (Yeşiller/EFA), 28 Eylül 2005; Swoboda (PES), Pinor (PES), 26 Eylül 2006; Wiersma (PES), Menendes del Valle (PES), 21 Mayıs 2008; Kazak (ALDE), 28 Mart 2012; Frunzulica (S&D), 20 Mayıs 2015.

4. Bkz. Recep Tayyip Erdoğan ve Jose Luis Rodriguez Zapatero, "A Call for Respect and Calm,"*International Herald Tribune*, 5 Şubat 2006. Ayrıca bkz. *Southeast European Times,* http://www.setimes.com/cocoon/setimes/xhtml/en_GB/features/setimes/features/2005/11/28/feature-01

5. Türkiye'nin Ortadoğu'daki rolü ve Türkiye–AB ilişkileri üzerine birbiriyle rekabet içindeki çeşitli söylemler için bkz. Altunışık (2010) ve Podeh (2007).

6. Parlamento tartışmalarında bu inşaya dair bkz. 26 Eylül 2006 tarihli tarışmada Duff (ALDE); Ertug (S&D),20 Ocak 2010.

7. Pace (2006) resmi AB söylemlerinde ve üye ülkelerde Akdeniz'in güvenlikleştirilmesini derinliğiyle ele almaktadır.

8. Örneğin, bkz. 13 Aralık 2004 tarihli tartışmada Rocard (PES), Howitt (PES), Swoboda (PES), Bonino (ALDE), Szent-Ivanyi (ALDE), Özdemir (Yeşiller/EFA); Zingaretti (PES), 28 Eylül 2005.

9. Belirli bir adlaştırma türü olarak küreselleşme kavramı üzerine, bkz. Fairclough (2005).

10. Örneğin bkz.KONUŞMA/01/469; KONUŞMA/01/487; KONUŞMA/04/16; KONUŞMA/04/141; KONUŞMA/04/466; KONUŞMA/04/534; KONUŞMA/04/545; Günter Verheugen'ın "Enlargement of the European Union: Expectations, Achievements and Prospects" başıklı konuşması Szczecin, 4 Mart; KONUŞMA/05/20; KONUŞMA/05/142; KONUŞMA/05/465; KONUŞMA/06/536; KONUŞMA/06/559; KONUŞMA/06/747; KONUŞMA/07/28; KONUŞMA/07/362; KONUŞMA/07/370; KONUŞMA/08/188; KONUŞMA/09/318; KONUŞMA/11/158.

11. Bu değişim hakkında, örneğin bkz. Van Ham (2006) ve Bilgin (2004).

12. Bu "korku" ve "tehlike söyleminin" aynı zamanda Avrupa Konseyi'nin Aralık 2003'te yürürlüğe soktuğu Avrupa Güvenlik Stratejisi gibi Konsey yazışmalarında da var olduğu iddia edilebilir. Bkz."A Secure Europe in a Better World: European Security Strategy," 12 Aralık 2003, Brüksel: http://www.consilium.europa.eu/uedocs/cmsUpload/78367.pdf.

13. Örneğin bkz.KONUŞMA/02/576; KONUŞMA/04/16; KONUŞMA/04/141; KONUŞMA/04/466; Günter Verheugen'ın konuşması, "Enlargement of the European Union: Expectations, Achievements and Prospects," Szczecin, 4 Mart 2004; KONUŞMA/05/142;KONUŞMA/05/271;KONUŞMA/05/465;KONUŞMA/07/28; KONUŞMA/07/362; KONUŞMA/07/370; KONUŞMA/08/191; KONUŞMA/08/520; KONUŞMA/09/148; KONUŞMA/09/162.

14. Örneğin bkz. 14 Ekim 2004 tarihli tartışmada Raffarin (UMP), Accoyer (UMP), Lellouche (UMP), Bardet(UMP), Leonetti (UMP), Ayrault (PS), Blisko (PS), Boucheron (PS); Accoyer (UMP), 21 Aralık 2004.

15. Elisabeth Le'ye (2002: 294–5) göre, Fransız siyasi söyleminde "tüm halk ve ulusların kendilerine haslıklarına saygı" Cumhuriyetçi "eşitlik" başlığı kapsamına alınır.

16. Türkiye hakkında tartışmalarda Avrupa güvelik kimliği inşası için, örneğin bkz. 14 Ekim 2004 tarihli tartışmada Raffarin (UMP), Blisko (PS), Le Guen (PS).

17. Örneğin bkz. 4 Aralık 2002'de Fischer (Yeşiller); Schröder (SPD), Bury (SPD), 19 Aralık 2002; Fischer (Yeşiller), 26 Haziran 2003; Mütefering (SPD), Fischer (Yeşiller),Zapf (SPD), Roth (Yeşiller), Weisskirchen (SPD), 16 Aralık 2004; Schaeuble (CDU/CSU), Erler (SPD), Roth (Yeşiller), Fischer (Yeşiller),Volmer (Yeşiller) 29 Ekim 2004. Arap Baharı'nda Türkiye'nin 'model ülke' olması üzerine yapılan tartışmalar için, bkz. 9 Şubat 2011'de Müller (Yeşiller); Roth (Greens), Nietan (SPD), 17 Mart 2011.

18. Örneğin bkz. Fischer (Yeşiller), 3 Aralık 1999; Fischer(Yeşiller), Wieczorek (SPD), 17 Aralık 1999; Fischer (Yeşiller), 4 Aralık 2002.

19. Maull ve Gordon'a göre (1993: 8), askeri güç kullanımına inanmamanın ötesinde, "sivil güç" söyleminin ana öğeleri arasında "diplomatik pazarlık, müzakere ve uzlaşma tercihi," "uluslararası sorunlara çok taraflı çözümler aramaya temayül" ve "iç ve dış değerlendirmelerin, güçlü değer yönelimlerinin ve demokratik öğelerin sıkı şekilde iç içe geçmiş olması" da vardır.

20. Parlamento tartışmalarında bu ayrım için bkz. 19 Aralık 2002 tarihli tartışmada Merkel(CDU/CSU); Merkel (CDU/CSU), 16 Aralık 2004; Bareiss (CDU/CSU), 17 Mart 2011.

21. Örneğin bkz. 11 Aralık 2002'deki tartışmadan Woodward (İşçi), Anderson (İşçi), Vaz (İşçi), Straw (İşçi), Ancram (Muh), Hendrick (İşçi), Luff (Muh); Smith (Muh), Blair (İşçi), 16 Aralık 2002; Straw(İşçi),21 Mayıs2003; Woodward(İşçi), Straw (İşçi), 20 Kasım 2003; Spring (Muh), 10 Aralık 2003; Drew (İşçi), MacShane (İşçi), 23 Haziran 2004; Blair (İşçi), Howard (Muh), Curry (Muh), 20 Aralık 2004; MacShane (İşçi), 25 Ocak 2005; MacShane (İşçi), 1 Mart 2005; Alexander (İşçi), 8 Haziran 2005; Curry (Muh), 15 Haziran 2005; Straw (İşçi), 30 Haziran 2005; Straw (İşçi), Fox (Muh), 11 Ekim 2005; Beckett (İşçi), 6 Aralık 2006; Ottoway (Muh), Gapes (İşçi), Walter (Muh), Stewart (Muh), Carmichael (Muh), Reynolds (İşçi), Lidington (Muh), 4 Temmuz 2012.

22. Ayrıca, örneğin bkz. Emerson ve Youngs (2007).

23. Örneğin bkz. Hale (2007).

24. 11 Eylül saldırılarının ardından ABD Başkanı Bush'un konuşmalarında "İslam" ile "terörizm" arasında kurulan söylemsel denklik için bkz. Lazar ve Lazar (2004: 238). Leudar vd. (2004) ise 11 Eylül sonrasında Bush'un uluslararası güvenlik üzerine söyleminin nasıl "medeniyetin savunucuları/teröristler" ikiliğine karşılık gelen bir "biz/onlar" kategorisi inşa ettiğini ortaya koyar. Aynı zamanda Bush'un söylemindeki bu sınıflandırmalara Tony Blair'ın konuşmalarında da rastlandığının da altını çizer.

25. Ülkenin sadakatinin göstergesi olarak sık sık Türkiye'nin NATO üyeliğine yapılan göndermeler bu çerçeve kapsamında da yorumlanabilir. Örneğin bkz. Blair (İşçi), 13 Aralık 1999; Vaz (İşçi), 18 Ocak 2000; Woodward (İşçi), 11 Aralık 2002; Smith (Muh), 16 Aralık 2002; Spring (Muh) 10 Aralık 2003; Ancram (Muh) 15 Haziran 2004; Straw (İşçi), Taylor (Muh), 15 Aralık 2004; Blair (İşçi), 20 Aralık 2004; Gapes (İşçi), 30 Haziran 2005; Stewart (Muh), Reynolds (İşçi),4 Temmuz 2012.

26. Örneğin bkz. Straw (İşçi), 11 Aralık 2002; MacShane (İşçi), 23 Haziran 2004; Stuart (İşçi), 15 Aralık 2004; Blair (İşçi), 20 Aralık 2004, Beckett (İşçi), 6 Aralık 2006; Lidington (Muh), 4 Temmuz 2012.

27. Örneğin bkz. 6 Ekim 1999 tarihli tartışmada Rack (EPP-ED); Queiro (UEN),14 Kasım 2000; Queiro (UEN), 14 Şubat 2001; Queiro (UEN), Mölzer (NI), Mathieu (IND/DEM), 1 Nisan 2004; Queiro (EPP-ED), Stenzel (EPP-ED), Sommer (EPP-ED), 13 Aralık 2004; Rogalski (IND/DEM), 26 Eylül 2006; Batten (IND/DEM), 11 Mart 2009; Borghezio (EFD), 25 Kasım 2009; Fontana (EFD), 10 Şubat 2010; Koumoutsakos (EPP), 27 Eylül 2011; Dartmouth (EFDD), 20 Mayıs 2015.

28. Türkiye'nin üyeliğinin güney sınırları nedeniyle güvenlikleştirilmesi AB'nin bölgeye dair söylemleriyle Akdeniz'i güvenlikleştirmesinin bir uzantısı olarak görülebilir. 2003'te Irak Savaşı sonrası resmi AB söyleminde Akdeniz'in sınırları Türkiye'nin güney komşuları olan İran, Irak ve Suriye'yi de kapsayacak şekilde genişletilmişti. Bkz. Pace (2006: 101, 111).

29. Örneğin bkz. Tannock (EPP-ED), 26 Eylül 2006; Salavrakos (EFD), 25 Kasım 2009; Claeys (NI), 25 Kasım 2009; Tannock (ECR), Salavrakos (EFD), 20 Ocak 2010; Belder (EFD), Tzavela (EFD), Fontana (EFD), Mon (EPP),Madlener (NI), 10 Şubat 2010; Tannock (ECR), 17 Aralık 2014; Arnautu (NI), 15 Ocak 2015; Goddyn (NI), Melin (ENF), 10 Haziran 2015.

30. AB'de göçün güvenlikleştirilmesi üzerine, örneğin bkz. Huysmans (2000, 2006).

31. Doğu Avrupa ülkelerine atfedilen farklı Ötekilik dereceleri için bkz. Kuus (2004).

32. Komisyon'un adalet ve içişleri alanında artan yetkileri hakkında bkz. Lewis ve Spence (2006).

33. Örneğin bkz. Pemezec (UMP), Poniatowski (UMP), Bayrou (UDF),Boucheron (PS), 14 Ekim 2004; Le Maire (UMP), 7 Nisan 2009; Le Maire (UMP), 2 Haziran 2009; LeMaire (UMP), 9 Haziran 2009.

34. "Akdeniz"e bu tür göndermeler için, örneğin bkz. Estrosi (UMP), Raffarin (UMP), Boucheron (PS), Bayrou (UDF), 14 Ekim 2004; Floch (PS), 27 Ocak 2005; Le Maire (UMP), Dosiere(PS), 29 Mayıs 2008.

35. Ayrıca bkz. Emerson ve Tocci (2004).

36. Bkz. Kirişçi (2006) ile Müftüler-Baç ve Gürsoy (2010).

37. Eleştirel coğrafya ile kimlik siyaseti arasındaki ilişki hakkında bkz. Keith ve Pile (1993).

38. Ayrıca bkz. Cherigui (1997).

39. Örneğin bkz. 17 Aralık 1999 tarihli tartışmada Weisskirchen (SPD); Merkel (CDU/CSU), 19 Aralık 2002; Merkel(CDU/CSU), Müller (CDU/CSU), 16 Aralık 2004; Schaeuble (CDU/CSU), Pflüger (CDU/CSU), Müller (CDU/CSU), 29 Ekim 2004.

40. Almanya Parlamentosu'ndaki Türkiye'nin üyeliği konulu tartışmalarda göçün güvenlik meselesi edilmesi hakkında bkz. 17 Aralık 1999 tarihli tartışmada Glos (CDU/CSU); Strobl (CDU/CSU), Koschyk (CDU/CSU), Müller(CDU/CSU), 21 Ocak 2005; Koschyk (CDU/CSU), 16 Haziran 2005.

41. Bkz. International Crisis Group, "Islam and Identity in Germany,"*International Crisis Group Europe Report*, No. 181, 14 Mart 2007.

42. Ayrıca bkz. Wæver vd. (1993).

43. Örneğin bkz. 15 Aralık 2004 tarihli tartışmada Mackinlay (İşçi); Gapes (İşçi), 15 Haziran 2005; Mackinlay (İşçi), 11 Ekim 2005; Mackinlay (İşçi), 6 Aralık 2006; Mackinlay (İşçi), 18 December 2006; Jackson (Muh), 4 Temmuz 2012.

44. Eski genişlemeden sorumlu Komiser Olli Rehn gazete makalelerinden birinde ve kitabında Cooper'ın çalışmalarına açık göndermeler yapmaktadır. Bkz. Olli Rehn, "Values Define Europe, not Borders," *Financial Times*, 4 Ocak 2005 ve Rehn (2006).

45. Robert Cooper, "The New Liberal Imperialism," *The Observer*, 7 Nisan 2002.

İKİNCİ BÖLÜM: DEMOKRATİK DEĞERLERİN SAVUNUCUSU OLARAK AVRUPA

1. Bkz. 8 Kasım 2006 tarihli tartışmada Charette (UMP); Blisko (PS), 29 Mayıs 2008; Coronado (Yeşiller), 19 Haziran 2013; Lequiller (UMP), 29 Ocak 2014.

2. Avrupa'nın demokratik değer/ilkelerine göndermeler için, örneğin bkz. 6 Ekim 1999 tarihli tartışmada Tajani (EPP-ED); Zacharakis (EPP-ED), Lang (IND/DEM) 14 Kasım 2000; Gawronski (EPP-ED), Gemelli (EPP-ED), Langen (EPP-ED), 4 Haziran 2003; Demetriou (EPP-ED), Matsis (EPP-ED), 13 Aralık 2004;Brok (EPP-ED), Poettering (EPP-ED), 28 Eylül 2005; Stolojan (EPP), 28 Mart 2012; Kelam (EPP), 18 Nisan 2013; Yannakoudakis (ECR), 12 Mart 2014. "Batılı" değerlere referans için, bkz. Tajani (EPP-ED), Salafranca Sanchez-Neyer (EPP-ED), 6 Ekim 1999; Van Orden (EPP-ED), 4 Haziran 2003; Salafranca Sanchez-Neyer (EPP-ED), 13 Aralık 2004; Dimitrakopoulos (EPP-ED), Sonik (EPP-ED), 26 Eylül 2006; Vanhecke (ITS), 12 Şubat 2007;Camre (UEN), 21 Mayıs 2008; Madlener (NI), Schöpflin (EPP), 25 Kasım 2009; Hökmark (EPP), Balzco (NI), Sonik (EPP), 10 Şubat 2010; Dartmouth (EFD), 11 Mart 2014.

3. Örneğin bkz. 6 Ekim 1999 tarihli tartışmada Giannakou-Koutsikou (EPP-ED), Rack (EPP-ED), Belder(IND/DEM), Speroni (NI), Brok (EPP-ED);Zacharakis (EPP-ED), Queiro (UEN), Belder (EDD), Raschofer (NI), 14 Kasım 2000; Sacredeus (EPP-ED), Queiro (UEN), Belder(IND/DEM), Sichrovsky (NI), Atxalandabaso (NI), Langen (EPP-ED), 14 Şubat 2001; Sacredeus (EPP-ED), Atxalandabaso (NI), 27 Şubat 2002; Langen (EPP-ED), Belder (IND/DEM), Borghezio(NI), Zacharakis (EPP-ED), 4 Haziran 2003; Poettering (EPP-ED), Belder (IND/DEM), Sommer (EPP-ED), 13 Aralık 2004;Claeys (NI), Grossetete (EPP-ED), Poettering (EPP-ED), Sommer (EPP-ED), 28 Eylül 2005; Mölzer (NI), Camre (UEN), Claeys (NI), Posselt (EPP-ED), Sommer (EPP-ED), 26 Eylül 2006; Allister (NI), Batten (IND/DEM), 24 Ekim 2007;Georgiou (IND/DEM), Langen (EPP-ED), Toubon (EPP-ED), Borghezio (UEN),Brok (EPP-ED), 21 Mayıs 2008; Borghezio (UEN), Claeys (NI),Rogalski (UEN), 11 Mart 2009; Madlener (NI), Claeys (NI),Fontana (EFD), Bizzotto (EFD), Sonik (EPP), 10 Şubat 2010; Dartmouth (EFD), 11 Mart 2014.

4. Özcüleştirme, "belli bir grubun çeşitli yönlerinin zamanla 'öz'lerinin çekirdeği haline gelen birkaç niteliğe indirgenmesi [...] Çok karmaşık ve rengârenk toplumsal bağlamların sürekli olarak baskın tek bir etmene indirgenmesi" olarak tanımlanabilir. Bkz. Bottici ve Challand (2011: 60).

5. Ayrıca bkz. Müftüler-Baç (2005) ve Hale (2011).

6. İlginç bir nokta, başka zaman ve bağlamlarda, mesela 19. yüzyılda İtalya'da, bireycilik modernlik karşıtlığı olarak nitelenirken Avrupa modernliğinin temelinin toplumsal işbirliği olduğu iddia edilmiştir. Bkz. Huysseune (2006: 51 ve 90–9).

7. Bkz. 1 Nisan 2000 tarihli tartışmada Morillon (EPP-ED); Morillon (EPP-ED), 5 Eylül 2000; Oostlander (EPP-ED), 4 Haziran 2003; Oostlander (EPP-ED), 1 Nisan 2004; Sommer(EPP-ED), 13 Aralık 2004; Zaleski (EPP-ED), 21 Mayıs 2008; Arnott (EFD), 10 Haziran 2015.

8. Örneğin bkz. 10 Şubat 2010 tarihli tartışmada Giannakou (EPP) ve Papadopoulou (S&D); Theocharous (EPP), 18 Nisan 2013.

9. Fransız parlamentosundaki oturumlarda Avrupalı demokratik değerlere/standartlara yapılan göndermeler için bkz. 20 Aralık 2000 tarihli tartışmada Lequiller (RPR); Salles (UDF), Blazy (PS), Muselier (UMP), 18 Ocak 2001; Villepin (UMP), 12Kasım 2002; Raffarin (UMP), 20 Aralık 2002; Ayrault (PS), 25 Kasım 2003; Haignere (UMP), 6 Ekim 2004; Raffarin (UMP), Ayrault (PS), Bayrou (UDF), Accoyer (UMP), Lellouche (UMP), Estrosi (UMP), Bardet (UMP), Blisko (PS), Leonetti (UMP), Baroin(UMP), Barnier (UMP), Riviere (UMP), 14 Ekim 2004; Bayrou (UDF), Ayrault (PS), Raffarin (UMP), 21 Aralık 2004.

10. Örneğin bkz. 20 Aralık 1999 tarihli tartışma Lequiller (RPR); Devedjian (RPR), 18 Ocak 2001; Albertini (UDF), 22 Haziran 2004; Bayrou (UDF), Baroin (UMP), Pemezec (UMP),Riviere (UMP), Poniatowski (UMP), 14 Ekim 2004; Charette (UMP), 8 Kasım 2006.

11. 1999-2000 yılları arasında Türkiye'de demokratikleşme ve insan hakları alanındaki ilerleme ve sorunları bir arada sunan bir AB kaynağı için bkz.Avrupa Komisyonu (2000).

12. "Özgürlük/serbestiyet" durumunda bu denklik açıktır ve daha fazla açıklama gerektirmez. Toplumsal adalet ve saygı (çoğulculuğun üretimi) farklılıkları ne olursa olsun insanlar arasında eşitlik sağladığından "toplumsal adalet/saygı"nın eşitlik (*egalite*) ilkesine tekabül ettiği; "toplumsal dayanışma"nın da bir tür kardeşlik (*fraternite*) anlamına geldiği söylenebilir (Le, 2002: 294–5).

13. Avrupa demokratik değer ve ilkelerine göndermeler için bkz. 3 Aralık 1999 tarihli tartışmada Schröder (SPD), Sterzing (Yeşiller); Schröder (SPD), Glos (CSU/CSU) 17 Aralık 1999; Fischer (Yeşiller), Hintze (CSU/CSU), 4 Aralık 2002; Schröder (SPD), Steenblock (Yeşiller), Hinzte (CDU/CSU), Schwell-Düren (SPD), 19 Aralık 2002; Mütefering (SPD), Weisskirchen (SPD), Akgün (SPD), 16 Aralık 2004; Roth (Yeşiller), 29 Ekim 2004; Schockenhoff (CDU/CSU), 10 Kasım 2009; Bareiss (CDU/CSU), 17 Mart 2011; Grindel (CDU/CSU), 5 Haziran 2013.

14. Örneğin bkz. 17 Aralık 1999 tarihli tartışmada Hintze, Glos; Merkel, Hintze, 4 Aralık 2002; Hintze, 19 Aralık 2002; Merkel, Pflüger, Müller, 16 Aralık 2004; Müller, 29 Ekim 2004; Carl, 24 Mayıs 2007; Steinbach, 14 Şubat 2008.

15. 1980 ve 90'larda Türkiye'de demokrasinin durumu hakkında alternatif ve ayrıntılı bir metin için bkz. Keyman (2001).

16. Sosyalist/Liberal/Yeşil-EFA söyleminde Avrupa değer/ilkelerine yapılan göndermeler için, örneğin bkz. Fava (PES), 6 Ekim 1999;Schulz (PES), Katiforis (PES), Swoboda (PES), 14 Kasım 2000; Swoboda (PES), Katiforis (PES), 14 Şubat 2001;De Keyser (PES), 7 Şubat 2002; Schulz (PES), Wiersma(PES), Arif (PES), Beglitis (PES), Malms-

tröm (ALDE), Szent-Ivanyi (ALDE), In't Veld (ALDE), Lagendijk (Yeşiller/EFA) 13 Aralık 2004; Matsakis (ALDE), Cohn-Bendit (Yeşiller/EFA), Lagendijk (Yeşiller/EFA) 28 Eylül 2005; Matsakis (ALDE), 26 Eylül 2006; Kirilov (PES), Pribetich (PES), Lehtinen (PES), 21 Mayıs 2008; Lambsdorff (ALDE), 5 Mayıs 2009; Lambsdorff (ALDE), Paleckis (S&D), 10 Şubat 2010; Swoboda (S&D), Verhofstadt (ALDE), 12 Haziran 2013; Piri (S&D), 17 Aralık 2014.

17. Örneğin bkz. 6 Ekim 1999 tarihli tartışmada Swoboda (PES), Katiforis (PES), Sakellariou (PES), Fava (PES), Roure (PES), Martines (PES), Duff (ALDE), Ludford (ALDE), Ceyhun (Yeşiller/EFA), Uca (GUE/NGL); Schulz (PES), Sakellariou (PES), Swoboda (PES), Souladakis (PES), Ludford (ALDE),Ceyhun (Yeşiller/EFA), Maes (Yeşiller/EFA), 11 Nisan 2000; Swododa (PES), Katiforis (PES), Gonzalez (PES), Carrilho (PES), Van der Laan (ALDE), Lagendijk (Yeşiller/EFA), Cushnahan (EPP-ED), Gutierrez-Cortines (EPP-ED), 14 Şubat 2001; Baltas (PES), Lagendijk (Yeşiller/EFA), 27 Şubat 2002; Jensen (ALDE), Wyn (Yeşiller/EFA), 13 Mayıs 2003; Paasilinna (PES), KacinJelko (ALDE), Henis-Plasschaert (ALDE), Seeberg (EPP-ED), Brie (GUE/NGL),Ransdorf (GUE/NGL), Agnoletto (GUE/NGL), Figueiredo (GUE/NGL), 13 Aralık 2004; De-Sarnez (ALDE), Matsakis (ALDE), Smith (Yeşiller/EFA), Gawronski (EPP-ED), Jalowiecki (EPP-ED), Wurtz (GUE/NGL), Agnoletto (GUE/NGL), 28 Eylül 2005; Bozkurt (PES),Wiersma (PES), Özdemir (Yeşiller/EFA), De Keyser (PES), Oger (PES), Beglitis (PES), Willmott (PES), 26 Eylül 2006; Lambsdroff (ALDE), Gonzalez (PES), Bozkurt (PES), 24 Ekim 2007; Mon (EPP-ED), Ferreira (PES), Hökmark (EPP-ED), Lehtinen (PES), 21 Mayıs 2008; Lagendijk (Yeşiller/EFA), Kazak (ALDE), 5 Mayıs 2009; Howitt (S&D), Flautre (Yeşiller/EFA), Lunacek (Yeşiller/EFA),Dörfler (S&D), Plumb (S&D), 10 Şubat 2010; Schaake (ALDE), 27 Eylül 2011; Kazak (ALDE), Keller (Yeşiller/EFA), Gomes (S&D), 28 Mart 2012; Swoboda (S&D), Verhofstadt (ALDE), 12 Haziran 2013; Piri (S&D), 17 Aralık 2014.

18. Avrupa'nın geçmişinin kendi Ötekisi olması hakkında bkz. Wæver (1996).

19. Türkiye'nin kamusal alanında İslam'ın geçirdiği dönüşümler hakkında bkz. Göle ve Ammann (2006).

20. Örneğin bkz. 6 Ekim 1999 tarihli tartışmada Ceyhun (Yeşiller/EFA); Swoboda (PES), 14 Şubat 2001; Nordmann (ALDE), 4 Haziran 2003; De Keyser (PES), Schulz (PES), Swoboda (PES), Arif (PES), Oger (PES), Howitt (PES), Bonino (ALDE), Kacin (ALDE), Jelko (ALDE), Flautre (Yeşiller/EFA), 13 Aralık 2004; Schulz (PES),Beglitis (PES), Zingaretti (PES), Bonino (ALDE), 28 Eylül 2005; Cappato (ALDE), Pinior (PES), 26 Eylül 2006; Cappato (ALDE), 24 Ekim 2007; Flautre (Yeşiller/EFA), 25 Kasım 2009; Ertug (S&D), 20 Ocak 2010.

21. Bkz. 4 Haziran 2003 tarihli tartışmada Uca (GUE/NGL); Resetarits (ALDE), 12 Şubat 2007; Veld (ALDE), 10 Şubat 2010.

22. Örneğin bkz. 6 Ekim 1999 tarihli tartışmada Martinez (PES); Van den Bos (ALDE), Lagendijk (Yeşiller/EFA), 4 Haziran 2003.

23. Komiserlerin konuşmalarında Avrupa değerleri/standartları/ilkelerine yapılan göndermeler için, örneğin bkz. KONUŞMA/99/151; KONUŞMA/04/16; KONUŞMA/04/141; KONUŞMA/04/440; KONUŞMA/04/534; KONUŞMA/04/538; KONUŞMA/04/545; KONUŞMA/05/20; KONUŞMA/05/32; KONUŞMA/05/142; KONUŞMA/05/362; KONUŞMA/05/556; KONUŞMA/05/587; KONUŞ-

MA/05/716; KONUŞMA/05/733; KONUŞMA/06/559; KONUŞMA/07/362; KO-NUŞMA/08/188; KONUŞMA/08/191; KONUŞMA/08/257; KONUŞMA/08/275; KONUŞMA/11/158; KONUŞMA/12/360; KONUŞMA/13/525; KONUŞ-MA/14/313.

24. Örneğin bkz.KONUŞMA/99/151; KONUŞMA/00/419; KONUŞMA/01/469; KONUŞMA/01/487; KONUŞMA/02/425; KONUŞMA/03/243; KONUŞ-MA/03/519; KONUŞMA/04/16; KONUŞMA/04/309; KONUŞMA/04/440; KO-NUŞMA/04/534; KONUŞMA/04/538; KONUŞMA/05/142; KONUŞMA/05/271; KONUŞMA/O5/556; KONUŞMA/05/587; KONUŞMA/05/716; KONUŞ-MA/05/733; KONUŞMA/06/392; KONUŞMA/06/536; KONUŞMA/06/559; KO-NUŞMA/06/747; KONUŞMA/07/362; KONUŞMA/07/651; KONUŞMA/08/121; KONUŞMA/08/188; KONUŞMA/08/257; KONUŞMA/08/520; KONUŞ-MA/09/104; KONUŞMA/09/128; KONUŞMA/09/162; KONUŞMA/09/565; KO-NUŞMA/11/292; KONUŞMA/12/368; KONUŞMA/13/334; KONUŞMA/14/313.

25. Örneğin bkz. KONUŞMA /07/362; KONUŞMA/08/188; KONUŞMA/08/520; KO-NUŞMA/08/581; KONUŞMA/09/89; KONUŞMA/09/104; KONUŞMA/09/148; KONUŞMA/09/318; KONUŞMA/10/191; KONUŞMA/13/891; KONUŞ-MA/14/317.

26. Örneğin bkz.KONUŞMA/02/576; KONUŞMA/04/141; KONUŞMA/04/437; KO-NUŞMA/04/440; KONUŞMA/05/32; KONUŞMA/05/362; KONUŞMA/05/465; KONUŞMA/08/191; KONUŞMA/09/565.

27. Müzakere çerçeve belgesine göre "Birliğin sindirme kapasitesi de dahil olmak üzere bütün Kopenhag kriterlerini göz önünde bulundurmakla beraber, Türkiye üyeliğin tüm yükümlülüklerini layıkıyla üstenecek bir durumda değilse de Avrupa'nın yapılarına mümkün olan en güçlü bağlarla bağlanmış olması sağlanmalıdır." Aynı gün, çok benzer bir dille kaleme alınan Hırvatistan'ın müzakere çerçeve belgesinde "imtiyazlı ortaklık" gibi üyeliğe alternatif seçenekleri akla getiren bu ifadeye yer verilmemiştir. Benzer şekil-de, Türkiye'nin müzakere çerçeve belgesi kişilerin serbest dolaşımı, yapısal politikalar ve tarım gibi alanlarda kalıcı emniyet tedbirleri barındırırken Hırvatistan metni sadece belgede belirtilmeyen bazı alanlarda geçiş önlemleri alınabileceğinden bahsetmekte-dir. Bkz. Müzakere Çerçevesi (Türkiye) ve Müzakere Çerçevesi (Hırvatistan), 3 Ekim 2005: http://ec.europa.eu/enlargement/pdf/st20002_en05_TR_framedoc.pdf#search = percent22percent22negotiatingpercent20frameworkpercent22percent2Cpercent-22turkeypercent22percent22andhttp://ec.europa.eu/enlargement/pdf/st20004_en05_HR_framedoc.pdf#search = percent22percent22negotiatingpercent20frameworkper-cent22percent2Cpercent22croatiapercent22percent22. İki belge arasında ayrıntılı bir karşılaştırma için bkz. Aydın-Düzgit (2006).

28. Bkz. KONUŞMA/04/16; KONUŞMA/04/538; KONUŞMA/05/556.

29. Örneğin bkz. KONUŞMA/05/716; KONUŞMA/06/747.

30. Örneğin bkz. 14 Aralık 1999 tarihli tartışmada Vedrine (PS); Vedrine(PS), 20 Ara-lık 2000; Villepin (UMP), 12 Kasım 2002; Ayrault (PS), 25 Kasım 2003; Raffarin (UMP), Ayrault (PS), Accoyer (UMP), Le Guen (PS), Lellouche (UMP), Boucheron (PS), Bardet (UMP), Blisko (PS), Giacobbi (PS), Leonetti (UMP), 14 Ekim 2004; Raffarin (UMP), 21 Aralık 2004; Blisko (PS), 29 Mayıs 2008.

31. Örneğin bkz. 14 Aralık 1999 tarihli tartışmada Vedrine (PS); Vedrine (PS), 20 Aralık 2000; Raffarin (UMP), Ayrault (PS),Accoyer (UMP), Barnier (UMP), Lellouche (UMP), Boucheron (PS), Blisko (PS), Leonetti (UMP), Bardet (UMP), 14 Ekim 2004; Raffarin (UMP), Accoyer (UMP), 21 Aralık 2004.

32. Fransız ulusal kimliğinin ve hafızasının inşasında Fransa'nın sömürge imparatorluğunun mirasının, özellikle de Cezayir ile ilişkisinin göz ardı edilmesi hakkında bkz. Adamson (2006).

33. Örneğin bkz. 3 Aralık 1999 tarihli tartışmada Schröder (SPD), Fischer (Yeşiller), Sterzing (Yeşiller); Schröder (SPD), Weisskirchen (SPD), 17 Aralık 1999; Müntefering (SPD), Roth (Yeşiller), Fischer (Yeşiller), 4 Aralık 2002; Schröder (SPD), Steenblock (Yeşiller), Schwell-Düren (SPD), 19 Aralık 2002; Höfken (Yeşiller), Fischer (Yeşiller) 26 Haziran 2003; Mütefering (SPD), Roth (Yeşiller), Nickels (Yeşiller), Akgün (SPD), Weisskirchen (SPD), Fischer (Yeşiller), 16 Aralık 2004; Erler (SPD), Fischer (Yeşiller),Gloser (SPD), Volmer (Yeşiller), Roth (Yeşiller), 29 Ekim 2004; Nietan (SPD), Roth (Yeşiller), 17 Mart 2011.

34. Parlamento verilerinde bu tarz bir özdüşünümsellik için, örneğin bkz. Weisskirchen (SPD), 17 Aralık 1999.

35. Örneğin bkz. 19 Aralık 2002 tarihli tartışmada Schröder (SPD), Hintze (CDU/CSU), Erler (SPD), Hintze (CDU/CSU), Gloser (SPD), 29 Ekim 2004.

36. "Hoşgörü" kavramının AB'de kültürel çeşitlilik politikasındaki rolü üzerine ayrıntılı bir inceleme için bkz. Dobbernack ve Modood (2011).

37. Örneğin bkz. 11 Aralık 2002 tarihli tartışmada Woodward (İşçi), Anderson (İşçi), Moore (İşçi), Straw(İşçi), Ancram (Muh), Hendrick (İşçi); Straw (İşçi), 21 Mayıs 2003; Spring (Muh), 10 Aralık 2003; David (İşçi), MacShane (İşçi), 23 Haziran 2004; Blair (İşçi), Howard (Muh), Curry (Muh), 20 Aralık 2004; MacShane (İşçi), 1 Mart 2005; Alexander (İşçi), 8 Haziran 2005; Gapes (İşçi), Curry (Muh), 15 Haziran 2005; Straw (İşçi), 30 Haziran 2005;Alexander (İşçi), 19 Temmuz 2005; Straw (İşçi), 11 Ekim 2005; Pearson (İşçi), 15 Kasım 2005; Fox(Muh), 22 Kasım 2006; Spring (Muh), 6 Aralık 2006; Hague (Muh), 26 Eylül 2008; Burrowes (Muh), Clywd (Lab), 4 Temmuz 2012.

38. Bkz.http://ec.europa.eu/justice_home/unit/charte/en/charter-rights.html.

39. İşçi Partisi söylemlerinde Avrupa değerleri/standartları/normlarına göndermeler için, örneğin bkz. 11 Aralık 2002 tarihli tartışmada Woodward; MacShane, 23 Haziran 2004; MacShane, 12 Ekim 2004; Straw, Irranca-Davies, 15 Aralık 2004; MacShane, 1 Mart 2005; Pearson, 15 Kasım 2005; McCarthy-Fry, 12 Kasım 2007.

40. Örneğin bkz. 11 Aralık 2002 tarihli tartışmada Moore'un konuşmaları; Blair, 16 Aralık 2002; MacShane, 15 Haziran 2004; David, MacShane, 23 Haziran 2004; MacShane, 15 Kasım 2005; Milliband, 9 Ekim 2007.

41. Örneğin bkz. 11 Aralık 2002 tarihli tartışmada Straw; MacShane, 12 Ekim 2004; MacShane, 23 Haziran 2004.

42. Türkiye'nin demokratikleşmesinde yurtiçi güçlerin rolü hakkında alternatif bir metin için bkz. Toros (2007).

ÜÇÜNCÜ BÖLÜM: SİYASİ BİR PROJE OLARAK AVRUPA

1. Örneğin bkz. 6 Ekim 1999 tarihli tartışmada Poettering, Van Velzen, Schröder, Langen; Elles, Oostlander, Suominen, Brok, Langen, Stenzel, 1 Nisan 2004; De Veyrac, Poettering, Langen, Brok, Sommer, Posselt, Andrikiene, Itala, 13 Aralık 2004; Brok, Poettering, Eurlings, Grossetete, 28 Eylül 2005; Brok, Toubon, Posselt 26 Eylül 2006; Toubon, 21 Mayıs 2008; Posselt, 28 Mart 2012; Proust, 18 Nisan 2013; Houillon, 12 Mart 2014; Morin-Chartier, 10 Haziran 2015.

2. Ayrıca bkz. Gros (2005), Derviş vd. (2004).

3. Örneğin bkz. Independent Commission on Turkey (2004: 38–41).

4. Lizbon Antlaşması'na göre, AP'de toplam 750 koltuk vardır; bir ülkeye en fazla 96, en az 6 koltuk düşmektedir.

5. Örneğin bkz. Risse (2004b).

6. Örneğin bkz. 6 Ekim 1999 tarihli tartışmada Gollnisch (NI); Lang(IND/DEM), Queiro (UEN), 14 Kasım 2000; Queiro(UEN), 14 Şubat 2001; Queiro (IND/DEM), Claeys (NI), Camre (UEN), Mathieu (NI), 1 Nisan 2004; Szymanski (UEN), Piotrowski (IND/DEM), Martin (NI), Camre (UEN), Allister (NI), Karatzaferis(IND/DEM), Mölzer (NI), Masiel (NI), Vanhecke (NI), 13 Aralık 2004; Masiel (NI), Dillen (NI), 5 Temmuz 2005;Claeys (NI), Masiel (NI), 28 Eylül 2005; Montel (NI), 20 Mayıs 2015.

7. Örneğin bkz. 14 Aralık 1999 tarihli tartışmada De Vabres (UDF), Lequiller (RPR/UMP); Bosson (UDF), 12 Kasım 2002; Morin (UDF), 20 Aralık 2002; Bayrou (UDF), 5 Ekim 2004; Morin (UDF), 6 Ekim 2004; Raffarin (UMP), Bayrou (UDF), Accoyer (UMP), Balladur (UMP), Baroin (UMP), Pemezec (UMP), Poniatowski (UMP), Estrosi (UMP), Paille (UMP), Leonetti (UMP), Lellouche (UMP), Bardet (UMP), 14 Ekim 2004; Bayrou (UDF), Accoyer (UMP), 21 Aralık 2004; Estrosi (UMP), 27 Ocak 2005; Mallié (UMP), Lagarde, (UDF/NC), Lequiller (UMP), 29 Mayıs 2008; Le Maire (UMP), 7 Nisan 2009; Le Maire (UMP), 2 Haziran 2009; Le Maire (UMP), 9 Haziran 2009; Lequiller (UMP), 26 Haziran 2013.

8. Bkz. Treacher (2001) ve Jachtenfuchs vd. (1998), özellikle de s. 430. ABD Başkanı Bush Haziran 2004'te Türkiye'nin Avrupa Birliği'ne alınması çağrısında bulunduğunda, tepki veren tek Avrupalı lider Fransa Cumhurbaşkanı Chirac idi: "Eğer Başkan Bush bunu gerçekten benim anladığım şekilde söylemişse, o zaman sadece fazla ileri gitmekle kalmamış, aynı zamanda kendisine ait olmayan bir bölgeye girmiş olur. Amacı ve hedefi AB'ye tavsiye vermek değildir; bu sanki ben Amerikalılara Meksika ile ilişkilerini nasıl idare etmeleri gerektiğini söylemişim gibi olmuş." Bkz. http://www. cnn.com/2004/WORLD/europe/06/29/bush.chirac.turkey/. Bu temanın parlamento tartışmalarında da tekrarı için, örneğin bkz. 25 Kasım 2003 tarihli tartışmada Ayrault (PS); Morin (UDF), 6 Ekim 2004; Paille (UMP), Ayrault (PS), Bayrou (UDF), 14 Ekim 2004; Ayrault (PS), Bayrou (UDF), 21 Aralık 2004.

9. Örneğin bkz. 17 Aralık 1999 tarihli tartışmada Schaeuble, Glos; Glos, Merkel, Schaeuble, Müller, 4 Aralık 2002; Merkel, Müller,Wissmann, 19 Aralık 2002; Müller, Hintze, Schaeuble, Schockenhoff, Pflüger, 26 Haziran 2003; Merkel, Müller, Pflüger, 16 Aralık 2004; Schaeuble, Müller, Hintze, Pflüger, 29 Ekim 2004; Koschyk, Strobl, 21 Ocak 2005; Silberhorn, 19 Haziran 2008; Götzer, 7 Eylül 2011.

10. Alman Anayasa Mahkemesi'nin saygınlığı hakkında bkz. Miller (2001: 1).

11. Örneğin bkz. 17 Aralık 1999 tarihli tartışmada Glos; Merkel, 19 Aralık 2002; Müller, 29 Ekim 2004; Strobl, 21 Ocak 2005.

12. Türkiye'nin AB'ye üye olması durumunda beklenen göç oranları hakkında alternatif bir çalışma için, örneğin bkz. Erzan vd. (2006). AB ülkelerine net göç rakamları için bkz. Kaya (2009: 20).

13. Bkz. 1 Nisan 2004 tarihli tartışmada Paasilinna (PES), Vallve (ALDE); Hansch (PES), Paasilinna (PES), Pahor Borut (PES), De Sarnez (ALDE), 13 December 2004; De Sarnez (ALDE) ve Koch-Mehrin (ALDE), 28 Eylül 2005.

14. Örneğin bkz. 1 Nisan 2004 tarihli tartışmada Nordmann (ALDE); Bonino (ALDE), Özdemir (Yeşiller/EFA), 13 Aralık 2004; Schulz (PES), De Keyser (PES), Bonino (ALDE), Duff (ALDE), Cohn-Bendit (Yeşiller/EFA), 28 Eylül 2005; Wiersma (PES), Pistelli(ALDE), Lambsdorff (ALDE), 26 Eylül 2006; Gonzales(PES), 24 Ekim 2007.

15. "Hazmetme kapasitesi" kavramı AB söylemine resmi olarak 1993 Kopenhag Zirvesi'nde girmiştir. Kopenhag Zirvesi sonuçlarında şöyle denmektedir: "Birliğin bir yandan Avrupa bütünleşmesinin hızını korurken bir yandan da yeni üyeleri hazmetme kapasitesi hem Birlik hem de aday ülkelerin çıkarlarını ilgilendiren önemli bir husustur." Bkz. European Council Meeting in Copenhagen, 21–2, Haziran SN 180/1/93, 14.

16. Örneğin bkz.12 Şubat 2007 tarihli tartışmada Hannan (EPP/ED); Tannock (ECR), 25 Kasım 2009; Van Orden (ECR), 28 Mart 2012; Van Orden (ECR), 20 Mayıs 2015.

17. Bkz. Shore (1999), Trondal (2007), Suvarierol (2007).

18. Örneğin bkz.KONUŞMA/04/16; KONUŞMA/04/309; KONUŞMA/04/437; KONUŞMA/04/440; KONUŞMA/04/466; KONUŞMA/04/538; KONUŞMA/05/32; KONUŞMA/06/559; KONUŞMA/06/747; KONUŞMA/12/360; KONUŞMA/13/517. Türkiye'nin muhtemel ekonomik katkıları için bkz. KONUŞMA/12/360, "çok katmanlı Avrupa" referansları için bkz. KONUŞMA/13/517.

19. "Bir inşa alanı olarak AB" kavramsal alanında bulunan metaforlar üzerine bkz. Musolff (2004: 138–9 ve 141).

20. Örneğin bkz. KONUŞMA/02/576; KONUŞMA/04/16; KONUŞMA/04/440; KONUŞMA/05/32; KONUŞMA/06/747; KONUŞMA/08/188.

21. 18. yüzyılda Britanyalıların ve Fransızların Türkleri tasvir şekillerine dair bkz. Çırakman (2005).

22. Örneğin bkz. 14 Ekim 2004 tarihli tartışmada Ayrault (PS), Accoyer (UMP), Pemezec (UMP), Paul (PS),Valls (PS), Giacobbi (PS), Blisko (PS); Ayrault (PS), 21 Aralık 2004.

23. Örneğin bkz. 15 Kasım 2003 tarihli tartışmada Ayrault (PS); Ayrault (PS), 25 Kasım 2003; Ayrault (PS), Paul (PS), Valls (PS), Boucheron (PS), Giacobbi (PS), Blisko (PS), 14 Ekim 2004; Ayrault (PS),21 December 2004.

24. Fransız parlamento tartışmalarında "çok vitesli Avrupa"ya göndermeler için, örneğin bkz. 14 Ekim 2004 tarihli tartışmada Ayrault (PS), Balladur (UMP), Paul (PS), Boucheron (PS), Leonetti (UMP).

25. Örneğin bkz. 17 Aralık 1999 tarihli tartışmada Fischer (Yeşiller); Schwall-Düren (SPD), Bury (SPD), 19 Aralık 2002; Mütefering (SPD), Fischer (Yeşiller), Zapf (SPD), Akgün (SPD), 16 Aralık 2004; Roth (Yeşiller), Schwall-Düren (SPD), Fischer (Yeşil-

ler), Gloser (SPD), 29 Ekim 2004; Akgün (SPD), 21 Ocak 2005; Nietan (SPD), 17 Mart 2011.

26. Koalisyon Anlaşması'nın genişlemeyle ilgili kısmı şu iddia ile açılıyordu: "[...] Avrupa Birliği'nin yeni üyeleri hazmetme kapasitesini zorlamayan özenli bir genişleme politikası kıtamızda barış ve istikrara önemli bir katkı sağlar." Bkz. Coalition Agreement, Section IX: Germany as a Responsible Partner in Europe and theWorld. 2009 sonrası Almanya parlamento tartışmalarında "hazmetme kapasitesi" kavramına yapılan göndermeler için bkz. Nietan (SPD), 17 Mart 2011; Götzer (CDU/CSU), 7 Eylül 2011.

27. Örneğin bkz. 19 Aralık 2002 tarihli tartışmada Schwall-Düren (SPD), Bury (SPD); Schaeuble (CDU/CSU), 26 Haziran 2003; Schaeuble (CDU/CSU), Pflüger (CDU/CSU), 29 Ekim 2004; Fischer (Yeşiller), 16 Aralık 2004; Merkel (CDU/CSU), 27 Haziran 2013.

28. Hay ve Rosamond (2002: 152) dört ana küreselleşme kavramsallaştırması tespit eder: "Dış ekonomik kısıtlama olarak küreselleşme," "homojenleşme tehdidi olarak küreselleşme," "savunulması gereken bir siyasi proje olarak küreselleşme" ve "karşı konulması gereken bir siyasi proje olarak küreselleşme."

29. Ayrıca bkz. Thielemann (2004). Joschka Fischer'ın konuşmasının tam metni için bkz. http://www.cvce.eu/viewer/-/content/4cd02fa7-d9d0-4cd2-91c9-2746a3297773/en;jsessionid = B98ACC76BBEE2DAE445BB3447D923581

30. Örneğin bkz. 11 Aralık 2002 tarihli tartışmada Woodward (İşçi), Vaz (İşçi); Johnson (Muh), 21 Mayıs 2003; Selous (Muh), Spring (Muh),10 Aralık 2003; Anderson (İşçi), 24 Kasım 2004; Straw (İşçi), Hopkins (İşçi), Heathcoat-Amory (Muh), Cash (Muh), Ancram (Muh), 15 Aralık 2004; Howard (Muh), 20 Aralık 2004; Hopkins (İşçi), 8 Haziran 2005; Hague (Muh),15 Haziran 2005; Howard (Muh), 20 Haziran 2005; Fox (Muh), 11 Ekim 2005; Rosindell (Muh), 4 Temmuz 2012.

31. Örneğin bkz. 18 Ocak 2000 tarihli tartışmada Vaz (İşçi); Woodward(İşçi), Straw (İşçi), Dismore (İşçi), 11 Aralık 2002; MacShane (İşçi), 23 Haziran 2004; Straw (İşçi), 15 Aralık 2004; Alexander (İşçi), 18 Mayıs 2005; MacShane (İşçi), 1 Mart 2005; Gapes (İşçi), Reynolds (İşçi), 4 Temmuz 2012.

32. Arnaud Leparmentier ve Laurent Zecchini'nin Valery Giscard d'Estaing ile röportajından alınmıştır, "Pour ou Contre l'Adhésion de la Turquie a l'Union Européenne" ["Türkiye'nin Avrupa Birliğine Üyeliğinin Lehinde veya Aleyhinde"], *Le Monde*, 9 Kasım 2002.

33. Örneğin bkz. 15 Aralık 2004 ve 8 Haziran 2005 tarihli tartışmalarda Hopkins (İşçi).

DÖRDÜNCÜ BÖLÜM: KÜLTÜREL BİR MEKÂN OLARAK AVRUPA

1. Örneğin bkz.6 Ekim 1999 tarihli tartışmada Poettering (EPP-ED), Gollnisch (NI); Lang (IND/DEM), Queiro (UEN), 14 Kasım 2000; Queiro (UEN), 14 Şubat 2001; Pasqua (UEN), 24 Ekim 2001; Langen (EPP-ED), Gemelli (EPP-ED), 4 Haziran 2003; Szymanski (UEN), Piotrowski (IND/DEM),Camre (UEN), Allister (NI), Karatzaferis (IND/DEM), Mölzer (NI), Masiel (NI), Vanhecke (NI), Ebner (EPP-ED), 1 Nisan 2004; Posselt (EPP-ED), Brok (EPP-ED), Andrikiene (EPP-ED), De Veyrac (EPP-ED), 13 Aralık 2004; Dillen (NI), Masiel (NI), 5 Haziran 2005; Claeys (NI), Masiel (NI), Poettering (EPP-ED), Itala (EPP-ED), 28 Eylül 2005; Camre (UEN), Rogalski

(IND/DEM), Speroni (NI), Claeys (NI), Posselt (EPP/ED), Tannock (EPP/ED), Langen (EPP/ED), 26 Eylül 2006; Krupa (IND/DEM), Hannan (EPP/ED), Schenardi (ITS), Vanhecke (ITS), 12 Şubat 2007; Musumeci (UEN), Batten (IND/DEM), 24 Ekim 2007; Chruszcz (NI), Toubon (EPP/ED), Camre (UEN), Borghezio (UEN), Zaleski (EPP/ED), 21 Mayıs 2008; Borghezio (UEN), Claeys (NI), Lang (NI), 11 Mart 2009; Fiore (NI), 5 Mayıs 2009; Van Dalen (ECR), Obermayr (NI), Mölzer (NI), 25 Kasım 2009; Madlener (NI), Mölzer (NI), Balzco (NI), Bizzotto (EFD), Sonik (EPP), 10 Şubat 2010; Bizotto (EFD), 27 Eylül 2011; Madlener (NI), Mölzer (NI), Allam (EFD), Claeys (NI), 28 Mart 2012; Dartmouth (EFD), 11 Mart 2014; Auconie (EPP), 12 Mart 2014; Chauprade (NI), 15 Ocak 2015; Ferrand (NI), 20 Mayıs 2015; Arnautu (NI), Cadec (EPP), Grossetete (EPP), Melin (ENF), 10 Haziran 2015.

2. Avrupa'nın tarihte bir kıta olarak söylemsel inşası ve sınırları hakkında bkz. Pocock (2002).

3. Türk sekülerliğinde bu boyutların önemini ortaya seren hermenötik bir yaklaşım için bkz. Davison (1998).

4. Shakman Hurd (2006: 409) bu yeni şarkiyatçı sekülarizm anlayışını "Yahudi-Hıristiyan sekülarizmi" olarak adlandırmaktadır.

5. Bkz. 14 Aralık 1999 tarihli tartışmada De Vabres (UDF), Lequiller (RPR/UMP), 20 Aralık 2000; Raimond (RPR/UMP), 18 Ocak 2001; Bosson (UDF), 12 Kasım 2002; Salles (UDF), 7 Nisan 2004; Albertini (UDF), 22 Haziran 2004; Bayrou (UDF), 5 Ekim 2004; Bayrou (UDF), Baroin (UMP), Pemezec (UMP), Poniatowski (UMP), Paille (UMP), Riviere (UMP), 14 Ekim 2004.

6. Bayrou'nun konuşmasının ilk kısmında federal düşüncenin belirtilen ve detaylarına girilen ilk yönü Avrupa düzeyinde ulusal egemenliklerden feragat edilmesidir.

7. AB üyesi ülkelerdeki farklı sekülarizm uygulamaları için, örneğin bkz. Hurd (2007: 23–46).

8. Komisyon'un raporunun yasa önerisini de içeren tam metni için bkz. http://www.ladocumentationfrancaise.fr/rapports-publics/034000725/index.shtml.

9. Huntington (1996) ve Lewis (2002) bu tür yeni şarkiyatçı açıklamaların iyi bilinen örneklerindendir.

10. Örneğin Blommaert ve Verschueren (1998: 91–102), Belçika'da çoğunluğun göç üzerine söylemlerinde göçmenlerin nasıl "kültürel Ötekiler" olarak inşa edildiğini ortaya koymaktadır.

11. Fransa'da "asimilasyoncu entegrasyon" hakkında, örneğin bkz. Hargreaves (1995); Kaya ve Kentel (2005), özellikle s. 16–7.

12. Chirac'ın bu konudaki konumunun biraz belirsiz olduğu söylenebilir. 15 Aralık 2004'te, devlet televizyonunda yaptığı bir konuşmada Türkiye'nin AB üyeliğine desteğini belirtmiş, ama dinleyicilere üye devletlerden herhangi birinin Türkiye'nin üyeliğini veto edebileceğini hatırlatmış ve Fransa'nın da konudaki son söz hakkını saklı tuttuğunu ifade etmiştir. Bkz. "Chirac's Mixed Legacy on Turkey," *Turkish Daily News*, 13 Mart 2007, http://www.hurriyetdailynews.com/chiracs-mixed-legacy-on-turkey.aspx?pageID =438&n =chiracs-mixed-legacy-on-turkey-2007-03-13. Öte yandan, o dönem UMP başkanı olan Alain Juppe, 6 Nisan 2004'te UMP'nin AB'nin Türkiye ile katılım müzakereleri başlatmasına karşı olduğunu ve AB'nin çevresindeki Türkiye gibi

ülkelerin "blokta yeri olmadığını, aksi takdirde AB'nin seyreleceğini" ifade etmiştir. Juppe bunun yerine partisinin Türkiye ile Kuzey Afrika ülkeleri ve güneydeki eski Sovyet cumhuriyetlerine de önerilecek tarzda bir "ayrıcalıklı ortaklık" istediğini söylemiştir. Bkz. "France's Ruling Party Comes Out against Turkey's EU Entry," 9 Nisan 2004, http://www.euractiv.com/en/enlargement/france-ruling-party-comes-turkey-eu-entry/article-112944

13. Bkz. "Raffarin Demurs at Turkey's EU Bid," *Wall Street Journal*, 23 Eylül 2004.

14. Dışişleri Bakanı M. Michel Barnier'in *Le Monde* gazetesine verdiği röportaj, 29 Eylül 2004. Britanya Krallığı'ndaki Fransa Büyükelçiliği'nin internet sitesinden alıntıdır, http://www.ambafrance-uk.org/Interview-given-by-M-Michel,4401.html

15. Şu sözü medyaya yansımış ve dikkat çekmişti: "Türkiye Avrupalı olsa biz bilirdik" (*France 2*, 18 Aralık 2004).

16. Bkz. 17 Aralık 1999 tarihli tartışmada Schaeuble, Glos; Glos, Schaeuble, 4 Aralık 2002; Hintze, Müller, 19 Aralık 2002; Hinzte, Pflüger, 26 Haziran 2003;Schaeuble, 8 Eylül 2004; Merkel, Müller, Pflüger, 16 Aralık 2004; Schaeuble, Müller, Pflüger, 29 Ekim 2004; Strobl, Koschyk (CDU/CSU), 21 Ocak 2005; Ramsauer, Nüsslein, 14 Aralık 2006.

17. Straw, 11 Ekim 2005 tarihli tartışmada.

18. Örneğin bkz. 26 Eylül 2006 tarihli tartışmada Agnoletto (GUE/NGL), De Keyser (PSE), Cappato (ALDE),Willmott (PSE), Corbett (PSE), 24 Ekim 2007; Poc (S&D), 20 Ocak 2010; Howitt (S&D), Boştinaru (S&D), 10 Şubat 2010; Verhofstadt (ALDE), 12 Haziran 2013.

19. Batı Balkanlar, Kafkaslar, Ukrayna, Beyaz Rusya, hatta Rusya'yı da içine alan alternatif sınır versiyonlarına rastlamak mümkündür; ancak Kuzey Afrika istisnasız olarak dışarıda bırakılmıştır. AP'deki sol ve liberal söylemde, Almanya ve Fransa'daki sol kanat söylemlerinde, Komisyon söylemlerinde ve Britanya siyasi söyleminde doğu sınırlarının inşasının güney sınırlarına göre çok daha esnek olması Klaus Eder'in (2006, s. 263) Avrupa sınırlarının anlatısal inşasında "Güney İtalya (Sicilya, Apulia) ve Yunanistan'ın Avrupalı olmayan bir Güney'e doğru muğlak ama değişmez sınır rolü oynaması sonucu Güney uç sabittir" gözlemiyle uyuşmaktadır.

20. Örneğin, bkz.KONUŞMA/01/487.

21. *Petitio principii* uslamlama stratejisinde, "tartışmalı ve sorgulanan, dolayısıyla kanıtlanması gereken şeyin savın başlangıç noktası olduğu baştan varsayılır" (Reisigl ve Wodak, 2001: 73).

22. Şahsi mülakatlarda, "yaşam tarzı" ifadesi ile "zihniyet," "zihin," düşünce şekli" ve/veya "yaşam şekli" sözleri genellikle birbirinin yerine kullanılabilmektedir.

23. Kadın haklarında karşılaşılan sorunlar mülakatlarda genellikle İslam'a bağlanarak kavramsallaştırılırken, sadece bir muhatap Türkiye'de toplumsal cinsiyet eşitsizliğinin nedeni olarak "patriarki"den bahsetmiştir.

24. Komisyon görevlilerinin kendi kültürel kimliklerinin yanı sıra Türk seçkinleri hakkındaki söylemlerinin daha ayrıntılı bir açıklaması için bkz. Suvarierol ve Aydın-Düzgit (2011).

25. Örneğin bkz. 25 Kasım 2003 tarihli tartışmada Ayrault (PS); Boucheron (PS), Ayrault (PS), Paul (PS), 14 Ekim 2004; Ayrault (PS), 21 Aralık 2004.

26. Fransa'da Müslüman göçmenlere karşı ayrımcılık üzerine akademik çalışmalar için, örneğin bkz. Tribalat (2003).

27. Türkiye'de okullarda, özellikle de üniversitelerde türban takılması hakkındaki tartışmanın Fransa'dakinden daha eski olması dikkat çekicidir. Göle'nin ifadesiyle (2006b: 250), "metodolojik açıdan, durumun böyle tersine dönmüş olmasının, hem zamansal hem de bilgi açısından 'ileri' olduğu farz edilen Batı'nın deneyimlerinden elde edilmiş modernitenin sosyal bilimsel anlatısı açısından önemli sonuçları vardır."

28. Yasada "türban/başörtüsü" kelimeleri geçmemekte, onun yerine "açıkça dini aidiyet ifade eden semboller"den bahsedilmektedir.

29. Örneğin bkz.17 Aralık 1999 tarihli tartışmada Struck (SPD) ve Sterzing'in (Yeşiller) konuşmaları; Roth (Yeşiller), 4 Aralık 2002; Schwall-Düren (SPD), Bury (SPD), Steenblock (Yeşiller), 19 Aralık 2002; Zöpel (SPD), 26 Haziran 2003; Roth (Yeşiller), Weisskirchen (SPD), Akgün (SPD), 16 Aralık 2004; Roth (Yeşiller), Fischer (Yeşiller), 29 Ekim 2004; Künast (Yeşiller), 14 Aralık 2006; Nietan (SPD), 17 Mart 2011.

30. "Üstün" olanın bir örnek teşkil ettiği hiyerarşik mekânsal/zamansal kimliklerin inşasında kıyaslama *topos*'unun kullanımı için bkz.Wodak vd. (1999: 40).

31. Bkz. Nilüfer Göle ile yapılan röportaj: "Cumhuriyet Umarız Kendi Çocuklarını Yemeyi Bırakır," 9 Haziran 2008, http://www.medyakronik.com/news/cumhuriyet-umariz-kendi-cocuklarini-yemeyi-birakir-666.html.

32. Örneğin bkz. Johnson (Muh), 21 Mayıs 2003; MacShane(İşçi), 15 Haziran 2004; MacShane (İşçi), 23 Haziran 2004.

33. Bu kuruluş mitine göre, Giritli tanrı Zeus boğa biçimine girerek Fenike kralının kızı Europa'yı Girit adasına kaçırır.

SONUÇ

1. Behr (2007) Avrupa'da aynı söyleme Orta ve Doğu Avrupa ülkelerinin üyeliği konusunda da başvurulduğunun altını çizmektedir.

2. Bkz. Müzakere Çerçevesi (Türkiye), 3 Ekim 2005, http://ec.europa.eu/enlargement/pdf/st20002_en05_TR_framedoc.pdf#search = percent22percent22negotiating percent20framework percent22 p ercent2C percent22turkey p ercent22 percent22

EK

1. Mümkün olan yerlerde konuşma numaraları verilmiştir. Bunun mümkün olmadığı yerlerde tarihler verilmiştir.

Kaynakça

Abélès, M. (2000) "Virtual Europe," *An Anthropology of the EU: Building, Imagining and Experiencing the New Europe* içinde, der. Bellier, I. ve Wilson, M .T., Oxford ve New York: Berg Publishers.

—— (2004) "Debating the European Union: An interview with Cris Shore andMarc Abélès," *Anthropology Today*, cilt 20, sayı 2, s. 10–14.

Adamson, K. (2006) "Issues of culture and identity in contemporary France: Theproblem of reconciling a colonial past with a present reality," *Sociology*, cilt 40, sayı 4, s. 627–43.

Aleskerov, F., Avcı, G. ve Türem, U. (2004) "European Union enlargement: Power distribution implications of the new institutional arrangements," *European Journal of Political Research*, cilt 41, sayı 3, s. 379–94.

Alonso, A. M. (1988) "The effects of truth: Re-presentations of the past and the imagining of community," *Journal of Historical Sociology*, cilt 1, sayı 1, s. 33–57.

Altunışık, M. B. (2010) *Arap Dünyasında Türkiye Algısı*, İstanbul: TESEV.

Amiraux, V. (2007) "The headscarf question: What is really the issue?," *European Islam: Challenges for PublicPolicy and Society* içinde, der. Amghar,S., Boubekeur, A. ve Emerson, M., Brüksel: Centre for European Policy Studies.

Anderson, B. (1983) *Imagined Communities: Reflections on the Origins and Spread of Nationalism*, Londra: Verso Books.

Antonsich, M. (2008) "The narration of Europe in 'national' and 'post-national' terms: Gauging the gap between normative discourses and people's views," *European Journal of Social Theory*, cilt 11, sayı 4, s. 505–22.

Asad, T. (2003) *Formations of the Secular: Christianity, Islam, Modernity*, Stanford: Stanford University Press [*Sekülerliğin Biçimleri Hıristiyanlık, İslamiyet ve Modernlik*, çev. Ferit Burak Aydar, İstanbul: Metis, 2007].

Ashley, K. R. (1987) "Foreign policy as political performance," *International Studies Notes*, cilt 13, sayı 2, s. 51–4.

Avcı, G. ve Çarkoglu, A. (der.) (2011) "Special issue 'Turkey and the European Union: Accession and reform'," *South European Society and Politics*, cilt 16 &17, sayı 2 & 3, s. 209–499.

Avrupa Komisyonu (2000) 2000 Regular Report from the Commission on Turkey's Progress towards Accession, COM (2000) 713, Brüksel.

—— (2014) Turkey 2014 Progress Report, COM(2014) 700, Brüksel.

Avrupa Konseyi (1993). Conclusions of the Presidency, SN 180/1/93, 21–22 Haziran, Brüksel.

Aydın-Düzgit, S. (2006) "Seeking Kant in the EU's relations with Turkey," TESEV Dış Politika Program Raporu, İstanbul: TESEV.

—— (2008) "Discursive construction of European identity in the EU's relations with Turkey," Doktora tezi, Vrije Universiteit Brüksel, 2008.

—— ve Suvarierol, S. (2011) "Turkish accession and defining the boundaries of nationalism and supranationalism: Discourses in the European Commission," *South European Society and Politics*, cilt 16, sayı 3, s. 469–82.

—— (2013) "European security and Turkish accession: Identity and foreign policy in the European Commission," *Cooperation and Conflict*, cilt 48, sayı 4, s. 522-41.

Baban, F. ve Keyman, F. (2008) "Turkey and postnational Europe: Challenges for the cosmopolitan political community," *European Journal of Social Theory*, cilt 11, sayı 1, s. 107–24.

Barker, M. (1981) *The New Racism,* Londra: Junction Books.

Bayley, P. (2004) "Introduction: The whys and wherefores of analysing parliamentary discourse," *Cross-Cultural Perspectives on Parliamentary Discourse* içinde, der. Bayley, P. Amsterdam: John Benjamins.

Beck, U. ve Grande, E. (2007) "Cosmopolitanism: Europe's way out of crisis," *European Journal of Social Theory*, cilt 10, sayı 1, s. 67–85.

Behr, H. (2007) "The European Union in the legacies of imperial rule? EU accession politics viewed from a historical comparative perspective," *European Journal of International Relations*, cilt 13, sayı 2, s. 239–62.

Bernal, M. (1987) *Black Athena: The Afroasiatic Roots of Classical Civilisation Volume 1: The Fabrication of Ancient Greece 1785–1985*, New Brunswick: Rutgers University Press.

Bigo, D. (2002) "Security and immigration: Toward a critique of the governmentality of unease," *Alternatives*, cilt 27, s. 63–92.

—— (2006) "Internal and external aspects of security," *European Security*, cilt 15, sayı 4, s. 385–404.

Bilgin, P. (2004) "A return to 'civilisational geopolitics' in the Mediterranean? Changing geopolitical images of the European Union and Turkey in the postCold War era," *Geopolitics*, cilt 9, sayı 2, s. 269–91.

Blaut, J.M. (1993) *The Colonizer's Model of the World: Geographical Diffusionism and Eurocentric History*, New York ve Londra: Guilford Press.

Blommaert, J. (2005) *Discourse: Key Topics in Sociolinguistics*, Cambridge: Cambridge University Press.

—— ve Verschueren, J. (1998) *Debating Diversity: Analysing the Discourse of Tolerance*, Londra: Routledge.

Borg, S. (2011) "The desire for Europe: Universality, particularity and exemplarity in the crafting of the EU," International Studies Association Yıllık Toplantısında sunulan Bildiri, Şubat 17–20, New Orleans.

Boswell, C. (2007) "Migration control in Europe after 9/11: Explaining the absence of securitisation," *Journal of Common Market Studies*, cilt 45, sayı 3, s. 589–610.

Bottici, C. ve Challand, B. (2006) "Rethinking political myth: The clash of civilisations as a self-fulflling prophecy," *European Journal of Social Theory*, cilt 9, sayı 3, s. 315–36.

—— (2011) *The Myth of the Clash of Civilizations*, New York: Routledge.

Brown, W. (2006) *Regulating Aversion: Tolerance in the Age of Identity and Empire*, Princeton: Princeton University Press.

Busch, B. ve Krzyzanowski, M. (2007) "Inside/outside the European Union: Enlargement, migration policy and the search for Europe's identity," *Geopolitics of European Union Enlargement:The Fortress Empire* içinde, der. Armstrong, W. ve Anderson, J., Londra ve New York: Routledge.

Butler, J. (1993) *Bodies That Matter: On the Discursive Limits of "Sex"*, New York ve Londra: Routledge.

Buzan, B. ve Diez, T. (1999) "The European Union and Turkey," *Survival*, cilt 41, sayı 1, s. 41–57.

——, Wæver, O. ve de Wilde, J. (1998) *Security: A New Framework for Analysis*, Boulder: Lynne Rienner.

Campbell, D. (1992) *Writing Security: United States Foreign Policy and the Politics of Identity*, Minneapolis: University of Minnesota Press.

—— (1998) *National Deconstruction: Violence, Identity, and Justice in Bosnia*, Minneapolis: University of Minnesota Press.

Cederman, L.E. (2001) "Exclusion versus dilution: Real or imagined trade-off?" *Constructing European Identity: The External Dimension* içinde, der. Cederman, P., Boulder, Colorado: Lynne Rienner.

Charteris-Black, J. (2006) "Britain as a container: Immigration metaphors in the 2005 election campaign," *Discourse and Society*, cilt 17, sayı 5, s. 563–81.

Checkel, J.T. (2007) "International institutions and socialization in Europe: Introduction and framework," *International Institutions and Socialization in Europe* içinde, der. Checkel, J.T., Cambridge: Cambridge University Press.

—— ve Katzenstein, P.J. (2009) "The politicization of European identities," *European Identity* içinde, der. Checkel, J.T. ve Katzenstein, P.J., New York: CambridgeUniversity Press.

Cherigui, H. (1997) *La politique Méditerranéenne de la France: Entre diplomatie collective et leadership*, Paris: L'Harmattan, 1997.

Chilton, P.A. (1996) "Meaning of security," *Post-Realism: The Rhetorical Turn in International Relations* içinde, der. Beer, A. F. ve Hariman, R., East Lansing MI: Michigan State University Press.

——(2004) *Analysing Political Discourse: Theory and Practice*, New York: Routledge.

Chouliaraki, L. (2005) "Introduction: The soft power of war," *Journal of Language and Politics*, cilt 4, sayı 1, s. 1–10.

Connolly, W. E. (1989) "Identity and difference in global politics," *International/Intertextual Relations: Postmodern Readings of World Politics* içinde, der. Der Derian, J. ve Shapiro, M.J., New York: Lexington.

——(1991) *Identity/Difference: Democratic Negotiations of Political Paradox*, Minneapolis: University of Minnesota Press.

Çakır, A. (der) (2010) *Fifty Years of EU–Turkey Relations: A Sisyphean Story*, Londra: Routledge.

Çırakman, A. (2005) *From the "Terror of the World" to the "Sick Man of Europe": European Images of Ottoman Empire and Society from the Sixteenth century to theNineteenth*, New York: Peter Lang.

Davison, A. (1998) *Secularism and Revivalism in Turkey: A Hermeneutic Reconsideration*, New Haven: Yale University Press.

De Fina, A. (2006) "Group identity, narrative and self-representation," *Discourse and Identity* içinde, der. DeFina, A., Schifrin, D. ve Bamberg, M., New York: Cambridge University Press.

Delanty, G. ve Rumford, C. (2005) *Rethinking Europe: Social Theory and the Implications of Europeanisation*, Londrave New York: Routledge.

Derviş, K., Gros, D., Emerson, M. ve Ülgen, S. (2004) *The European Transformation of Modern Turkey*, Brüksel: Centre for European Policy Studies.

Diedrichs, U. ve Wessels, W. (2006) "The Commission and the Council," *The European Commission* içinde, der. Spence, D. ve Edwards, G., Londra: John Harper Publishing.

Diez, T. (1999) "Speaking 'Europe': The politics of integration discourse," *Journal of European Public Policy*, cilt 6, sayı 4, s. 598–613.

——(2004) "Europe's Others and the return of geopolitics," *Cambridge Review of International Affairs*, cilt 17, sayı 2, s. 319–35.

——(2005a) "Constructing the Self and changing Others: Reconsidering'normative power Europe'," *Millennium: Journal of International Studies*, cilt 33, sayı 3, s. 613–36.

——(2005b) "Turkey, the European Union and security complexes revisited," *Mediterranean Politics*, cilt 10, sayı 2, s. 171–2.

——(2006) "The paradoxes of Europe's borders," *Comparative European Politics*, cilt 4, s. 233–52.

——(2007) "Expanding Europe: The ethics of EU–Turkey relations," *Ethics & International Affairs,* cilt 21, sayı 4, s. 415–22.

Dobbernack, J. ve Modood, T. (2011) "Tolerance and cultural diversity in Europe: Theoretical perspectives and contemporary developments," ACCEPT Pluralism Project WP2 Report, Floransa: Robert Schumann Centre for Advanced Studies.

Doty, R. (1993) "Foreign policy as social construction: A post-positivist analysis of US counterinsurgency policy in the Philippines," *International Studies Quarterly*, cilt 37, sayı 3, s. 297–320.

—— (1996) *Imperial Encounters*, Minneapolis: University of Minnesota Press.

—— (2000) "Immigration and the politics of security," *Security Studies*, cilt 8, sayı 2–3, s. 71–93.

Drulak, P. (2006) "Motion, container and equilibrium: Metaphors in the discourse about European integration," *European Journal of International Relations*, cilt 12, sayı 4, s. 499–532.

Eder, K. (2006) "Europe's borders: The narrative construction of the boundaries ofEurope," *European Journal of Social Theory*, cilt 9, sayı 2, s. 255–71.

Eisenstadt, S. (2000) "Multiple modernities," *Daedalus*, cilt 129, sayı 1, s. 1–29.

Emerson, M. ve Tocci, N. (2004) "Turkey as a bridgehead and spearhead: Integrating EU and Turkish foreign policy," EU–Turkey Working Papers, sayı 1, Brüksel: Centre for European Policy Studies.

—— ve Youngs, R. (der.) (2007) *Political Islam and European Foreign Policy: Perspectives from Muslim Democrats of the Mediterranean*, Brüksel: Centre for European Policy Studies.

Erzan, R., Kuzubaş, U. ve Yıldız, N. (2006) "Immigration scenarios: Turkey EU," *Turkish Studies,* cilt 7, sayı 1, s. 33–44.

Fabian, J. (1983) *Time and the Other: How Anthropology Makes Its Object*, New York: Columbia University Press.

Fairclough, N. (1992) *Discourse and Social Change*, Cambridge: Polity Press.

—— (1995) *Critical Discourse Analysis*, Londra: Longman.

—— (2005) "Blair's contribution to elaborating on a new doctrine of international community," *Journal of Language and Politics*, cilt 4, sayı 1, s. 41–63.

Foucault, M. (1979) "Governmentality," *Ideology and Consciousness,* cilt 6, s. 5–21.

Freedom House (2008) *Turkey in Transit: Democratization in Turkey*, Washington: Freedom House.

Giannakopoulos, A. ve Maras, K. (2005) "Party perspectives in the European Parliament on Turkey's EU accession: An empirical study of session protocols of the European Parliament 1996–2004," Bildiri Sayı 4/05, SouthEast European Studies at Oxford (SEEOX), European Studies Centre, St Antony'sCollege Oxford, 7 Mayıs.

Gong, G.W. (1984) *The Standard of "Civilization' in International Society*, Oxford: Clarendon Press.

Good, C. (2001) "The European debate in and between Germany and Great Britain," *Attitudes towards Europe: Language in the Unification Process* içinde, der. Musolff, A., Good, C., Points, P. ve Wittlinger, R., Aldershot: Ashgate.

——, Musolff, A., Points, P. ve Wittlinger, R. (2001) "Attitudes towards Europe – Einstellungen zu Europe," *Attitudes towards Europe: Language in the Unification Process* içinde, der. Musolff, A., Good, C., Points, P. ve Wittlinger, R., Aldershot: Ashgate.

Göle, N. (2002) "Islam in public: New visibilities and new imaginaries," *Public Culture*, cilt 14, sayı 1, s. 173–90.

—— (2003) *The Forbidden Modern: Civilisation and Veiling*, Ann Arbor: Michigan University Press [*Modern Mahrem, Medeniyet ve Örtünme*, İstanbul: Metis, 2014].

—— (2006a) "Islamic visibilities and public sphere," *Islam in Public: Turkey, Iran, and Europe* içinde, der. Göle, N. ve Ammann, L., İstanbul: İstanbul Bilgi Üniversitesi Yayınları.

—— (2006b) "Europe's encounter with Islam: What future?," *Constellations*, cilt 13, sayı 2, s. 248–62.

—— (2010) *İç içe girişler: Islam ve Avrupa*, İstanbul: Metis Yayınları.

—— ve Ammann, L. (der.) (2006) *Islam in Public: Turkey, Iran, and Europe*, İstanbul: İstanbul Bilgi Üniversitesi Yayınları.

Gros, D. (2005) "Economic aspects of Turkey's quest for EU Membership," CEPS Policy Brief, sayı 69, Brüksel: Centre for European Policy Studies.

Gürsoy, Y. (2011) "The impact of EU-driven reforms on the political autonomy of the Turkish military," *South European Society and Politics*, cilt 16, sayı 2, s. 293–308.

—— (2015) "Turkish Public Opinion on the Coup Allegations: Implications for Democratization," *Political Science Quarterly*, cilt 130, sayı 1, s. 103-132.

Hale, W. (2007) "Christian Democracy and the JDP: Parallels and contrasts," *The Emergence of a New Turkey* içinde, der. Yavuz, H., Salt Lake City: The University of Utah Press.

—— (2011) "Human rights and Turkey's EU accession process: Internal and external dynamics, 2005–10," *South European Society and Politics*, cilt 16, sayı 2, s. 323–33.

Hall, S. (1992) "The West and the rest: Discourse and power," *Formations of Modernity* içinde, der. Hall, S. ve Gieben, B., Cambridge: Polity Press.

—— (1996) "Introduction: Who needs identity?," *Questions of Cultural Identity* içinde, der. Hall, S. ve du Gay, P., Londra: Sage.

Hanley, D. (1999) "Compromise, party management and fair shares: The case of the French UDF," *Party Politics*, cilt 5, sayı 2, s. 171–89.

Hansen, A.D. ve Sørensen, E. (2005) "Polity as politics: Studying the shaping and effects of discursive polities," *Discourse Theory in European Politics: Identity, Policy and Governance* içinde, der. Howarth, D. ve Torfing, J., Basingstoke: PalgraveMacmillan.

Hansen, L. (2006) *Security as Practice: Discourse Analysis and the Bosnian War*, Londra: Routledge.

Hargreaves, A.G. (1995) *Immigration, "Race," Ethnicity in Contemporary France*, Londra: Routledge.

Hay, C. ve Rosamond, B. (2002) "Globalisation, European integration and thediscursive construction of economic imperatives," *Journal of European Public Policy*, cilt 9, sayı 2, s. 147–67.

Henrikson, A. K. (1994) "The power and politics of maps," *Reordering the World: Geopolitical Perspectives on the 21st Century* içinde, der. Demko, G.J. ve Wood, W.B., Boulder, Colorado: Westview Press.

Herzfeld, M. (2002) "The European Self: Rethinking an attitude," *The Idea of Europe: From Antiquity to European Union* içinde, der. Pagden, A., Lanham:Rowman and Littlefield.

Hooghe, L. ve Marks, G. (2001) *Multi-level Governance and European Integration*, Lanham, MD: Rowman & Littlefield Publishers.

Howarth, D. (2005) "Applying discourse theory: The method of articulation," *Discourse Theory in European Politics: Identity, Policy and Governance* içinde, der. Howarth, D. ve Torfing, J., Londra: Palgrave Macmillan.

Howorth, J. ve Chilton, P. (1984) *Defence and Dissent in Contemporary France*, Londra: Croom Helm.

Hülsse, R. (2000) "Looking beneath the surface – invisible othering in the German discourse about Turkey's possible EU-accession," İonya Konferansı'nda Sunulan Bildiri, Korfu, Yunanistan, 19–22 Mayıs.

Huntington, S.P. (1993) "The clash of civilizations?," *Foreign Affairs*, cilt 72, sayı 3, s. 22–49.

—— (1996) *The Clash of Civilisations and the Remaking of World Order*, New York:

Simon and Schuster [*Medeniyetler Çatışması*, çev. Murat Yılmaz, İstanbul: Vadi, 1997].

Huysmans, J. (2000) "The European Union and the securitization of migration," *Journal of Common Market Studies*, cilt 38, sayı 5, s. 751–77.

—— (2006) *The Politics of Insecurity: Fear, Migration and Asylum in the EU*, Londra: Routledge.

Huysseune, M. (2006) *Modernity and Secession: The Social Sciences and the Political Discourse of the Lega Nord in Italy*, New York ve Oxford: Berghahn.

Jachtenfuchs, M., Diez, T. ve Jung, S. (1998) "Which Europe? Conflicting models of a legitimate European political order," *European Journal of InternationalRelations*, cilt 4, sayı 4, s. 409–45.

Jäger, S. ve Maier, F. (2009) "Theoretical and methodological aspects of Foucauldian discourse analysis and dispositive analysis," *Methods of Critical Discourse Analysis* içinde,der. Wodak, R. ve Meyer, M., Londra: Sage.

Jimenez, A.M.R. ve Torreblanca, J.I. (2007) "European public opinion and Turkey's Accession: Making sense of arguments for and against," CEPS EPIN Çalışma Bildirisisayı 16, Brüksel: Centre for European PolicyStudies.

Jørgensen, K.E. ve LaGro, E. (der.) (2007) *Turkey and the European Union: Prospects for a Difficult Encounter*, Londra: Palgrave Macmillan.

Judge, D. ve Earnshaw, D. (2003) *The European Parliament*, Basingstoke: Palgrave Macmillan.

Kadıoglu, A. (2003) "Women's subordination in Turkey: Is Islam really the villain?," *Islam: Critical Concepts in Sociology* içinde, der. Turner, B. S., Londra:Routledge.

Katzenstein, P.J. (der.) (1996) *The Culture of National Security: Norms and Identity in World Politics*, New York: Columbia University Press.

Kaya, A. (2001) *"Sicher in Kreuzberg' Constructing Diasporas: Turkish Hip-hop Youth in Berlin,* Bielefeld: Transcript.

——(2009) *Islam, Migration and Integration: The Age of Securitization*, Londra: Palgrave Macmillan.

——(2010) "Individualisation and institutionalisation of Islam in Europe at the age of securitisation," *Insight Turkey*, cilt 12, sayı 1, s. 47–63.

——ve Kentel, F. (2005) *Euro-Turks: A Bridge or a Breach between Turkey and the European Union*, Brüksel: Centre for European Policy Studies [Euro Türkler: Türkiye ile Avrupa Birliği Arasında Köprü mü, Engel mi? Bilgi Üniversitesi Yayınları, 2005].

Keith, M. ve Pile, S. (1993) "Introduction part 1: The politics of place," *Place and the Politics of Identity* içinde, der. Keith, M. ve Pile, S., Londra ve New York: Routledge.

Keyder, Ç. (2005) "Dialogue among civilisations?" SSHERA (Social Sciences and Humanities in the European Research Area) Projesi için Arkaplan Metni (BP8), http://ec.europa.eu/research/social-sciences/pdf/dialogues_among_civilisations_en.pdf.

Keyman, F. (2001) *Türkiye ve Radikal Demokrasi*, İstanbul: Alfa.

Kienpointer, M. ve Kindt, W. (1997) "On the problem of bias in political argumentation," *Journal of Pragmatics*, cilt 27, s. 555–85.

Kiewe, A. (1998) "Crisis tool in American political discourse," *Politically Speaking: A Worldwide Examination of Language Used in the Public Sphere* içinde, der. Feldman, O. ve de Landtsheer, C., Westport: Praeger Publishers.

Kirişçi, K. (2006) "Turkey's foreign policy in turbulent times," *EU-ISS ChaillotPaper*, sayı 92, Paris: EU Institute for Security Studies.

—— (2012) "The EU, Turkey, and the Arab Spring: Challenges and opportunities for regional integration," Global Turkey in Europe Working Paper, sayı 1, Roma: Istituto Affari Internazionali.

Krzyzanowski, M. (2005) "European identity wanted! On discursive and communicative dimensions of the European Convention," *A New Research Agenda in CDA: Theory and Multidisciplinarity* içinde, der. Wodak, R. ve Chilton, P., Amsterdam: John Benjamins.

Krzyzanowski, M. ve Oberhuber, F. (2007) *(Un)doing Europe: Discourse and Practices in Negotiating the EU Constitution*, Brüksel: P.I.E.-Peter Lang.

Kuru, A. (2009) *Secularism and State Policies toward Religion, The United States, France and Turkey*, New York: Cambridge University Press [*Pasif ve Dışlayıcı Laiklik ABD, Fransa ve Türkiye*, İstanbul: İstanbul Bilgi Üniversitesi, 2011].

Kuus, M. (2004) "Europe's Eastern expansion and the reinscription of Otherness in East-Central Europe," *Progress in Human Geography*, cilt 28, sayı 4, s. 472–89.

Laclau, E. (1994) *The Making of Political Identities*, Londra: Verso.

——ve Mouffe, C. (1985) *Hegemony and Socialist Strategy*, Londra: Verso.

Lakoff, G. ve Johnson, M. (1980) *Metaphors We Live By*, Chicago: ChicagoUniversity Press.

Larsen, H. (1997) *Foreign Policy and Discourse Analysis: France, Britain, and Europe*, Londra: Routledge.

——(2002) "A global military actor?," *Cooperation and Conflict*, cilt 37, sayı 3, s. 283–302.

Lazar, A. ve Lazar, M.M. (2004) "The discourse of the new world order: 'Outcasting' the double face of threat," *Discourse and Society*, cilt 15, sayı 2–3, s. 223–42.

Le, E. (2002) "The concept of Europe in *Le Monde*'s editorials: Tensions in the construction of a European identity," *Journal of Language and Politics*, cilt 1, sayı 2, s. 277–322.

Leudar, I., Marsland, V. ve Nekpavil, J. (2004) "On membership categorization: 'Us', 'them' and 'doing violence' in political discourse," *Discourse and Society*, cilt 15, sayı 2–3, s. 243–66.

Levin, P.T. (2011) *Turkey and the European Union: Christian and Secular Images of Islam*, New York: Palgrave Macmillan.

Lewis, B. (2002) *What Went Wrong? Western Impact and Middle Eastern Response*, Oxford: Oxford University Press.

Lewis, R. ve Spence, D. (2006) "The Commission's role in freedom, security and justice and the threat of terrorism," *The European Commission* içinde, der. Spence, D. ve Edwards, G., Londra: John Harper Publishing.

Majone, G. (1996) *Regulating Europe*, Londra: Routledge.

Manners, I. (2002) "Normative power Europe: A contradiction in terms?," *Journal of Common Market Studies*, cilt 40, sayı 2, s. 235–58.

Marcussen, M., Risse, T. ve Engelmann-Martin, D. (1999) "Constructing Europe:The evolution of French, British, and German nation-state identities," *Journal of European Public Policy*, cilt 6, sayı 4, s. 614–33.

Maull, H. (1990) "Germany and Japan: The new civilian powers," *Foreign Affairs*, cilt 69, sayı 5, s. 91–106.

——ve Gordon, P. (1993) "German foreign policy and the German national interest; Government and American perspectives," Washington AICGS Seminer Bildirisi, sayı 5.

Mautner, G. (2001) "British national identity in the European context," *Attitudes towards Europe: Language in the Unification Process* içinde, der. Musolff, A., Good, C., Points, P. ve Wittlinger, R., Aldershot: Ashgate.

McNamara, K. (2011) "The EU as an imagined community?" European Union Studies Association On İkinci Bienal Uluslararası Konferası'nda sunulan Bildiri, Boston, 3–5 Mart.

Miller, R. (2001) "Merely a landmark or a change of course: The federal constitutional court hears arguments in the NATO strategic concept case," *German Law Journal*: http://www.germanlawjournal.com/index.php?pageID =11&artID =37

Milliken, J. (2001) *The Social Construction of the Korean War: Conflict and Its Possibilities*, Manchester: Manchester University Press.

Mitterrand, F. (1986) *Réflexions sur la politique extérieure de la France*, Paris: Fayard.

Moisi, D. (1999) "Dreaming of Europe," *Foreign Policy*, sayı 115, s. 44–59.

Muntigl, P., Weiss, G. ve Wodak, R. (2000) *European Union Discourses on Un/employment: An Interdisciplinary Approach to Employment Policy-making and Organizational Change*, Amsterdam: John Benjamins.

Musolff, A. (2004) *Metaphor and Political Discourse: Analogical Reasoning in Debates about Europe*, Londra: Palgrave Macmillan.

Müftüler-Baç, M. (2000) "Through the looking glass: Turkey in Europe," *Turkish Studies*, cilt 1, sayı 1, s. 21–35.

—— (2004) "Turkey's accession to the European Union: Institutional and security challenges," *Perceptions*, cilt 9, s. 29–43.

—— (2005) "Turkey's political reforms and the impact of the European Union," *South European Society and Politics*, cilt 10, sayı 1, s. 17–31.

—— ve Gürsoy, Y. (2010) "Is there a Europeanisation of Turkish foreign policy: An addendum to the literature on EU candidates," *Turkish Studies*, cilt 11, sayı 3, s. 405–27.

—— ve Stivachtis, A. Y. (der.) (2008) *Turkey–European Union Relations: Dilemmas, Opportunities and Constraints*, Lanham: Lexington.

Nas, Ç. (2001) "Turkish identity and the perception of Europe," *Marmara Journal of European Studies*, cilt 9, sayı 1, s. 222–33.

Neumann, I. (1999) *Uses of the Other: The East in European Identity Formation*, Minneapolis: University of Minnesota Press.

Neumann, I. (2004) "Deep structure, free-floating signifier, or something inbetween? Europe's alterity in Putin's Russia," *Identity and Global Politics: Empirical and Theoretical Elaborations* içinde, Goff, P. M. ve Dunn, K. C., Londra:Palgrave Macmillan.

Nicolaidis, K. ve Howse, R. (2002) "'This is my EUtopia...': Narrative as power," *Journal of Common Market Studies*, cilt 40, sayı 4, s. 767–92.

Norton, A. (1987) *Reflections on Political Identity*, Baltimore: Johns Hopkins University Press.

O'Tuathail, G. (1999) "De-territorialised threats and global dangers: Geopolitics and risk society," *Boundaries, Territory and Postmodernity* içinde, der. Newman, D., Londra: Frank Cass.

Öniş, Z. (1999) "Turkey, Europe and paradoxes of identity: Perspectives on theinternational context of democratisation," *Mediterranean Quarterly*, cilt 10, sayı 3, s. 107–36.

Özbudun, E. ve Gençkaya, Ö.F. (2009) *Democratization and the Politics of Constitution-Making in Turkey*, Budapeşte: CEU Press.

Pace, M. (2006) *The Politics of Regional Identity: Meddling with the Mediterranean*, Londra: Routledge.

Phillips, J.L. ve Jørgensen, M. (2002) *Discourse Analysis as Theory and Method*, Londra: Sage.

Pocock, J.G.A. (2002) "Some Europes in their history," *The Idea of Europe: From Antiquity to the European Union* içinde, der. Pagden, A., Cambridge: Cambridge University Press.

Podeh, E. (2007) "'The final fall of the Ottoman Empire': Arab discourse over Turkey's accession to the European Union," *Turkish Studies*, cilt 8, sayı 3, s. 317–28.

Potter, J. (1996) *Representing Reality: Discourse, Rhetoric and Social Construction*, Londra: Sage.

Rehn, O. (2006) *Europe's Next Frontiers*, Nomos: Baden-Baden.

Reisigl, M. ve Wodak, R. (2001) *Discourse and Discrimination: Rhetorics of Racism and Anti-Semitism*, Londra ve New York: Routledge.

Rex, J. (1986) "The concept of a multicultural society," Occasional Papers in Ethnic Relations, Sayı 3, Centre for Research in Ethnic Relations, Coventry: University of Warwick.

Risse, T. (2003) "The Euro between national and European identity," *Journal of European Public Policy*, cilt 10, sayı 4, s. 487–505.

—— (2004a) "Social constructivism and European integration," *European Integration Theory Today* içinde, der. Wiener, A. ve Diez, T., Oxford: Oxford University Press.

—— (2004b) "European institutions and identity change," *Transnational Identities: Becoming European in the EU* içinde, der. Herrmann, R. K., Risse, T. ve Brewer, M., Lanham: Rowman and Littlefield.

—— (2010) *A Community of Europeans? Transnational Identities and Public Spheres*, Ithaca NY: Cornell University Press.

—— ve Engelmann - Martin, D. (2002) "Identity politics and European integration: The case of Germany," *The Idea of Europe: From Antiquity to the European Union* içinde, der. Pagden, A, Cambridge: Cambridge University Press.

Robert, C. (2004) "Doing politics and pretending not to," *Politics and the European Commission: Actors, Interdependence, Legitimacy* içinde, der. Smith, A., Londra:Routledge.

Rosamond, B. (1999) "Discourses of globalization and the social construction of European identities," *Journal of European Public Policy*, cilt 6, sayı 4, s. 652–68.

Ruggie, J.G. (1993) "Territoriality and beyond: Problematizing modernity ininternational relations," *International Organization*, cilt 47, sayı 1, s. 139–74.

Rumelili, B. (2003) "Liminality and perpetuation of conflicts: Turkish-Greek relations in the context of community building by the EU," *European Journal ofInternational Relations*, cilt 9, sayı 2, s. 213–48.

—— (2004) "Constructing identity and relating it to difference: Understandingthe EU's mode of differentiation," *Review of International Studies*, cilt 30, sayı 1, s. 27–47.

Russon, J. (1995) "Heidegger, Hegel, and ethnicity: The ritual basis of self identity," *The Southern Journal of Philosophy*, cilt 33, s. 509–32.

Sabra, A. (2003, Ağustos) "What is wrong with 'What went wrong?'"*Middle East Report Online*, http://www.merip.org/mero/interventions/sabra_interv.html

Said, E. (1978) *Orientalism*, New York: Pantheon Books [*Şarkiyatçılık*, çev. Berna Ülner, İstanbul: Metis, 2013].

—— (1981) *Covering Islam: How the Media and Experts Determine How We See the Rest of the World*, New York: Pantheon Books [*Medyada İslam Gazeteciler ve Uzmanlar Dünyaya Bakışımızı Nasıl Belirliyor?*, çev. Aysun Babacan, İstanbul: Metis, 2008].

—— (2003) "The clash of definitions," *The New Crusades: Constructing the New Muslim Enemy* içinde, der. Qureshi, E. ve Sells, A. M., New York, Chichester and West Sussex: Columbia University Press.

Salvatore, A. (1999) *Islam and the Political Discourse of Modernity*, Reading, UK: Ithaca Press.

Schmid, D. (2007) *The Franco–Turkish Relationship in Turmoil*, İstanbul: Ekonomi ve Dış Politika Araştırmaları Merkezi.

Schmidt, V.A. (2007) "Trapped by their ideas: French elites' discourses of European integration and globalization," *Journal of European Public Policy*, cilt 14, sayı 7, s. 992–1009.

Shakman Hurd, E. (2004) "The political authority of secularism in international relations," *European Journal of International Relations*, cilt 10, sayı 2, s. 235–62.

—— (2006) "Negotiating Europe: The politics of religion and the prospects forTurkish accession," *Review of International Studies*, cilt 32, s. 401–18.

—— (2007) *The Politics of Secularism in International Relations*, Princeton: Princeton University Press.

Shore, C. (1999) *Building Europe: The Cultural Politics of European Integration*, Londra: Routledge.

Sjursen, H. (1998) "Enlargement and the common and security policy: Transforming the EU's external policy?"*ARENA Working Paper*, sayı 18, Oslo: Center forEuropean Studies.

—— (2002) "Why expand? The question of legitimacy and justification in the EU's enlargement policy," *Journal of Common Market Studies*, cilt 40, sayı 3, s. 491–513.

——. (2006) "Introduction: Enlargement and the nature of the euro-polity," *Questioning EU Enlargement: Europe in Search of Identity* içinde, der. Sjursen, H., Londra:Routledge.

Smith, K. (1999) *The Making of EU Foreign Policy: The Case of Eastern Europe*, Basingstoke: Palgrave Macmillan.

Spence, D. (2006) "The Commission and the Common Foreign and Security Policy," *The European Commission* içinde, der. Spence, D. ve Edwards, G., Londra:John Harper Publishing.

Spohn, W. (2002) "Continuities and changes of Europe in German national identity," *The Meaning of Europe: Variety and Contention within and among Nations* içinde, der. Malmborg, M. ve Strath, B., Oxford ve New York: Berg.

Stelzenmüller, C. (2007) "Turkey's EU bid: A view from Germany," *Conditionality, Impact and Prejudice in EU–Turkey Relations* içinde, der. Tocci, N., IAI-TEPAV Report, sayı 9, Roma: Istituto Affari Internazionali.

Suvarierol, S. (2007) *Beyond the Myth of Nationality: A Study on the Networks of European Commission Officials*, Eburon: Delft.

—— ve Aydın-Düzgit, S. (2011) "Limits of cosmopolitanism: European Commission Officials on the Selves and Others," *Alternatives*, cilt 36, sayı2, s. 155–168.

Tekin, B.Ç. (2010) *Representations and Othering in Discourse: The Construction of Turkey in the EU Context*, Amsterdam: John Benjamins.

Teubert, W. (2001) "A province of a federal superstate, ruled by an unelected bureaucracy: Keywords of the Euro-Sceptic Discourse in Britain," *Attitudes towards Europe: Language in the Unification Process* içinde, der. Musolff, A., Good, C., Points, P. ve Wittlinger, R., Aldershot: Ashgate.

Thielemann, E.R. (2004) "Dividing competences: Germany's vision(s) for Europe's federal future," *Comparative European Politics*, cilt 3, sayı 2, s. 358–74.

Titscher, S., Michael, M., Wodak, R. ve Vetter, E. (2000) *Methods of Text and Discourse Analysis*, Londra: Sage.

Tocci, N. (2007a) "Unpacking European discourses: Conditionality, impact and prejudice in EU–Turkey relations," *Conditionality, Impact andPrejudice in EU–Turkey Relations* içinde,der. Tocci, N., IAI-TEPAV Report, sayı 9, Roma: Istituto Affari Internazionali.

Tocci, N. (der.) (2007b) *Conditionality, Impact and Prejudice in EU–Turkey relations*, IAI-Tepav Report, sayı 9, Roma: Istituto Affari Internazionali.

Todorov, T. (1999 basımı) *The Conquest of America: The Question of the Other*, New York: Harper Perennial.

Torfing, D. (2005) "Discourse theory: Achievements, arguments, and challenges," *Discourse Theory in European Politics: Identity,Policy and Governance* içinde, Howarth, D. ve Torfing, J., Londra: Palgrave Macmillan.

Toros, E. (2007) "Understanding the role of civil society as an agent for democratic consolidation: The Turkish case," *Turkish Studies*, cilt 8, sayı 3, s. 395–415.

Treacher, A. (2001) "Europe as a power multiplier for French security policy: Strategic consistency, tactical adaptation," *European Security*, cilt 10, sayı 1, s. 22–44.

Tribalat, M. (2003) "The French 'melting pot': Outdated – or in need of reinvention?"*Reinventing France: State and Society in the Twenty-First Century* içinde, der. Milner, S. ve Parsons, N., Hampshire: Palgrave Macmillan.

Trondal, J. (2007) "Is the European Commission a 'hothouse' for supranationalism? Exploring actor - level supranationalism," *Journal of Common Market Studies*, cilt 45, sayı 5, s. 1111-33.

Türkiye Hakkında Bağımsız Komisyon (2004) "Turkey in Europe: More than a promise?" Türkiye Hakkında Bağımsız Komisyonun Raporu, Brüksel: British Council.

Usher, J.A. (1997) "Variable geometry or concentric circles: Patterns for the European Union," *The International and Comparative Law Quarterly*, cilt 46, sayı 2, s. 243-73.

Usul, A.R. (2010) *Democracy in Turkey: The Impact of EU Political Conditionality*, Londra: Routledge.

Van Der Valk, I. (2003) "Political discourse on ethnic minority issues: A comparison of the right and extreme right in the Netherlands and France (1990–1997)," *Ethnicities*, cilt 3, sayı 2, s. 183-213.

Van Dijk, T.A. (1984) *Prejudice in Discourse*, Amsterdam: John Benjamins.

—— (1993) *Elite Discourse and Racism*, Londra: Sage.

—— (2000) "The reality of racism: On analyzing parliamentary debates in immigration," *Für die Wirklichkeit* içinde, der. Zurstiege, G., Wiesbaden: WestdeutscherVerlag.

Van Ham, P. (2001) *European Integration and the Postmodern Condition: Governance,*

Democracy, Identity, New York: Routledge.

—— (2006) "Europe, war, and territory," *State Territoriality and European Integration* içinde, der. Burgess, M. ve Vollaard, H., Londra ve New York: Routledge.

Van Leeuwen, T. (1996) "The representation of social actors,"*Texts and Practices: Readings in Critical Discourse Analysis* içinde, der. Coulthard,C. C. ve Coulthard, M., Londra: Routledge.

Vasquez, A.J. (1995) "The post-positivist debate: Reconstructing scientific enquiry and international relations theory after Enlightenment's fall," *International Relations Theory Today* içinde, der. Booth, K. ve Smith, S., Cambridge: PolityPress.

Warleigh, A. (2002) *Flexible Integration: Which Model for the European Union?*,Londra: Sheffield Academic Press.

Wæver, O. (1995) "Securitisation and desecuritisation," *On Security* içinde, der. Lipschutz, R. D., New York: Columbia University Press.

—— (1996) "European security identities," *Journal of Common Market Studies*, cilt 34, sayı 1, s. 103-32.

—— (1998a) "Insecurity, security, and asecurity in the West European nonwar community," *Security Communities* içinde, der. Adler, E. ve Barnett, M., Cambridge: CambridgeUniversity Press.

—— (1998b) "Explaining Europe by decoding discourses," *Explaining European Integration* içinde, der. Wivel, A., Kopenhag: Copenhagen Political Studies Press.

—— (2004) "Discursive approaches," *European Integration Theory Today* içinde, der. Wiener, A. ve Diez, T., Oxford: Oxford University Press.

—— (2005) "European integration and security: Analysing French and German discourses on state, nation and Europe," *Discourse Theory in European Politics: Identity, Policy and Governance* içinde, der. Howarth, D. ve Torfing, J., Londra:Palgrave Macmillan.

——, Kelstrup, M. ve Buzan, B. (1993) *Identity, Migration, and the New Security Agenda in Europe*, Londra: Pinter.

Walker, R.B.J. (1993) *Inside/Outside: International Relations as Political Theory*, Cambridge: Cambridge University Press.

Walters, W. ve Haahr, J. H. (2005) *Governing Europe: Discourse, Governmentality and European Integration*, Londra ve New York: Routledge.

Weldes, J., Laffey, M., Gusterson, H. ve Duvall, R. (der.) (1999) *Cultures of Insecurity: States, Communities, and the Production of Danger*, Minneapolis: Universityof Minnesota Press.

Wendt, A. (1999) *Social Theory of International Politics*, Cambridge: Cambridge University Press.

Wodak, R. (2001) "The discourse-historical approach," *Methods of Critical Discourse Analysis* içinde, der. Wodak, R. ve Meyer, M., Londra: Sage.

—— (2005) "National and transnational identities: European and other identities constructed in interviews with EU officials," *Transnational Identities: Becoming European in the EU* içinde, der. Herrmann, R., Risse, T. ve Brewer, M., Lanham: Rowman and Middlefield.

—— (2007) "Afterword: 'What now?' – Some reflections on the European Convention and its implications," *(Un)doing Europe: Discourse and Practices in Negotiating the EU Constitution* içinde, der. Krzyzanowski, M. ve Oberhuber, F., Brüksel: P.I.E.-Peter Lang.

Wodak, R., de Cillia, R., Reisigl, M., Liebhart, K., Hirsch, A. ve Mitten, R. (1999)*The Discursive Construction of National Identity*, Edinburgh: Edinburgh University Press.

Wodak, R. ve Weiss, G. (2004) "Visions, ideologies and utopias in the discursive construction of European identities: Organising, representing and legitimising Europe," *Communicating Ideologies: Multidisciplinary Perspectives on Language, Discourse, and SocialPractice* içinde, der. Pütz, M., Neff-van Aerselaer, J. ve Van Dijk, T. A., Frankfurt: Peter Lang.

Yılmaz, H. (2007) "Turkish identity on the road to the EU: Basic elements of French and German oppositional discourses," *Journal of Southern Europe and theBalkans*, cilt 9, sayı 3, s. 293-305.

Zaborowski, M. (2006) "More than simply expanding markets: Germany and EU Enlargement," *Questioning EU Enlargement: Europe in Search of Identity* içinde, der. Sjursen, H., Londra: Routledge.

Zielonka, J. (2006) *Europe as Empire: The Nature of the Enlarged Union*, Oxford: Oxford University Press.

Dizin

11 Eylül 37, 41, 43, 45, 48, 52, 56, 182

A

Abélès, M. 112-3, 180

Adamson, K. 188

Aleskerov, F. 101

Alman ulusal kimliği 64, 77

Almanya 9, 19, 21-2, 24, 31, 33, 35, 37, 52-3, 63-5, 67, 70, 76, 89-92, 96, 99, 101-2, 106, 108, 118-20, 125-6, 129, 132, 137, 139, 141-2, 156, 160, 163, 174, 177, 179, 183, 193

Alonso, A.M. 131

Altunışık, M.B. 181

Amiraux, V. 155

Ammann, L. 186

anayasal yurtseverlik 22

Anderson, B. 12, 182, 188, 191

Antonsich, M. 16

AP 19-20, 22-3, 25-6, 34-5, 37, 40, 47, 50, 57-8, 66-7, 69, 70-1, 73-4, 78, 81-2, 85, 96-7, 99, 101-2, 107-9, 125-7, 129, 131-2, 134, 141, 144, 148, 160, 178-9, 180, 189, 193

Arap/İslam dünyası 39

Asad, T. 86, 131, 145

Ashley, K.R. 15

askeriye 32

Avcı, G. 178

Avrupa; coğrafi mekân olarak 58; demokratik değerlerin savunucusu olarak 69-97; güvenlik topluluğu olarak 37-67; küresel güç olarak 56, 64, 67-8, 164; normatif güç olarak 82, 85-6, 90, 95, 164; siyasi proje olarak 99-123; kültürel alan olarak 129-159

Avrupa bütünleşmesi 17-8, 24, 86, 110, 115, 177, 190

Avrupa Halk Partisi (EPP) 23, 178

Avrupa Halk Partisi Grubu (EPP-ED) 23, 178

Avrupa İçin Liberal ve Demokrat İttifakı (ALDE) 23, 40, 42, 144, 178, 181, 186, 190, 193

Avrupa Komisyonu 19, 23, 31-2, 37, 43, 59, 66, 83, 111, 120, 125, 127, 149, 160, 165, 170, 185; konuşmalar 25, 30, 163, 177

Avrupalı Benlik 72

Avrupalılaşma 15, 79

Avrupa'nın; kültürel homojenliği 136-48; kültürel çeşitliliği 143-50

Avrupa Parlamentosu 8, 19, 37-8, 57, 62, 71, 73, 78, 99, 103, 109, 111, 129, 144, 163, 169-72, 178; tartışmalar 25, 30, 146, 180

Aydın-Düzgit, S. 37, 115, 161, 180, 187, 193

B

Baban, F. 18, 152

Barker, M. 131

başörtüsü tartışmaları 150, 155, 157

Bayley, P. 25

Beck, U. 143

Behr, H. 194

Benlik tanımı 22

Benlik/Öteki ilişkileri 14, 16, 75

Bernal, M. 145

Bigo, D. 15, 65

Bilgin, P. 181

bireycilik 71, 185

Blair, Tony, 55, 96, 123-4, 182-3, 188

Blaut, J.M. 157

Blommaert, J. 28, 77, 87, 90-2, 106, 138, 150, 154, 192

Borg, S. 83

Boswell, C. 59

Bottici, C. 37, 67, 76, 97, 137, 164, 184

Britanya 19, 22, 24-5, 34, 53, 56, 65-6, 70, 92, 94-5, 97, 99, 108, 120, 123-6, 142, 158-61, 163-4, 167, 175-6, 179, 193

Brown, W. 92

Busch, B. 165

Bush, George W. 55-6, 182, 189

Butler, J. 13

Buzan, B. 16, 28, 58, 65, 177

bütünleşme 30, 42, 49, 65, 90, 114, 117-8, 143, 165; asimilasyoncu 138

C

Campbell, D. 10, 12-3, 15, 28, 45, 130

CDU/CSU (Christlich Demokratische Union Deutschlands/Christlich-Soziale Union in Bayern), 24, 52-3, 63-5, 76-8, 89, 91, 97, 106-8, 119-20, 126, 139-41, 156, 160, 179, 182-3, 185, 188, 191, 193

Cederman, L.E. 177

Challand, B. 37, 67, 76, 97, 137, 164, 184

Charteris-Black, J. 60

Checkel, J.T. 26, 115

Cherigui, H. 183

Chilton, P. 41, 51, 58

Chirac, Jacques, 138, 189

Chouliaraki, L. 82

Connolly, W.E. 10-1, 13

Cooper, Robert 68, 164, 184

cordon sanitaire metaforu 57-8, 67

Ç

Çakır, A. 178

çeşitlilikte birlik 149, 161

Çırakman, A. 109, 190

çokkültürlülük 30, 35, 145-6, 153-4, 160, 166-7

D

dahil etme 16-7, 117, 137

Davison, A. 192

De Fina, A. 180

Delanty, G. 145

demokrasi 17, 26, 30, 46, 49-50, 52, 54-5, 68, 70-4, 76, 79-81, 83-5, 87, 91, 93, 95, 97, 136, 144, 156, 164

demokratik değerlerin savunucusu olarak Avrupa 69-97

demokratik değişim 78, 81, 86-8, 90, 97

dışarlıklılar 92, 108, 122, 126, 132

dışlama 16, 17, 27, 45, 92

dış politika 10, 15-7, 45, 52-3, 58, 61, 82, 85, 105, 163-4

Diedrichs, U. 20

Diez, T. 12, 15-7, 19, 60, 78, 82, 84, 86, 94, 101, 177

diktatörlük 54

dini farklılıklar 33

Dobbernack, J. 92, 188

Doty, R. 14, 15, 81, 86, 96

Drulak, P. 39, 110, 122

E

Earnshaw, D. 20

Eder, K. 193

egemenlik 14, 16, 64, 109, 113-6, 118-9,
    125-6, 165, 167; ortak/bileşik
    egemenlik 113

egemen uluslar 110; topluluğu 135

Eisenstadt, S. 147

eklemlenme 12

ekonomik durum 110

eleştirel söylem analizi 19, 26-30

Emerson, M. 182-3

Engelmann-Martin, D. 21, 90

entegrasyon 91-2, 107, 118-20, 141-2, 154,
    164; asimilasyoncu 192; sorunu
    107-8

EPP 22-3, 38-9, 42-3, 57, 71-3, 78-80,
    99-102, 108, 110, 126, 129-30,
    132-3, 135, 148, 161, 178, 183-6,
    190-2

Erzan, R. 65, 190

F

Fabian, J. 72

Fairclough, N. 25, 45, 48, 52, 55, 68, 181

farklılık 9-11, 18, 27, 31, 53, 56, 109, 114,
    123, 125, 127, 133, 135, 143, 154,
    161

Foucault, M. 178

Fransa 8-9, 17, 19, 21-4, 33, 35, 48-50,
    61-3, 65, 70, 74-5, 87-9, 96, 99, 103,
    105-6, 108-9, 115, 117, 121, 125-6,
    129, 132, 135, 138, 150, 152, 154-6,
    160, 163, 173-4, 179, 188-9, 192-4

G

Gençkaya, Ö.F. 32

genişleme 9, 18-24, 26, 35, 85-6, 109,
    111, 119, 178, 180; paradoksu 60;
    politikası 16, 163, 168, 174, 191

Giannakopoulos, A. 69

Gong, G.W. 166

Good, C. 22, 96

Gordon, P. 182

göç 15, 26, 31, 33, 59-60, 64-7, 91, 106,
    108, 115, 132-3, 137, 138, 141-2,
    190, 192

göçmenler 15, 65, 91-2, 126, 132-3, 138,
    141, 150, 153, 161, 163

Göle, N. 147-8, 152, 155, 186, 194

Grande, E. 143

Gros, D. 7, 189

güç dengesi 22

Gürsoy, Y. 7, 32, 180, 183

güvenlik; tehdidi 37, 45, 57-9, 66-7;
    topluluğu olarak Avrupa 37-68

güvenlikleş(tir)me 43, 47, 51-2, 58-63,
    66-7, 114, 181, 183

H

Haahr, J.H. 59

Habermas, Jürgen 22, 27

Hale, W. 182, 184

Hall, S. 12, 167

Hanley, D. 24

Hansen, A.D. 28

Hansen, L. 10, 12, 15, 25, 28, 43, 48, 58,
    73

Hargreaves, A.G. 192

Hay, C. 120, 191

Henrikson, A.K. 139

Herzfeld, M. 72

Hıristiyan Demokratlar 22, 67, 178

Hıristiyanlık 39, 45, 50, 76, 77, 130, 136, 140, 145, 153

Hooghe, L. 16

hoşgörü 91-2, 148

Howarth, D. 26

Howorth, J. 51

Howse, R. 82

Huntington, S.P. 37, 66, 72-3, 89, 102-3, 164, 192

Huysmans, J. 15, 183

Huysseune, M. 7, 157, 185

Hülsse, R. 15, 177

İ

iç güvenlik 32

ikili karşıtlıklar 72, 151: Britanya ve Avrupa 95; Türkiye ve Avrupa 39, 132, 154

insan hakları meseleleri 17, 26, 30, 44, 68-87, 166, 169, 174, 177, 185

inşa metaforu 112

İslamcılar 54, 58, 64, 95, 155,158

İslamcılık 65

İslam dünyası 38-41, 44, 50, 52-3, 89-90; ile diyalog 41, 46-7, 52

İslami köktencilik 50, 65, 80, 96

İslami örgütler 64-5

istenmeyen farklılıklar 155

J

Jachtenfuchs, M. 189

Jäger, S. 30

Jimenez, A.M.R. 33

Johnson, M. 159, 180, 191, 194

Jørgensen, K.E. 8, 178

Jørgensen, M. 12

Judge, D. 20

K

Katzenstein, P.J. 10, 26

Kaya, A. 7, 15, 65, 108, 140-1, 145, 190, 192

Keith, M. 183

Kentel, F. 145, 192

Keyder, Ç. 40

Keyman, F. 7, 18, 152, 185

Kıbrıs meselesi 32, 69-70, 72-4, 88, 174

Kienpointer, M. 80

Kiewe, A. 102

kimlik: uluslararası ilişkilerde 10-1; söylem yoluyla 11-3; farklılık yoluyla 13-4; dış politika yoluyla 14-5; inşası 11, 21, 27, 48, 58, 61, 63, 66, 95, 102, 104, 126, 163; rol kimliği 11; tip kimliği 11, 16, 165

Kindt, W. 80

Kirişçi, K. 180, 183

kolektivizm 71

köktendincilik 38, 44-5, 47-51, 56, 64-5, 80, 96

Krzyzanowski, M. 15, 26, 27, 177

Kuru, A. 134

Kuus, M. 183

kültürel; çeşitlilik 144-6, 149, 153, 156, 160, 188 farklılıklar 132, 138, 144, 146, 159; homojenlik 135-6; ırkçılık 131; miras 76-7, 149

küreselleşme 43, 113, 119-20, 127, 140, 181, 191

L

Laclau, E. 11-2, 50

LaGro, E. 178

laiklik (*laïcité*) 49, 87-8, 133-4, 136-7, 150-1, 155, 157

Lakoff, G. 180

Larsen, H. 21-2, 57, 117, 124-5

Lazar, A. 56, 182

Lazar, M.M. 56, 182

Le, E. 89, 103, 118, 139, 182-3, 185, 187, 189, 191, 193

Leudar, I. 182

Levin, P.T. 17, 18, 166

Lewis, B. 192

Lewis, R. 183

M

Maier, F. 30

Majone, G. 16

Manners, I. 82, 85

Maras, K. 69

Marcussen, M. 21-2

Marks, G. 16

Maull, H. 53, 182

Mautner, G. 56

McNamara, K. 15

medenileştirme misyonu 75, 88, 97, 166

medeniyetler çatışması 34, 37- 41, 43-6, 49, 50, 53, 61, 65-8, 77, 88-91, 164; ve Avrupa Komisyonu 43-8; ve Avrupa Parlamentosu 38-43; deva olarak Türkiye 37-48; söylemi 39, 43, 45, 49-50, 53, 138, 165; tezi 38-9, 53, 164; ve üye ülkeler 48-56

medeniyetler ittifakı girişimi 40-1

metinlerarasılık 12, 27, 40, 56, 90, 149, 164

militan İslam 96

Miller, R. 189

Milliken, J. 14

Mitterrand, F. 21, 117

modernleşme 34-5, 47-8, 52, 84, 93-4, 97, 145, 156-7, 161, 166-7; paradigması 160, 165

modernlik 84, 94, 96, 124, 147, 157, 159-60, 165, 185

Modood, T. 92, 188

Moisi, D. 9

Mouffe, C. 12, 50

Muntigl, P. 84

Musolff, A. 119, 190

Müftüler-Baç, M. 17, 178, 180, 183-4

Müslüman göçmenler 138, 194; kadınlar 147; kültürü 40, 150, 153; stereotipleştirme 148

Müslümanlar 50, 54, 147-8, 155

N

Nas, Ç. 17

NATO 38, 41, 51, 53, 182

Neumann, I. 11, 13, 14, 18, 152

Nicolaidis, K. 82

Norton, A. 11

O

Oberhuber, F. 15, 26-7, 177

O'Tuathail, G. 60

Ö

Öniş, Z. 17

ötekileştirme 18, 40, 50, 79-80, 123, 138-9, 163-4

Özbudun, E. 32

özdüşünümsellik 27, 94, 134

özel alan 146, 148, 151, 158

özgürlük 30, 75, 125, 131

P

Pace, M. 20, 60, 62-3, 180-1, 183

peçe 92-3, 147, 166

Phillips, J.L. 12

Pile, S. 183

Pocock, J.G.A. 192

Podeh, E. 181

postyapısalcılık 10, 14, 28

postyapısalcı yaklaşım 11, 27

Potter, J. 13, 31

R

Raffarin, Jean-Pierre 138-9, 181-3, 185, 187-9, 193

Rehn, O. 45, 170-2, 177, 184

Reisigl, M. 29-30, 48, 104-5, 112, 132, 193

Rex, J. 145

Risse, T. 15, 18, 20-1, 90, 95, 120, 123, 167, 177, 189

Robert, C. 20, 68, 164, 184

Rosamond, B. 119-20, 191

Ruggie, J. G. 16, 177

Rumelili, B. 8, 10, 13, 16, 19, 74, 133

Rumford, C. 145

Russon, J. 146

S-Ş

Sabra, A. 137

Said, E. 37, 40, 76, 134

Salvatore, A. 141

Schmid, D. 138, 155

Schmidt, V. A. 107, 108, 116

sekülarizm 50, 54, 122, 134-5, 137, 148, 160, 192

Shakman Hurd, E. 134-5, 141, 147, 161, 192

Shore, C. 15, 84, 112, 149, 177, 190

sınırlar 12-6, 21, 35, 41, 45, 57-63, 66-7, 192-3; çizmek 16, 25, 34, 39, 58, 67, 84,139, 178; kamusal ve özel alan arasında 148

sindirme yetisi 108

sivil güç 53, 85, 182

siyasi gruplar 34, 127, 166; kurumlar 109; kültür 76-7

siyasi proje olarak Avrupa 104, 110, 113, 117, 125, 161

Sjursen, H. 16, 18

Smith, K. 8, 16, 182, 186

Sørensen, E. 28

Sosyalist Parti (PS) 24

söylem 10-2, 17, 19, 23, 26-30, 33-5, 37, 45, 51, 57, 61, 65, 67, 70, 82, 87, 97, 99, 103, 109, 117, 120, 125-6, 129, 134, 136-7, 140-1, 145, 152-3, 163-6, 168, 180

söylemlerarasılık 27, 38, 48, 53, 66, 68, 82, 90, 95, 97, 105, 116, 120, 124, 126, 136, 138, 145, 155, 164-6

söylemsel ekonomi 12

söylemsel stratejiler 29, 30, 67, 154: hafifletme ve yoğunlaştırma stratejileri 29-30, 112, 132; ima yollu stratejiler 29, 39, 47, 71, 75, 82, 151; isnat stratejisi 29-30, 109; uslamlama stratejisi 29-30, 40, 63, 75, 77-8, 131, 133, 193;

Spence, D. 46, 183

Spohn, W. 64, 77

Stivachtis, A.Y. 178

Suvarierol, S. 8, 115, 161, 190, 193

şer söylemleri 48, 52

T

Tekin, B. Ç. 15, 17, 133, 177

terörizm 45-8, 52, 56, 182

Teubert, W. 125

Thielemann, E.R. 191

Titscher, S. 180

Tocci, N. 17, 52, 183

Todorov, T. 14

toplum güvenliği 59, 65

Torfing, D. 28

Toros, E. 188

Torreblanca, J.I. 33

Treacher, A. 189

Tribalat, M. 194

Trondal, J. 190

türban 92-3, 166, 194

Türkiye: Türkiye'de demokrasi 70, 74, 91, 97; AB ile ilişkiler 31-2; AB adaylığı 20, 31, 88, 148, 173; AB üyeliği 15-8, 22-3, 28; model olarak 55

U

UDF (Fransız Demokrasisi İçin Birlik) 24, 61-2, 75, 87, 104-5, 115-8, 135-6, 153-5, 160, 179, 183, 185, 189, 192

ulus-devletler 22, 35, 47, 99, 110-1, 113, 121-2, 125-6

UMP (Halk Hareketi Birliği) 24, 48-9, 51, 61-3, 74, 87-8, 103-5, 115-8, 135-8, 153-5, 160, 179, 181-5, 187, 188-9, 190, 192

Usher, J.A. 143

Usul, A.R. 178

V

Van Der Valk, I, 30

Van Dijk, T. A. 25, 131, 178, 180

Van Ham, P. 45, 165, 177, 181

Van Leeuwen, T. 39

Vasquez, A. J. 11, 14

Verschueren, J. 77, 87, 92, 106, 138, 150, 154, 192

W

Wæver, O. 21-2, 25, 59, 64, 117, 177, 184, 186

Walker, R.B.J. 14

Warleigh, A. 143

Weiss, G. 22, 25, 75

Weldes, J. 11-3

Wendt, A. 10-1

Wessels, W. 20

Wodak, R. 12, 22, 25, 27-30, 48, 75, 85, 104-5, 112, 132, 180, 193-4

Y

Yahudi-Hıristiyan; mirası 136-7, 144-5, 148, 159; sekülarizmi 148, 192

Yeşiller (Alliance '90) 23-5, 34, 40-2, 52, 66-7, 79, 89-0, 97, 107, 109-10, 118-20, 125, 146-8, 156-7, 160, 178-9, 181-2, 184-6, 188, 190-1, 194

Yılmaz, H. 8, 18

Youngs, R. 182

Z

Zaborowski, M. 22

Zielonka, J. 177

www.ingramcontent.com/pod-product-compliance
Lightning Source LLC
Chambersburg PA
CBHW080132270326

41926CB00021B/4452